Schriftenreihe
der Juristischen Schulung

Band 56

Die Handels- und Steuerbilanz

Betriebswirtschaftliche, handelsrechtliche und steuerrechtliche Grundsätze der Bilanzierung

von

Dr. Dr. h. c. mult. Günter Wöhe †
em. o. Professor an der Universität des Saarlandes

und

Dr. Sebastian Mock, LLM. (NYU)
Attorney-at-Law (New York)

6., aktualisierte und erweiterte Auflage

Verlag C. H. Beck München 2010

Verlag C. H. Beck im Internet:
beck.de

ISBN 978-3-406-59571-4

Wilhelmstraße 9, 80801 München
Druck und Bindung: Nomos Verlagsgesellschaft
In den Lissen 12, 76547 Sinzheim

Satz: ottomedien,
Marburger Straße 11, 64289 Darmstadt

Gedruckt auf säurefreiem, alterungsbeständigem Papier
(hergestellt aus chlorfrei gebleichtem Zellstoff)

Vorwort zur 6. Auflage

Das Bilanzrecht hat seit der letzten Auflage einen erheblichen Wandel durchlaufen. Neben der fortlaufenden Weiterentwicklung der *International Accounting Standards/ International Financial Reporting Standards (IAS/IFRS)* durch das *International Accounting Standards Board (IASB)* ist auf nationaler Ebene vor allem das Bilanzrechtsmodernisierungsgesetz (BilMoG) zu nennen. Damit ist das Recht der Rechnungslegung vollständig in einer Matrix aus internationalen Normen bzw. Standards, europäischem und schließlich deutschem Recht angekommen, die sowohl die Rechnungslegungspraxis als auch die Wissenschaft vor ständig neue Herausforderungen stellt. Darüber hinaus entwickelt sich vor allem im Kapitalmarktrecht zu-nehmend ein eigenständiges Rechnungslegungsrecht, das sich mehr und mehr von den allgemeinen Regelungen absetzt bzw. diese durch Spezialregelungen überlagert.

Die Zielsetzung des Buches ist auch in der sechsten Auflage auf eine umfassende Darstellung der geltenden handels- und steuerrechtlichen Vorschriften der Rechnungslegung ausgerichtet. Ein Hauptaugenmerk wurde in der Neuauflage vor allem auf den Ausbau der Erläuterung zu den rechtswissenschaftlichen Hintergründen der Rechnungslegung gelegt, da das Rechnungslegungsrecht sowohl für Juristen als auch für Betriebswirte von Interesse ist und insofern einer interdisziplinären Untersuchung bedarf. Aus diesem Grund wurde auch die Gliederung des Werkes vollständig umgestaltet. Völlig neu hinzugekommen sind neben einzelnen Kapiteln vor allem der fünfte Teil zum internationalen Rechnungslegungsrecht und der siebente Teil zur Verantwortlichkeit für die Rechnungslegung.

Die Neuauflage baut zu großen Teilen auf der noch von Herrn Prof. Dr. Dr. h.c. mult. *Günter Wöhe* allein betreuten Vorauflage auf, die nun vom Verfasser weitergeführt wird.

Hamburg, April 2010 *Sebastian Mock*

Vorwort zur 5. Auflage

Die Zielsetzung des Buches ist auch in der fünften Auflage unverändert geblieben: Der Leser soll in die derzeit geltenden handels- und steuerrechtlichen Vorschriften und Probleme der Rechnungslegung und Gewinnermittlung eingeführt werden, jedoch (noch) nicht mit der umfangreichen Diskussion der Internationalisierung der Rechnungslegung befaßt werden, die für international tätige Konzerne entweder bereits gelten oder in nächster Zeit auf Basis der von Brüssel vorgeschriebenen Vorschriften verbindlich werden.

M. E. haben sich die vom Bilanzrichtlinien-Gesetz ins HGB, AktG und andere Vorschriften übernommenen deutschen Rechnungslegungsvorschriften bewährt. Durch mehrere Artikelgesetze sind sie in Einzelfragen novelliert, aktualisiert und verbessert worden, so daß keine Notwendigkeit erkennbar ist, kleine und mittelständische Unternehmen in die internationale Rechnungslegung einzubeziehen und damit zwei wichtige Grundsätze des geltenden Rechts aufzugeben: das Realisationsprinzip, das besagt, daß Gewinne erst ausgewiesen werden dürfen, wenn sie durch Umsatz realisiert sind, und das Prinzip der „umgekehrten" Maßgeblichkeit, das durch die Übernahme steuerlicher Wertansätze in die Handelsbilanz eine enge Bindung zwischen Handels- und Steuerbilanz herstellt.

Sechs Saarbrücker Professoren der Betriebswirtschaftslehre, zu denen auch der Verfasser dieses Buches zählt,[1] haben in den „Saarbrücker Thesen zur Fortentwicklung des deutschen Bilanzrechts" davor gewarnt, auch den Mittelstand mit dem nicht vertretbaren Mehraufwand durch die Internationalisierung der Rechnungslegung zu überziehen. Das Saarbrücker Konzept fordert für den Einzelabschluß „eine engere Verzahnung von Handels- und Steuerbilanz ... Orientierungspunkt sind damit die steuerrechtlichen Normen der Gewinnermittlung auf der Grundlage der handelsrechtlichen GoB. Angestrebt wird somit eine im Mittelstand durchgehend praktizierte steuerlich geprägte Einheitsbilanz". Ein Konzernabschluß soll nur noch von kapitalmarktorientierten Unternehmen auf Basis der von Brüssel verbindlich vorgeschriebenen IFRS-Regeln erstellt werden.

Die fünfte Auflage wurde auf Basis des geltenden Handelsrechts um einen Abschnitt über die Prüfung und Offenlegung des Jahresabschlusses erweitert.

Saarbrücken, im März 2005 *Günter Wöhe*

[1] In alphabetischer Reihenfolge die Professoren Dr. *Hartmut Bieg*, Dr. *Karlheinz Küting*, Dr. *Heinz Kußmaul*, Dr. *Gerd Waschbusch*, Dr. *Claus-Peter Weber*, Dr. Dr. h.c. mult. *Günter Wöhe*.

Inhaltsübersicht

Inhaltverzeichnis

Abkürzungsverzeichnis

a.a.O.	am angegebenen Ort
ABl.	Amtsblatt
Abs.	Absatz
Abschn.	Abschnitt
a. F.	alte Fassung
AfA	Absetzung für Abnutzung
AfaA	Absetzung für außergewöhnliche Abnutzung
AG	Aktiengesellschaft
AktG	Aktiengesetz
Anm.	Anmerkung
AO	Abgabenordnung
Art.	Artikel
ASC	Accounting Standards Committee
Aufl.	Auflage
BB	Der Betriebs-Berater
Bd.	Band
BdF	Bundesminister der Finanzen
BeckBilKom	Beck'scher Bilanzkommentar
BeckHdR	Beck'sches Handbuch der Rechnungslegung
BewDV	Durchführungsverordnung zum Bewertungsgesetz
BewG	Bewertungsgesetz
BFH	Bundesfinanzhof
BFHE	Sammlung der Entscheidungen des Bundesfinanzhofs
BFM	Bundesfinanzministerium
BFuP	Betriebswirtschaftliche Forschung und Praxis
BGB	Bürgerliches Gesetzbuch
BGBl.	Bundesgesetzblatt
BGH	Bundesgerichtshof
BilKoG	Bilanzrechtskontrollgesetz
BilMoG	Bilanzrechtsmodernisierungsgesetz
BilReG	Bilanzrechtsreformgesetz
BiRiLiG	Bilanzrichtlinien-Gesetz
BR-Drucks.	Bundesratsdrucksache
BStBl.	Bundessteuerblatt
BT-Drucks.	Bundestagsdrucksache
BVerfG	Bundesverfassungsgericht
CPA	Certified Public Accountant
DB	Der Betrieb
DBW	Die Betriebswirtschaft
DStBl.	Deutsches Steuerblatt
DStR	Deutsches Steuerrecht
DStZ	Deutsche Steuerzeitung
d. Verf.	der Verfasser
ECU	European Currency Unit
EFG	Entscheidungen der Finanzgerichte
EG	Europäische Gemeinschaften
EGAktG	Einführungsgesetz zum Aktiengesetz

EGHGB	Einführungsgesetz zum Handelsgesetzbuch
ESt	Einkommensteuer
EStDV	Einkommensteuer-Durchführungsverordnung
EStG	Einkommensteuergesetz
EStR	Einkommensteuer-Richtlinien
EuroEG	Euro-Einführungsgesetz
EU	Europäische Union
EuGH	Gerichtshof der Europäischen Gemeinschaft
e. V.	eingetragener Verein
EWG	Europäische Wirtschaftsgemeinschaft
FA	Finanzamt
FASB	Financial Accounting Standards Board
FG	Finanzgericht
FR	Finanz-Rundschau
GAAP	Generally Accepted Accounting Principles
GbR	Gesellschaft bürgerlichen Rechts
gem.	gemäß
GenG	Genossenschaftsgesetz
GewStG	Gewerbesteuergesetz
GewStR	Gewerbesteuerrichtlinien
GG	Grundgesetz
GmbH	Gesellschaft mit beschränkter Haftung
GmbHG	Gesetz betr. die Gesellschaften mit beschränkter Haftung
GmbH-Rdsch	GmbH-Rundschau
GoB	Grundsätze ordnungsmäßiger Buchführung
Gr. S.	Großer Senat
GuV	Gewinn- und Verlustrechnung
HB	Handelsbilanz
HdK	Handbuch der Konzernrechnungslegung (Komm.)
HdR	Handbuch der Rechnungslegung (Komm.)
HdS	Handwörterbuch der Sozialwissenschaften
HFA	Hauptfachausschuß des Instituts der Wirtschaftsprüfer in Deutschland e. V.
HGB	Handelsgesetzbuch
h. M.	herrschende Meinung
HRefG	Handelsrechtsreformgesetz
Hrsg.	Herausgeber
HWB	Handwörterbuch der Betriebswirtschaft
HWR	Handwörterbuch des Rechnungswesens
HwStR	Handwörterbuch des Steuerrechts
IAS	International Accounting Standard
IASC	International Accounting Standards Committee
i. d. R.	in der Regel
IdW	Institut der Wirtschaftsprüfer
IDW	Institut der Wirtschaftsprüfer in Deutschland e. V.
IFRS	International Financial Reporting Standard
i. V. m.	in Verbindung mit
Kap.	Kapitel
KapAEG	Kapitalaufnahmeerleichterungsgesetz
KapCoRiLiG	Kapitalgesellschaften- und Co-Richtlinie-Gesetz
KG	Kommanditgesellschaft
KGaA	Kommanditgesellschaft auf Aktien
KO	Konkursordnung

KonBefrV	Konzernabschlußbefreiungsverordnung
KonTraG	Gesetz zur Kontrolle und Transparenz im Unternehmensbereich
KStDV	Körperschaftsteuer-Durchführungsverordnung
KStG	Körperschaftsteuergesetz
KStR	Körperschaftsteuer-Richtlimen
KVStG	Kapitalverkehrsteuergesetz
LStDV	Lohnsteuer-Durchführungsverordnung
LStR	Lohnsteuer-Richtlinien
NJW	Neue Juristische Wochenschrift
OFD	Oberfinanzdirektion
OFG	Oberfinanzgericht
OFH	Oberster Finanzgerichtshof
OHG	Offene Handelsgesellschaft
PublG	Publizitätsgesetz
RAP	Rechnungsabgrenzungsposten
RegE	Regierungsentwurf
RFH	Reichsfinanzhof
RGBl	Reichsgesetzblatt
Rdnr.	Randnummer
RStBl.	Reichssteuerblatt
SEC	Securities and Exchange Commission
SFAS	Statement of Financial Accounting Standards
Sp.	Spalte
Stb	Der Steuerberater
StBerG	Steuerberatungsgesetz
Stbjb	Steuerberaterjahrbuch
StKgR	Steuerkongreß-Report
StuW	Steuer und Wirtschaft
StückAG	Stückaktiengesetz
TDM	Tausend Deutsche Mark
TransPuG	Transparenz- und Publizitätsgesetz
Tz.	Textziffer
u. a.	und andere
u. E.	unseres Erachtens
UmwG	Umwandlungsgesetz
UmwStG	Umwandlungssteuergesetz
USt	Umsatzsteuer
UStG	Umsatzsteuergesetz
u. U.	unter Umständen
Verf.	Verfasser
VO	Verordnung
VStG	Vermögensteuergesetz
VStR	Vermögensteuer-Richtlinien
WiSt	Wirtschaftswissenschaftliches Studium
WISU	Das Wirtschaftsstudium
WP	Wirtschaftsprüfer
WPg	Die Wirtschaftsprüfung
WPG	Wirtschaftsprüfungsgesellschaft

WP-Handbuch	Wirtschaftsprüfer-Handbuch
WpHG	Wertpapierhandelsgesetz
WPK	Wirtschaftsprüferkammer
WPO	Wirtschaftsprüferordnung
ZfB	Zeitschrift für Betriebswirtschaft
ZfbF	Zeitschrift für betriebswirtschaftliche Forschung
ZfhF	Zeitschrift für handelswissenschaftliche Forschung

Literaturverzeichnis

Achleitner, A.-K./ Behr, G. .... International Accounting Standards, 3. Aufl., München 2003

Adler-Düring-Schmaltz .... Rechnungslegung und Prüfung der Unternehmen, 8 Bde, ErgBd, 6. Aufl., Stuttgart 1995–2001

Arbeitskreis Bilanzrecht der Hochschullehrer Rechtswissenschaft .... Stellungnahme zum Referentenentwurf eines Bilanzrechtsreformgesetzes, BB 2004, 546–548

Ballwieser, W. .... Rahmenkonzepte der Rechnungslegung: Funktionen, Vergleich, Bedeutung, Der Konzern 2003, 337–348

ders. .... Die Konzeptionslosigkeit des International Accounting Standards Board (IASB), in: Festschrift für Volker Röhricht, Köln 2005, S. 727–747

Barckow, A. .... ED Fair Value Option, WPg 2004, 793–798

Beck'scher

Becker, K. .... Rechnungslegung nach IAS/IFRS: IAS 39 – Europäischer Alleingang oder weltweite Konvergenz, Der Konzern 2005, 286–297

Bieg, H. .... Schwebende Geschäfte in Handels- und Steuerbilanz, Frankfurt a. M., Bern 1977

Bieg, H./Heyd, R. .... Fair Value, München 2005

Bird, P. .... What is a „true and fair view"?, Journal of Business Law 1984, 480–485

Blümich, W. .... Einkommensteuergesetz, Körperschaftsteuergesetz, Gewerbesteuergesetz, Loseblatt (Stand Mai 2009)

Bohl, W./Riese, J./ Schlüter, J. .... Beck'sches IFRS-Handbuch, 3. Aufl., München 2009

Buchheim, R./Gröner, S./Kühne, M. .... Übernahme von IAS/IFRS in Europa: Ablauf und Wirkung des Komitologieverfahrens auf die Rechnungslegung, BB 2004, 1783–1788

Buck-Heeb, P. .... Kapitalmarktrecht, 3. Aufl., Heidelberg 2009

Budde/Clemm/ Pankow/Sarx .... Beck'scher Bilanz-Komentar, 7. Aufl. 2010

Budde, W. D./ Förschle, G./ N. Winkeljohann .... Sonderbilanzen, 4. Aufl., München 2008

Canaris, C.-W./ Schilling, W./ Ulmer, P. .... Großkommentar zum Handelsgesetzbuch, 4. Aufl., Berlin 1982ff.

Clemm, H. .... Unternehmerische Rechnungslegung – Aufgaben, Möglichkeiten, Grenzen, in: Festschrift für Reinhard Goerdeler, Düsseldorf 1987, S. 93–112

ders. .... Zur Fragwürdigkeit und Zweckmäßigkeit von Jahresbilanzen, in: Festschrift für Karl Beusch, Berlin 1993, S. 131–153

Colbe, W. Busse von ....Die Entwicklung des Jahresabschlusses als Informationsinstrument, in: Franz W. Wagner, Ökonomische Analyse des Bilanzrechts, ZfbF-Sonderheft 32 (1993), S. 11–29

ders. .... Die neuen Rechnungslegungsregeln aus betriebswirtschaftlicher Sicht, WPg 1987, 117–126

Crezelius, G. .... Das Handelsbilanzrecht in der Rechtsprechung des Bundesfinanzhofes, ZGR 1987, 1–45

Ekkenga, J. .... Anlegerschutz, Rechnungslegung und Kapitalmarkt, Tübingen 1998

ders. .... Neuordnung des Europäischen Bilanzrechts für börsennotierte Unternehmen: Bedenken gegen die Strategie der EG-Kommission, BB 2001, 2362–2369

Euler, R. .... Paradigmenwechsel im handelsrechtlichen Einzelabschluss: Von der GoB zu den IAS?, BB 2002, 875–880

Fleischer, H. .... Der deutsche „Bilanzeid" nach § 264 Abs 2 S 3 HGB, ZIP 2007, 97–106

Flower, J. .... European Financial Reporting: Adapting to a Changing World, London 2004

Forster, K.-H. .... „Erwartungslücke" bei der Abschlussprüfung, in: Festschrift für Herbert Helmrich, München 1994, S. 613–626

Freisleben, N./ Leibfried, P. .... Warum IAS/IFRS-Abschlüsse nicht (miteinander) vergleichbar sind. Fehlende Detailregelungen, Auswirkungen von US-GAAP und Mangel an Kontrolle, KoR 2004, 101– 109

Gebhardt, G. .... Probleme der Aufstellung von cash flow statements für internationale Konzerne, in: Festschrift für Adolf Moxter, Düsseldorf 1994, S. 551–572

Götz, J. .... Entwicklungslinien insolvenzrechtlicher Überschuldungsmessung, KTS 2003, 1–39

Großfeld, B./ Luttermann, C. .... Bilanzrecht, 4. Aufl., Heidelberg 2005

Grundmann, S. .... Europäisches Gesellschaftsrecht, Heidelberg 2004

Habersack, M. .... Europäisches Gesellschaftsrecht, 3. Aufl., 2004

Haibach, G. .... Komitologie nach Amsterdam – Die Übertragung von Rechtsetzungsbefugnissen im Rechtsvergleich, VerwArch 90 (1999), 98–111

Hauck, A./Prinz, U. .... Zur Auslegung von (europarechtlich übernommenen) IAS/ IFRS, Der Konzern 2005, 635–641

Hellermann, J. .... Private Standardsetzung im Bilanzrecht – öffentlich-rechtlich gesehen, NZG 2000, 1097–1103

Heppe, H. .... Nach dem Vertrauensverlust - Ist es an der Zeit, die Dritthaftung deutscher Abschlussprüfer zu verschärfen?, WM 2003, 714-724, 759-762

Hirte, H./Bücker, T. .... Handbuch Grenzüberschreitende Gesellschaften, 2. Aufl., Köln 2006

Hirte, H. .... Kapitalgesellschaftsrecht, 6. Aufl. 2009

Hirte, H./Möllers, T. ... Kölner Kommentar zum WpHG, Köln 2007

Hommelhoff, P. .... Europäisches Bilanzrecht im Aufbruch, RabelsZ 62 (1998) 381–404

Hornef, H. .... Publizitätspflicht nur für die Aktiengesellschaft, WPg 1958, 253–258

Hüffer, U. .... Aktiengesetz, 8. Aufl., München 2008

Hulle, K. van .... Das europäische Bilanzrecht: Entwicklungen und Herausforderungen, in: Vorträge und Berichte des Zentrums für Europäisches Wirtschaftsrecht, Band 34, Bonn 1994

ders. .... Europäische Rechnungslegung auf neuen Wegen, in: Jörg Baetge, Übergang der Rechnungslegung vom HGB zu den IFRS Düsseldorf 2004, S. 131–143

Icking, J. .... Die Rechtsnatur des Handelsbilanzrechts, Tübingen 2000

Isert, D./Schaber, M. ... Zur Abgrenzung von Eigenkapital und Fremdkapital nach IAS 32 (rev. 2003), KoR 2005, 299–310 und 357–364

Kronstein, H./ Claussen, C.P. .... Publizität und Gewinnverteilung im neuen Aktienrecht, Frankfurt/ Main 1960

Kropff, B. .... Aktiengesetz 1965, Düsseldorf 1965

Kropff, B./Semler, J. .... Münchener Kommentar zum Aktiengesetz, 2. Aufl., München 2000ff., 3. Aufl. 2008ff.

Kuhn, S. .... Finanzinstrumente: Fair Value-Option in IAS 39 überarbeitet, DB 2005, 1341–1348

Küting, H./Raker, D. .. Tendenzen zur Auslegung der endorsed IFRS als sekundäres Gemeinschaftsrecht, BB 2004, 2510–2515

Küting, K./Reuter, M. . Werden stille Reserven in Zukunft (noch) stiller? – Machen die IFRS die Bilanzanalyse überflüssig oder weitgehend unmöglich?, BB 2005, 706–713

Lachnit, L. .... „True and fair view" und Rechnungslegung über stille Rücklagen im Jahresabschluss von Kapitalgesellschaften, WPg 1993, 193–201

Lachnit, L./ Ammann, H./ Müller, S./Wulf, I. .... Probleme einer international ausgerichteten Jahresabschlussanalyse, DB 1998, 2177–2184

Leffson, U. .... Die Grundsätze ordnungsmäßiger Buchführung, 7. Aufl., Düsseldorf 1987

Lenenbach, M. .... Kapitalmarkt- und Börsenrecht, 2. Aufl., Köln 2006

Ludewig, R. .... Die Einflüsse des „true and fair view" auf die künftige Rechnungslegung, AG 1987, 12–15

Lutter, M. .... Die Auslegung angeglichenen Rechts, JZ 1992, 593–607

Marks, P. .... Entwicklungstendenzen beim Bestätigungsvermerk, WPg 1989, 121–128

Mock, S. .... Actual Legal Aspects of finance in German Cooperative Law, David Hiez, Droit comparé des coopératives européennes, 2009, S. 6-13

ders. .... Bindung einer Aktiengesellschaft an einen im Enforcement-Verfahren festgestellten Fehler in nachfolgenden aktienrechtlichen Verfahren, DB 2005, 987–99

Moxter, A. .... Gewinnrealisierung nach der IAS/IFRS - Erosion des HGB-Realisationsprinzips, ZVerglRWiss 103 (2004), 268-280

ders. .... Rechnungslegungsmythen, BB 2000, 2143–2149

ders. .... Wirtschaftliche Gewinnermittlung und Bilanzsteuerrecht, StuW 1983, 300–307

ders. .... Bilanzlehre, Bd. I, Einführung in die Bilanztheorie. 3. Aufl., Wiesbaden 1984, Nachdruck 1991

Müller, W. .... Der Europäische Gerichtshof und die deutschen Grundsätze ordnungsmäßiger Buchführung, in: Festschrift für Carsten Peter Claussen, Köln 1997, S. 707–725

Neukamp, E. .... Das Dogma von der „Bilanzwahrheit", ZHR 48 (1899), 450–507

Niehus, Rudolf J. .... Zur Transformation der 4 EG-(Bilanz-)Richtlinie in den Mitgliedstaaten der Europäischen Gemeinschaft, ZGR 1985, 536

Oetker, H. .... Handelsgesetzbuch, 2009

Pahkle, A./König, U. .. Abgabenordnung, 2. Aufl., München 2009

Petersen, K./ Zwirner, C. .... Bilanzrechtsmodernisierungsgesetz, München 2009

Raupach, A. .... Wandel von Bilanzierungszielen, in: Festschrift für Welf Müller, München 2001, S. 793–815

Rebmann, K./ Säcker, F. J./ Rixecker, R. .... Münchener Kommentar zum Bürgerlichen Gesetzbuch, 5. Aufl., München 2006ff.

Rehm, H. .... Die Bilanzen der Aktiengesellschaften, 2. Aufl. 1914

Rickford, J. .... Reforming Capital – Report of the Interdisciplinary Group on Capital Maintenance, 15 EBLR 919–1027 (2004)

Röhricht, V./ Graf von Westphalen, F. Handelsgesetzbuch, 3. Aufl. 2008

Scheffler, E. .... Kapitalflussrechnung – Stiefkind in der deutschen Rechnungslegung, BB 2002, 295–300

Schmalenbach, E. .... Dynamische Bilanz, 13. Aufl., bearb. von R. Bauer, Köln, Opladen 1962, Nachdruck 1988

Schmidbauer, R. .... Die Bilanzierung von Pensionsrückstellungen und daraus resultierende Ergebnisrisiken, DStR 2003, 795–802

Schön, W. .... Entwicklungen und Perspektiven des Handelsbilanzrechts: vom ADHGB zum IASC, ZHR 161 (1997), 133–159

ders. .... Kompetenzen der Gerichte zur Auslegung von IAS/IFRS, BB 2004, 763–768

Schubert, W./ Hommelhoff, P. .... Hundert Jahre modernes Aktienrecht, 1985

Schülen, W. .... Die Aufstellung des Anhanges, WPg 1987, 223–231

Schulze-Osterloh, J. .... Die Rechnungslegung der GmbH als Spiegelbild sich wandelnder Bilanzauffassungen und Publizitätsinteressen, in: Festschrift 100 Jahre GmbHG, Köln 1992, S. 501–520

ders. .... Internationalisierung der Rechnungslegung und ihre Auswirkungen auf die Grundprinzipien des deutschen Rechts, Der Konzern 2004, 173–184

ders. .... Rechnungslegung, Abschlussprüfung und Publizität der Kapitalgesellschaften nach dem Bilanzrichtliniengesetz, ZHR 150 (1986), 532–569

Siegel, T./Bareis, P./ Rückle, D./ Schneider, D./ Wagner, J./ Streim, H. .... Stille Reserven und aktienrechtliche Informationspflichten, ZIP 1999, 2077–2085

Simon, H. V. .... Die Bilanzen der Aktiengesellschaften und der Kommanditgesellschaften auf Aktien, 3. Aufl. 1899

Smith, T. .... Accounting for growth. Stripping the camouflage from company accounts, London 1992

Spindler, G./ Stilz, E. .... Aktiengesetz, 2007

Streim, H./ Bieker, M./ Esser, M. .... Vermittlung entscheidungsnützlicher Informationen durch Fair Values – Sackgasse oder Licht am Horizont?, BFuP 2003, 457–479

Thiele, K. .... Partielles Endorsement von IAS 39: Europäischer Sonderweg bei der Bilanzierung von Finanzinstrumenten, DStR 2004, 2162–2168

Tipke, K./Lang, J. .... Steuerrecht, 20. Aufl., Köln 2010

Whittington, G. .... The adoption of International Accounting Standards in the European Union, 14 European Accounting Review 127–153 (2005)

Wiedemann, H./ Hopt, K.J. .... Großkommentar zum Aktiengesetz, 4. Aufl., Berlin 1992ff.

Wiedemann, H. .... Gesellschaftsrecht – Band I, München 1980

Winnefeld, R. .... Bilanz-Handbuch, Handels- und Steuerbilanz, Rechtsformspezifisches Bilanzrecht, Bilanzielle Sonderfragen, Sonderbilanzen, 4. Aufl. München 2006

Wöhe, G. .... Einführung in die Allgemeine Betriebswirtschaftslehre, 23. Aufl., München 2008

Zabel, M. .... IAS zwingend für Konzern- und Einzelabschluss?, WPg 2002, 919–924

Zöllner, W. .... Kölner Kommentar zum Aktiengesetz, Köln 1986ff., 2. Aufl., Köln 1988ff.

1. Teil. Grundlagen der Rechnungslegung

§ 1. Rechnungslegung zwischen Betriebswirtschaftslehre und Rechtswissenschaft

Das Recht der Rechnungslegung ist das Recht der Handelsbücher von Einzelkaufleuten und Unternehmensträgern. Es ist damit Teil des allgemeinen Unternehmensrechts.

Der Ursprung der Rechnungslegung liegt in der Pflicht zur Rechenschaftslegung über die Wahrnehmung eines Vertrauensverhältnisses gegenüber anderen. Ein solches Vertrauensverhältnis ergibt sich insbesondere bei der Wahrnehmung von Vermögensinteressen in einem Schuldverhältnis. Dieser Grundsatz wird im deutschen Zivilrecht allgemein durch die §§ 259 I, 666 BGB ausgedrückt, die somit als Grundlage der Rechnungslegung gelten. Der genaue Umfang bzw. die Reichweite dieses Anspruches können dabei allerdings verschieden bestimmt werden. Als Ausfluss des Treueverhältnisses zwischen Treugeber und Treunehmer (Bilanzierender) verfolgt die Rechnungslegung das Ziel der Erfolgsfeststellung. Der Bilanzierende muss gegenüber dem Treugeber durch die Rechnungslegung über den Erfolg der Wahrnehmung fremder Interessen Rechenschaft ablegen.

Die Rechnungslegung lässt sich dabei schwer in rechtlichen Dimensionen einfangen. Zum einen handelt es sich um eine Disziplin der Betriebswirtschaftslehre,[1] die sich vor allem aus kaufmännischen Übungen, Techniken und Gewohnheiten speist. Zum anderen ist die Rechnungslegung aber auch umfangreichen gesetzlichen Regelungen unterworfen, die konkrete Vorgaben für Kaufleute machen.[2] Aufgrund dieser Stellung zwischen den beiden Disziplinen der Betriebswissenschaftslehre und der Rechtswissenschaft ist die Rechnungslegung insbesondere für Juristen oftmals ein recht schwer zugängliches Feld, obwohl die Rechnungslegung in einer ganzen Reihe von Regelungszusammenhängen von herausragender Bedeutung ist und für rechtliche Fragen meist den Tatbestand liefert.

Als Prüfungsstoff in der juristischen Ausbildung hat die Rechnungslegung in den letzten Jahren in den meisten Bundesländern eine Aufwertung erfahren. So verlangen insbesondere die unternehmensrechtlich aber auch die steuerrechtlich orientierten Schwerpunktbereiche bzw. Wahlfachgruppen sehr häufig Grundkenntnisse des Rechnungslegungsrechts. Teilweise wird das Rechnungslegungsrecht sogar als Schlüssel- oder Grundqualifikation angesehen.

---

[1] Siehe dazu S. 2 ff.
[2] Siehe dazu S. 45 ff.

§ 2. Betriebswirtschaftliche Grundlagen der Rechnungslegung

1. Buchführung und Bilanz als Teilgebiete des betrieblichen Rechnungswesens

a) Aufgaben des betrieblichen Rechnungswesens

Das betriebliche Rechnungswesen hat zunächst eine Dokumentations- und Kontrollaufgabe. Sämtliche im Betrieb auftretenden Geld- und Leistungsströme, die in erster Linie durch den betrieblichen Umsatzprozess (Leistungserstellung und Leistungsverwertung) hervorgerufen werden, werden mengen- und wertmäßig erfasst und überwacht. Diese Aufgabe wird erfüllt durch die Ermittlung von *Beständen* an einem bestimmten Zeitpunkt (z.B. die Ermittlung des Vermögens und der Schulden des Betriebes an einem Stichtag) oder durch die Feststellung von *Bestandsveränderungen* im Zeitablauf (z.B. die Zu- und Abnahme von Lagerbeständen oder Forderungen) sowie durch die Ermittlung des Erfolges innerhalb einer Zeitperiode (z.B. die Ermittlung der Differenz zwischen Aufwand und Ertrag einer Periode).

Hinzu kommt die Dispositionsaufgabe. Mit Hilfe der Stichtagsfeststellung oder des Zeitvergleichs von Bestands- und Erfolgsgrößen und mit Hilfe der Kontrolle der Wirtschaftlichkeit und Rentabilität der betrieblichen Prozesse liefert das Rechnungswesen der Betriebsführung zugleich Unterlagen für deren auf die Zukunft gerichteten Planungsüberlegungen.

Neben den Dokumentations- und Kontrollaufgabe und der Dispositionsaufgabe hat das Rechnungswesen auch *betriebsexterne* Aufgaben. Aufgrund gesetzlicher Vorschriften dient es der Rechenschaftslegung und informiert – soweit es infolge gesetzlicher Vorschriften veröffentlicht oder freiwillig zur Einsicht freigegeben wird – die Gesellschafter, die Anteilseigner, die Finanzbehörden, die Belegschaft, staatliche Instanzen, wissenschaftliche Institute, die Wirtschaftspresse und sonstige Interessierte über die Vermögens-, Finanz- und Ertragslage des Betriebes.

Die genannten Aufgaben werden mit Hilfe der folgenden *vier Hauptgebiete des betrieblichen Rechnungswesens* erfüllt, die wiederum aus mehreren Teilbereichen bestehen:

(1) *Finanzbuchführung und Bilanz*
- (a) Buchführung
- (b) Inventar
- (c) Jahresabschluss (Jahresbilanz, Erfolgsrechnung und ggf. Anhang)
- (d) Sonderbilanzen, Zwischenbilanzen

(2) *Kostenrechnung*
- (a) Betriebsabrechnung (kalkulatorische Buchführung)
  - aa) Kostenartenrechnung
  - bb) Kostenstellenrechnung
  - cc) Kostenträger-Zeitrechnung
  - dd) kurzfristige Erfolgsrechnung
- (b) Selbstkostenrechnung (Kostenträger-Stückrechnung)

(3) *Betriebswirtschaftliche Statistik und Vergleichsrechnung*
- (a) Betriebswirtschaftliche Statistik
- (b) Einzelbetrieblicher Vergleich
  - aa) Zeitvergleich
  - bb) Verfahrensvergleich
  - cc) Soll-Ist-Vergleich
- (c) Zwischenbetrieblicher Vergleich

(4) *Planungsrechnung*

Der Dokumentations-, Kontroll- und Dispositionsaufgabe dienen alle genannten Bereiche des Rechnungswesens. Die Rechenschaftslegung erfolgt mit Hilfe des Jahresabschlusses, der aus den Zahlen der Buchführung entwickelt wird.

Die Aufgabe der Buchführung besteht darin, alle in Zahlenwerten festgestellten wirtschaftlich bedeutsamen Vorgänge (Geschäftsvorfälle), die sich im Betrieb ereignen, in chronologischer Reihenfolge festzuhalten. Sie beginnt mit der Gründung und endet mit der Liquidation eines Betriebes. Wirtschaftlich bedeutsam sind alle Vorgänge, die zur Änderung der Höhe und/oder der Zusammensetzung des Vermögens und des Kapitals eines Betriebes führen. Alle in der Buchführung und im Jahresabschluss erfassten Bestands- und Bewegungsgrößen werden in Geldeinheiten ausgedrückt.

Die mengenmäßige Erfassung der Bestände erfolgt durch *Inventur* (körperliche Bestandsaufnahme) vor der Aufstellung des Jahresabschlusses und findet ihren Niederschlag in einem Bestandsverzeichnis, das als *Inventar* (§ 240 HGB) bezeichnet wird. Das Inventar enthält neben den durch körperliche Inventur ermittelten Beständen die Forderungen und Schulden des Betriebes, die nur durch Buchinventur ermittelt werden können. Alle Vermögensbestände und Schulden sind dabei art-, mengen- und wertmäßig aufzuführen.

Die *Bilanz* unterscheidet sich vom Inventar dadurch, dass sie in der Regel Kontoform hat und keine mengenmäßigen, sondern nur art- und wertmäßige Angaben enthält. Außerdem zieht sie die vielen Arten von Vermögensgegenständen und Schulden zu Gruppen, sog. *Bilanzpositionen,* zusammen (z.B. Gebäude, Maschinen, Werkzeuge usw.). Das Inventar steht zwischen Bilanz und Buchführung und ist eine Voraussetzung dafür, dass überhaupt eine ordnungsmäßige Bilanz erstellt werden kann. Die Buchführung ist also eine Zeitrechnung.

Die *Informationsaufgabe* erfüllen in erster Linie der Jahresabschluss, daneben aber auch die Statistik und der Betriebsvergleich. Während Buchführung, Jahresabschluss und Kostenrechnung in erster Linie Werte, Wertbewegungen und Wertveränderungen erfassen, gewinnt die *betriebswirtschaftliche Statistik* durch Vergleichen von betrieblichen Tatbeständen und Entwicklungen (z.B. der Entwicklung der Produktion, der Lagerbewegungen, der Umsätze in verschiedenen Monaten) oder durch Feststellung von Beziehungen und Zusammenhängen zwischen betrieblichen Größen (z.B. Beziehungen zwischen Eigenkapital und Gewinn, zwischen eingesetztem Material und Materialabfall, zwischen Lohnkosten und Gesamtkosten) neue zusätzliche Erkenntnisse über betriebliche Vorgänge und Erscheinungen.

Die Vergleichsrechnung (Betriebsvergleich) kann als *Zeitvergleich* die Entwicklung bestimmter betrieblicher Größen im Zeitablauf (z.B. die Umsatzentwicklung, die Produktionsentwicklung usw.) erfassen, als *Verfahrensvergleich* die Wirtschaftlichkeit verschiedener Verfahren (z.B. Fertigungsverfahren) ermitteln oder als *Soll-Ist-Vergleich* Soll-Werte, d.h. vorgegebene Richtgrößen (z.B. Plankosten), den Ist-Werten, d.h. den tatsächlich angefallenen Größen, gegenüberstellen.

Sie kann ferner als zwischenbetrieblicher Vergleich Betriebe derselben oder verschiedener Branchen vergleichen oder Kennzahlen des eigenen Betriebs an Hand von Branchendurchschnittszahlen (Richtzahlen) überprüfen. Die Methoden der Betriebsstatistik dienen dabei als Hilfsmittel.

Ein wesentlicher Unterschied zwischen der Finanzbuchführung und dem Jahresabschluss einerseits und der Kostenrechnung andererseits ist darin zu sehen, dass der Jahresabschluss eine periodische Rechenschaftslegung der Personen darstellt, die für die Verbindlichkeiten des Betriebes haften bzw. die – bei Kapitalgesellschaften – als verfassungsmäßige Organe die Geschäfte des Betriebes führen.

Die Verpflichtung zur Rechenschaftslegung beruht *auf Gesetz;* auch ihr Umfang, ihre Form und ihr Inhalt (Bilanzgliederung, Bilanzbewertung, Anhang usw.) sind gesetzlich geregelt.[3] Sie trifft stets den Betrieb als rechtliche Einheit in seiner Gesamtheit und richtet sich nach außen (Gläubiger, Finanzbehörden, Anteilseigner von Kapitalgesellschaften). Siehe dazu auch unten S. 58.

Die *Kostenrechnung* dagegen ist eine *innerbetriebliche Angelegenheit.* Ihr Aufbau und ihre Organisation sind in das Ermessen des Betriebes gestellt. Sie ist keine Rechenschaftslegung gegenüber einem bestimmten Personenkreis. Ihre Aufgabe ist die Kontrolle der Wirtschaftlichkeit des Betriebsprozesses. Daneben soll sie auf der Grundlage der ermittelten Selbstkosten der Leistungen (Kostenträger) eine Kalkulation des Angebotspreises bzw. die Feststellung der Preisuntergrenze ermöglichen.

b) Tabellarische Übersicht über das betriebliche Rechnungswesen

Die folgende Übersicht gibt einen stichwortartigen Überblick über die Hauptgebiete, Teilbereiche und Aufgaben des betrieblichen Rechnungswesens:

Betriebliches Rechnungswesen			
Hauptgebiete	**Aufgaben**	**Teilbereiche**	**Aufgaben**
Finanzbuchführung und Bilanz	Dokumentation, Rechenschaftslegung, Information, Kontrolle, Disposition	Buchführung	Chronologische und sachlich geordnete wertmäßige Erfassung aller Geschäftsvorfälle auf Bestands- und Erfolgskonten
		Inventar	Ergebnis der art-, mengen- und wertmäßigen Erfassung von Vermögensbeständen und Schulden durch körperliche Bestandsaufnahme (Inventur)
		Jahresabschluss (Bilanz und Erfolgsrechnung, bei Kapitalgesellschaften außerdem Anhang)	Jährliche Rechenschaftslegung und Information der Bilanzadressaten über die Vermögens-, Finanz- und Ertragslage (Unternehmer, Gläubiger, geschäftsführende Organe, Gesellschafter, Anteilseigner, Belegschaft) und über die Steuerbemessungsgrundlagen (Finanzverwaltung)
		Zwischenbilanzen, Sonderbilanzen (Gründungs-, Kapitalerhöhungs-, Fusions-, Umwandlungs-, Sanierungs-, Auseinandersetzungs-, Liquidationsbilanzen)	Information und Rechenschaftslegung in kürzeren Zeitabständen, Rechenschaftslegung und Information über außerordentliche (einmalige) rechtliche und wirtschaftliche Anlässe

[3] Siehe S. 45 ff.

Betriebliches Rechnungswesen			
Hauptgebiete	**Aufgaben**	**Teilbereiche**	**Aufgaben**
		Konzernabschluss (Bilanz, Erfolgsrechnung und Anhang des Konzerns)	Jährliche Information über die Vermögens-, Finanz- und Ertragslage des Konzerns durch Konsolidierung der Jahresabschlüsse der in einem Konzern zusammengeschlossenen Unternehmen
Kostenrechnung	Kontrolle der Wirtschaftlichkeit des Betriebsprozesses, Kalkulation des Angebotspreises, Feststellung von Preisuntergrenzen	Kostenartenrechnung	Erfassung der Kostenarten nach verschiedenen Gliederungskriterien, z.B. nach Faktorarten (Personal-, Sach-, Kapitalkosten u.a.), nach Art der Verrechnung (Einzelkosten – Gemeinkosten), nach Verhalten bei Beschäftigungsänderungen (fixe – variable Kosten) u.a.
		Kostenstellenrechnung	Verteilung der Kostenarten nach einzelnen Kostenbereichen (z.B. Fertigung, Verwaltung, Vertrieb), Ermittlung von Bezugsgrößen zur Zurechnung der Gemeinkosten auf die Kostenträger, Überwachung und Kontrolle der Wirtschaftlichkeit
		Kostenträgerzeitrechnung (Betriebsergebnisrechnung, kurzfristige Erfolgsrechnung)	Verrechnung der Kosten einer Periode auf sämtliche Leistungen dieser Periode und Feststellung des Betriebsergebnisses
		Kostenträgerstückrechnung (Kalkulation)	Ermittlung der Kosten pro Leistungseinheit
Betriebswirtschaftliche Statistik und Vergleichsrechnung	Aufbereitung und Auswertung der Zahlen der übrigen Teile des Rechnungswesens und zusätzlich gewonnenen Zahlenmaterials zur Überwachung, Kontrolle und Gewinnung von Planungsunterlagen	Betriebswirtschaftliche Statistik (z.B. Beschaffungs-, Lager-, Produktions-, Vertriebs-, Personal-, Bilanz-, Erfolgsstatistik)	Zahlenmäßige Erfassung, Verarbeitung und tabellarische oder graphische Darstellung betrieblicher Vorgänge für Planung und Kontrolle

Betriebliches Rechnungswesen			
Hauptgebiete	**Aufgaben**	**Teilbereiche**	**Aufgaben**
		Innerbetrieblicher (einzelbetrieblicher) Vergleich	Vergleich betrieblicher Vorgänge, Entwicklungen und Zustände innerhalb eines Betriebes
		(a) Zeitvergleich	Vergleich bestimmter betrieblicher Größen an verschiedenen Zeitpunkten (z.B. Forderungsbestand) oder innerhalb verschiedener Zeiträume (z.B. Umsatz)
		(b) Verfahrensvergleich	Wirtschaftlichkeitsvergleich verschiedener Fertigungs-, Lagerungs-, Finanzierungsverfahren, verschiedener Absatzwege oder Formen der Werbung als Entscheidungsgrundlage für die optimale Verfahrenswahl
		(c) Soll-Ist-Vergleich	Vergleich von Soll- und Istzahlen (z.B. Plankosten und Istkosten) zur Feststellung und Analyse von Differenzen
		Zwischenbetrieblicher Vergleich	Vergleich betrieblicher Vorgänge, Entwicklungen und Zuständen in verschiedenen Betrieben oder Wirtschaftszweigen
		(a) Betriebe desselben Wirtschaftszweiges	Wirtschaftlichkeits- und Rentabilitätskontrolle (z.B. Herstellungskosten gleicher Produkte, Umsatz je Verkaufskraft, Kapital- und Arbeitsintensität)
		(b) Betriebe verschiedener Wirtschaftszweige	Wirtschaftlichkeits- und Rentabilitätsvergleich (z.B. Eigenkapitalrentabilität, Anlagenintensität) als Entscheidungsgrundlage für potentielle Anleger, wirtschafts- und steuerpolitische Maßnahmen u.a.
		(c) Richtzahlenvergleich	Vergleich von betriebseigenen Kennzahlen mit Branchendurchschnittszahlen für Kontroll- und Dispositionszwecke

Betriebliches Rechnungswesen			
Hauptgebiete	**Aufgaben**	**Teilbereiche**	**Aufgaben**
Planungsrechnung	Mengen- und wertmäßige Festlegung (Schätzung) der zukünftigen betrieblichen Entwicklung in Form von Voranschlägen	Funktional gegliederte Teilpläne (z.B. Beschaffungsplan)	Planung der Investitionen mit Hilfe der Investitionsrechnung, Planung der Beschaffung von Werkstoffen und Ermittlung der optimalen Bestellmengen, Personalplanung
		Produktionsplan	Planung der Arten und Mengen von Gütern, die innerhalb eines Zeitraumes hergestellt werden sollen, unter Berücksichtigung von Kapazitäts- und Absatzmöglichkeiten
		Absatzplan	Planung des Verkaufs, der Vertriebskosten, der Werbung
		Finanzplan	Sicherung der Aufrechterhaltung des finanziellen Gleichgewichts, Minimierung der Kapitalkosten

2. Grundbegriffe des betrieblichen Rechnungswesens

Im betrieblichen Rechnungswesen sind folgende Begriffspaare scharf zu trennen, die im täglichen Sprachgebrauch teilweise synonym verwendet werden:

- Auszahlungen – Einzahlungen;
- Ausgaben – Einnahmen;
- Aufwand – Ertrag;
- Kosten – Leistung.

Das Steuerrecht verwendet in den Vorschriften über die Gewinnermittlung mit Hilfe der Steuerbilanz ein weiteres Begriffspaar, das sich mit keinem der oben genannten in vollem Umfange deckt:

- Betriebseinnahmen – Betriebsausgaben.

Bei allen genannten betriebswirtschaftlichen Begriffen handelt es sich um *Strömungsgrößen,* also um Zahlungs- bzw. Leistungsvorgänge, die sich innerhalb einer bestimmten Periode ereignen. Diese Strömungsgrößen führen zu einer *Veränderung von Bestandsgrößen,* wobei die positiven Strömungsgrößen (Einzahlung, Einnahme, Ertrag, Leistung) eine Bestandserhöhung, die negativen (Auszahlung, Ausgabe, Aufwand, Kosten) eine Bestandsverminderung hervorrufen. Dabei bewirkt jedes der vier Begriffspaare die Veränderung eines anders definierten Bestandes. Die Differenz zwischen der positiven Strömungsgröße einer Periode (Bestandserhöhung) und der dazugehörigen negativen Strömungsgröße einer Periode (Bestandsverminderung) ergibt die Veränderung (Erhöhung oder Verminderung) des betreffenden Bestandes in einer Periode.

a) Einzahlungen – Einnahmen; Auszahlungen – Ausgaben

Auszahlungen und Einzahlungen bezeichnen Barzahlungsvorgänge, also den Zu- oder Abfluss liquider Mittel (Kassenbestände und jederzeit verfügbare Bankguthaben = Zahlungsmittelbestand). Die Begriffe Ausgaben und Einnahmen sind um den Bereich der Forderungs- und Schuldenentstehung erweitert. Die Summe aus Zahlungsmittelbestand und dem Bestand aller übrigen Forderungen abzüglich des Bestandes an Verbindlichkeiten bezeichnet man als *Geldvermögen.* Einnahmen entstehen durch Geschäftsvorfälle, die zu einer Erhöhung des Geldvermögens führen; Ausgaben liegen vor, wenn das Geldvermögen durch Geschäftsvorfälle vermindert wird:

Ausgaben = Auszahlungen + Forderungsabgänge + Schuldenzugänge
Einnahmen = Einzahlungen + Forderungszugänge + Schuldenabgänge

Das Begriffspaar Auszahlungen – Einzahlungen hat also einen engeren Begriffsumfang als das Begriffspaar Ausgaben – Einnahmen.

Beispiele:
1. Aufnahme eines Barkredits (z.B. Bankdarlehen): Einzahlung = Schuldenzugang;
2. Barverkauf von Waren: Zunahme des Zahlungsmittelbestandes = Zunahme des Geldvermögens;
3. Warenverkauf auf Kredit (*auf Ziel*): Zunahme des Geldvermögens durch Zunahme der Forderungen.

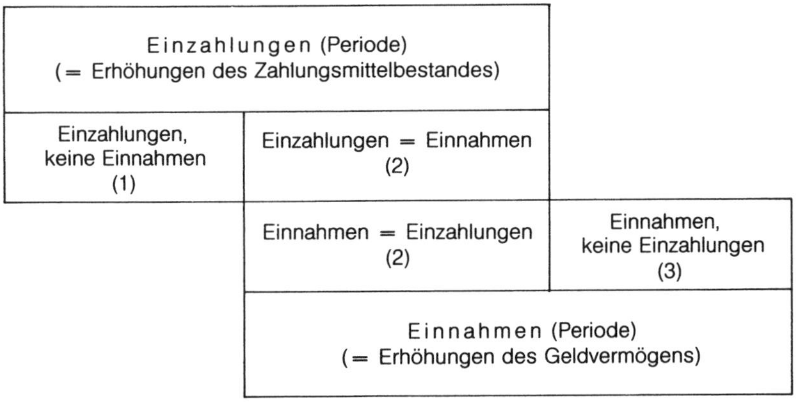

Beispiele:
1. Der Betrieb gewährt einen Barkredit: Auszahlung = Forderungszugang;
2. Bareinkauf von Rohstoffen: Abnahme des Zahlungsmittelbestandes = Abnahme des Geldvermögens;
3. Wareneinkauf auf Ziel: Abnahme des Geldvermögens durch Zunahme der Schulden.

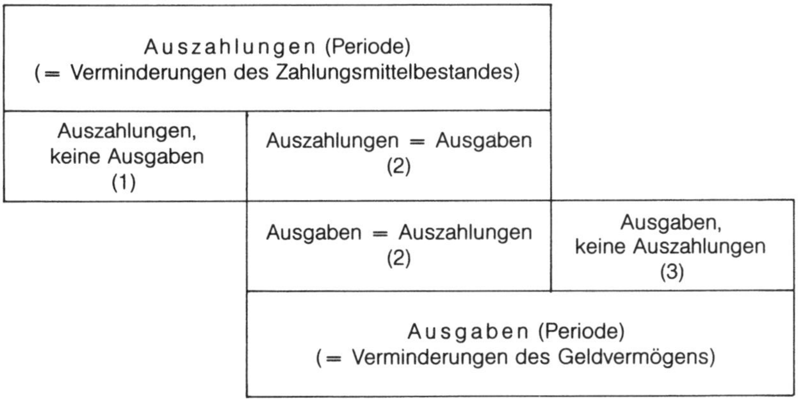

b) Ertrag – Aufwand; Leistung – Kosten

Die Summe aus Geldvermögen und Sachvermögen, also die Summe aus Kassenbestand und jederzeit verfügbaren Bankguthaben, dem Bestand an sonstigen Forderungen sowie dem Bestand an Sachvermögen, für dessen Bewertung die Wertansätze der Finanzbuchhaltung herangezogen werden, abzüglich des Bestandes an Verbindlichkeiten, wird als *Netto- oder Reinvermögen* bezeichnet. Jeden Vorgang, der zu einer Erhöhung dieses Nettovermögens führt, nennt man *Ertrag,* jeden Geschäftsvorfall, der eine Verminderung des Nettovermögens hervorruft, *Aufwand.* Als Aufwand bezeichnet man den Wertverzehr (Wertverbrauch) einer Abrechnungsperiode. Der Verbrauch von Werten kann einerseits in einer Umformung von Werten (z.B. Verbrauch von Rohstoffen zur Erstellung von Fabrikaten) bestehen, dann steht dem Güterverzehr ein Gegenwert in Form von Betriebsleistungen gegenüber, oder er kann ohne Gegenwert erfolgen, wie z.B. bei der Zahlung einer Spende (freiwillig) oder der Zahlung von Steuern (zwangsweise).

Der Teil des in einer Periode eingetretenen Wertverzehrs, der bei der Erstellung der Betriebsleistungen angefallen ist, stellt die *Kosten* dar. Aufwand und Kosten stimmen nicht in vollem Umfang überein, da es einerseits Aufwand gibt, der entweder nichts mit der Erstellung von Betriebsleistungen zu tun hat (z.B. eine Spende des Betriebes an das Rote Kreuz) und folglich die Selbstkostenrechnung verfälschen würde oder ihnen nicht oder nicht in voller Höhe zugerechnet wird (*neutraler Aufwand,* z.B. Abschreibungen vorübergehend stillgelegter Anlagen), und andererseits Kosten verrechnet werden, denen entweder kein Aufwand oder nicht in voller Höhe der Kosten Aufwand entspricht (*Zusatzkosten,* z.B. Unternehmerlöhne bei Personengesellschaften oder Eigenkapitalzinsen). Sie müssen in der Kostenrechnung in die Selbstkosten der Produkte eingerechnet werden, da anderenfalls der Angebotspreis zu niedrig kalkuliert würde. Im Jahresabschluss dagegen werden sie nicht als Aufwand verrechnet, sondern sind im Gewinn enthalten – falls ein solcher erzielt wird. Soweit sich Aufwand und Kosten decken, spricht man von *Zweckaufwand* und *Grundkosten.*

Die Beziehungen zwischen Aufwand und Kosten lassen sich anhand des folgenden Schemas erläutern:

- betriebsfremder Aufwand (z.B. Spende an das Rote Kreuz);
- außerordentlicher Aufwand (z.B. Kursverluste bei Wertpapieren);
- bewertungsbedingter neutraler Aufwand (z.B. Periodenabschreibung wird im Jahresabschluss höher angesetzt als in der Kostenrechnung);

- kalkulatorische Kostenarten, denen keine Aufwandsarten entsprechen (z.B. kalkulatorischer Unternehmerlohn);
- kalkulatorische Kostenarten, deren Aufgabe die Periodisierung aperiodisch eintretenden betriebsbedingten Wertverzehrs ist (z.B. kalkulatorische Wagnisse);
- kalkulatorische Kostenarten, soweit sie entsprechende Aufwandsarten übersteigen (z.B. kalkulatorische Abschreibungen).

Der Gegenbegriff zum Aufwand ist der *Ertrag;* das ist der in Geld bewertete Wertzugang einer Periode. Soweit er eine Folge der betrieblichen Leistungserstellung und -verwertung ist, bezeichnet man ihn als *Betriebsertrag.* Anderenfalls handelt es sich um einen *neutralen Ertrag* (z.B. Zinserträge aus Wertpapieren). Der Gegenbegriff zu den Kosten ist die *Betriebsleistung.* Sie ist das Ergebnis der betrieblichen Tätigkeit, die sich in Form von Sachgütern und Dienstleistungen zeigt.

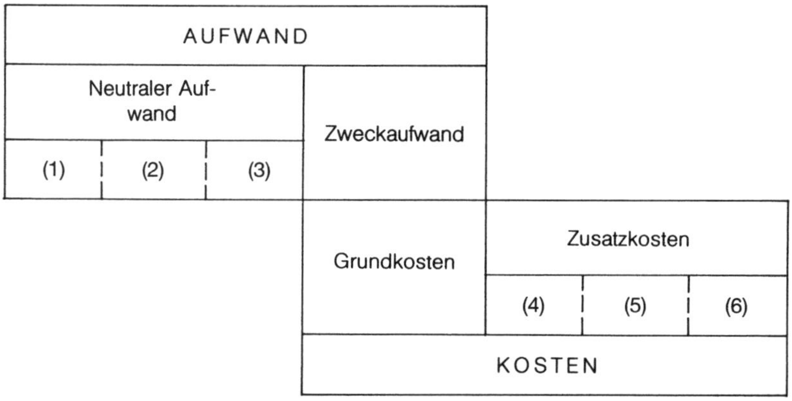

c) Betriebsausgaben – Aufwand, Betriebseinnahmen – Ertrag

Das Steuerrecht hat eine eigene Terminologie für die Ermittlung des steuerlichen Ergebnisses (Gewinn oder Verlust) mit Hilfe der Steuerbilanz entwickelt. Nach § 4 I EStG ist steuerpflichtiger Gewinn der Unterschiedsbetrag zwischen dem Betriebsvermögen am Schluss des Wirtschaftsjahrs und dem Betriebsvermögen am Schluss des vorangegangenen Wirtschaftsjahrs, vermehrt um den Wert der Entnahmen und vermindert um den Wert der Einlagen. Der Wert des Betriebsvermögens kann durch Betriebsausgaben vermindert und durch Betriebseinnahmen erhöht werden. § 4 IV EStG definiert den Begriff der Betriebsausgaben als Aufwendungen, die durch den Betrieb veranlasst sind. Aus dieser Definition kann jedoch nicht abgeleitet werden, dass Betriebsausgaben grundsätzlich Aufwand im oben definierten Sinne sind, da das Steuerrecht unter Aufwendungen auch Ausgaben versteht, die kein Wertverzehr einer Periode sind.

Trotz dieser Gleichsetzung zwischen Ausgaben und steuerlichen Betriebsausgaben bedarf die obige Darstellung der Beziehungen zwischen Ausgaben und Aufwand für die Betriebsausgaben einer Ergänzung, weil diese Beziehungen kraft steuerrechtlicher Vorschriften in der Weise verändert werden können, dass z.B. bestimmte Betriebsausgaben, die zugleich Aufwand der Periode sind, zu nichtabzugsfähigen Betriebsausgaben erklärt werden, d.h. zu Betriebsausgaben, die im Gegensatz zum Aufwand den (steuerlichen) Erfolg der Periode nicht vermindern dürfen (z.B. Aufwendungen für Geschenke über 35 €, 70 % der Bewirtungsaufwendungen u.a., für Körperschaftsteuer der Kapitalgesellschaften [§ 4 V Nr. 1 EStG]).

Der Begriff der (steuerlichen) *Betriebseinnahmen* ist gesetzlich nicht definiert. Der BFH bezeichnet als Betriebseinnahmen alle Zugänge in Geld und Geldeswert, die durch den Betrieb veranlasst sind.[4] Dazu gehören nicht nur erfolgswirksame, sondern auch *erfolgsunwirksame* Einnahmen wie z.B. Geldeingänge aus einer Kreditaufnahme. Ebenso wie bei den Betriebsausgaben kann der Gesetzgeber auch die Erfolgswirksamkeit von Betriebseinnahmen aufheben, so dass Betriebseinnahmen, die ihrem Wesen nach Ertrag der Periode sind, den steuerlichen Erfolg nicht beeinflussen können (sog. steuerfreie Einnahmen).

d) Erfolg – Betriebsergebnis

Unter Verwendung der bisher erläuterten Begriffe ergibt sich der Erfolg einer Periode in der Handels- und Steuerbilanz bzw. das Betriebsergebnis in der Kostenrechnung aus den in den folgenden Übersichten dargestellten Beziehungen:

aa) Bilanz

Betriebsertrag	– Zweckaufwand	= Betriebserfolg
neutraler Ertrag	– neutraler Aufwand	= neutraler Erfolg
Gesamtertrag	– Gesamtaufwand	= Gesamterfolg
Gesamtertrag	> Gesamtaufwand	= Bilanzgewinn
Gesamtertrag	< Gesamtaufwand	= Bilanzverlust

bb) Steuerbilanz

Erfolgswirksame Betriebseinnahmen – abzugsfähige Betriebsausgaben	= steuerpflichtiger Erfolg
Erfolgswirksame Betriebseinnahmen > abzugsfähige Betriebsausgaben	= steuerpflichtiger Gewinn
Erfolgswirksame Betriebseinnahmen < abzugsfähige Betriebsausgaben	= steuerlicher Verlust

cc) Kostenrechnung

Leistung – Kosten = Betriebsergebnis

Betriebserfolg und Betriebsergebnis einer Periode stimmen in der Regel nicht überein, da sowohl zwischen Betriebsertrag und Leistung als auch zwischen Zweckaufwand und Kosten einer Periode Differenzen bestehen können.

Ebenso sind Gesamterfolg und steuerlicher Erfolg in der Regel nicht identisch, weil sowohl zwischen dem Gesamtertrag und den erfolgswirksamen Betriebseinnahmen als auch zwischen dem Gesamtaufwand und den abzugsfähigen Betriebsausgaben einer Periode Differenzen bestehen können.

---

[4] Grundlegend dazu *BFH* v. 21. 11. 1963 – IV 345/61 S, BFHE 78, 475 = NJW 1964, 1048 für den Fall des Erhalts eine PKW als Geschenk zum 70. Geburtstag von einem Kaufmann aufgrund einer langjährigen Kundenbeziehung.

3. Begriff und Formalaufbau der Bilanz

a) Erfassung des betrieblichen Umsatzprozesses mit Hilfe der Bilanz

Die Bilanz ist eine Gegenüberstellung von Vermögen und Kapital eines Betriebes. Das Vermögen stellt als Gesamtheit aller im Betriebe eingesetzten Vermögensgegenstände und Geldmittel die Aktiva, das Kapital als Summe aller Schulden des Betriebes gegenüber Beteiligten und Gläubigern die Passiva dar. Beide Seiten der Bilanz sind stets gleich groß und stellen zwei verschiedene Ausdrucksformen der Gesamtheit aller betrieblichen Werte dar. Die Passivseite zeigt die Herkunft der finanziellen Mittel (Beteiligungs- = Eigenkapital, Darlehens- = Fremdkapital), die Aktivseite die Verwendung der Mittel (Anlage- und Umlaufvermögen). Die Differenz zwischen dem Bilanzvermögen (Aktiva) und den Verbindlichkeiten bezeichnet man als Reinvermögen. Es ist gleich dem auf der Passivseite ausgewiesenen Eigenkapital.

Die Passivseite kann auch als Kapitalbereich, die Aktivseite als Vermögensbereich, unterteilt in Investitions- und Zahlungsbereich, bezeichnet werden. Der betriebliche Umsatzprozess findet seinen zahlenmäßigen Niederschlag in den Wechselwirkungen zwischen diesen drei Bereichen. Das sei mit Hilfe der folgenden Beispiele gezeigt, bei denen unterstellt wird, dass jeweils nach Durchführung bestimmter Geschäftsvorfälle eine neue Bilanz erstellt wird.

(1) Der Betrieb beschafft sich zunächst Mittel von außen (Finanzierung), die im Kapitalbereich als Eigen- und Fremdkapital, im Zahlungsbereich als Zahlungsmittel (Bank, Kasse) erscheinen.

Beispiel:
Der Unternehmer zahlt 20 000 € (Eigenkapital) auf sein Bankkonto ein, die Bank stellt einen langfristigen Kredit von 8 000 € (Fremdkapital) zur Verfügung.

Aktiva	Bilanz zum 31. 12. 2005		Passiva
Zahlungsbereich		Kapitalbereich	
Bank	28 000	Eigenkapital	20 000
		Langfristige Verbindlichkeiten	8 000
	28 000		28 000

Der Betrieb besitzt Zahlungsmittel in Höhe von 28 000 € (Vermögen) und schuldet davon dem Unternehmer 20 000 € und der Bank 8 000 €.

(2) Die Zahlungsmittel werden zur Beschaffung von Vermögensgütern verwendet (Investition). Der Zahlungsbereich verkleinert sich, der Investitionsbereich vergrößert sich *(Aktivtausch)*. Werden Sachwerte auf Kredit beschafft, so vergrößern sich Investitionsbereich und Kapitalbereich gleichermaßen, Investition und Finanzierung erfolgen gewissermaßen in einem Akt, der Zahlungsbereich wird zunächst nicht berührt *(Bilanzverlängerung)*. Werden die Zahlungsmittel zur Schaffung eines Firmenwertes (Goodwill) verwendet (z.B. laufende Werbeaufwendungen), so vermindert sich der Zahlungsbereich, ohne dass sich der Investitionsbereich vergrößert – obwohl die Werbeaufwendungen als eine Investition anzusehen sind –, weil eine Aktivierung eines originären Firmenwertes, d.h. eines nicht durch Kauf eines Betriebes bezahlten Firmenwertes, nicht erfolgen darf.[5] Folglich verringert sich der Kapitalbereich entspre-

[5] Siehe S. 91 f.

chend dem Zahlungsbereich *(Bilanzverkürzung).* Führen die Werbemaßnahmen zu Gewinnen, so vergrößern sich Vermögens- und Kapitalbereich wieder.

Beispiel:

Kauf eines Gebäudes	12 000 €
Kauf von Maschinen	4 000 €
Kauf von Rohstoffen	6 000 €

Die Bezahlung erfolgt aus dem Bankkonto.

Der Bestand an Vermögen und Kapital bleibt unverändert, jedoch ändert sich die *Vermögensstruktur;* es erfolgt eine Umschichtung zwischen Zahlungsbereich und Investitionsbereich (Aktivtausch). Ein Erfolg (Gewinn oder Verlust) tritt nicht ein.

Aktiva	Bilanz zum 31. 12. 2005		Passiva
Investitionsbereich		Kapitalbereich	
Gebäude	12 000	Eigenkapital	20 000
Maschinen	4 000	langfristige	
Rohstoffe	6 000	Verbindlichkeiten	8 000
Zahlungsbereich			
Bank	6 000		
	28 000		28 000

Beispiel: Es werden die gleichen Geschäftsvorfälle wie im vorherigen Beispiel angenommen; die Rohstoffe werden jedoch auf Kredit (Lieferantenkredit = kurzfristige Verbindlichkeiten) gekauft.

Aktiva	Bilanz zum 31. 12. 2005		Passiva
Investitionsbereich		Kapitalbereich	
Gebäude	12 000	Eigenkapital	20 000
Maschinen	4 000	langfristige	
Rohstoffe	6 000	Verbindlichkeiten	8 000
Zahlungsbereich		kurzfristige	
Bank	12 000	Verbindlichkeiten	
		(Lieferantenschuld)	6 000
	34 000		34 000

Der Bestand an Vermögen erhöht sich um den Rohstoffeinkauf, der Bestand an Kapital um die Lieferantenschulden *(Bilanzverlängerung).* Auch dieser Vorgang ist erfolgsneutral.

(3) Der Prozess der Leistungserstellung führt zu einer *Umformung von Sachgütern* (Rohstoffe, Maschinennutzungen) und Arbeits- und Dienstleistungen *in Ertragsgüter* (Halb- und Fertigfabrikate). Es tritt eine Umschichtung (Aktivtausch) teilweise im Investitionsbereich (Verbrauch von Rohstoffen und Umformung zu Fertigfabrikaten), teilweise durch Wechselwirkung zwischen Zahlungsbereich und Investitionsbereich ein (z.B. Zahlung von Löhnen und Eingang der Arbeitsleistungen in die Fertigfabrikate).

Beispiel: Es werden Fertigfabrikate produziert. Ihre Herstellungskosten setzen sich folgendermaßen zusammen:

Rohstoffe	2 400 €
Gebäudeabschreibung	200 €
Maschinenabschreibung	400 €
Löhne und sonstige Aufwendungen	3 000 €
	6 000 €

Dem Verbrauch an Produktionsfaktoren im Werte von 6 000 € steht der Wert der Fertigfabrikate in Höhe der Herstellungskosten von 6 000 € gegenüber. Unter Verwendung der Zahlen des letzten Beispiels ergeben sich folgende Verschiebungen im Vermögensbereich:

Aktiva	Bilanz zum	31. 12. 2005		Passiva
Investitionsbereich		Kapitalbereich		
Gebäude	11 800	Eigenkapital		20 000
Maschinen	3 600	langfristige		
Rohstoffe	3 600	Verbindlichkeiten		8 000
Fertigfabrikate	6 000	kurzfristige		
Zahlungsbereich		Verbindlichkeiten		
Bank	9 000	(Lieferantenschuld)		6 000
	34 000			34 000

(4) Der Absatz der Ertragsgüter führt über den Absatzmarkt zu einem *Rückfluss der Geldmittel* aus dem Investitionsbereich in den Zahlungsbereich, es tritt eine Desinvestition in Höhe der Maschinenabschreibungen, des Materialverbrauchs, der investierten Löhne usw. ein. Die durch den Umsatzprozess zurückgeflossenen Mittel stehen erneut zur Finanzierung von Investitionen zur Verfügung (Innenfinanzierung durch Vermögensumschichtung).

Beispiel: Die Fertigfabrikate werden zu 7 600 € verkauft. Der Verkaufserlös geht auf dem Bankkonto ein. Der Einfachheit halber wird unterstellt, dass beim Verkauf keine weiteren Aufwendungen anfallen.

Aktiva	Bilanz zum	31. 12. 2005		Passiva
Investitionsbereich		Kapitalbereich		
Gebäude	11 800	Eigenkapital		20 000
Maschinen	3 600	Anfangsbestand		
Rohstoffe			20 000	
Fertigfabrikate	3 600	Gewinn	1 600	21 600
Zahlungsbereich		langfristige		
Bank	16 600	Verbindlichkeiten		8 000
		kurzfristige		
		Verbindlichkeiten		
		(Lieferantenschuld)		6 000
	35 600			35 600

Der Markt vergütet den Wert der eingesetzten Kostengüter zurück, außerdem geht ein Mehrbetrag von 1 600 € ein. Es ist eine Desinvestition in Höhe der Herstellungskosten der umgesetzen Fertigfabrikate und eine Vermehrung des Eigenkapitals in Höhe des Gewinns eingetreten. Wird der Gewinn nicht entnommen, so ist eine Kapitalbeschaffung über den Umsatzprozess (Innenfinanzierung durch Vermögenszuwachs) erfolgt.

(5) Der in der Bilanz ausgewiesene Kapitalbereich wird von dem gesamten Umsatzprozess nur berührt – soweit keine weiteren Kapitalbeschaffungen von außen erfolgt sind, z.B. durch Lieferantenkredite oder Anzahlungen von Kunden –, wenn

- ein Erfolg, also eine Vermehrung (= Gewinn) oder Verminderung (= Verlust) des Vermögens durch die betriebliche Leistungserstellung und -verwertung eingetreten ist, der zu einer Veränderung des Eigenkapitals führt *(Bilanzverlängerung* bzw. *-verkürzung),* oder

- eine Investition nicht aktiviert werden darf (z.B. selbsterstellte immaterielle Wirtschaftsgüter wie Patente, Firmenwert = Bilanzverkürzung).

b) Formalaufbau der Bilanz

Aufgrund gesetzlicher Vorschriften über den Inhalt der Bilanz (§ 247 HGB) und über die Gliederung der Bilanzen der Kapitalgesellschaften (§§ 266ff. HGB) wird die Aktivseite in Anlage- und Umlaufvermögen und die Passivseite in Eigen- und Fremdkapital eingeteilt.[6] Zum *Anlagevermögen* zählen die Vermögensgegenstände, die dem Betrieb für eine längere Dauer zu dienen bestimmt sind (z.B. Grund und Boden, Gebäude, Maschinen, Werkzeuge). Das *Umlaufvermögen* wird von den Wirtschaftsgütern gebildet, die gewöhnlich innerhalb einer kürzeren Zeitspanne umgeformt oder umgesetzt werden (z.B. Roh-, Hilfs- und Betriebsstoffe, Fertigfabrikate, Waren, Zahlungsmittel).

Das *Anlagevermögen* lässt sich in drei Gruppen von Bilanzpositionen untergliedern, und zwar in:
- *materielles Anlagevermögen,* das entweder genutzt wird, ohne dass eine laufende Wertminderung eintritt, wie z.B. Grundstücke, oder das, wie z.B. bei Gebäuden, Maschinen, Werkzeugen usw., durch Nutzung einer ständigen oder plötzlichen Wertminderung unterliegt;
- *immaterielles Anlagevermögen,* wozu vor allem gegen Entgelt erworbene Rechte gehören, die vom Betrieb für längere Zeit genutzt werden können, wie Patente, Konzessionen, Lizenzen u.a.;
- *Finanzanlagevermögen,* das sich aus Beteiligungen, Wertpapieren und langfristigen Darlehens- und Hypothekenforderungen zusammensetzt.

Das *Umlaufvermögen* besteht aus folgenden Gruppen von Bilanzpositionen:
- *Vorräten,* z.B. Roh-, Hilfs- und Betriebsstoffen, Halb- und Fertigfabrikaten und Waren;
- *Forderungen* aller Art, soweit sie nicht unter anderen Positionen (z.B. Anlagevermögen, Umlaufvermögen) ausgewiesen werden;
- Wertpapieren, die nur kurzfristig als Liquiditätsreserve gehalten werden;
- Zahlungsmitteln wie Bank, Kasse und Postscheck.

Der *Ausweis des Eigenkapitals* wird von der Rechtsform beeinflusst. Bei *Personenunternehmungen* wird für den Unternehmer bzw. die Gesellschafter je eine Kapitalposition bilanziert, der Gewinnanteile und Einlagen zugeschrieben werden und die um Verlustanteile und Entnahmen gekürzt wird. Der Saldo zwischen Anfangs- und Endbestand eines Kapitalkontos ergibt – wenn man Entnahmen hinzuzählt und Einlagen abzieht – den *Erfolg* bzw. Erfolgsanteil der Periode.

Infolge gesetzlicher Vorschriften muss bei *Kapitalgesellschaften* ein Teil des Eigenkapitals, nämlich das im Handelsregister eingetragene Haftungskapital (Grundkapital der Aktiengesellschaft, Stammkapital der GmbH)[7] stets *in nomineller Höhe* in der Bilanz ausgewiesen werden, auch dann, wenn durch Gewinne das Eigenkapital erhöht wird oder wenn durch Verluste ein Teil dieses Nominalkapitals verloren gegangen ist.

---

[6] Ausführlich dazu S. 147ff.

[7] Die §§ 266 III, 272 I HGB verwenden dabei den Begriff des gezeichneten Kapitals als Oberbegriff.

Im Gewinnfalle erscheint in der Bilanz die Position Gewinn (Jahresüberschuss)[8] oder – wenn Teile des Jahresüberschusses nicht ausgeschüttet werden – eine (oder mehrere) zusätzliche Eigenkapitalpositionen (Gewinn, Rücklagen, Gewinnvortrag). Im Falle eines über die zusätzlichen Eigenkapitalpositionen hinausgehenden Verlustes kann die Bilanz nur ausgeglichen werden, wenn der zu hoch angesetzte Betrag des Nominalkapitals auf der Aktivseite durch einen Korrekturposten – Verlustvortrag – berichtigt wird.

Mit dem Ausweis eines *Verlustvortrages* erscheint auf der Aktivseite der Bilanz eine Position, die kein Vermögen, sondern ein *Korrekturposten* zu einem zu hoch angesetzten Passivposten ist. Bei Kapitalgesellschaften ist nach § 266 III HGB ein Jahresfehlbetrag passivisch vom Eigenkapital abzusetzen. Dann stimmt die Höhe des ausgewiesenen Vermögens mit der Bilanzsumme überein. Ein weiterer Korrekturposten ergibt sich durch die gesetzliche Vorschrift, dass Verbindlichkeiten zum *Erfüllungsbetrag* zu passivieren sind (§ 253 I 2 HGB). Bei Anleihen oder sonstigen langfristigen Darlehen liegt der Rückzahlungsbetrag häufig über dem Ausgabebetrag. Wird z.B. eine Obligation zum Kurs von 96 % ausgegeben und zum Kurs von 102 % zurückgezahlt, so sind auf der Passivseite Schulden von 102 entstanden, auf der Aktivseite aber nur Vermögenswerte (Zahlungsmittel) von 96 eingegangen. Die Differenz von 6 ist ein Verlust für den Betrieb, der das Eigenkapital kürzt. Da dieser Verlust *(Disagio)* wirtschaftlich nicht nur die Periode, in der das Darlehen aufgenommen worden ist, betrifft, sondern die Gesamtlaufzeit des Kredits, ist es zulässig, das Disagio auf der Aktivseite der Bilanz auszuweisen und über die Laufzeit des Kredits durch jährliche Abschreibungen allmählich zu tilgen. Auch das Disagio ist kein Vermögen, auch wenn es auf der Vermögensseite erscheint, sondern ein *Korrekturposten zum Kapital.*

Entsprechend erscheinen Korrekturposten zum Vermögen auf der *Passivseite,* wenn Vermögenspositionen auf der Aktivseite zu hoch ausgewiesen werden. Wird z.B. die Verteilung der Anschaffungskosten von langfristig dem Betriebe dienenden Anlagegütern (Abschreibung) auf die wirtschaftliche Nutzungsdauer nicht direkt, d.h. durch Kürzung der Anschaffungskosten, sondern indirekt vorgenommen, indem auf der Aktivseite die Anschaffungskosten unverändert ausgewiesen, die Abschreibungen aber auf der Passivseite als *Wertberichtigung,* d.h. also als Korrekturposten, gegenübergestellt werden, so sind die Wertberichtigungen kein Kapital, sondern eine Korrektur des Vermögens. Die Bilanzgliederung für Kapitalgesellschaften sieht grundsätzlich keine Wertberichtigungen auf der Passivseite mehr vor, sondern fordert entsprechende Korrekturvermerke auf der Aktivseite.

Die Tatsache, dass sowohl auf der Aktiv- als auch auf der Passivseite Korrekturposten stehen können, ist kein Einwand gegen die Feststellung, dass die Aktivseite das Vermögen und die Passivseite das Kapital eines Betriebes zeigt. Derartige Korrekturposten sind kein Vermögen bzw. Kapital, sondern ihre Bildung ist ein in der Buchhaltung übliches Verfahren der Subtraktion. Setzt man die Korrekturposten von den durch sie korrigierten Vermögens- oder Kapitalpositionen ab, so reduziert man die Bilanzsumme auf das am Bilanzstichtag vorhandene Vermögen und das durch das Vermögen gedeckte Kapital.

Für den *Ausweis des Fremdkapitals* werden mehrere Gliederungsprinzipien angewendet:

- die Fristigkeit (lang-, mittel-, kurzfristig);
- die Sicherheit oder Unsicherheit über Bestehen oder Entstehen, über Höhe und Fälligkeitstermin (Verbindlichkeiten – Rückstellungen);

---

[8] § 266 III HGB sieht den Ausweis des Jahresüberschusses bzw. Jahresfehlbetrags auf der Passivseite bei den Eigenkapitalpositionen vor.

- die Art der Verbindlichkeit (z.B. Lieferantenschulden, erhaltene Anzahlungen, Bankschulden);
- die besondere rechtliche Sicherung (Akzepte, Sicherung durch Grundpfandrechte u.a.);
- die besondere rechtliche und wirtschaftliche Verbindung mit dem Gläubiger (z.B. Verbindlichkeiten gegenüber verbundenen Unternehmen).

Die folgende Übersicht zeigt noch einmal schematisch den Formalaufbau der Bilanz:

<table>
<tr><th colspan="2">Aktiva — Bilanz zum 31. 12. 2005 — Passiva</th></tr>
<tr><td>Anlagevermögen
Sachanlagen
Immaterielle Anlagen
Finanzanlagen</td><td>Eigenkapital</td></tr>
<tr><td>Umlaufvermögen
Vorräte
Forderungen
Wertpapiere
Zahlungsmittel</td><td>Fremdkapital
langfristige Verbindlichkeiten
kurzfristige Verbindlichkeiten</td></tr>
<tr><td>Rechnungsabgrenzungsposten</td><td>Rechnungsabgrenzungsposten</td></tr>
<tr><td>(Bilanzverlust)</td><td>(Bilanzgewinn)</td></tr>
</table>

Die Beziehungen zwischen Vermögen und Kapital zeigen in schematischer Form die folgenden sieben Fälle.

Fall 1: Die Bilanzsumme entspricht dem vorhandenen Vermögen und Kapital.

Fall 2: In einer Personenunternehmung ist ein Gewinn erzielt worden (Mehrung des Vermögens und der Eigenkapitalposition).

Fall 3: In einer Personenunternehmung ist ein Verlust eingetreten (Minderung des Vermögens und der Eigenkapitalposition).

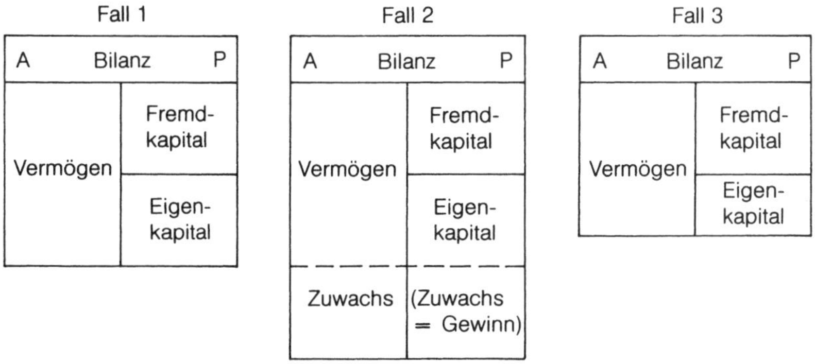

Fall 4: Das Vermögen einer Personengesellschaft wird durch eine Wertberichtigung (z.B. indirekte Abschreibung) korrigiert. Vermögen und Kapital sind kleiner als die Bilanzsumme.

Fall 5: Das Vermögen einer Personengesellschaft ist kleiner als das Fremdkapital: das Eigenkapital ist verloren, ein Verlustvortrag korrigiert das Fremdkapital (Unterbilanz). Das Vermögen ist kleiner als die Bilanzsumme.

Fall 4

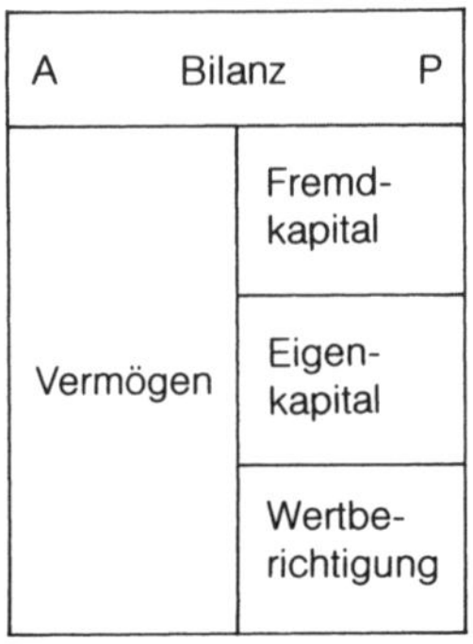

Fall 5

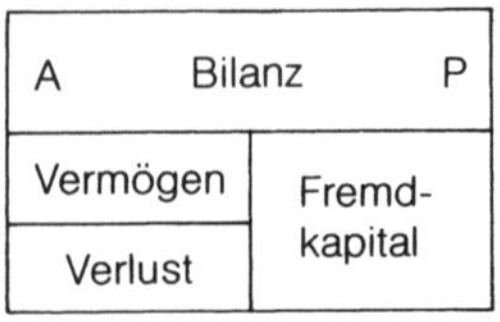

Fall 6: In einer Kapitalgesellschaft ist ein Gewinn erzielt worden, der teils zurückbehalten (Rücklagen), teils zur Ausschüttung freigegeben wird. (Mehrung des Vermögens und Ausweis zusätzlicher Eigenkapitalpositionen neben dem Nominalkapital).

Fall 7: In einer Kapitalgesellschaft ist ein Verlust entstanden. Der Verlustposten korrigiert – nach Ausgleich mit den zusätzlichen Eigenkapitalpositionen – das Nominalkapital. Vermögen und Kapital sind kleiner als die Bilanzsumme. Das Eigenkapital ergibt sich nach Abzug des Verlustvortrages vom Nominalkapital.

Fall 6

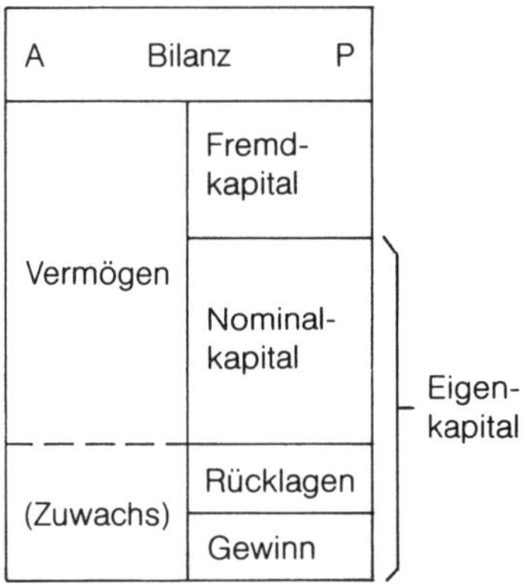

Fall 7

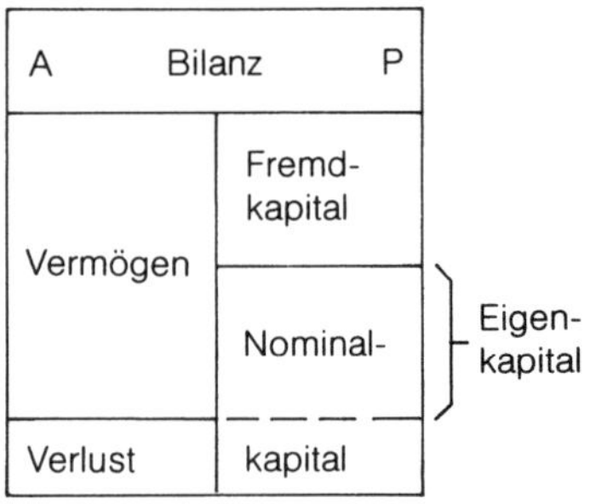

4. Arten und Aufgaben der Bilanz

Die Bilanzarten lassen sich nach verschiedenen Kriterien einteilen. Geht man von den Anlässen der Bilanzaufstellung aus, so kann man *ordentliche* und *außerordentliche* Bilanzen unterscheiden. Erstere werden in regelmäßigen Abständen (z.B. die Handels- und Steuerbilanz), letztere bei einmaligen oder in unregelmäßigen Zeitabständen auftretenden rechtlichen oder wirtschaftlichen Anlässen (Gründung, Umwandlung, Fusion, Liquidation, Kreditwürdigkeitsprüfung) aufgestellt.

Handels- und Steuerbilanz unterscheiden sich nach den Adressaten, an die sie gerichtet sind. Einzelbilanzen geben Rechenschaft über die Vermögens-, Finanz- und Ertragslage eines Unternehmens, konsolidierte Bilanzen (Konzernbilanzen) berichten über die Lage aller in einem Konzern zusammengefassten Unternehmen. Interne Bilanzen bilden eine unveröffentlichte Entscheidungsgrundlage für die Unternehmensführung, externe Bilanzen richten sich in der Regel an die vom Gesetzgeber bestimmten Adressaten.

Das Schaubild unten gibt – ohne Anspruch auf Vollständigkeit – einen Überblick über die Bilanzarten, gegliedert nach bestimmten Systematisierungsmerkmalen.

Systematisierungsmerkmal	Bilanzarten				
Initiative zur Bilanzaufstellung	gesetzlich vorgeschrieben (Handels-, Steuerbilanz)	vertraglich vereinbart (für Kreditinstitute)	freiwillig erstellt (betriebsinterne Bilanzen)		
Häufigkeit der Bilanzaufstellung	regelmäßige Bilanzen (z. B. Handelsbilanz, interne Monatsbilanz)	einmalige (Sonder-)bilanzen (z. B. Gründungs-, Umwandlungs-, Sanierungsbilanz)			
Bilanzierungszeitraum	Wochenbilanz	Monatsbilanz	Mehrmonatsbilanz	Jahresbilanz	Totalbilanz
Adressatenkreis	externe Bilanzen	interne Bilanzen			
Zahl der bilanzierenden Unternehmen	Einzelbilanz	Gemeinschaftsbilanz	konsolidierte Bilanz (Konzernbilanz)		
Schwerpunkt der Information	Vermögensbilanz	Erfolgsbilanz	Liquiditätsbilanz		

Da im Rahmen dieses Überblicks nicht alle Bilanzarten ausführlich charakterisiert werden können, wird im Folgenden eine tabellarische Übersicht über die wichtigsten Bilanzen, ihren Inhalt und ihre Aufgaben gegeben.[9]

Bilanzart	**Anlass**	**Inhalt**	**Aufgaben**	**Besondere Merkmale**
Handelsbilanz	Jahresabschluss nach §§ 242, 264 HGB	Gegenüberstellung von Vermögen und Kapital am Bilanzstichtag nach handelsrechtlichen Bilanzierungs- und Bewertungsvorschriften	Rechenschaftslegung und Information	Externe ordentliche Bilanzierung aufgrund gesetzlicher Verpflichtung
Steuerbilanz	Steuerlicher Jahresabschluss nach § 5 EStG	Gegenüberstellung von Vermögen und Kapital am Bilanzstichtag nach steuerrechtlichen Bilanzierungs- und Bewertungsvorschriften	Ermittlung des Periodengewinns durch Vergleich des Betriebsvermögens am Ende der Periode und des Betriebsvermögens am Ende der vorangegangenen Periode, korrigiert um Einlagen und Entnahmen nach §§ 4–7 EStG	Externe ordentliche Bilanzierung aufgrund gesetzlicher Verpflichtung, Prinzip der Maßgeblichkeit der Handelsbilanz

[9] Vgl. zur Systematik der Sonderbilanzen vgl. *Förschle/Deubert*, Budde/Förschle/Winkeljohann, Sonderbilanzen, 4. Aufl., 2008, Rdnr. A 1 ff.

Bilanzart	Anlass	Inhalt	Aufgaben	Besondere Merkmale
Interne Bilanz	Jahresabschluss oder sonstiger Stichtagsabschluss	Gegenüberstellung von Vermögen und Kapital, jedoch nicht nach gesetzl. Vorschriften, sondern zur Selbstinformation bewertet	Selbstinformation des Unternehmers bzw. der Geschäftsführung	Interne ordentliche Bilanz auf freiwilliger Basis
Zwischenbilanz	Kurzfristiger Periodenabschluss, ggf. für Kreditgeber	Wie Handelsbilanz oder interne Bilanz, jedoch für kürzeren Zeitraum	Rechenschaftslegung und Information berechtigter Adressaten; Selbstinformation	Externe oder interne Bilanz auf vertraglicher bzw. freiwilliger Basis
Konzernbilanz (konsolidierte Bilanz)	Jahresabschluss des Konzerns gem. §§ 290 ff. HGB	Gegenüberstellung von Vermögen und Kapital zum Konsolidierungskreis gehörender Unternehmen unter Ausschaltung von Doppelzählungen	Information über die Vermögens-, Finanz- und Ertragslage des Konzerns	Externe ordentliche Bilanz aufgrund gesetzlicher Verpflichtung
Bewegungsbilanz (Kapitalflussrechnung)	Ergänzung des Jahresabschlusses, Liquiditätskontrolle	Gegenüberstellung von Mittelverwendung und Mittelherkunft einer Periode	Darstellung finanzwirtschaftlicher Vorgänge, Liquiditäts- und Erfolgsermittlung	Auf freiwilliger Basis als Kontroll- und Planungsinstrument
Gründungsbilanz	Gründung des Unternehmens	Gegenüberstellung des bei der Gründung vorhandenen Vermögens und Kapitals	Rechenschaftslegung über Gründungsvorgang, Grundlage für folgende Jahresbilanz	Sonderbilanz aufgrund gesetzlicher Vorschriften
Kapitalherabsetzungsbilanz (Sanierungsbilanz)	Ordentliche Herabsetzung des Nennkapitals bzw. Korrektur des Nennkapitals bei Verlusten	Darstellung der Veränderungen des Nennkapitals bzw. des Verlustausgleichs	Rechenschaftslegung und Information über die Durchführung der Kapitalveränderungen	Sonderbilanz bei Gesellschaften mit festem Nennkapital
Umwandlungsbilanz	Änderung der Rechtsform	Schlussbilanz des umzuwandelnden Unternehmens	Rechenschaftslegung und Information, Grundlage für die Bemessung von Umwandlungssteuern	Sonderbilanz bei allen Rechtsformen, besondere Bewertungsvorschriften
Fusionsbilanz	Verschmelzung von Unternehmungen	zusammengefasste Bilanz fusionierter Unternehmen	Bilanzielle Erfassung des Vermögens und Kapitals des Fusionsunternehmens, Rechenschaftslegung und Information über Fusionsvorgänge	Sonderbilanz aufgrund aktienrechtlicher Vorschriften

Bilanzart	Anlass	Inhalt	Aufgaben	Besondere Merkmale
Auseinandersetzungsbilanz	Ausscheiden eines Gesellschafters	Gegenüberstellung von Vermögen und Kapital am Stichtag des Ausscheidens	Ermittlung des Auseinandersetzungsguthabens unter Aufdeckung stiller Rücklagen	Sonderbilanz je nach Rechtsform auf freiwilliger oder gesetzlicher Basis
Liquidationsbilanz	Auflösung des Unternehmens	Gegenüberstellung von Vermögen und Kapital zu Liquidationswerten	Ermittlung des Liquidationserlöses nach Regulierung der Schulden	Sonderbilanz je nach Rechtsform geregelt

Da die folgenden Ausführungen sich ausschließlich mit dem handelsrechtlichen Jahresabschluss und der aus diesem abgeleiteten Steuerbilanz befassen, müssen die Aufgaben, deren Erfüllung der Gesetzgeber im einzelnen mit dem Zwang zur Aufstellung von Jahresabschlüssen sichern will, noch genauer umrissen werden. Es sind dies die folgenden:

- Der *Schutz der Gläubiger* vor falschen Informationen über die Vermögens-, Finanz- und Ertragslage. Mittel dazu sind:
  - der Zwang zur Dokumentation der Geschäftsvorfälle (Buchführungspflicht);
  - der Zwang zur periodischen Selbstinformation des Unternehmers über die wirtschaftliche Lage seines Betriebes;
  - gesetzliche Bilanzierungs- und Bewertungsvorschriften, die durch Fixierung oberer Wertgrenzen das Vortäuschen einer zu günstigen Vermögenslage und durch Fixierung von unteren Wertgrenzen die Verlagerung von Gewinnen wirtschaftlich guter in wirtschaftlich schlechte Jahre und damit eine Täuschung über die Vermögens- und Ertragssituation verhindern sollen;
  - der Vermerk von Zugriffsrechten einzelner Gläubiger bei bestimmten Vermögenspositionen (z.B. Grundpfandrechte);die Berichterstattung von aus der Bilanz nicht ersichtlichen Haftungsverhältnissen im Anhang (z.B. Sicherungsübereignungen, Eigentumsvorbehalte);
  - Bilanzvermerke über Eventualverbindlichkeiten (z.B. Bürgschaften) und entsprechende Rückgriffsrechte;
  - Informationen über die Höhe der Gewinnausschüttung und die Bildung von Gewinnrücklagen;
  - das Verbot der Ausschüttung oder Rückzahlung von bestimmten Eigenkapitalteilen (Nominalkapital, Kapitalrücklagen, gesetzliche Rücklagen) bei Gesellschaften, deren Gesellschafter beschränkt haften;
  - die Publizitätspflicht für Kapitalgesellschaften (§ 325 I HGB), Genossenschaften (§ 339 I HGB) und Großunternehmen (§ 9 PublG), d.h. der Zwang, den Jahresabschluss und den Lagebericht (§§ 325, 339 HGB) zu veröffentlichen.
- Der *Schutz der Gesellschafter* bei Gesellschaften, deren Führung nicht in den Händen der Eigentümer, sondern von Organen (Vorstände, Geschäftsführer von Kapitalgesellschaften) liegt, vor falschen Informationen über die Vermögens-, Finanz- und Ertragslage, deren Zweck es ist, Gewinnansprüche zu verkürzen oder auf spätere Perioden zu verschieben. Mittel dazu sind vor allem gesetzliche Vorschriften

über die Gewinnermittlung und Gewinnverwendung, insbesondere über Begrenzung der Kompetenzen der Geschäftsführungsorgane, Gewinne durch stille und offene Rücklagenbildung der Ausschüttung zu entziehen.
- Der *Schutz der vertraglich am Gewinn beteiligten Arbeitnehmer* vor Verkürzung oder zeitlicher Verschiebung ihrer Gewinnansprüche durch Bildung stiller Rücklagen auf dem Wege der Unterbewertung von Vermögenswerten (z.B. überhöhte Abschreibungen, zu niedriger Ansatz von Herstellungskosten) oder Überbewertung von Passivposten (z.B. Rückstellungen). Mittel dazu sind Gewinnermittlungsvorschriften, die die Bildung stiller Rücklagen ausschließen.
- Der *Schutz der Finanzbehörden* vor falschen Informationen über die Besteuerungsgrundlagen. Mittel dazu sind neben der Dokumentation der Geschäftsvorfälle steuerliche Bilanzierungs- und Bewertungsvorschriften und die Kontrolle der Einhaltung dieser Vorschriften durch steuerliche Betriebsprüfungen. Die Bilanzierungs- und Bewertungsvorschriften verfolgen den Zweck, dass der in einer Periode erzielte Gewinn zum Ausweis gelangt, insbesondere Gewinnverlagerungen auf spätere Perioden verhindert werden – es sei denn, solche Verlagerungen werden aus wirtschafts-, sozial-, umwelt- oder konjunkturpolitischen Gründen gewünscht und durch entsprechende gesetzliche Vorschriften für jeden Betrieb ermöglicht.
- *Korrektur der Steuerbemessungsgrundlagen* durch steuerliche Sondervorschriften zur Realisierung außerfiskalischer Zielsetzungen. Dazu zählen z.B. Vorschriften zur Beeinflussung der Selbstfinanzierung des Unternehmens, zur Beeinflussung der Standortwahl, der Investitionsentscheidungen, ferner Vorschriften zur strukturpolitischen Begünstigung bestimmter Wirtschaftszweige, zur sozialpolitischen Begünstigung bestimmter Personengruppen, zur Förderung von Maßnahmen für den Umweltschutz, zur Beeinflussung der Konjunktur und Bekämpfung der Inflation u.a. Mittel dazu sind z.B.:
  - die Verlagerung steuerpflichtiger Gewinne und folglich von Steuerzahlungen auf spätere Perioden durch Sonderabschreibungen und Gewährung steuerfreier Rücklagen;
  - Investitionszulagen
  - die Aussetzung oder Erweiterung der degressiven Abschreibung;
  - befristete Konjunkturzuschläge oder Stabilitätsabgaben.
- Der *Schutz der am Betriebe interessierten Öffentlichkeit* vor falschen Informationen über die Vermögens-, Finanz- und Ertragslage. Interessenten sind vor allem potentielle Anleger, potentielle Gläubiger und arbeitsuchende Mitarbeiter, insbesondere Führungskräfte, staatliche Institutionen.
- Der *Schutz des Betriebes* vor plötzlichem wirtschaftlichem Zusammenbruch im Interesse der Belegschaft (Sicherung der Arbeitsplätze) und der gesamten Volkswirtschaft (Rückwirkung eines Zusammenbruchs auf andere Betriebe, insbesondere Lieferanten). Mittel zur Realisierung dieses Zieles sind die bisher genannten.

5. Doppelte Buchführung (Überblick)

Es ist in diesem Zusammenhang nicht möglich, einen Lehrgang der doppelten Buchführung durchzuführen, in dem die buchtechnische Behandlung der wichtigsten Geschäftsvorfälle erklärt wird. Für das Verständnis des Jahresabschlusses und der steuerlichen Gewinnermittlung ist es jedoch erforderlich, wenigstens die grundsätzliche Funktionsweise des Systems der doppelten Buchführung zu kennen.

a) Auflösung der Bilanz in Konten

Da es praktisch nicht möglich ist, jede Veränderung eines Bestandes, die durch einen Geschäftsvorfall bedingt ist (z.B. eine Erhöhung oder Verminderung des Kassenbestandes), sofort in der Bilanz zu vermerken, d.h. nach jedem Geschäftsvorfall eine neue Bilanz aufzustellen, zerlegt man die Bilanz in ihre Vermögens- und Kapitalarten, d.h. in eine Vielzahl von Einzelrechnungen, und zeichnet die zwischen zwei Bilanzstichtagen (in der Regel ein Jahr) erfolgten Geschäftsvorfälle gleicher Art auf einem Konto auf. Diese Einzelrechnungen sind Inhalt der Buchführung, deren Aufgabe darin besteht, jeden Bestand und jede Veränderung eines Bestandes an Vermögen und Kapital und jeden Aufwand und Ertrag auf einem Konto festzuhalten.

Ein *Konto* ist eine zweiseitige Rechnung, die auf der einen Seite den Anfangsbestand und die Zugänge, auf der anderen Seite die Abgänge und den Endbestand enthält. Der Endbestand ergibt sich als Differenz (Saldo) zwischen der Summe aus Anfangsbestand und Zugängen einerseits und den Abgängen andererseits. Stellt man beide Seiten eines Kontos gegenüber, so entsteht das nach seiner Form benannte T-Konto:

Soll		Kasse	Haben
Anfangsbestand	100	Auszahlung	250
Einzahlung	200	Saldo = Endbestand	50
	300		300

Aus der Bilanz werden die *Bestandskonten* abgeleitet. Diejenigen Bestandskonten, die die Vermögenswerte erfassen, werden als *Aktiv- oder Vermögenskonten* (z.B. Maschinen, Waren, Forderungen, Kasse), diejenigen, die Kapitalpositionen aufnehmen, als *Passiv- oder Kapitalkonten* (z.B. Eigenkapital, Kreditoren, Akzepte) bezeichnet. Die aus der Bilanz entnommenen Anfangsbestände erscheinen auf den Aktivkonten auf der linken Kontoseite, bei den Passivkonten auf der rechten Seite. Da Zugänge den Anfangsbestand erhöhen, stehen sie bei Aktivkonten auf der linken, bei Passivkonten auf der rechten Seite. Entsprechend werden auf den Aktivkonten die Abgänge auf der rechten, auf den Passivkonten auf der linken Seite die Zugänge erfasst. Bezieht man die Endbestände mit ein, so ergibt sich folgender Kontenaufbau:

Soll	Aktivkonto Haben
Anfangsbestand	Abgänge
Zugänge	Saldo = Endbestand

Soll	Passivkonto Haben
Abgänge	Anfangsbestand
Saldo = Endbestand	Zugänge

Für jedes Bestandskonto gilt also:

Anfangsbestand + Zugänge	=	Abgänge + Endbestand
Endbestand	=	Anfangsbestand + Zugänge – Abgänge

Die zweite Art von Konten sind die *Erfolgskonten.* Sie sammeln – getrennt nach Aufwands- und Ertragsarten – die Aufwendungen und Erträge einer Abrechnungsperiode (z.B. Löhne, Materialverbrauch, Abschreibungen bzw. Umsatzerlöse, Zinserträge). Der Saldo zwischen sämtlichen Aufwendungen und Erträgen ergibt den Erfolg der Periode, der mit dem Eigenkapitalkonto verrechnet wird und als Gewinn das Eigenkapital vermehrt, als Verlust das Eigenkapital vermindert.

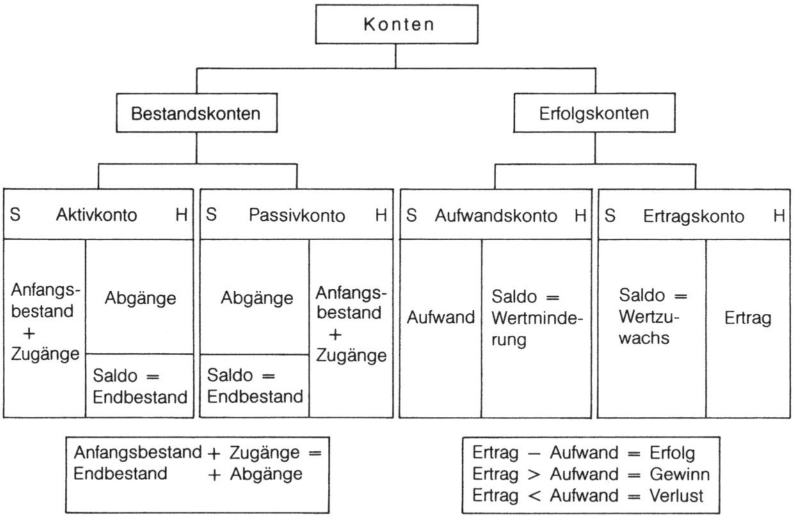

Eine dritte Art von Konten sind die *gemischten Konten,* die eine Kombination von Bestands- und Erfolgskonten bilden. Bekanntestes Beispiel ist das ungeteilte (gemischte) Warenkonto. Sie haben den Nachteil, dass ihr Saldo eine Mischung von Endbestandswert und Erfolg ist und folglich sich eine sinnvolle Aussage nur ergibt, wenn vor der Saldierung der durch Inventur festgestellte Endbestand eingesetzt wird, so dass der Saldo nur noch den Erfolg zeigt. Im Interesse einer klaren und übersichtlichen Buchführung und Bilanzierung sollten gemischte Konten durch Aufteilung in ein reines Bestands- und ein reines Erfolgskonto (z.B. Wareneinkaufskonto und Warenverkaufskonto) vermieden werden.

Eine Einteilung der Konten in Sachkonten und Personenkonten ist für die Bilanzierung ohne Bedeutung. Die Sachkonten sind die Konten des Hauptbuches, die Personenkonten werden in einem Nebenbuch, dem Kontokorrentbuch (Geschäftsfreundebuch), getrennt nach den einzelnen Kunden und Lieferanten geführt und im Hauptbuch zu je einem Sachkonto für Kunden und Lieferanten zusammengefasst.

Würde man die Salden sämtlicher Aufwands- und Ertragskonten beim Abschluss unmittelbar auf das Kapitalkonto übertragen, so würde dieses Konto sehr unübersichtlich. Deshalb schaltet man ein Konto vor, das beim Jahresabschluss sämtliche Salden der Erfolgskonten aufnimmt und dessen Saldo auf das Kapitalkonto übernommen wird. Man bezeichnet dieses Konto als *Gewinn- und Verlustkonto.* Auf seiner Soll-

Seite erscheinen sämtliche Aufwendungen, auf seiner Haben-Seite sämtliche Erträge einer Periode. Der Saldo ist der Erfolg der Periode. Steht er auf der Soll-Seite, so sind die Erträge größer als die Aufwendungen, es ist ein Gewinn erzielt worden. Erscheint der Saldo auf der Haben-Seite, so sind die Aufwendungen größer als die Erträge, es ist ein Verlust entstanden.

Das Gewinn- und Verlustkonto dient lediglich als Abschlusskonto. Während des Geschäftsjahres werden die Aufwendungen und Erträge auf den Erfolgskonten erfasst.

Soll — G + V	Haben
Aufwand	Ertrag
Saldo = Gewinn	

Soll — G + V	Haben
Aufwand	Ertrag
	Saldo = Verlust

b) Vier Grundtypen von Buchungsfällen

Bei der Verbuchung eines Geschäftsvorfalles werden mindestens zwei Konten berührt, da jeder Geschäftsvorfall zwei Seiten hat und deshalb einmal im Soll und einmal im Haben eines Kontos erfasst wird. Der Geschäftsvorfall wird in Form eines sog. *Buchungssatzes* formuliert, d.h., beide Konten, die von einem Geschäftsvorfall betroffen werden, werden angerufen, und zwar in der Reihenfolge, dass zunächst das Konto, dessen Soll-Seite belastet wird, und dann das Konto, dessen Haben-Seite erkannt wird, bezeichnet wird. Es gilt die Regel: *von Soll an Haben.*

Da jeder Geschäftsvorfall (wenigstens) zwei Konten, und zwar ein Konto im Soll und ein Konto im Haben berührt, bezeichnet man die Buchführung als *doppelte Buchführung.* Diese Bezeichnung ergibt sich außerdem aus der Tatsache, dass der formale Aufbau der doppelten Buchführung die Ermittlung des Periodenerfolges in doppelter Weise ermöglicht:

aa) durch Vermögensvergleich:

Erfolg = Vermögen am Ende der Periode – Vermögen am Anfang der Periode + Entnahmen – Einlagen

bb) durch Aufwands- und Ertragsvergleich:

Erfolg = Ertrag – Aufwand

Da die Bilanzgleichung Vermögen = Kapital gilt, lässt sich die Erfolgsermittlung mit Hilfe der Bilanz schematisch folgendermaßen darstellen:

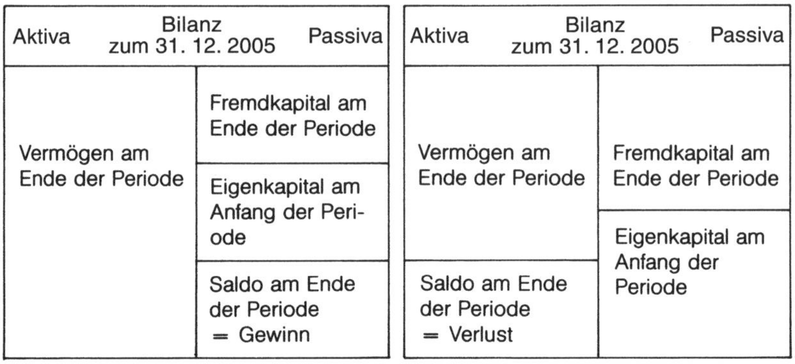

Stellt man in einem Gewinn- und Verlustkonto sämtliche Aufwendungen und Erträge einer Periode gegenüber, so ergibt sich aus dem Saldo der Gewinn oder Verlust.

Alle Geschäftsvorfälle lassen sich auf vier Typen von Buchungsfällen zurückführen. Es sind das:

(1) Der *Aktivtausch*. Er führt zu einer Veränderung der Vermögensstruktur, ohne dass sich die Bilanzsumme vergrößert oder verringert. Der Zugang auf einem Vermögenskonto entspricht dem Abgang auf einem anderen Vermögenskonto.

Beispiel: Bezahlung einer Forderung von 600 € durch den Kunden A: Der Forderungsbestand mindert sich um 600 €, der Bankbestand erhöht sich um den gleichen Betrag, die Bilanzsumme bleibt konstant. Die Passivseite wird nicht berührt.

Buchungssatz: Von Bank an Forderung A.

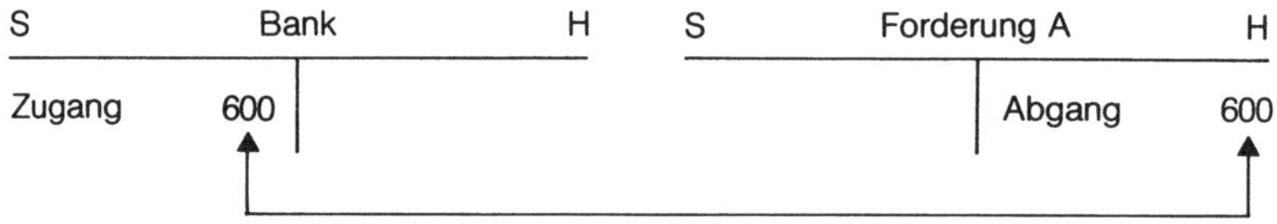

(2) Der *Passivtausch*. Er führt zu einer Veränderung der Kapitalstruktur, ohne dass sich die Bilanzsumme vergrößert oder verringert. Der Zugang auf einem Kapitalkonto entspricht dem Abgang auf einem anderen Kapitalkonto.

Beispiel: Umwandlung eines Lieferantenkredits in einen Wechselkredit (Akzept). Der Betrieb akzeptiert einen Wechsel seines Lieferanten in Höhe von 500 €. Der Bestand an Lieferantenschulden (Kreditoren) mindert sich um 500 €, der Bestand an Schuldwechseln (Akzepte) nimmt um 500 € zu. Die Bilanzsumme bleibt konstant. Die Aktivseite wird nicht berührt.

Buchungssatz: Von Kreditoren an Akzepte.

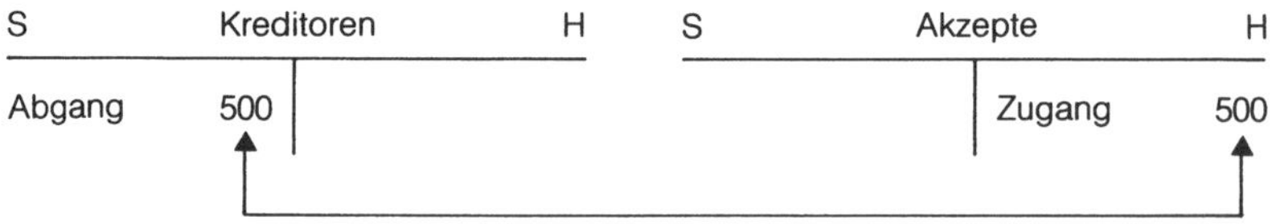

(3) *Die Bilanzverlängerung.* Aktiv- und Passivseite vermehren sich um den gleichen Betrag. Dem Zugang auf einem Vermögenskonto entspricht ein Zugang auf einem Kapitalkonto in gleicher Höhe oder umgekehrt. Die Bilanzsumme nimmt zu.

Beispiel: Kauf von Waren auf Kredit für 1 800 €.

Buchungssatz: Von Wareneinkauf an Kreditoren.

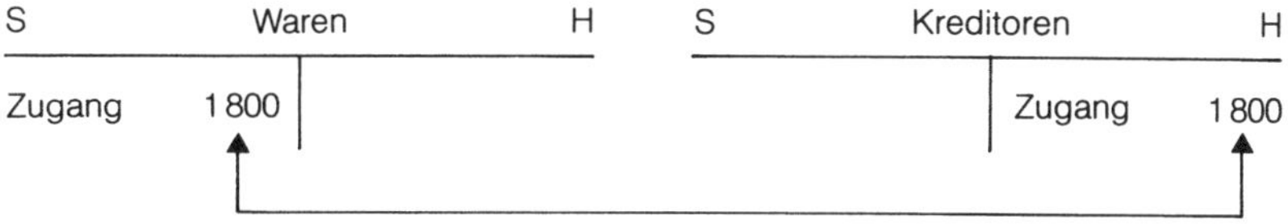

(4) *Die Bilanzverkürzung.* Aktiv- und Passivseite vermindern sich um den gleichen Betrag. Einem Abgang auf einem Vermögenskonto entspricht ein Abgang auf einem Kapitalkonto in gleicher Höhe oder umgekehrt. Die Bilanzsumme nimmt ab.

Beispiel: Bezahlung einer Lieferantenschuld aus dem Bankkonto in Höhe von 900 €.

Buchungssatz: Von Kreditoren an Bank.

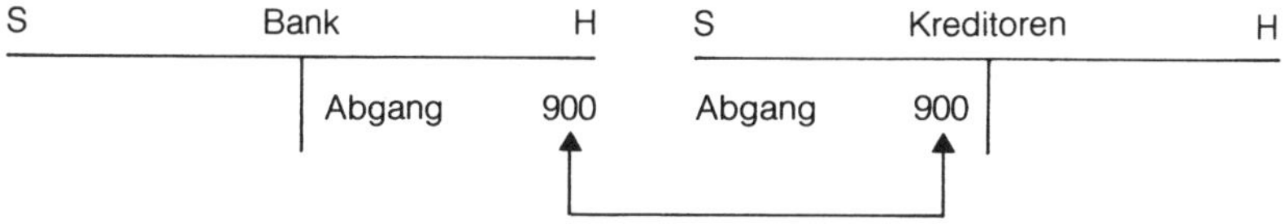

In den obigen Beispielen handelt es sich um *erfolgsunwirksame* Geschäftsvorfälle. *Erfolgswirksame* Geschäftsvorfälle ändern die Höhe des Eigenkapitals und führen entweder zu einer Bilanzverkürzung (Aufwendungen) oder zu einer Bilanzverlängerung (Erträge).

Beispiele:
a) Lohnzahlung in bar 1 000 €

Buchungssätze: Löhne an Kasse 1 000 €
Gewinn- und Verlustkonto an Löhne 1 000 €
Eigenkapital an Gewinn- und Verlustkonto.[10]

Kassenbestand und Eigenkapital verringern sich um den gleichen Betrag. Das Ergebnis ist eine *Bilanzverkürzung.*

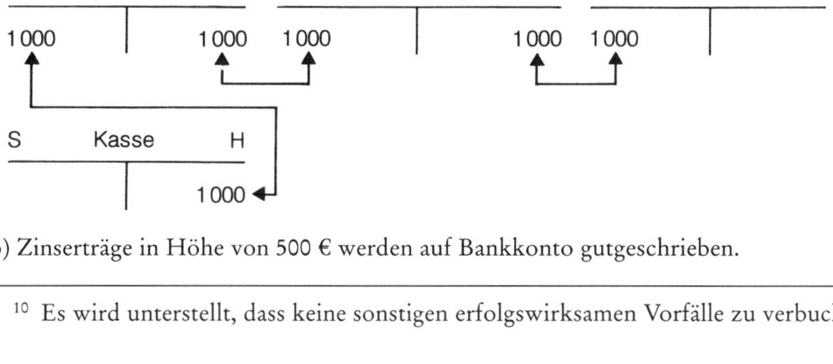

b) Zinserträge in Höhe von 500 € werden auf Bankkonto gutgeschrieben.

---

[10] Es wird unterstellt, dass keine sonstigen erfolgswirksamen Vorfälle zu verbuchen sind.

Buchungssätze: Bank an Zinserträge
Zinserträge an Gewinn- und Verlustkonto
Gewinn- und Verlustkonto an Eigenkapital.

Bankguthaben und Eigenkapital erhöhen sich um den gleichen Betrag. Das Ergebnis ist eine *Bilanzverlängerung*.

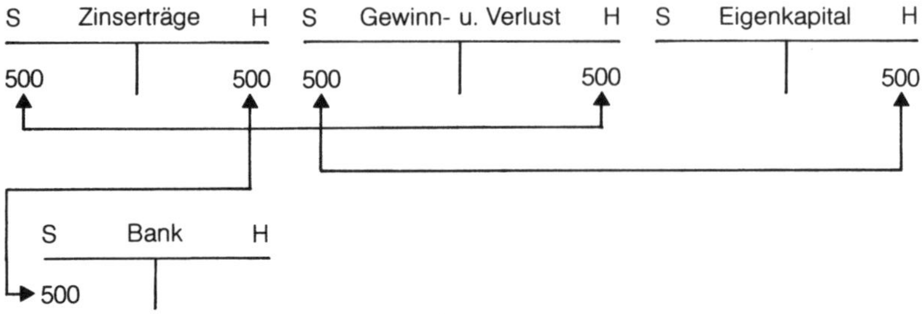

c) Kapitalkonto und seine Hilfskonten

Das Kapitalkonto ist ein Passivkonto. Das Anfangskapital und die Kapitalmehrungen erscheinen auf der Haben-Seite, die Kapitalminderungen und das Endkapital (Saldo) werden auf der Soll-Seite erfasst. Veränderungen des Kapitalbestandes sind entweder auf einen Gewinn oder Verlust zurückzuführen *(erfolgswirksam)*, oder sie sind eine Folge von Zuführungen von Eigenkapital durch den Unternehmer (Einlagen) oder von Entnahmen durch den Unternehmer *(erfolgsunwirksam)*.

aa) Gewinn- und Verlustkonto

Wie oben bereits ausgeführt, werden sämtliche Aufwendungen und Erträge einer Abrechnungsperiode auf Aufwands- und Ertragskonten gesammelt. Ein Aufwand (Wertverzehr) führt zu einer Verminderung des Eigenkapitals, falls er nicht durch Aktivierung in Ertragsgütern (z.B. Halb- und Fertigfabrikate, selbsterstellte Anlagen) eine erfolgsunwirksame Änderung der Vermögensstruktur zur Folge hat, ein Ertrag (Wertzuwachs) führt zu einer Vermehrung des Eigenkapitals.

Beispiel: Verbuchung erfolgswirksamer Geschäftsvorfälle und Abschluss der Erfolgskonten auf das Gewinn- und Verlustkonto:

(1) Überweisung von Löhnen aus dem Bankkonto 5 000 €
Buchungssatz: Lohnkonto an Bankkonto

(2) Gutschrift von Bankzinsen 1 500 €
Buchungssatz: Bankkonto an Zinsertragskonto

(3) Zahlung von Gewerbesteuer in bar 300 €
Buchungssatz: Gewerbesteuerkonto an Kassenkonto

(4) Gutschrift von Mieterträgen auf dem Bankkonto 500 €
Buchungssatz: Bankkonto an Mietertragskonto

(5) Überweisung von Fremdkapitalzinsen 2 500 €
Buchungssatz: Zinsaufwandskonto an Bankkonto

(6) Überweisung von Telefongebühren 400 €
Buchungssatz: Telefonkonto an Bankkonto

(7) Abschluss der Aufwandskonten auf das Gewinn- und Verlustkonto
Buchungssatz: Gewinn- und Verlustkonto an alle Aufwandskonten

(8) Abschluss der Ertragskonten auf das Gewinn- und Verlustkonto
Buchungssatz: Alle Ertragskonten an Gewinn- und Verlustkonto

(9) Übertragung des Verlustsaldos auf das Kapitalkonto
Buchungssatz: Kapitalkonto an Gewinn- und Verlustkonto
(kontenmäßige Darstellung siehe S. 29).

S	Bank		H	
AB	15 000	(1)	5 000	
(2)	1 500	(5)	2 500	
(4)	500	(6)	400	
		EB	9 100	S-Bilanz
	17 000		17 000	

S	Kasse		H	
AB	2 000	(3)	300	
		EB	1 700	S-Bilanz
	2 000		2 000	

S	Löhne		H
(1)	5 000	(7)	5 000
	5 000		5 000

S	Zinserträge		H
(8)	1 500	(2)	1 500
	1 500		1 500

S	Gewerbesteuer		H
(3)	300	(7)	300
	300		300

S	Mieterträge		H
(8)	500	(4)	500
	500		500

S	Zinsaufwand		H
(5)	2 500	(7)	2 500
	2 500		2 500

S	Telefon		H
(6)	400	(7)	400
	400		400

S	Gewinn- und Verlustkonto				H
(7)	Löhne	5 000	(8)	Zinsen	1 500
(7)	Gewerbesteuer	300	(8)	Mieten	500
(7)	Zinsen	2 500	(9)	Verlust	
(7)	Telefon	400		(Saldo)	6 200
		8 200			8 200

S	Kapital			H
(9)	Verlust	6 200	Anfangskapital	100 000
	Endkapital	93 800		
		100 000		100 000

Der Saldo des Gewinn- und Verlustkontos wird beim Abschluss auf das Kapitalkonto übertragen, wenn der Betrieb eine Einzelunternehmung ist oder in der Rechtsform einer Personengesellschaft geführt wird. Das Gewinn- und Verlustkonto ist dann als Hilfskonto des Kapitalkontos aufzufassen. Bei Kapitalgesellschaften wird das Nominalkapital nicht verändert, sondern Gewinne werden gesondert in der Bilanz ausgewiesen (Jahresüberschuss bzw. Bilanzgewinn, Rücklagen) und Verluste werden als Jahresfehlbetrag ausgewiesen oder mit Rücklagen verrechnet oder als Korrekturposten zum Nominalkapital ausgewiesen.[11]

bb) Entnahmenkonto (Privatkonto)

Den gleichen Hilfscharakter wie das Gewinn- und Verlustkonto hat das Entnahmenkonto. Die Privatentnahmen des Unternehmers stellen eine Verminderung des Kapitals bzw. eine Vorwegentnahme von Gewinn dar. Bei der Einzelunternehmung und den Personengesellschaften (OHG, KG) werden die an den Unternehmer bzw. die geschäftsführenden Gesellschafter gezahlten Gehälter für ihre Geschäftsführertätigkeit sowie die Zinszahlungen für das Eigenkapital nicht als Aufwand verrechnet wie die Gehälter der Angestellten oder die Zinsen für das Fremdkapital, sondern sind im Gewinn enthalten, der sich als Saldo des Gewinn- und Verlustkontos ergibt.

Auf dem Privatkonto erscheinen nicht nur die Beträge, die der Unternehmer für seine Leistungen als Unternehmerlohn (Geschäftsführergehalt) und Eigenkapitalzinsen oder als Gewinn entnimmt, sondern ebenso alle Zahlungen, die der Betrieb für die Privatsphäre des Unternehmers tätigt, so z.B. die Zahlung von Einkommen- und Vermögensteuer. Diese Steuern treffen nicht den Betrieb, sondern den Eigentümer des Betriebes. Sie sind also kein Aufwand des Betriebes, sondern Auszahlungen, die den Charakter von Entnahmen haben. Der Unternehmer wird daher mit derartigen Zahlungen auf dem Privatkonto belastet.

Soll — Privatkonto	Haben
Entnahmen von Geldmitteln Entnahmen von Sachwerten Entnahmen von Nutzungen	Gutschriften für Leistungen des Privatvermögens Saldo = Kapitalminderung

Schwierig ist die Abgrenzung von Zahlungen, die der Betrieb leistet, die ihn aber nur zum Teil belasten, zum anderen Teil aber in die private Sphäre des Unternehmers gehören (z.B. teilweise private Nutzung eines Kraftfahrzeuges oder von Räumen des Betriebes). Zweifellos ist das Privatkonto entsprechend dem Umfang der privaten Nutzung anteilig zu belasten, wie umgekehrt im Falle der Nutzung von Privatvermögen durch den Betrieb das Privatkonto zu erkennen ist.

Hat ein Betrieb mehrere Gesellschafter (z.B. eine OHG), so wird für jeden Gesellschafter ein Privatkonto geführt.

cc) Einlagenkonto

Werden von den Gesellschaftern im Laufe des Rechnungsjahres weitere Kapitaleinlagen geleistet, so können diese unmittelbar dem Kapitalkonto jedes Gesellschafters gutgeschrieben, sie können aber zunächst auch auf den Privatkonten oder einem Einlagenkonto erfasst werden.

---

[11] Vgl. die Bilanzschemata auf S. 149f.

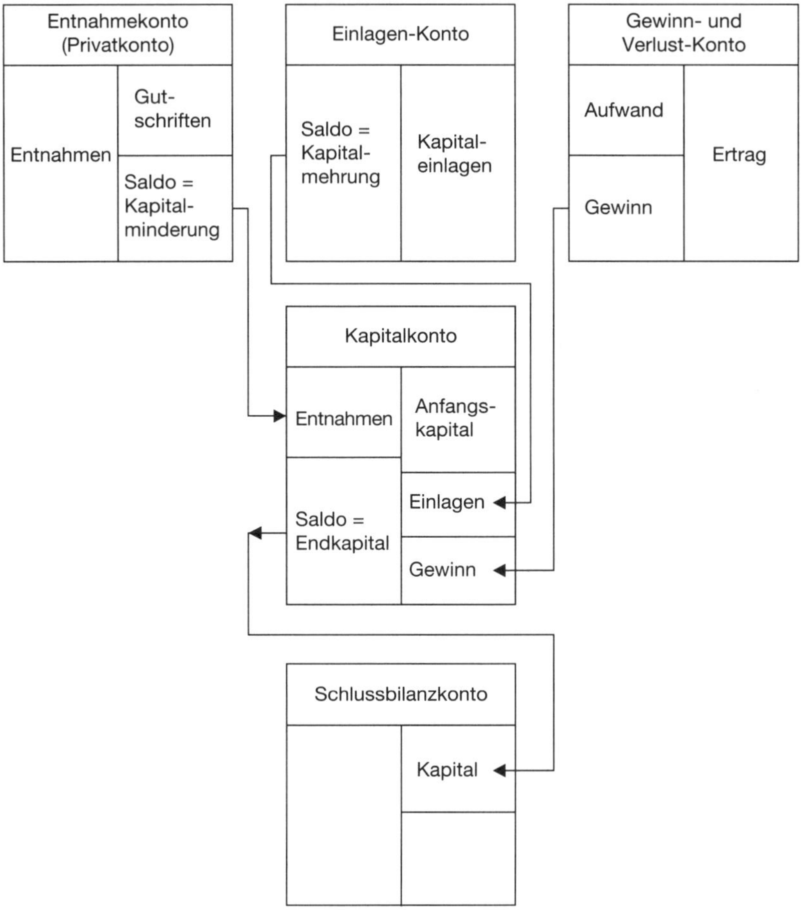

dd) Schema der Beziehungen zwischen Kapitalkonto, Gewinn- und Verlustkonto, Entnahmenkonto und Einlagenkonto

Zwischen dem Kapitalkonto und seinen Hilfskonten bestehen also schematisch folgende Beziehungen:

Beispiele: Das Kapital am Ende der Periode errechnet sich folgendermaßen:

Fall A

Anfangskapital	200 000 €
– Entnahmen	40 000 €
+ Einlagen	80 000 €
+ Gewinn	60 000 €
= Endkapital	300 000 €

Fall B

Anfangskapital	200 000 €
– Entnahmen	40 000 €
+ Einlagen	80 000 €
– Verlust	20 000 €
= Endkapital	220 000 €

Fall A zeigt eine Mehrung des Kapitals um 100 000 €. Davon sind 80 000 € auf die Einlagen zurückzuführen, der Gewinn von 60 000 € wirkt sich nur mit 20 000 € kapitalerhöhend aus, da während des Jahres bereits 40 000 € entnommen wurden.

Fall B zeigt trotz Einlagen von 80 000 € nur eine Kapitalmehrung von 20 000 €, denn das Kapital wurde durch die Entnahmen und den Verlust um 60 000 € reduziert.

Die Beispiele zeigen auch, wie sich der Periodenerfolg durch Kapitalvergleich errechnen lässt:

Endkapital	300 000 €
– Anfangskapital	200 000 €
+ Entnahmen	40 000 €
– Einlagen	80 000 €
= Gewinn	60 000 €

oder

Endkapital	300 000 €	
– Einlagen	80 000 €	
= korrigiertes Endkapital		220 000 €
Anfangskapital	200 000 €	
– Entnahmen	40 000 €	
= korrigiertes Anfangskapital		160 000 €
Gewinn		60 000 €

d) Technik der Aufstellung des Jahresabschlusses

aa) Überblick über die Jahresabschlussvorbereitungen

Damit der Jahresabschluss seine Aufgaben der Rechenschaftslegung, der Information und der Ausschüttungsbemessung erfüllen kann, müssen aus den Zahlen der Buchführung die am Bilanzstichtag vorhandenen Bestände an Vermögensgegenständen und Schulden ermittelt und muss durch Gegenüberstellung der Erträge und der Aufwendungen der Abrechnungsperiode der Periodenerfolg festgestellt werden. Diese Aufgaben erfordern einerseits die Ermittlung der Endbestände aller Bestandskonten, andererseits die Ermittlung aller Aufwendungen und Erträge. Formal geschieht das in der Weise, dass alle Salden der Aufwands- und Ertragskonten auf das Gewinn- und Verlustkonto übertragen und der Saldo des Gewinn- und Verlustkontos und des Privatkontos auf das Kapitalkonto abgeschlossen werden und ferner alle Salden der Bestandskonten über ein Schlussbilanzkonto auf die Schlussbilanz übertragen werden.

Bevor diese Buchungsarbeiten durchgeführt werden können, müssen sowohl an den sich aus den laufenden Aufzeichnungen am Bilanzstichtag ergebenden Buchbeständen als auch an dem sich aus der Gewinn- und Verlustrechnung ergebenden Erfolg gewisse *Korrekturen* vorgenommen werden. So können sich z.B. zwischen den sich buchmäßig ergebenden Beständen und den tatsächlich durch körperliche Bestandsaufnahme (Inventur) ermittelten Beständen *Differenzen* ergeben. Ferner muss im Interesse einer *periodenrichtigen Erfolgsabgrenzung* der Erfolg einerseits um solche Auszahlungen und Einzahlungen bzw. Aufwendungen und Erträge korrigiert werden, die nicht das laufende, sondern ein späteres Geschäftsjahr betreffen (z.B. für das kommende Jahr vorausbezahlte Versicherungsprämien: Auszahlung jetzt – Aufwand später), andererseits müssen solche Aufwendungen verbucht werden, die nicht im Laufe des Geschäftsjahrs, sondern erst bei der Erstellung des Jahresabschlusses erfasst werden wie z.B. Abschreibungen auf Anlagen, Vorräte oder Forderungen zur Erfassung von während des Geschäftsjahrs eingetretenen Wertminderungen, die sowohl eine Minderung der Bestände als auch des Erfolgs bewirken.

Bevor die Buchungsarbeiten, die vor dem Abschluss und der Zusammenziehung der Konten zu den Positionen des Jahresabschlusses durchgeführt werden müssen, im

Einzelnen anhand eines einfachen Falles dargestellt werden, wird zunächst ein kurzer Überblick über diese Arbeiten vorangestellt:

(1) *Feststellung der Endbeträge* durch körperliche Bestandsaufnahme (Inventur): Sie dient der Ermittlung *mengenmäßiger Abweichungen* zwischen den Buchbeständen und den tatsächlich vorhandenen Beständen. Wurden die Bestände auch buchhalterisch durch Fortschreibung erfasst, dann ist das Inventurergebnis mit dem buchmäßigen Bestand zu vergleichen. Dazu müssen Mengendifferenzen geklärt und buchhalterisch berücksichtigt werden. Treten z.B. bei den Vorräten oder beim Kassenbestand Mengendifferenzen auf, so ist eine Korrektur vorzunehmen, durch die die buchmäßige Behandlung der tatsächlichen Situation angepasst wird. Bei negativen Abweichungen (Fehlbeständen) erfolgt diese Anpassung über das Konto „Außerordentliche Aufwendungen", bei positiven Abweichungen (Überbeständen) über das Konto „Außerordentliche Erträge". Bei größeren negativen Differenzen ist steuerlich unter Umständen eine erfolgswirksame Ausbuchung nicht möglich.

(2) Erfassung *wertmäßiger Abweichungen* zwischen den in den Konten enthaltenen Bestandswerten und den Werten dieser Bestände am Bilanzstichtag durch Abschreibungen:[12] Der Wert bestimmter Vermögensgegenstände, die nicht in einer Periode verbraucht werden, sondern in der Lage sind, über eine Reihe von Jahren Nutzungen abzugeben (z.B. Gebäude, Maschinen, Werkzeuge, Geschäftseinrichtung), mindert sich im Laufe der Abrechnungsperiode entweder aus technischen Gründen (z.B. Abnutzung durch Gebrauch) oder aus wirtschaftlichen Gründen (z.B. technischer Fortschritt). Im ersten Falle nimmt der Nutzungsvorrat, der in den Gütern enthalten ist, ab, im zweiten Falle bleibt der Nutzungsvorrat zwar mengenmäßig vorhanden, er mindert sich aber in seinem wirtschaftlichen Wert.

Diese Wertminderungen müssen bei der Feststellung des wertmäßigen Endbestandes am Bilanzstichtag durch *Abschreibungen* erfasst werden. Da eine exakte Feststellung der Wertminderungen einer Periode in der Regel nicht möglich ist, verteilt man buchtechnisch die Anschaffungs- oder Herstellungskosten auf die Jahre der geschätzten Nutzungsdauer.

Abschreibungen können auch bei *Wertpapieren,* die im Kurs gesunken sind, oder bei Forderungen wegen mangelnder Zahlungsfähigkeit des Schuldners erforderlich werden. *Forderungen,* deren volle Bezahlung zweifelhaft ist, werden auf ein entsprechendes Konto (zweifelhafte Forderungen) umgebucht und in dem Umfang abgeschrieben, in dem sie für uneinbringlich gehalten werden.

(3) Erfassung von Aufwendungen der Periode, die erst in einer späteren Periode zu Auszahlungen oder Mindereinzahlungen führen, durch *Rückstellungen:*[13] Droht dem Betrieb in einer späteren Periode eine Inanspruchnahme durch einen Dritten, die ihren wirtschaftlichen Grund in der Abrechnungsperiode hat, deren Höhe und Fälligkeitstermin aber noch nicht feststehen, so ist ein Aufwand in der Periode entstanden, der erst später zu einer Auszahlung führt. Es muss eine Rückstellung für ungewisse Schulden in die Passivseite der Bilanz eingestellt werden, da sonst der Periodengewinn zu hoch ausgewiesen würde (z.B. Rückstellungen für Steuern, Pensionen, schwebende Prozesse, Garantiezusagen u.a.). Droht dem Betrieb ein Verlust, der seinen wirtschaftlichen Grund in der Abrechnungsperiode hat, der aber in seiner Höhe am Bilanzstichtag noch nicht genau feststeht, so ist ebenfalls eine Rückstellung zu bilden (z.B. Rückstellungen für drohende Verluste aus schwebenden Geschäften).

---

[12] Einzelheiten zur Vornahme von Abschreibungen vgl. S. 132ff.

[13] Einzelheiten zur Bildung von Rückstellungen vgl. S. 103ff.

(4) Periodenrichtige Zuordnung von Aufwendungen und Erträgen sowie Auszahlungen und Einzahlungen *(Rechnungsabgrenzungsposten):* Während des Geschäftsjahres werden einerseits Zahlungen empfangen oder getätigt, deren Leistungen erst in einem folgenden Geschäftsjahr bewirkt werden (z.B. Mietvorauszahlungen), andererseits werden Leistungen empfangen oder getätigt, für die Zahlungen erst in einem folgenden Geschäftsjahr bewirkt werden. Eine exakte Ermittlung des in der Abrechnungsperiode tatsächlich verursachten Periodenerfolgs ist deshalb nur möglich, wenn durch besondere vorbereitende Abschlussbuchungen mit Hilfe sog. Rechnungsabgrenzungsposten eine genaue Abgrenzung zwischen den einzelnen Abrechnungsperioden erfolgt, durch die alle im Geschäftsjahr verbuchten Leistungen und Zahlungsvorgänge dem Geschäftsjahr zugerechnet werden, das sie betreffen.

Rechnungsabgrenzungsposten, die durch Geschäftsvorfälle notwendig werden, die in der abgelaufenen Periode einen aktiven oder passiven Zahlungsvorgang ausgelöst haben, bezeichnet man als *transitorische Posten*, weil der in der Periode erfolgte Zahlungsvorgang in die nächste Periode *„hinübergeht"*. Der Leistungsvorgang (Verursachung von Aufwand oder Ertrag) liegt in der späteren Periode, gezahlt wurde im Voraus. Wird dagegen durch Geschäftsvorfälle, die noch das alte Jahr betreffen, ein aktiver oder passiver Zahlungsvorgang erst im folgenden Jahr ausgelöst, so spricht man von *antizipativen Posten*, weil der Zahlungsvorgang, der in der nächsten Periode erfolgt, in der Abrechnungsperiode buchtechnisch vorweggenommen wird. Der Leistungsvorgang ist bereits in der abgelaufenen Periode verursacht worden, gezahlt wird aber erst in der späteren Periode. Man kann sich den Unterschied zwischen transitorischen und antizipativen Rechnungsabgrenzungsposten folglich durch die Gedankenstütze einprägen, dass bei den transitorischen Posten im Voraus gezahlt oder eine Zahlung im Voraus empfangen wurde, während bei den antizipativen Posten noch zu zahlen oder eine Zahlung noch zu empfangen ist.

Es gibt also vier Arten von Rechnungsabgrenzungsposten, die in der Übersicht noch einmal dargestellt werden:

	aktive Abgrenzung (Gewinn ohne Abgrenzung zu niedrig)	passive Abgrenzung (Gewinn ohne Abgrenzung zu hoch)
transitorisch	Ausgabe jetzt – Aufwand später (z. B. vorausbezahlte Löhne)	Einnahme jetzt – Erträge später (z. B. im voraus erhaltene Miete)
antizipativ	Ertrag jetzt – Einnahme später (z. B. noch zu erhaltende Miete)	Aufwand jetzt – Ausgabe später (z. B. noch zu zahlende Löhne)

§ 250 HGB lässt nur noch die Verwendung transitorischer Rechnungsabgrenzungsposten zu. Das Steuerrecht hat seinerzeit durch Änderung des § 5 EStG die aktienrechtliche Regelung übernommen. Diese wird damit begründet, dass bei der antizipativen Abgrenzung in Wirklichkeit eine *Verbindlichkeit* vorliegt, wenn der Betrieb in der nächsten Periode noch eine Zahlung für einen Aufwand zu leisten hat, der bereits in der Abrechnungsperiode eingetreten ist, bzw. dass eine *Forderung* vorliegt, wenn der Betrieb erst in der nächsten Periode eine Zahlung erhält, für die er bereits in der Abrechnungsperiode eine Leistung erbracht hat. Diese Verbindlichkeiten und Forderungen sind als *sonstige Verbindlichkeiten* bzw. *sonstige Forderungen* auszuweisen.

Die Verbuchung ist die gleiche wie bei der Verwendung antizipativer Rechnungsabgrenzungsposten, lediglich tritt an die Stelle der Abgrenzungsposten ein Konto sonstige Verbindlichkeiten bzw. Forderungen. Gewinn bzw. Verlust, Vermögen und Schulden ändern sich durch diese handelsrechtliche und steuerrechtliche Regelung gegenüber der Verwendung antizipativer Abgrenzungsposten nicht, sondern lediglich die Bezeichnung der Konten und der Bilanzpositionen.

(5) *Korrektur von Erfolgskonten:* Werden während des Geschäftsjahrs bestimmte Auszahlungen in voller Höhe als betrieblicher Aufwand verbucht, obwohl sie zum Teil privaten Zwecken dienen, dann muss – sofern dies nicht unmittelbar bei der Verbuchung des Geschäftsvorfalls erfolgte – im Rahmen der Jahresabschlussvorbereitung vor allem *für steuerliche Zwecke* der private Anteil heraus gerechnet und entsprechend verbucht werden. Die Abgrenzung zwischen Betriebs- und Privatsphäre ist vor allem bei kleinen und mittelständischen Betrieben von Bedeutung und betrifft z.B.

- die anteilige private Nutzung von Betriebsfahrzeugen,
- die anteilige private Nutzung bei gemischt genutzten Grundstücken und
- die nicht abzugsfähigen Betriebsausgaben nach § 4 V EStG (die handelsrechtlich abzugsfähig sind).

Die *Aufstellung des Jahresabschlusses* erfolgt in drei Schritten:

(1) Abschluss der Erfolgskonten (Aufwands- und Ertragskonten) im Gewinn- und Verlustkonto;
(2) Abschluss des Gewinn- und Verlustkontos im Eigenkapitalkonto;
(3) Abschluss der Bestandskonten (Aktiv- und Passivkonten) im Schlussbilanzkonto.

bb) Abschlussübersicht

Nachdem alle Geschäftsvorfälle einer Abrechnungsperiode verbucht sind, lässt sich durch Abschluss aller Bestands- und Erfolgskonten eine Schlussbilanz erstellen. In der Praxis macht man jedoch in der Regel vor Abschluss aller Einzelkonten zunächst einen so genannten Probeabschluss (vorläufigen Abschluss) in Form einer Abschlussübersicht[14] außerhalb der eigentlichen Buchhaltung, und zwar vor allem aus vier Gründen:

(1) Bei der großen Zahl von Geschäftsvorfällen während einer Abrechnungsperiode und der Zahl der davon berührten Einzelkonten sind *Fehler bei der Verbuchung* und bei den Abschlussarbeiten häufig. Die Korrektur bereits abgeschlossener Konten bereitet dann große Schwierigkeiten, vor allem wenn sich Fehler auf mehrere Einzelkonten auswirken.

(2) Während die Verbuchung der laufenden Geschäftsvorfälle im wesentlichen Routinearbeit ist, erfordern viele vorbereitende Abschlussbuchungen eine *Entscheidung der Unternehmensführung,* so z.B. bei der Festlegung der Höhe der Abschreibungen, der Bildung von Rückstellungen, bei der Bewertung von Forderungen, bei der Bildung von Rechnungsabgrenzungsposten etc. Aus diesem Grunde ist es zweckmäßig, diese Abschlussbuchungen zunächst außerhalb der Buchführung vorzunehmen und der Geschäftsleitung zur endgültigen Entscheidung vorzulegen.

(3) Die Abschlussübersicht vermittelt dem Unternehmer bzw. der Geschäftsführung und anderen Interessenten (Finanzamt, Banken) *zusätzliche Informationen* über die wirtschaftliche Lage des Betriebes, da sie neben den in den Jahresabschluss eingehen-

[14] Für diese Übersicht werden auch die Begriffe Hauptabschlussbericht, Abschlusstabelle und Betriebsübersicht verwendet.

den Endbeständen der Bestands- und Erfolgskonten auch die Veränderungen dieser Konten während der Abrechnungsperiode zeigt.

(4) Die Abschlussübersicht kann auch dazu verwendet werden, *aus der Handelsbilanz die Steuerbilanz abzuleiten*; ferner kann sie es dem externen Abschlussprüfer ermöglichen, Veränderungen an der von der Unternehmung selbst getätigten Verbuchung vorzunehmen.

In die Spalte Konten werden sämtliche Bestands- und Erfolgskonten aufgenommen. In die *Summenbilanz* werden die sich nach Vornahme aller Verkehrsbuchungen auf den Konten ergebenden unsaldierten Summen der beiden Kontenseiten eingesetzt. Da auf den Konten allen aktiven Anfangsbeständen in gleicher Höhe passive Anfangsbestände gegenüberstehen und da bei der Verbuchung der Geschäftsvorfälle jeder Sollbuchung eine Habenbuchung entspricht, muss in der Summenbilanz eine Wertgleichheit von Soll- und Habenseite gegeben sein.

Konten	Summenbilanz		Saldenbilanz		Korrektur- und vorbereitende Abschlussbuchungen		Abschlussbilanz		Erfolgsübersicht	
	S	H	S	H	S	H	S	H	S	H
Summe	S = H		S = H		S = H		(+ Verlust)	(+ Gewinn)	(+ Gewinn)	(+ Verlust)
							S = H		S = H	

Aus den Zahlen der Summenbilanz werden für die einzelnen Konten die Salden ermittelt und in die Saldenbilanz übernommen. Dort erscheinen die Salden jeweils auf der größeren Kontenseite. Soll- und Habenseite müssen auch in der Saldenbilanz summengleich sein.

In der Spalte *„Korrektur- und vorbereitende Abschlussbuchungen"* erfolgen die Umbuchungen auf den Warenkonten (Übernahme des Wareneinsatzes auf das Konto Warenerfolg), die Vornahme von Abschreibungen, die Bildung von Rückstellungen und Wertberichtigungen, der Abschluss der Privatkonten über Eigenkapitalkonten usw. Da die Buchungen nach dem System der doppelten Buchführung vorgenommen werden, sind auch in dieser Spalte Soll- und Habenseite wertgleich.

Die *Abschlussbilanz* enthält die Salden der Bestandskonten der Saldenbilanz, vermehrt oder vermindert um die Umbuchungen in der Spalte Korrektur- und vorbereitende Abschlussbuchungen. Der Aufbau entspricht materiell der Schlussbilanz mit Ausnahme des Eigenkapitalkontos, weil der Periodenerfolg noch nicht ermittelt ist.

Die *Erfolgsübersicht* übernimmt die Salden der Erfolgskonten laut Saldenbilanz unter Berücksichtigung der Korrektur- und Abschlussbuchungen. Als Saldo aus Soll- und Habenseite ergibt sich der Erfolg, der nun in die Abschlussbilanz übernommen wird, so dass sich auch dort Summengleichheit beider Seiten ergibt.

cc) Fallbeispiel eines einfachen Jahresabschlusses

Der Kontrolle des Verständnisses des Systems der doppelten Buchführung dient der folgende Buchführungsfall, wobei auf die Berücksichtigung der Umsatzsteuer verzichtet wurde.

Die Eröffnungsbilanz einer Großhandlung in der Rechtsform einer Einzelunternehmung zum 1. 1. 2008 hat folgendes Aussehen:

Auf die Verwendung eines Eröffnungsbilanzkontos wird verzichtet, so dass zu buchen ist:

Sämtliche Aktiva 700 000 € an sämtliche Passiva 700 000 €.

Aktiva	Bilanz zum 1. 1. 2008		Passiva
Grundstücke und Gebäude	300 000	Eigenkapital	370 000
Kraftfahrzeuge	42 000	Wertberichtigungen auf Anlagen	80 000
Geschäftsausstattung	25 000	Rückstellungen	5 000
Waren	90 000	Darlehen	100 000
Kundenforderungen	127 000	Lieferantenverbindlichkeiten	134 000
Dubiose Forderungen	4 000	Schuldwechsel	10 000
Besitzwechsel	15 600	Sonstige Verbindlichkeiten	1 000
Bank	18 900		
Postscheck	70 000		
Kasse	7 050		
Aktive Rechnungsabgrenzung	450		
	700 000		700 000

A. Die folgenden *Geschäftsvorfälle* sind zu verbuchen:

1. Am 1. 10. 2007 wurde die Garagenmiete in Höhe von 600 € für ein Jahr im Voraus an den Vermieter bezahlt.

   Buchungssatz:
   Mietaufwand an aktive Rechnungsabgrenzung 450 €

2. Im Februar 2008 werden die fälligen Darlehenszinsen für die Zeit vom 1. 12. 2007 bis 28. 2. 2008 in Höhe von 3 000 € vom Bankkonto an den Darlehensgeber überwiesen.

   Buchungssatz:
   Zinsaufwand 2 000 €
   Sonstige Verbindlichkeiten 1 000 € an Bank 3 000 €

3. Der Prozess, für den im Jahresabschluss zum 31. 12. 2007 eine Rückstellung in Höhe von 5 000 € gebildet wurde, wird gewonnen.

   Buchungssatz:
   Rückstellungen an sonstige betriebliche Erträge 5 000 €

4. Wareneinkauf zum Preis von 60 000 € gegen Postschecküberweisung unter Einbehaltung von 2 % Skonto.

Buchungssätze:

a) Wareneinkauf	58 800 €		
Lieferanten-Skonto	1 200 €	an Lieferanten-verbindlichkeiten	60 000 €
b) Lieferanten-verbindlichkeiten	60 000 €	an Postscheck	58 800 €
		an Lief.-Skonto	1 200 €

5. Die Einkommensteuervorauszahlung des Betriebsinhabers in Höhe von 12 000 € wird durch Banküberweisung bezahlt.

   Buchungssatz:
   Privatkonto an Bank 12 000 €

6. Die Tilgungsrate für das Darlehen in Höhe von 5 000 € und die fälligen Darlehenszinsen in Höhe von 6 000 € werden durch die Bank an den Darlehensgeber überwiesen.

   Buchungssatz:

Darlehen	5 000 €		
Zinsaufwand	6 000 €	an Bank	11 000 €

7. Warenverkauf auf Ziel zu 50 000 €, auf den wir dem Kunden 10 % Rabatt gewähren.

   Buchungssatz:
   Kundenforderungen an Warenverkauf 45 000 €

8. Ein Kunde, der noch nicht bezahlt hat, schickt Waren aus der letzten Lieferung zum Rechnungspreis von 25 000 € zurück.

   Buchungssatz:
   Warenverkauf an Kundenforderungen 25 000 €

9. Die Lohnzahlung erfolgt vom Bankkonto. Das Bruttoarbeitsentgelt beträgt 5 000 €, die Lohnsteuer 600 €, die Kirchensteuer 50 €. Arbeitnehmer- und Arbeitgeberanteil an den Sozialversicherungsbeiträgen betragen je 850 €.

   Buchungssatz:

Löhne und Gehälter	5 000 €	an Bank	3 500 €
		an sonstige Verbindlichkeiten	1 500 €
Gesetzlicher Sozialaufwand	850 €	an sonstige Verbindlichkeiten	850 €

10. Gewerbesteuerzahlung in bar 5 500 €.

    Buchungssatz:
    Gewerbesteuer an Kasse 5 500 €

11. Verkauf eines Kraftfahrzeuges zu 4 000 € gegen bar. Das Fahrzeug stand mit 4 500 € zu Buch.

    Buchungssatz:

Kasse	4 000 €		
Sonst. betr. Aufwand	500 €	an Kraftfahrzeuge	4 500 €

12. Verkauf von Waren zu 150 000 €; der Rechnungsbetrag geht innerhalb der Skontofrist unter Abzug von 1 % Skonto ein.

    Buchungssätze:

a) Kundenforderungen	150 000 €	an Warenverkauf	148 500 €
		an Kunden-Skonto	1 500 €

b) Kasse	148 500 €		
Kunden-Skonto	1 500 €	an Kundenforderungen	150 000 €

13. Bareinzahlung auf das eigene Bankkonto (140 000 €).
Buchungssatz:
Bank an Kasse 140 000 €

14. Abführung der einbehaltenen Lohn- und Kirchensteuer sowie des Arbeitnehmer- und Arbeitgeberanteils an den Sozialversicherungsbeiträgen durch Banküberweisung.
Buchungssatz:
Sonstige Verbindlichkeiten an Bank 2 350 €

15. Der Betriebsinhaber leistet eine Einlage in Höhe von 120 000 € in bar.
Buchungssatz:
Kasse an Einlagen-Konto 120 000 €

16. Der Schuldwechsel (10 000 €) wird präsentiert und in bar eingelöst.
Buchungssatz:
Schuldwechsel an Kasse 10 000 €

17. Einlösung des Besitzwechsels (15 600 €) durch den Bezogenen in bar; wegen des hohen Kassenbestandes werden 125 000 € auf das Bankkonto eingezahlt.
Buchungssätze:
a) Kasse an Besitzwechsel 15 600 €
b) Bank an Kasse 125 000 €

18. Ein Kunde überweist 63 000 € auf unser Bankkonto; von den dubiosen Forderungen gehen 3 600 € auf dem Postscheckkonto ein.
Buchungssätze:

a) Bank an Kundenforderungen			63 000 €
b) Postscheck	3 600 €		
Sonst. betr. Aufwand	400 €	an Dubiose Forderungen	4 000 €

19. Eingang der Pacht für ein Grundstück am 1. 10. 2008 für ein Jahr im Voraus durch Banküberweisung (6 000 €).
Buchungssatz:
Bank an Pachterträge 6 000 €

20. Überweisung von Versicherungsprämien für die Zeit vom 1. 12. 2008–28. 2. 2009 in Höhe von 1 200 € durch Postscheck.
Buchungssatz:
Versicherungsaufwand an Postscheck 1 200 €

B. *Abschlussangaben:*

21. Es werden folgende Abschreibungen vorgenommen:

a) auf Gebäude	10 000 €	(indirekt)
b) auf Geschäftsausstattung	5 000 €	(direkt)
c) auf Kraftfahrzeuge	9 500 €	(direkt)

Buchungssätze:

Abschreibungen			
Auf Anlagen	24 500 €	an Wertberichtigungen	
		auf Anlagen	10 000 €
		Geschäftsausstattung	5 000 €
		Kraftfahrzeuge	9 500 €

22. Eine Kundenforderung in Höhe von 14 000 € ist uneinbringlich (direkte Verbuchung).
Buchungssatz:
Abschreibungen auf Forderungen an Forderungen 14 000 €
23. Auf den Forderungsbestand wird eine Pauschalwertberichtigung von 2 % gebildet.
Buchungssatz:
Abschreibungen
Auf Forderungen an Delkredere-Wertberichtigungen 1 400 €
24. Für die Geschäftsvorfälle 19 und 20 ist die Rechnungsabgrenzung durchzuführen.
Buchungssätze:
a) Pachterträge an passive Rechnungsabgrenzung 4 500 €
b) Aktive Rechnungsabgrenzung an Versicherungsaufwand 800 €
25. Die für den Monat Dezember 2008 angefallenen Darlehenszinsen (1 000 €) werden vereinbarungsgemäß erst im Februar 2009 an den Darlehensgeber überwiesen.
Buchungssatz:
Zinsaufwand an *sonstige* Verbindlichkeiten 1 000 €
26. Lt. Inventur beträgt der Warenendbestand 75 000 €, der Kassenbestand 14 600 €.
Buchungssätze:
a) Schlussbilanz[15] an Wareneinkauf 75 000 €
b) Kassenfehlbetrag an Kasse 50 €

S	Grundstücke u. Gebäude		H
AB	300000	SB	300000

S	Kraftfahrzeuge		H
AB	42000	(11)	4500
		(21)	9500
		SB	28000
	42000		42000

S	Geschäftsausstattung		H
AB	25000	(21)	5000
		SB	20000
	25000		25000

S	Waren-Einkauf		H
AB	90000	SB	75000
(4a)	58800	Warenverkauf	73800
	148800		148800

[15] Aus Vereinfachungsgründen wird auf die Verwendung des Schlussbilanzkontos verzichtet.

Kundenforderungen

S		H	
AB	127000	(8)	25000
(7)	45000	(12b)	150000
(12a)	150000	(18a)	63000
		(22)	14000
		SB	70000
	322000		322000

Dubiose Forderungen

S		H	
AB	4000	(18b)	4000

Besitzwechsel

S		H	
AB	15600	(17a)	15600

Bank

S		H	
AB	18900	(2)	3000
(13)	140000	(5)	12000
(17b)	125000	(6)	11000
(18a)	63000	(8)	3500
(19)	6000	(14)	2350
		SB	321050
	352900		352900

Postscheck

S		H	
AB	70000	(4b)	58800
(18b)	3600	(20)	1200
		SB	13600
	73600		73600

Kasse

S		H	
AB	7050	(10)	5500
(11)	4000	(13)	140000
(12b)	148500	(16)	10000
(15)	120000	(17b)	125000
(17a)	15600	(26b)	50
		SB	14600
	295150		295150

Aktive Rechnungsabgr.

S		H	
AB	450	(1)	450
(24b)	800	SB	800
	1250		1250

Eigenkapital

S		H	
Priv.	12000	AB	370000
SB	517150	Einlage	120000
		G+V	39150
	529150		529150

Wertberichtigung auf Anlagen

S		H	
SB	90000	AB	80000
		(21)	10000
	90000		90000

Rückstellungen

S		H	
(3)	5000	AB	5000

Darlehen

S		H	
(6)	5000	AB	100000
SB	95000		
	100000		100000

Lieferantenverbindl.

S		H	
(4b)	60000	AB	134000
SB	134000	(4a)	60000
	194000		194000

Schuldwechsel

S		H	
(16)	10000	AB	10000

Sonstige Verbindlichk.

S			H
(2)	1000	AB	1000
(14)	2350	(9)	1500
SB	1000	(9)	850
		(25)	1000
	4350		4350

Delkredere-Wertbericht.

S			H
SB	1400	(23)	1400

Pass. Rechnungsabgrenzung

S			H
SB	4500	(24a)	4500

Privatkonto

S			H
(5)	12000	Eigenkap.	12000

Einlagenkonto

S			H
Eigenkapital	120000	(15)	120000

Mietaufwand

S			H
(1)	450	G+V	450

Zinsaufwand

S			H
(2)	2000	G+V	9000
(6)	6000		
(25)	1000		
	9000		9000

Löhne und Gehälter

S			H
(9)	5000	G+V	5000

Gesetzl. Sozialaufwand

S			H
(9)	850	G+V	850

Gewerbesteuer

S			H
(10)	5500	G+V	5500

Sonst. betr. Aufwand

S			H
(11)	500	G+V	900
(18b)	400		
	900		900

Lieferanten-Skonto

S			H
(4a)	1200	(4b)	1200

Kunden-Skonto

S			H
(12b)	1500	(12a)	1500

Versicherungsaufwand

S			H
(20)	1200	(24)	800
		G+V	400
	1200		1200

Abschreibungen auf Anlagen

S			H
(21)	24500	G+V	24500

Abschreibungen auf Ford.

S			H
(22)	14000	G+V	15400
(23)	1400		
	15400		15400

Kassenfehlbetrag

S			H
(26b)	50	G+V	50

S	Sonst. betr. Erträge		H
G+V	5000	(3)	5000

S	Warenverkauf		H
(8)	25000	(7)	45000
Waren-einkauf	73800	(12a)	148500
G+V	94700		
	193500		193500

S	Pachterträge		H
(24a)	4500	(19)	6000
G+V	1500		
	6000		6000

	Summenbilanz		Saldenbilanz		Korrektur- und vorbereitende Abschluss-buchungen		Abschlussbilanz		Erfolgsübersicht	
	S	H	S	H	S	H	S	H	S	H
Grundstücke und Gebäude	300 000		300 000				300 000			
Kraftfahrzeuge	42 000	4 500	37 500			9 500	28 000			
Geschäftsausstattung	25 000		25 000			5 000	20 000			
Waren	148 800		148 800			73 800	75 000			
Kundenforderungen	322 000	238 000	84 000			14 000	70 000			
Dubiose Forderungen	4 000	4 000								
Besitzwechsel	15 600	15 600								
Bank	352 900	31 850	321 050				321 050			
Postscheck	73 600	60 000	13 600				13 600			
Kasse	295 150	280 500	14 650			50	14 600			
Aktive Rechnungsabgrenzungsposten	450	450			800		800			
Eigenkapital		370 000		370 000	12 000	120 000		478 000		
Wertberichtigungen auf Anlagen		80 000		80 000		10 000		90 000		
Rückstellungen	5 000	5 000								
Delkredere-Wertberichtigung						1 400		1 400		
Darlehen	5 000	100 000		95 000				95 000		
Lieferantenverbindlichkeiten	60 000	194 000		134 000				134 000		
Schuldwechsel	10 000	10 000								
sonstige Verbindlichkeiten	3 350	3 350				1 000		1 000		
Passive Rechnungsabgrenzungsposten						4 500		4 500		

	Summenbilanz		Saldenbilanz		Korrektur- und vorbereitende Abschlussbuchungen		Abschlussbilanz		Erfolgsübersicht	
	S	H	S	H	S	H	S	H	S	H
Einlagenkonto		120 000		120 000	120 000					
Privatkonto	12 000		12 000			12 000				
Mietaufwand	450		450						450	
Löhne und Gehälter	5 000		5 000						5 000	
Gewerbesteuer	5 500		5 500						5 500	
Lieferanten-Skonto	1 200	1 200								
Versicherungsaufwand	1 200		1 200			800			400	
Abschreibungen auf Forderungen					15 400				15 400	
Zinsaufwand	8 000		8 000		1 000				9 000	
Gesetzlicher Sozialaufwand	850		850						850	
sonstiger betriebl. Aufwand	900		900						900	
Kunden-Skonto	1 500	1 500								
Abschreibungen auf Anlagen					24 500				24 500	
Kassenfehlbetrag					50				50	
sonstige betriebl. Erträge		5 000		5 000						5 000
Warenverkauf	25 000	193 500		168 500	73 800					94 700
Pachterträge		6 000		6 000	4 500					1 500
	1 724 450	1 724 450	978 500	978 500	252 050	252 050	843 050	803 900 39 150	62 050 39 150	101 200
							843 050	843 050	101 2000	101 200

Aktiva	Schlussbilanz zum 31. 12. 2008		Passiva
Grundstücke und Gebäude	300 000	Eigenkapital	517 150
Kraftfahrzeuge	28 000	Wertberichtigungen auf Anlagen	90 000
Geschäftsausstattung	20 000	Delkredere-Wertberichtigung	1 400
Waren	75 000	Darlehen	95 000
Kundenforderungen	70 000	Lieferanten-Verbindlichkeiten	134 000
Bank	321 050	Sonstige Verbindlichkeiten	1 000
Postscheck	13 600	Passive Rechnungsabgrenzung	4 500
Kasse	14 600		
Aktive Rechnungsabgrenzung	800		
	843 050		843 050

S	Gewinn- und Verlustrechnung 1. 1. – 31. 12. 2008		H
Mietaufwand	450	Wareneinkauf	94 700
Zinsaufwand	9 000	Pachterträge	1 500
Löhne und Gehälter	5 000	sonstige betriebl. Erträge	5 000
Gesetzl. Sozialaufwand	850		
Gewerbesteuer	5 500		
sonstiger betriebl. Aufwand	900		
Versicherungsaufwand	400		
Abschreibungen auf Anlagen	24 500		
Abschreibungen auf Forderungen	15 400		
Kassenfehlbetrag	50		
Gewinn (Eigenkapital)	39 150		
	101 200		101 200

§ 3. Rechtliche Grundlagen der Rechnungslegung

1. Historische Entwicklung

Die Anfänge des deutschen Rechnungslegungsrechts reichen bis in das frühe Mittelalter zurück und basieren hauptsächlich auf in den oberitalienischen Städten entwickelten Prinzipien.[16] Die Geschichte des modernen deutschen Handelsbilanzrechts beginnt erst mit dem Allgemeinen Deutschen Handelsgesetzbuch (ADHGB) von 1861.[17]

a) Gläubigerschutz durch Eigeninformation des Kaufmanns als Ausgangspunkt

Nach Art. 28 f. ADHGB wurde jeder Kaufmann verpflichtet, Bücher zu führen, Handelsbriefe aufzubewahren, eine Eröffnungsbilanz und eine regelmäßige Jahresbilanz anzufertigen und schließlich ein Inventar einzurichten. Zweck der Buchführung war die Rechenschaftslegung des Kaufmannes für sich selbst und war somit in dessen Eigeninteresse konzipiert.[18] Ausgangspunkt dieser Überlegungen war, dass ein Kaufmann, der sein Gewerbe ohne wirklichen Überblick über dessen wirtschaftliche Situation führt, eher in die Gefahr eines Konkurses gerät als ein umsichtiger Kaufmann.[19] Eine fehlende Buchführung erhöht danach die Gefahr eines Bankrotts, da diesem

16 Dazu ausführlich *Icking,* Die Rechtsnatur des Handelsbilanzrechts, 2 000, S. 58 ff.

17 Ausführlich zur Entstehung zum Bilanzrecht des ADHGB vgl. *Schön,* ZHR 161 (1997), 133 ff.

18 *Schön,* ZHR 161 (1997), 133, 136 f.

19 Ausführlich dazu *Götz,* KTS 2003, 1 ff.

meist eine leichtsinnige, verschwenderische und unordentliche Geschäftsführung zugrunde liegt.[20]

Für die Gläubiger war damit reflexartig ebenfalls ein Schutz verbunden, da sie – bei Zugrundlegung dieser Annahme – der geringeren Gefahr eines Forderungsausfalls durch einen Konkurs des Kaufmannes ausgesetzt waren.[21] In der Frage der Bewertung des kaufmännischen Vermögens nahm der Gesetzgeber des ADHGB keine Position ein. Hier konkretisierte vielmehr die damalige Rechtsprechung die Wertansatzregeln, die für die Aktiva mit einem Zeitwert unter der Bedingung der Weiterführung der Gesellschaft festgelegt wurden.[22] Der Zeitwert konnte aber durch nahezu beliebige Zu- und Abschreibungen verändert werden. Aufgrund der damit zwangsläufig eintretenden Schwächung des Gläubigerschutzes wurde die Notwendigkeit von Unterbewertungen zunehmend akzeptiert.[23]

b) Gründerkrach und Okkupation des Bilanzrechts durch das Gesellschaftsrecht

Der wirtschaftliche Aufschwung nach der Herstellung der deutschen Staatlichkeit von 1871 und vor allem die Abschaffung des Konzessionssystems durch die 1. Aktienrechtsnovelle von 1870 führten zu einer zunehmenden Anzahl von Aktiengesellschaften. Bei vielen dieser neugegründeten Aktiengesellschaften nutzten deren Initiatoren die vorhandenen Bewertungsspielräume und wiesen in großem Umfang unrealisierte Gewinne aus, um damit Anleger zu einer Investition in diese Aktiengesellschaften zu bewegen.[24] Die zeitliche Nähe des dem Gründungsboom folgenden Gründungskrachs und die Liberalisierung des Aktienrechts durch die 1. Aktienrechtsnovelle veranlassten eine grundlegende Reform des Aktienrechts durch die so genannte 2. Aktienrechtsnovelle von 1884[25].

Zentraler Gegenstand dieser Reform war die Verankerung des Prinzips der vorsichtigen Bewertung, das damit das bis dahin geltende Prinzip des Ansatzes zum Zeitwert ablöste.[26] Vor dem Hintergrund der im Gründerkrach gemachten Erfahrungen durfte der Wertansatz von Anlagegütern die historischen Anschaffungs- oder Herstellungskosten nicht mehr überschreiten. Weiterhin waren abnutzbare Gegenstände abzuschreiben, Gewinne durften vor deren Realisierung nicht ausgewiesen und Ingangsetzungskosten durften nicht aktiviert werden (Art. 185a, 329b ADHGB). Die Bestimmung des wahren Wertes wurde als Fiktion bezeichnet.[27] Die Ausschüttungsbegrenzung und damit der Gläubigerschutz gerieten als Zwecke der Bilanz in den

---

[20] *RG* v. 17. 9. 1891 – 1737/81, RGSt 4, 418, 419.

[21] Vgl. dazu ausführlich *Schön*, ZHR 161 (1997), 133, 138.

[22] ROHGE 12, 15, 17f.

[23] So auch noch *Neukamp*, ZHR 48 (1899), 450, 453, *Rehm*, Die Bilanzen der Aktiengesellschaften, 2. Aufl., 1914, S. 43ff.

[24] Vgl. zu den Hintergründen dieses so genannten Gründungsschwindels *Assmann*, in: Großkommentar zum Aktiengesetz, 4. Aufl., 1992ff., Einl. Rdnr. 83ff. mit statistischen Angaben.

[25] Gesetz, betreffend die Kommanditgesellschaft auf Aktien und die Aktiengesellschaften vom 18. 7. 1884, RGBl. I, 123, abgedruckt bei *Schubert/Hommelhoff*, Hundert Jahre modernes Aktienrecht, 1985, S. 60ff.

[26] Dazu ausführlich *Moxter*, ZVerglRWiss 103 (2004), 268, 269f.; für einen Überblick über die Reform vgl. *Assmann*, in: Großkommentar zum Aktiengesetz, 4. Aufl., 1992ff., Einl. Rdnr. 89ff.

[27] *Simon*, Die Bilanzen der Aktiengesellschaften und der Kommanditgesellschaften auf Aktien, 3. Aufl., 1899, S. 290ff.

Vordergrund.[28] Die Informationsfunktion – als Ausgangspunkt der Konkursvermeidung[29] – musste daher konsequenterweise zurücktreten. Die Aufgabe der neuen Vorschriften sollte darin bestehen, *eine trügerische Höher*bewertung *hintanzuhalten*.[30]

Im Ergebnis wurde somit eine enge Verknüpfung von Gesellschafts- und Rechnungslegungsrecht geschaffen. Der historische Gesetzgeber hat dabei trotz der vor allem im Aktienrecht gemachten schlechten Erfahrungen das gesamte Handelsbilanzrecht der Verhinderung von so genannten Gründungsschwindeln untergeordnet. Das Rechnungslegungsrecht wurde somit für die Kapitalgesellschaften vereinnahmt.

c) Erste Reformversuche im 20. Jahrhundert

Als Folge dieser weitgehenden Regelung wuchs die Kritik daran, dass der Kaufmann falsch über die wirtschaftliche Situation seines Unternehmens informiert wird. Zwar wurde jetzt verhindert, dass der Kaufmann zu positiv über positive Tendenzen des Unternehmens informiert wird, damit war aber auch verbunden, dass er nicht ausreichend von negative Tendenzen des Unternehmens in Kenntnis gesetzt wurde.

Zur Lösung dieses Problems entwickelte sich als Alternative zum bisherigen Bilanzverständnis die so genannte dynamische Bilanztheorie, die es sich zur Aufgabe machte, nicht den ausschüttungsfähigen Gewinn zu ermitteln, sondern vielmehr eine zeitnahme Zuordnung von Aufwand und Ertrag vorzunehmen.[31] Dazu sollte vor allem das Realisationsprinzip stärker betont werden, als Folge das Imparitäts- und das Vorsichtsprinzip einzuschränken. Dieser Ansatz wurde jedoch weitgehend abgelehnt[32] und fand daher kaum Niederschlag in den darauf folgenden Gesetzesänderungen.[33] Die vorsichtige Bilanzierung zu historischen Anschaffungs- oder Herstellungskosten blieb die Ausgangsbasis des Bilanzrechts.

Da dieses Problem durch das Rechnungslegungsrecht nicht gelöst wurde, fand eine Paralleldiskussion im Gesellschaftsrecht statt, die insbesondere durch die Diskussion um die Stärkung der Aktionäre beeinflusst wurde.[34] Vor allem durch die Aktienverordnung von 1931[35] wurden die Vorschriften über die Giederung der Bilanz und der Gewinn- und Verlustrechnung und die Ausgestaltung des Geschäftsberichts im Interesse der Aktionäre reformiert und mit umfangreicheren Offenlegungspflichten versehen. Der Einblick in die *Lage der Gesellschaft* wurde erstmals als Bilanzzweck im damaligen § 260b HGB festgelegt. Die Aktienrechtsreform von 1937 ging hingegen wieder einen eher gegenteiligen Weg, indem die Feststellung der Bilanz dem Vorstand übertragen, eine gesetzliche Rücklage geschaffen und den Aktionären nur noch der Reingewinn zur Beschlussfassung über die Ausschüttung überlassen wurde.[36]

---

[28] *Schulze-Osterloh*, FS 100 Jahre GmbHG, 1992, S. 501, 504 ff.; *Simon*, Die Bilanzen der Aktiengesellschaften und der Kommanditgesellschaften auf Aktien, 3. Aufl., 1899, S. 5 ff.

[29] Siehe S. 56 f.

[30] *RG* v. 16. 3. 1899 – VI 428/98, RGZ 43, 123, 127.

[31] Vgl. dazu vor allem *Schmalenbach/Bauer*, Dynamische Bilanz, 13. Aufl., 1962.

[32] *Ullmann*, JW 1930, 2633, 2634; *Barth*, Die Entwicklung des deutschen Bilanzrechts – Band I, 1953, S. 79 ff.

[33] Zum Einfluss der dynamischen Bilanztheorie auf das Bilanzrecht vgl. ausführlich *Schön*, ZHR 161 (1997), 133, 147 f.

[34] *Schön*, ZHR 161 (1997), 133, 148 f.

[35] Verordnung über Aktienrecht, Bankenaufsicht und über eine Steueramnestie vom 19. 9. 1931, RGBl. I, 493.

[36] Aktiengesetz vom 30. 1. 1937, RGBl. I, 166; vgl. dazu ausführlich *Assmann*, in: Großkommentar zum AktG, 4. Aufl. 1992 ff., Einl. Rdnr. 148 ff.

Die Aktienrechtsreform von 1965[37] ging dann den Weg der *gläsernen, aber verschlossenen Tatsachen*[38]. Die Bildung stiller Reserven wurde eingeschränkt, gleichzeitig wurde aber die Ausschüttung an die Aktionäre durch die Bildung einer freien Rücklage aus dem Bilanzgewinn begrenzt.[39] Neben dem Gläubigerschutz trat somit der Aktionärsschutz als Zweck der Bilanz hinzu. Die Aktienrechtsreform von 1965 wurde daher zu Beginn als eine gewisse Abkehr vom Gläubigerschutz zu einem verstärkten Aktionärsschutz gedeutet, der jedoch schließlich nicht eintrat.[40] Das zunehmende Interesse der Öffentlichkeit an einer Transparenz wirtschaftlichen Handelns in Großunternehmen führte 1969 dann zur Schaffung des Publizitätsgesetzes. Die Kontrolle wirtschaftlicher Macht trat somit als Bilanzzweck hinzu.[41]

d) Europäisierung der Rechnungslegung

Die Europäisierung des Gesellschaftsrechts durch die Vielzahl gesellschaftsrechtlicher Richtlinie erfasste auch sehr schnell das Rechnungslegungsrecht, da der europäische Gesetzgeber dessen Harmonisierung aufgrund der tatbestandlichen Bedeutung für das Gesellschaftsrecht als notwendig erachtete. Dabei beschränkte sich der europäische Gesetzgeber aber nicht nur auf den Jahresabschluss, sondern konzentrierte sich auch auf den Konzernabschluss und die Prüfung der Abschlüsse. Die daraufhin erlassenen Jahresabschlussrichtlinie[42], die Konzernabschlussrichtlinie[43] und die Prüferbefähigungsrichtlinie[44] führten zu einem massiven Anpassungsbedarf im deutschen Rechnungslegungsrecht, dem durch das Bilanzrichtliniengesetz (BiRiLiG)[45] von 1985 nachgekommen wurde. Dabei wurde neben einer Vielzahl inhaltlicher Änderungen das Handelsbilanzrecht auch nahezu vollständig in das Dritte Buch des Handelsgesetzbuches überführt. Insbesondere die umfassenden Regelungen des Handelsbilanzrechts der Aktiengesellschaften wurden daher allgemein für alle Kapitalgesellschaften im HGB geregelt. Die spezialgesetzlichen Regelungswerke enthielten zwar noch immer einzelne handelsbilanzrechtliche Vorschriften, diese beschränkten sich aber auch rechtsformspezifische Besonderheiten.

Der historisch gewachsene Vorrang des Gläubigerschutzes vor der Information über die wirtschaftliche Situation geriet im Zuge der europäischen Rechtsangleichung jedoch zunehmend in

---

[37] Aktiengesetz vom 6. 9. 1965, BGBl. I, 1089; vgl. dazu ausführlich *Assmann*, in: Großkommentar zum AktG, 4. Aufl., 1992ff., Einl. Rdnr. 89ff.

[38] Der Begriff der gläsernen, aber verschlossenen Tatsachen geht zurück auf *Kronstein/Claussen,* Publizität und Gewinnverteilung im neuen Aktienrecht, 1960, S. 136.

[39] Für einen Überblick über die Änderungen vgl. *Assmann*, in: Großkommentar zum AktG, 4. Aufl., 1992ff., Einl. Rdnr. 89ff.

[40] *Wiedemann,* Gesellschaftsrecht – Band I, 1980, S. 31ff.

[41] *Hornef,* WPg 1958, 253ff.; *Icking,* Die Rechtsnatur des Handelsbilanzrechts, 2002, S. 146ff.

[42] Richtlinie 78/660/EWG des Rates vom 25. 7. 1978 über den Jahresabschluss von Gesellschaften bestimmter Rechtsformen, ABl. EG L 222 vom 14. 8. 1978, S. 11ff.

[43] Siebente Richtlinie 83/349/EWG des Rates vom 13. 6. 1983 aufgrund von Artikel 54 Absatz 3 Buchstabe g) des Vertrages über den konsolidierten Abschluss, ABl. EG L 193 vom 18. 7. 1983, S. 1ff.

[44] Achte Richtlinie 84/253/EWG des Rates vom 10. 4. 1984 aufgrund von Artikel 54 Absatz 3 Buchstabe g) des Vertrages über die Zulassung der mit der Pflichtprüfung der Rechnungslegungsunterlagen beauftragten Personen, ABl. EG L 126 vom 12. 5. 1984, S. 20ff.

[45] Gesetz zur Durchführung der Vierten, Siebenten und Achten Richtlinie des Rates der Europäischen Gemeinschaften zur Koordinierung des Gesellschaftsrechts v. 19. 12. 1985, BGBl. I, S. 2355.

Bedrängnis.[46] Durch die Jahresabschlussrichtlinie[47] hatte der Jahresabschluss nun die Aufgabe, ein *den tatsächlichen Verhältnissen entsprechendes Bild der Vermögens-, Finanz- und Ertragslage der Gesellschaft (true and fair view)* zu vermitteln (Art. 2 III Jahresabschlussrichtlinie).

Um den Einfluss der europäischen Rechtsangleichung auf das deutsche Bilanzrecht weitgehend zu begrenzen, nutzte der deutsche Gesetzgeber allerdings die Wahlrechte der Richtlinien aber zugunsten des Vorsichtsprinzips.[48] Auch wenn damit der Gläubigerschutz als Grundausrichtung des deutschen Bilanzrechts gewahrt werden konnte, wurde somit das europäische Anliegen der Schaffung eines vergleichbaren Systems von Unternehmensinformationen nachhaltig in Frage gestellt.[49] Das deutsche Rechnungslegungsrecht konnte daher trotz entgegenstehender oder einschränkenden Strömungen auf europäischer Ebene seine Ausrichtung auf den Gläubigerschutz behaupten

e) Internationalisierung

Die Problematik des Vorrangs des Gläubigerschutzes vor der Informationserteilung geriet in den 90er Jahren des 20. Jahrhunderts wieder in den Vordergrund der Diskussion. Durch die Börsenzulassung am US-amerikanischen Kapitalmarkt mussten deutsche Unternehmen aufgrund des eingeschränkten Informationsgehaltes deutscher Bilanzen sich den Standards am Börsenplatz unterwerfen und zusätzlich nach US-GAAP bilanzieren.[50]

Ausgelöst wurde die Diskussion durch den Börsengang der Daimler Benz AG, die nach einer US-GAAP-Bilanzierung über einen Gewinn von 1,8 Mrd. DM verfügte, während nach dem deutschen Abschluss ein Verlust von 600 Mio. DM ausgewiesen wurde.

Aufgrund des wachsenden Interesses deutscher Unternehmen an einer US-Börsenzulassung führte der deutsche Gesetzgeber mit dem Kapitalaufnahmegesetz (KapAEG) von 1998[51] die Regelung des § 292a HGB ein und ermöglichte deutschen Unternehmen den *Konzern*abschluss befreiend nach international anerkannten Rechnungslegungswerken aufzustellen.[52] Der Jahresabschluss blieb – als das für den Kapitalmarkt weniger bedeutende Informationsinstrument – von dieser Regelung allerdings unbet. Zur (Konzern)Rechnungslegung in grenzüberschreitenden Sachverhalten siehe unten S. 169ff.

f) Übergang zu den IAS/IFRS

Nach Umsetzung der Jahresabschlussrichtlinie durch die Mitgliedstaaten wurde das Scheitern der Harmonisierungsstrategie im Bereich der Rechnungslegung schnell

---

46 *Schön,* ZHR 161 (1997), 133, 151.

47 Richtlinie 78/660/EWG des Rates vom 25. 7. 1978 über den Jahresabschluss von Gesellschaften bestimmter Rechtsformen, ABl. EG L 222 vom 14. 8. 1978, S. 11ff.

48 Für einen Überblick vgl. *Niehus*, ZGR 1985, 536, 543ff.; vgl. dazu auch *Schön,* ZHR 161 (1997), 133, 153.

49 *Busse von Colbe*, in: Wagner, Ökonomische Analyse des Bilanzrechts, ZfbF-Sonderheft 32 (1993), S. 11, 21ff.; *von Hulle,* Das europäische Bilanzrecht – Entwicklungen und Herausforderungen, 1994, S. 6f.; *Forster,* FS Helmrich, 1994, S. 613, 624.

50 Dazu ausführlich *Lachnit/Ammann/Müller/Wulf,* DB 1998, 2177ff.

51 Gesetz zur Verbesserung der Wettbewerbsfähigkeit deutscher Konzerne an Kapitalmärkten und zur Erleichterung der Aufnahme von Gesellschafterdarlehen v. 20. 4. 1998, BGBl. I, S. 707.

52 Zu den Hintergründen dieser Regelung vgl. Beschlussempfehlung und Bericht des Rechtsausschusses, BT-Drucks. 13/9909 v. 12. 2. 1998, S. 11; *Hommelhoff*, in: Großkommentar zum HGB, 4. Aufl., 1995ff., § 292a Rdnr. 6.

deutlich.[53] Neben dieser unzureichenden Angleichung wurde das Bilanzrecht der Europäischen Gemeinschaft sowohl auf den internationalen Finanzplätzen als auch innerhalb der EU-Mitgliedstaaten zunehmend als unzureichend angesehen. Aus diesen Gründen und vor dem Hintergrund der internationalen Entwicklung der Rechnungslegung änderte die Kommission 1995 ihre Rechnungslegungsstrategie, verabschiedete sich von einem eigenen durch Harmonisierung geschaffenen Bilanzrecht und leitete einen schrittweisen Übergang zur internationalen Rechnungslegung ein.[54]

Aufgrund der fehlenden politischen Durchsetzbarkeit einer Übernahme der bereits existierenden und erprobten US-amerikanischen *Generally Accepted Accounting Principles (US-GAAP)*[55] und der zu zeit- und kostenintensiven Entwicklung eigener *European GAAP*[56] entschloss sich die Europäische Union daher zu einer Übernahme der *International Accounting Standards* (zur historischen Entwicklung der IAS/IFRS siehe S. 202f.). Dies umfasst zunächst eine Einflussnahme auf die Gestaltung der International Accounting Standards durch eine Mitarbeit der Gemeinschaft beim damaligen *International Accounting Standards Committee* und die Anwendung der *International Accounting Standards* für Konzernabschlüsse von Unternehmen, die Kapital außerhalb der Gemeinschaft auf Kapitalmärkten nachfragen. Für Jahresabschlüsse und Konzernabschlüsse mit reinem innergemeinschaftlichen Bezug gilt die Jahresabschlussrichtlinie aber zunächst weiter, da die Mitgliedstaaten nicht bereit waren, das gesamte Handelsbilanzrecht auf die IAS/IFRS umzustellen. Dies hätte vor allem für die kleinen und mittelständischen Unternehmen im Einzelfall eine deutliche Kostensteigerung bewirkt, die politisch nicht durchsetzbar war.

Normativ hat der europäische Gesetzgeber den Übergang zu den IAS/IFRS durch die Schaffung der IAS-VO[57] von 2002 vollzogen, die eine Anwendung der IAS/IFRS im wesentlichen für den Konzernabschluss kapitalmarktorientierter Unternehmen vorsah. Darüber hinaus konnten die Mitgliedstaaten den weiteren Anwendungsbereich weitest gehend selbst bestimmen. Der deutsche Gesetzgeber hat die eingeräumten Wahlrechte durch das Bilanzrechtsreformgesetz (BilRefG)[58] von 2004 dahingehend ausgeübt, dass eine zwingende Anwendung der IAS/IFRS über Art. 4 IAS-VO hinaus kaum stattfindet. Zum aktuellen Anwendungsbereich der IAS/IFRS in Deutschland siehe S. 208ff.

g) Reform und Weiterentwicklung des deutschen Handelsbilanzrechts

Auch wenn das deutsche Handelsbilanzrecht – bzw. das auf der Jahresabschlussrichtlinie basierende Handelsbilanzrecht der Mitgliedstaaten – somit seine Position neben den IAS/IFRS behaupten konnte, blieben die Entwicklung der IAS/IFRS und deren

---

[53] So nun ausdrücklich Erwägungsgrund Nr. 3 IAS-VO; vgl. auch *Grundmann*, Europäisches Gesellschaftsrecht, 2004, Rdnr. 494.

[54] Mitteilung der Kommission, Harmonisierung auf dem Gebiet der Rechnungslegung: Eine neue Strategie im Hinblick auf die internationale Harmonisierung, KOM (1995), 508; vgl. dazu *Hommelhoff*, RabelsZ 62 (1998), 381, 384f.

[55] Dazu *van Hulle*, in: Baetge, Übergang der Rechnungslegung vom HGB zu den IFRS, 2004, S. 131, 134; *Whittington*, 14 European Accounting Review 127, 129 (2005).

[56] *Flower*, European Financial Reporting, 2004, S. 156f.

[57] Verordnung (EG) Nr. 1606/2002 des Europäischen Parlaments und des Rates vom 19. 7. 2002 betreffend die Anwendung internationaler Rechnungslegungsstandards, ABl. EG Nr. L 243 vom 11. 9. 2002, S. 1ff.

[58] Gesetz zur Einführung internationaler Rechnungslegungsstandards und zur Sicherung der Qualität der Abschlussprüfung v. 4. 12. 2004, BGBl. I, 3166.

zunehmende Akzeptanz nicht ohne Auswirkungen. Dies wurde von Seiten des europäischen Gesetzgebers beschleunigt, indem die einzelnen Bilanzrichtlinien zu Beginn des 21. Jahrhunderts einer umfassenden Reform unterzogen wurden und damit erheblich mehr Spielraum für die nationalen Gesetzgeber schufen. Der deutsche Gesetzgeber hat diesen Spielraum im Rahmen des Bilanzrechtsmodernisierungsgesetzes (BilMoG)[59] von 2009 genutzt und das gesamte deutsche Handelsbilanzrecht grundlegend reformiert. Neben einer Übernahme einzelne Konzepte der IAS/IFRS – wie etwa dem Ausweis selbst erstellter immaterieller Vermögensgegenstände des Anlagevermögens (siehe unten S. 90f.) oder des Ausweis des Geschäfts- oder Firmenwertes (siehe unten S. 91f.) – stand vor allem die Abschaffung einer ganzen Reihe von Ansatz-, Ausweis- und Bewertungswahlrechten im Mittelpunkt, um dadurch den Informationswert des Jahresabschlusses zu erhöhen. Das Bilanzrechtsmodernisierungsgesetz stellt neben dem Bilanzrichtlinienumsetzungsgesetz die umfassendste Reform des deutschen Handelsbilanzrechts seit dessen normativer Niederlegung im HGB bzw. im AktG dar.

Politisches Ziel dieser Reform ist unter anderem auch, die Notwendigkeit einer vollständigen Übernahme der IAS/IFRS zu verhindern, da ein modernes, den (heutigen) Anforderungen entsprechendes Handelsbilanzrecht eben nicht mehr durch die IAS/IFRS ersetzt werden muss. Ob dieser Versuch freilich von Erfolg gekrönt ist, werden erst die nächsten Jahre zeigen. Vor dem Hintergrund der zunehmenden Schwerpunktsetzung des europäischen Gesetzgebers hinsichtlich einer Harmonisierung des Rechts der kapitalmarktorientierten Gesellschaften ist die beabsichtigte Abkoppelung des nationalen Handelsbilanzrechts für kleine und mittelständische Unternehmen allerdings nicht unwahrscheinlich.

h) Enforcement und Kontrolle als neue Schwerpunkte der Rechnungslegung

Ein vom deutschen Handelsbilanzrecht traditionell vernachlässigter Bereich ist die Frage der tatsächlichen Durchsetzung des Rechnungslegungsrechts. Zwar verfügen insbesondere die Kapitalgesellschaften über eine Reihe von gesellschaftsrechtlichen Kontrollmechanismen[60] und eine generelle Abschlussprüfung.[61] Allerdings konnten diese insbesondere bei kapitalmarktorientierten Gesellschaften in der Vergangenheit nicht sicherstellen, dass die Unternehmensabschlüsse tatsächlich ordnungsgemäß aufgestellt wurden. Aufgrund des internationalen Drucks auf deutsche Unternehmen und dem Bestehen weiterer entsprechender Kontrollmechanismen in anderen Rechtsordnungen sah sich der deutsche Gesetzgeber im Rahmen des Bilanzkontrollgesetzes (BilKoG) von 2004[62] gezwungen, einen zusätzlichen Kontrollmechanismus zu schaffen, was mit der Einführung des so genannten Enforcement-Verfahrens erreicht werden sollte.[63]

i) Entwicklung der Konzernrechnungslegung als Sonderbereich

Ein eigenständiger Bereich der Rechnungslegung ist trotz des unmittelbaren Zusammenhangs zum Jahresabschluss das Konzernrechnungslegungsrecht. Die Konzernrechnungslegung ist ebenso wie das Konzernrecht selbst im Wesentlichen ein Phänomen, das sich erst nach dem Ersten Weltkrieg entwickelt hat und das auf bis dahin in

---

[59] Gesetz zur Modernisierung des Bilanzrechts v. 24. 5. 2009, BGBl. I, S. 1102.
[60] Siehe S. 60ff.
[61] Siehe S. 237ff.
[62] Gesetz zur Kontrolle von Unternehmensabschlüssen v. 15. 12. 2004, BGBl. I, S. 3408.
[63] Siehe ausführlich zum Enforcement-Verfahren S. 248f.

dieser Größenordnung unbekannte Konzentrationsbewegungen der deutschen Wirtschaft zurückzuführen ist. Insbesondere als Reaktion auf die Weltwirtschaftskrise sah der Gesetzgeber eine stärkere Ausrichtung der Rechnungslegung auf Konzernsachverhalte vor. Diese beschränkte sich aber noch auf eine stärkere Berücksichtigung von Konzernsachverhalten in den Jahresabschlüssen der einzelnen Gesellschaften. Eine einheitliche Konzernrechnungslegung blieb allerdings aus.[64] Erst die Aktienrechtsreform von 1965 schuf ein einheitliches Konzernrechnungslegungsrecht im AktG. Trotz des Regelungsstandortes bezog sich dieses nicht nur auf Aktiengesellschaften, sondern auch auf Obergesellschaften mit Sitz im Inland aus, die in der Rechtsform der GmbH oder der bergrechtlichen Gewerkschaft geführt wurden, wenn zum Konzern wenigstens eine Aktiengesellschaft oder Kommanditaktiengesellschaft gehörte (§ 28 I EG-AktG 1965). Auf Konzerne, zu denen keine Unternehmen dieser beiden Rechtsformen zählten, waren die aktienrechtlichen Konzernrechnungslegungsvorschriften grundsätzlich nicht anzuwenden; sie stellten somit kein allgemeines Konzernrecht, sondern aktienrechtliche Spezialvorschriften dar.

Durch das Gesetz über die Rechnungslegung von bestimmten Unternehmen und Konzernen vom 15. 8. 1969 *(Publizitätsgesetz)* wurde der Anwendungsbereich der aktienrechtlichen Konzernrechnungslegungsvorschriften der §§ 329 ff. HGB. ebenso erweitert wie der Anwendungsbereich der allgemeinen Rechnungslegungsvorschriften der §§ 148 ff. AktG 1965 (a.F.). § 11 I PublG (a.F.) bestimmte, dass die Konzernobergesellschaft (Konzernleitung) unabhängig von ihrer Rechtsform und der Rechtsform der Konzernunternehmen Rechnung zu legen hat, wenn sie ihren Sitz (Hauptniederlassung) im Inland hat und der Konzern bestimmte Größenmerkmale erfüllte. Eine vollständige Umgestaltung erfuhr das Konzernrechnungslegungsrecht durch das Bilanzrichtlinien-Gesetz (BiRiLiG), wodurch auch der Regelungsstandort vom AktG in das HGB vollzogen wurde, um ein allgemeines und nicht nur auf Aktiengesellschaften anwendbares Konzernrechnungslegungsrecht zu schaffen.

2. Rechtsquellen

Aufgrund der Beeinflussung der Rechnungslegung durch die Betriebswirtschaftslehre einerseits und die Rechtswissenschaft andererseits sind die (Rechts-)Quellen der Rechnungslegung vielfältig, stammen meist aus verschiedenen Regelungsgebieten und von unterschiedlichen Normgebern und umfassen auch eine Reihe technischer Standards, die zwar keinen Normcharakter haben, in der Rechnungslegungspraxis aber dennoch von herausragender Bedeutung sind. Insofern wird die Rechnungslegung nicht nur durch Normen im klassischen Sinne, sondern auch von (nichtgesetzlichen) Regeln geprägt.

a) Regelungstechnik der Rechnungslegung

Die konkrete Regelung der Rechnungslegung ist Schwierigkeiten ausgesetzt. Dies zum einen darauf zurückzuführen, dass sich die Rechnungslegung durch einen hohe Komplexität auszeichnet, da sie möglichst alle wirtschaftliche relevanten in einem Unternehmen auftretenden Transaktionen erfassen soll. Zum anderen ist die Rechnungslegung ständigen Weiterentwicklungen unterworfen, die oftmals auch auf neue techni-

[64] Vgl. zur historischen Entwicklung der Konzernrechnungslegung *Kindler*, in: Großkommentar zum HGB, 4. Aufl., 1995 ff., Vor § 290 Rdnr. 8 ff.; *Kronstein*, in: Kölner Kommentar zum AktG, 1985, Vorb. § 329 Rdnr. 2 ff.

sche Möglichkeiten in der Umsetzung der Rechnungslegung zurückzuführen sind. Schließlich ist die Rechnungslegung in vielen Rechtsordnungen in einem anderen Regelungsumfeld eingebettet und stellt oftmals nicht vom Gesetzgeber gesetztes Recht, sondern vielmehr ein von einem Berufsstand bzw. dessen Organisationen gesetztes Regelwerk dar.

Aus Sicht der kontinentaleuropäischen Staaten handelt es sich beim Handelsbilanzrecht um Recht im eigentlichen Sinne, das vom nationalen Gesetzgeber gesetzt, geändert oder aufgehoben werden kann. Diese Regelungstechnik der Rechnungslegung ist dabei klassischerweise prinzipienorientiert und erfordert von seinem Anwender eine umfangreiche Auslegung der jeweiligen Normen bzw. Prinzipien. In der Praxis stellt diese Regelungstechnik den Rechtsanwender allerdings vor große Schwierigkeiten, da die Richtigkeit oder Fehlerhaftigkeit der Rechnungslegung oftmals von einer ganzen Reihe von Auslegungsfragen abhängt, die oftmals nur in geringem Umfang richterlich geklärt werden könnten.

Die Regelungstechnik der kontinentaleuropäischen Bilanzrechte beruht in einem großen Umfang zudem auf dem Stand der technischen Entwicklung zur Zeit der Schaffung dieser Regelungswerke. Die Problemkreise der Rechnungslegung in den letzten Jahrzehnten erfordern demgegenüber eine Reihe von Regelungen zu äußerst komplexen wirtschaftlichen Sachverhalten, die in dieser Form bei Schaffung des HGB nicht existierten. Schließlich hat auch der deutsche Gesetzgeber mit der Schaffung des *Deutschen Rechnungslegungs Standards Committee (DSRC)* die Notwendigkeit detaillierterer Rechnungslegungsvorschriften anerkannt (siehe unten S. 55).

Im Gegensatz dazu ist der Regelungscharakter der IAS/IFRS – und auch etwa der US-GAAP in noch viel größerem Umfang – grundsätzlich weitaus weniger prinzipien-, sondern vielmehr einzelfallorientiert und verliert sich oftmals in einer Reihe von Detailfragen. Dies führt dazu, dass die IAS/IFRS von ihrem Umfang mit einer traditionellen kontinentaleuropäischen Regelung des Handelsbilanzrechts praktisch nicht vergleichbar sind. Während etwa das Dritte Buch des HGB mit ca. 100 Paragraphen auskommt, umfassen die IAS/IFRS mehrere hundert Seiten, die noch um eine Vielzahl von Auslegungshilfen ergänzt werden. Die Regelungstechnik der IAS/IFRS wird vor allem in kontinentaleuropäischen Ländern als Rückschritt bezeichnet.[65]

Allerdings wird insbesondere seit Schaffung des Rahmenkonzeptes verstärkt auf eine systematische Ausrichtung der IAS/IFRS bei der Entwicklung neuer Standards hingearbeitet.[66] Die Bedeutung des Rahmenkonzeptes für die Entwicklung neuer Standards hat auch seit der verstärkten Zusammenarbeit des IASB und des FASB zugenommen. Die Regelungstechnik eines detaillierten, aber dennoch prinzipienorientierten Rechnungslegungssystems setzt sich auch in anderen Rechtsordnungen durch, die die IAS/IFRS nicht anwenden. So ist der beschränkte Nutzen einer einzelfallbezogenen Regelungstechnik auch den US-amerikanischen Standardsetter bewusst geworden, so dass auch dort an einem Übergang zu einem *principle based accounting* gearbeitet wird.

Die Bestimmung der überlegenden Regelungstechnik fällt insbesondere aus Sicht eines kontinentaleuropäischen Rechtsanwenders schwer. Während die kontinentaleuropäische Regelungstechnik den Vorteil der Übersichtlichkeit und Klarheit für sich verbuchen kann, steht dem die größere Verlässlichkeit und Bestimmtheit der einzelfallorientierten Regelungstechnik gegenüber. Zudem begegnet ein zu sehr am Einzelfall ausgerichtetes Regelungssystem dem Problem der Umgehung eben dieser Einzelfall-

---

[65] So vor allem *Schulze-Osterloh*, Der Konzern 2004, 173, 175; *ders.*, ZIP 2001, 1433, 1438; *Ekkenga*, BB 2001, 2362, 2368, der in diesem Zusammenhang auch von normgebungstechnischen Fehlleistungen spricht.

[66] Vgl. *Ballwieser*, FS Röhricht, 2005, S. 727, 737ff., mit einer kritischen Würdigung der Prinzipienbasierung der IAS/IFRS.

regelungen, die daher einer stetigen Überarbeitung unterzogen werden müssen. Der internationale Trend bei der Regulierung von Rechnungslegung liegt wohl in einem Mittelweg zwischen beiden Systemen, so dass insbesondere die im Dritten Buch des HGB vorgenommene Regelungstechnik langfristig zugunsten detaillierterer Regelungen weichen wird.

b) Nationale Normen

In Deutschland steht zunächst das Dritte Buch des Handelsgesetzbuches (§§ 238–342e HGB) im Mittelpunkt, das in seinem *Allgemeinen Teil* zunächst Vorschriften für alle Kaufleute und in seinen *Besonderen Teilen* spezielle Vorschriften für Kapitalgesellschaften sowie bestimmte Personenhandelsgesellschaften (§§ 264–335b HGB), für eingetragene Genossenschaften (§§ 336–339 HGB) und für Unternehmen bestimmter Geschäftszweige (§§ 340–341p HGB) enthält.

Darüber hinaus enthalten die gesellschaftsrechtlichen Spezialgesetze noch eine ganze Reihe von bilanzrechtlichen Vorschriften, die teilweise die allgemeinen Vorschriften des Dritten Buches des HGB ergänzen und insbesondere umfangreiche Verfahrensvorschriften für die Auf- und Feststellung der Rechnungslegung enthalten.

So enthält etwa das Aktiengesetz ergänzende Vorschriften zur Bildung von Rücklagen (§ 150 AktG), zur Gliederung von Bilanz und Gewinn- und Verlustrechnung (§§ 152–160 AktG), zum Anhang (§ 160 AktG) und schließlich zum Prüfungs- und Feststellungsverfahren bzw. zur Abschlussprüfung (§§ 170–176 AktG). Ebenso enthält das GmbH-Gesetz zusätzliche Vorschriften zur Bilanz (§ 42 GmbHG) und zur Feststellung des Jahresabschlusses (§ 42a GmbHG).

Darüber hinaus bestehen Sonderregelungen für Unternehmen, die von einem öffentlichen Interesse sind. Für diese hat der Gesetzgeber mit dem Publizitätsgesetz eine Reihe von Sondervorschriften geschaffen, um eine stärkere öffentliche Kontrolle aufgrund stärkerer Publizität zu erreichen.[67]

c) Rechtsprechung

Als Rechtsquelle kommt daneben auch die Rechtsprechung in Betracht. Diese ist aber im eigentlichen Handelsbilanzrecht traditionell sehr schwach ausgeprägt. Zwar spielen Fragen des Handelsbilanzrechts oftmals insbesondere bei gesellschaftsrechtlichen Fragen eine erhebliche Rolle. Eine umfassende Judikatur, wie sie etwa bei zentralen Normen des Gesellschaftsrecht besteht, hat sich aber nicht entwickelt, was letztlich wahrscheinlich auch auf eine gewisse Abgeneigtheit des *klassischen* Richters gegenüber Fragen der Rechnungslegung zurückzuführen ist. Zudem besteht bei entsprechenden Streitigkeiten immer noch die Möglichkeit der Einschaltung eines Sachverständigen.

Auch wenn sich im Handelsbilanzrecht eine entsprechende Judikatur nicht herausgebildet hat, ergibt sich im Steuerbilanzrecht ein anderes Bild. Dieses wird durch eine umfangreiche Rechtsprechung geprägt, die sich aufgrund des Maßgeblichkeitsprinzips[68] meist auf Normen des Dritten Buches des HGB bezieht und somit auch im Handelsbilanzrecht Anerkennung findet. Insofern setzt sich also das Problem der umgekehrten Maßgeblichkeit[69] entsprechend bei der Rechtsprechung fort.

---

[67] Siehe dazu S. 73ff.
[68] Siehe dazu S. 76f.
[69] Siehe dazu S. 76f.

d) Europäische bzw. internationale Normen

Das Recht der Rechnungslegung ist schon seit langem kein Gebiet des rein nationalen Rechts mehr. Die Europäisierung des (Wirtschafts-)Rechts hat insbesondere im Bilanzrecht dazu geführt, dass dieses nunmehr fast vollständig aus angeglichenem Recht besteht, das seinen Ursprung in europäischen Richtlinien hat.[70] Daneben gewinnen auch zunehmend immer mehr internationale bzw. ausländische Rechnungslegungsvorschriften an Bedeutung. Im Mittelpunkt stehen dabei die *International Accounting Standards/International Financial Reporting Standards (IAS/IFRS)*, bei denen sich zunächst um unverbindliche Standards handelt, die für sich genommen noch keine bindende Wirkung entfalten können. Aufgrund ihrer Universalität bzw. Internationalität haben sie in den letzten Jahrzehnten allerdings einen dramatischen Bedeutungszuwachs erlangt, dem sich die nationalen Gesetzgeber auf Dauer nicht entziehen konnten. Die IAS/IFRS sind daher in einer ganzen Reihe von Staaten zu verbindlichem Recht erklärt worden und stellen heute eine der wichtigsten (Rechts)Quellen des Bilanzrechts dar.[71]

e) Regeln

Der Ursprung der Rechnungslegung in kaufmännischen Übungen, Techniken und Vorgehensweisen wirkt trotz der zunehmenden *Verrechtlichung* der Rechnungslegung noch immer fort. Dies ist vor allem dem Umstand geschuldet, dass die Rechnungslegung oftmals einen Grad an Komplexität erreicht, den der Gesetzgeber meist nur unzureichend nachzeichnen kann. Insofern haben unverbindliche Standards heute noch eine herausragende Rolle in der Rechnungslegung. Von entscheidender Bedeutung sind dabei die Standards, die vom *Institut der Wirtschaftsprüfer (IDW)* laufend bearbeitet und herausgegeben werden. Auch wenn diese Standards keine rechtliche Qualität aufweisen, sind sie in der Praxis eine maßgebliche Größe.[72]

Neben diesen rein privat gesetzten und damit unverbindlichen Standards existieren noch so genannte Empfehlungen zur Anwendung der Grundsätze über die Konzernrechnungslegung, die vom *Deutschen Rechnungslegungs Standards Committee*[73] erarbeitet und veröffentlicht werden. Diesen Standards kommt ebenfalls kein Normcharakter zu, da sie nur von einer privatrechtlich organisierten Einrichtung erarbeitet wurden. Der Umstand, dass diese Einrichtung diese entsprechenden Aufgaben durch Vertrag vom Bundesjustizministerium übertragen bekommen hat (§ 342 I HGB), ist dabei unbeachtlich. Allerdings wird bei der Befolgung dieser Standards vermutet, dass die Grundsätze ordnungsgemäßer Buchführung beachtet wurden (§ 342 II HGB).

f) Steuerbilanzrecht als Sondergebiet

Einen jedenfalls theoretisch eigenständigen Regelungsbereich stellt schließlich das Steuerbilanzrecht dar. Der steuerpflichtige Kaufmann muss neben der (externen) handelsbilanzrechtlichen Rechnungslegung zudem auch gegenüber der Finanzverwaltung zur Rechnungslegung verpflichtet, damit diese den Umfang der Steuerschuld des Kaufmanns bestimmen kann. Jedenfalls in seiner theoretischen Grundlagen handelt es

---

70 Vgl. zu dieser Entwicklung S. 48 f.

71 Siehe dazu ausführlich S. 208 ff.

72 Für eine Übersicht zu den existierenden Standards vgl. die Zusammenstellung auf der Homepage des IDW (www.idw.de/idw/portal/n281334/n281114/index.jsp).

73 Siehe dazu www.standardsetter.de.

sich dabei um ein eigenständiges Rechnungslegungsrecht, da die Prämissen des Handelsbilanzrechts oftmals erheblich von denen des Steuerbilanzrechts abweichen. Dennoch kennt das deutsche Recht kein vollständiges, den §§ 238 ff. HGB entsprechendes Steuerbilanzrecht. Dies ist vor allem dem Grundsatz der Maßgeblichkeit[74] der Handelsbilanz für die Steuerbilanz zuzuschreiben, der die Notwendigkeit der Entwicklung eines eigenständigen Steuerbilanzrechts hat weit gehend überflüssig werden lassen. Daher besteht das Steuerbilanzrecht im Wesentlichen aus dem Handelsbilanzrecht und einer Reihe von Modifikationen durch einzelne steuerrechtliche Vorschriften.[75]

3. Grundkonzeptionen des Rechnungslegungsrechts

a) Funktionen der Rechnungslegung

Rechnungslegung bzw. Rechenschaft bedeutet dabei zunächst eine bloße Unterrichtung in Form einer Information. Der Rechenschaftsgedanke kann dabei den Inhalt der Information nicht näher bestimmen. Eine Konkretisierung ergibt sich erst aus der Funktion, die mit der Rechenschaft verfolgt werden soll. Es kommt also darauf an, aus welchen Gründen die Rechnungslegung erstellt wird. Dies kann äußerst unterschiedlich erfolgen.

aa) Vermögensermittlung

Die einfachste Aufgabe der Rechnungslegung kann zunächst in der Ermittlung des Vermögens und der Schulden des Unternehmens bestehen. Übersteigt das vorhandene Vermögen die Verbindlichkeiten, ist dieser Betrag als Eigenkapital auszuweisen. Es handelt sich dann um das (Rein-)Vermögen des Unternehmens.

bb) Schuldendeckungskontrolle

In einem engen Zusammenhang damit steht die Schuldendeckungsfunktion der Rechnungslegung. Das Unternehmen kann durch die Rechnungslegung Information darüber erteilen, ob die tatsächlich vorhandenen Vermögensgegenstände die tatsächlich vorhandenen Schulden noch decken. Es erfolgt also eine Gegenüberstellung aller bestehenden Verbindlichkeiten und aller Vermögensgegenstände. Der Unterschied der Funktion der Schuldendeckungskontrolle und der Vermögensermittlung besteht im Wesentlichen in dem Adressatenkreis beider Informationen. Während die Vermögensermittlung primär für die Gesellschafter des Unternehmens von Bedeutung ist, dient die Schuldendeckungskontrolle vor allem den Gläubigern des Unternehmens, da sie dadurch die Wahrscheinlichkeit einer Erfüllung ihrer Forderungen besser abschätzen können.

cc) Gewinnermittlung

Zentrale Funktion der Rechnungslegung kann auch die Bestimmung des Gewinns, Ertrages oder des Erfolges sein. Die Adressaten der Rechnungslegung werden darüber unterrichtet, ob und wie viel Gewinn ein Unternehmen in einer bestimmten Periode erwirtschaftet hat. Die Bedeutung des Begriffes Gewinn kann dabei völlig unterschiedlich sein.

---

[74] Siehe dazu S. 76.

[75] Vgl. dazu ausführlich, *Hey*, in: Tipke/Lang, Steuerrecht, 20. Aufl., 2009, § 17.

(1) Ausschüttbarer Gewinn

Gewinn kann sich dabei zunächst nur auf den Betrag beschränken, den das Unternehmen ohne weiteres entbehren (ausschütten) kann. Hier soll nicht bestimmt werden, in welchem Umfang ein Unternehmen einen Gewinn in einer bestimmten Periode erwirtschaftet hat, sondern lediglich wie viel Vermögen an die Gesellschafter ausgeschüttet werden kann, ohne dass die Fortführung des Unternehmens dadurch beeinträchtigt wird. Dabei geht es im Wesentlichen darum, die wirtschaftliche Existenz des Unternehmens zu sichern und die Verbindlichkeiten gegenüber den Gläubigern zu erfüllen. Der dann durch die Rechnungslegung ermittelte Gewinn stellt eine Vermögensmehrung in jederzeit disponibler Form dar. Die Ermittlung des Gewinns fällt also mit der Bestimmung der Aussage der Verwendung des Gewinns grundsätzlich zusammen. Ausschüttungsbetrag und Gewinn können übereinstimmen. Zwingend ist dies allerdings nicht. Ein Unternehmen kann einen Gewinn ausweisen, ohne dass dieser an die Gesellschafter wirklich ausgeschüttet werden kann oder soll.

(2) (Rein-)Gewinn

Gewinn kann aber auch als der Reinvermögenszuwachs eines Unternehmens verstanden werden, so dass auch Wertänderungen im ruhenden Vermögen davon umfaßt wären. Ein Gewinn liegt danach nur dann vor, wenn das Gesamtvermögen des Unternehmens am Ende der Berichtsperiode größer ist als zu Beginn der Berichtsperiode.

(3) Zu versteuernder Gewinn

Ein weiter Gewinnbegriff kann sich aus dem Steuerrecht ergeben. Grundsätzlich kann das Steuerrecht auch auf den ausschüttbaren oder den Reingewinn zurückgreifen. Im Steuerrecht spielt jedoch oftmals eine Reihe anderer Zielsetzungen eine Rolle, die eine Modifizierung dieser beiden Gewinnbegriffe zur Folge haben.[76]

(4) Widerprüchlichkeit von Gewinn- und Vermögensermittlung

Der Unterschied zwischen den verschiedenen Arten der Gewinnermittlung ist das jeweilige Verhältnis zur Vermögensermittlung. Bei der Bestimmung eines ausschüttbaren Gewinns ist die Vermögensermittlung lediglich ein Nebenprodukt der Rechnungslegung und muss insofern angepaßt werden. Es gilt daher: wer den (ausschüttbaren) Gewinn richtig ermitteln will, muss das Vermögen falsch ermitteln.[77] Bei der Gewinnermittlung in Form eines Reinvermögenszuwachses ist hingegen der Gewinn nur ein Nebenprodukt der jährlichen Vermögensermittlung. Die Entbehrlichkeit dieses Gewinns für das Unternehmen muss in einem weiteren Schritt gesondert festgestellt werden.

dd) Bewertungsfunktion

In einem engen Zusammenhang zur Gewinnermittlung als Reinvermögenszuwachs steht die Bewertungsfunktion der Rechnungslegung.[78] Vor allem Gesellschafter wollen und müssen über den Wert ihrer Beteiligung an einem Unternehmen informiert werden, um davon Investitions- oder Desinvestitionsentscheidungen abhängig zu machen. Darüber hinaus kann die Bewertung des Unternehmens auch für deren Gläubiger entscheidend sein, wenn etwa Forderungen der Gläubiger mit Anteilen der Gesellschaft

---

[76] Siehe dazu zugleich S. 76 f.

[77] *Moxter*, Bilanzlehre – Band I, 3. Aufl., 1984, S. 31.

[78] Zum Unterschied von Reinvermögen und Unternehmenswert vgl. *Moxter*, BB 2 000, 2143.

besichert werden.

ee) Informationsfunktion

Die Rechnungslegung kann weiterhin neben einer Unterrichtung über das Vermögen oder den Gewinn eines Unternehmens auch zur Gewährung weitergehender Informationen über die wirtschaftliche Lage des Unternehmens genutzt werden. Dieser Aspekt der Rechnungslegung hat insbesondere für den Kapitalmarkt enorme Bedeutung.[79] Kapitalmärkte brauchen für ihr Funktionieren verlässliche Informationen über die Akteure auf diesen Märkten. Durch die Rechnungslegung erhalten die Marktteilnehmer Informationen über die wirtschaftliche Situation von Unternehmen, die über die bloße Information über den Gewinn oder das Vermögen des Unternehmens hinausgehen.

(1) Methoden der Vermögens- oder Gewinnermittlung

Die Vermögens- oder Gewinnermittlung kann zwar den wesentlichen Inhalt von Geschäftsverlauf und wirtschaftlicher Lage des Unternehmens darstellen, jedoch kann eine vollständige Information nur dann gewährleistet werden, wenn auch eine Berücksichtigung aller für die Adressaten relevanten Positionen gesichert ist. Eine solche vollständige und allen Beteiligten gerecht werdende Erfassung ist jedoch nicht möglich bzw. kann nicht immer vollständig gewährleistet werden. Der für eine Vermögens- oder Gewinnermittlung zunächst zu bestimmende Wert einzelner Gegenstände, Rechte oder Dienstleistungen hängt häufig von Schätzungen und Prognosen ab, weil Anhaltspunkte wie ein Börsen- oder Marktpreis oft nicht ermittelt werden können.[80] Bei Angabe dieser Werte sind eine Beschreibung der Bewertungsmethode und die für eine Berechnung unterstellten Annahmen ebenso bedeutend wie der angegebene Wert selbst. Dies kann im Einzelfall so weit führen, dass der bloße Ausweis des Vermögens oder des Gewinns für den Treugeber keinerlei Wert hat und nur durch eine umfangreiche Beschreibung der Umstände der Vermögens- oder Gewinnermittlung dem Treugeber gegenüber ausreichend Rechenschaft abgelegt werden kann.

(2) Soft Information

Ein wichtiger Aspekt der Informationsfunktion ist weiterhin die Wiedergabe von *soft information.* Diese können sich auf den Geschäftsverlauf oder die wirtschaftlichen Lage einer Gesellschaft beziehen. Diese setzt sich nicht nur aus einer Gegenüberstellung von Vermögen und Verbindlichkeiten zusammen. Einzelne Vermögenswerte sind oft keinerlei Bewertung oder Erfassung zugänglich und können somit auch von einer Vermögensaufstellung nicht erfasst werden (z.B. Personalproduktivität[81]). Somit muss dieses Defizit in der Vermögens- oder Gewinnermittlung durch eine weitergehende Information ausgeglichen werden. Je weniger aussagekräftig die bloße Vermögens- oder Gewinnermittlung dabei ist, desto umfangreicher muss der Treugeber gerade über diesen Umstand auch informiert werden.

ff) Besteuerung

Rechnungslegung kann schließlich auch der Bemessung der Besteuerung dienen. Dem Steuerrecht liegen dabei grundsätzlich andere Prämissen als dem Rechnungslegungs-

---

[79] Vgl. etwa grundlegend dazu *Siegel/Bareis/Schneider/Sigloch/Streim/Wagner*, ZIP 1999, 2077, 2078.

[80] *Clemm,* FS Beusch, 1993, S. 131, 137; *ders.*, FS Goerdeler, 1987, S. 93, 102.

[81] *Clemm,* FS Goerdeler, 1987, S. 93, 107.

recht der Kaufleute zugrunde. Der Gesetzgeber benutzt das Steuerrecht zu fiskalischen Zwecken und darüber hinaus als Mittel der Förderung besonderer Investitionen, indem Gewinne nur teilweise ausgewiesen werden müssen, um eine niedrigere Besteuerung des Gewinns des Unternehmens und damit eine Förderung von Vorhaben zu erreichen. Der Gewinn der Gesellschaft und der zu besteuernde Gewinn der Gesellschaft stimmen daher nicht zwangsläufig überein.

b) Interessenabhängigkeit der Rechnungslegung

Die dargestellten Funktionen können von den an der Rechnungslegung mittel- oder unmittelbar Beteiligten unterschiedlich für die Verfolgung eigener Zwecke genutzt werden. Somit verbinden sich unterschiedliche Interessen mit der Rechnungslegung.

aa) Interessen der Bilanzierenden

Für die Bilanzierenden stehen vor allem Finanzierungsinteressen im Vordergrund. Informationen sollen nur unter dem Gesichtspunkt finanzieller Opportunität gewährt werden. Dabei können sich diese Interessen völlig gegenteilig auswirken. Während bei einer Fremdorganschaft die Bilanzierenden regelmäßig an der Abbildung einer positiven Unternehmensentwicklung durch die Rechnungslegung interessiert sein werden, kann auch ein Interesse an einer möglichst schlechten Unternehmensentwicklung bestehen, um so Ansprüche von Gewinnbeteiligten zu reduzieren.

bb) Interessen der Adressaten

Ähnlich unterschiedlich sind auch die Interessen der Adressaten der Rechnungslegung ausgeprägt. Hier verfolgen zunächst die Anteilseigner ein Interesse an der Kapitalerhaltung und -mehrung sowie an einer Gewinnausschüttung. Diese Interessen können bei verschiedenen Anteilseignern jedoch unterschiedlich ausgeprägt sein.

Anteilseigner, die nur auf den Wert und die Rentabilität ihrer Anteile (spekulative Kapitalanlage) bedacht sind, werden vorrangig an den Informationen interessiert sein, die den Kursverlauf und damit den Wert der Anlage beeinflussen können. Hingegen werden Gesellschafter, die längerfristig an der Unternehmensentwicklung interessiert sind, mehr Interesse an Informationen haben, die eine Beeinflussung der Unternehmenspolitik zum Beispiel durch Personalentscheidungen ermöglichen.

Ebenso können die Finanzierungsinteressen unterschiedlich ausfallen. Eine Vermögensbindung durch Ausschüttungsbegrenzung wird für Gesellschafter, die langfristig an einem Unternehmen interessiert sind, einen höheren Stellenwert als für Gesellschafter einnehmen, die der Anlage eine spekulative Komponente beimessen.

Die Vermögensbindung durch Ausschüttungsbegrenzung spielt vor allem für die Gläubiger des Unternehmens eine zentrale Rolle, da dadurch eine langfristige Bedienung der Verbindlichkeiten sichergestellt werden kann. Die Gläubiger haben daher ein Interesse an einer weitgehendsten Ausschüttungsbegrenzung. Diese Interessen sind hingegen bei den Marktpartnern des Unternehmens weniger stark ausgeprägt. Hier besteht ein stärkeres Interesse an einer umfangreichen Information über die wirtschaftliche Lage des Unternehmens, um die eigenen Geschäftsausichten und -beziehungen abschätzen zu können. Diese Interessen decken sich auch weitgehend mit denen der Arbeitnehmer, die neben der Sicherheit des Arbeitsplatzes ebenso über die Möglichkeiten und Grenzen künftiger Verdienst- und Aufstiegschancen informiert werden möchten.

Ein eigenes Interesse verfolgt schließlich noch der Staat als steuerhebende Institution. Dieser hat ein Interesse an einem möglichst hohen Gewinnausweis der Unternehmen, da sich damit die Steuererhebungsgrundlage erweitert. Durch die Verbreiterung der Steuerbemessungsgrundlage werden zudem mittelbar auch die Steuerungsmöglichkeiten der Staates umfangreicher. Dieses Interesse des Staates als steuerhebende Institution wird aber durch das Eigentumsrecht der Unternehmen nach Art. 14 I GG begrenzt.

Die Interessen einzelner Personengruppen können darüber hinaus aber auch mit ordnungspolitischen Zielsetzungen des Gesetzgebers übereinstimmen. So stärkt insbesondere der Anleger- und Verbraucherschutz das Vertrauen in die Kapital- und Kreditmärkte und führt somit zu einer stärkeren Investition in diese Märkte.

cc) Gegenläufigkeit der Interessen

Die Verschiedenartigkeit der Interessen zwischen den einzelnen Gruppen von Beteiligten, aber auch die Interessenüberlagerungen innerhalb einzelner Gruppen machen es unmöglich, Rechnungslegung unter einer einzigen Prämisse anzuwenden. Zwar lassen sich die Interessen der Beteiligten in Finanzierungs- (Ausschüttungs-) und Informationsinteressen einteilen, diese können jedoch wiederum in sich gegensätzlich oder gleichlaufend sein.

dd) Spielräume und Interessen in der Rechnungslegung

Die unterschiedlichen Interessen der an der Rechnungslegung als Bilanzierende oder als Adressaten Beteiligten können sich dabei direkt auf die Rechnungslegung auswirken.

So ist etwa der Begriff des *Wertes* ebenso wie der Begriff des *Gewinns* einer Reihe von Interpretationsspielräumen oder Ansichten ausgesetzt. Vermögensgegenstände und Verbindlichkeiten können unter der Zielsetzung bewertet werden, festzustellen, ob die Vermögensgegenstände ausreichen, um die bestehenden Verbindlichkeiten zu erfüllen. Die Bewertung kann aber auch nur erfolgen, um eine Ausschüttungsbemessung vorzunehmen. Schließlich kann unter Wert auch einfach der Wiederbeschaffungswert gemeint sein, also der Preis für das Ersetzen eines Vermögensgegenstandes.

Die Rechnungslegung bietet daher für ihre grundlegenden Begriffe kein starres festgesetztes System an, sondern macht die Augestaltung dieser Basis von den Interessen der an der Rechnungslegung Beteiligten und den mit ihr verfolgten Funktionen abhängig.

c) Rechnungslegungsrecht als Interessen- und Funktionenausgleich

Die Kodifizierung von Rechnungslegungsgrundsätzen muss dabei als Bestandteil der Rechtsordnung diese unterschiedlichen Interessen und Funktionen in einen Ausgleich bringen.[82]

aa) Notwendigkeit einer gesetzlichen Fixierung der Funktion der Rechnungslegung

Eine rein betriebswirtschaftliche Bilanz kann dafür nicht ausreichen, da diese vom Grundsatz der Bilanzierungsfreiheit bestimmt wird, die einzelnen Bilanzierungsvorschriften sich dann aus der jeweiligen Zielsetzung der Bilanzierenden ergeben. Das

[82] *Moxter,* Bilanzlehre – Band I, 3. Aufl., 1984, S. 156; *Raupach,* FS Müller, 2001, S. 793, 799; zur ähnlichen Problematik bei den Grundsätzen ordnungsgemäßen Buchführung *Leffson,* Die Grundsätze ordnungsgemäßer Buchführung, 7. Aufl., 1987, S. 42f.

Verhältnis von Vermögensausweis und individueller Information kann für Unternehmen grundsätzlich nicht dem jeweiligen Treueverhältnis selbst zur Definition überlassen bleiben, sondern muss aus ordnungspolitischen Gründen eine allgemeine und grundsätzliche Standardisierung erfahren. Der Maßstab für eine solche Standardisierung, also für den gesetzlich vorgeschriebenen Bilanzinhalt, wird dabei durch die an die Rechnungslegung von der Rechtsordnung geknüpften Rechtsfolgen (Zweck der Rechnungslegung) bestimmt. Somit ist es erforderlich, Bilanzierungsvorschriften als verbindliche Normen festzusetzen, d.h. eine Bilanz im Rechtssinne zu entwickeln.

Die möglichen verschiedenen Zwecke einer Bilanz und die unterschiedlichen Interessen der Beteiligten lassen sich jedoch nicht in vollem Umfang bei der Festlegung eines Einheitsbilanzrechts berücksichtigen. So steht vor allem die umfangreiche Information über die wirtschaftliche Lage des Unternehmens in einem natürlichen Spannungsverhältnis zu den übrigen Funktionen der Rechnungslegung. Eine sehr umfangreiche und damit auch eine in sich selbst relativierende Information durch die Rechnungslegung kann zu einem Widerspruch zur Gewinnermittlungsfunktion und zur Schuldendeckungsfunktion führen, da für diese beiden eine übersichtliche Rechnungslegung erforderlich ist, die bei einer zu umfangreichen Dokumentation nicht mehr gewährleistet werden kann.

bb) Notwendigkeit einer Rangordnung

Jedes Rechnungslegungssystem muss daher unter den verschiedenen Funktionen eine Rangordnung festlegen. Diese Rangordnung muss darüber hinaus in einem ausgewogenen Maße die verschiedenen Interessen der Beteiligten widerspiegeln. Jedes Bilanzrecht oder Rechnungslegungssystem muss Interessen bestimmter Gruppen hinter diejenigen anderer zurücktreten lassen. Je mehr die Interessen einer bestimmten Gruppe berücksichtigt werden, desto weniger finden die anderen Gruppen ihre Interessen an der Rechnungslegung in dieser wieder. Tritt schließlich das Interesse einer bestimmten Gruppe von Beteiligten völlig zurück, kann die Rechnungslegung gegenüber dieser Gruppe ihre Aufgabe nicht erfüllen. In diesem Fall müssen andere Rechtsinstitute die Funktion der Rechnungslegung ersetzen.

cc) Einheits- und Mehrfachbilanzen

Unabhängig davon steht jedoch die Frage, welchen Geltungsanspruch die Bilanz im Rechtssinne für sich beansprucht. Neben der Schaffung einer Rangordnung von Bilanzzwecken in einer Einheitsbilanz können auch mehrere verschiedene Bilanzen nebeneinander geschaffen werden. Den unterschiedlichen Interessengruppen kann somit entsprechend entgegengekommen werden. Bei mehreren Bilanzen kann dann jede Gruppe ihre Interessen in der für sie vorgesehenen Bilanz verfolgen. Damit kann allerdings nur Informationsinteressen entgegengekommen werden. Finanzierungsinteressen in Form von Ansprüchen können nur schwer auf verschiedene Bilanzen aufgeteilt werden. Hier ist meist eine rechtliche verbindliche Einheitsbilanz notwendig. Die gleichrangige Verfolgung mehrerer Zwecke durch ein Rechnungslegungsrecht ist somit nicht möglich; man kann nicht die Erde gleichzeitig als Scheibe und als Kugel deuten.[83]

---

[83] So zutreffend *Schmalenbach/Bauer*, Dynamische Bilanz, 13. Aufl., 1962, S. 20ff.; ebenso kritisch *Moxter*, StuW 1983, 300, 301; *Schön*, ZHR 161 (1997), 133ff.

2. Teil. Verpflichtung zur Führung von Büchern und zur Aufstellung von Unternehmensabschlüssen

§ 4. Gesetzliche Buchführungsvorschriften

1. Verpflichteter Personenkreis nach HGB

Im Interesse der Rechtssicherheit (Dokumentations-, Rechenschaftslegungs- und Beweissicherungsfunktion), der Information und der Gleichmäßigkeit der Besteuerung ist die Frage, wer buchführungspflichtig ist, eindeutig geregelt. Nach § 238 I HGB ist jeder Kaufmann verpflichtet, Bücher zu führen und in diesen seine Handelsgeschäfte und die Lage seines Vermögens nach den Grundsätzen ordnungsmäßiger Buchführung ersichtlich zu machen. Als Kaufmann bezeichnet das HGB denjenigen, der ein Handelsgewerbe betreibt (§ 1 I HGB)

Handelsgewerbe ist dabei jeder Gewerbebetrieb, es sei denn, dass das Unternehmen nach Art und Umfang einen in kaufmännischer Weise eingerichteten Geschäftsbetrieb nicht erfordert (§ 1 II HGB). Für den Kaufmann gelten uneingeschränkt die Regeln des HGB, insbesondere die Vorschriften über die Führung von Handelsbüchern (§§ 238–263 HGB). Entspricht das Unternehmen nicht einem vollkaufmännischen Betrieb und ist das Unternehmen nicht ins Handelsregister eingetragen, so muss es den Regeln des BGB und nicht denen des HGB folgen. Die Eintragung in das Handelsregister hat für einen Kaufmann nur deklaratorischen Charakter.

Ein Unternehmen, welches keine Kaufmannseigenschaft aufweist, kann jedoch nach § 2 HGB optieren und ein vollwertiger Kaufmann werden. Voraussetzung hierfür ist eine Eintragung ins Handelsregister. Das Unternehmen braucht keine Begründung abzugeben und keinen bestimmten Geschäftsumfang aufzuweisen. Mit der Option unterliegt der Kleingewerbetreibende – wie ein Kaufmann – allen sich aus dem HGB ergebenden Rechten und Pflichten.

Die Vorschriften des Handelsgesetzbuches gelten aber grundsätzlich nicht für Land- und Forstwirte. Erfordert ein land- und forstwirtschaftlicher Betrieb jedoch nach Art und Umfang einen eingerichteten kaufmännischen Geschäftsbetrieb oder ist dem land- und forstwirtschaftlichen Betrieb ein gewerblicher Nebenbetrieb (z.B. Sägewerk, Mühle) angegliedert, so kann der Land- und Forstwirt den Haupt- oder Nebenbetrieb ins Handelsregister eintragen lassen und dadurch Kaufmannseigenschaft erlangen. Ein Zwang dazu besteht aber nicht. Man spricht deshalb von Kannkaufleuten (§ 3 HGB). Schließlich wird die Kaufmannseigenschaft auf Grund der Rechtsform des Betriebes erworben (Formkaufleute) (§ 6 HGB). Personenhandelsgesellschaften und Kapitalgesellschaften sind kraft Gesetzes immer Kaufleute im Sinne des HGB.

Kein Handelsgewerbe betreiben schließlich diejenigen, die einer freiberuflichen Tätigkeit nachgehen. Konsequenterweise unterliegen diese Personen auch keiner Buchführungspflicht.

Die Buchführungspflicht umfasst auch die in § 238 II HGB ausgesprochene Verpflichtung des Betriebes, eine mit der Urschrift übereinstimmende Wiedergabe der abgesandten Handelsbriefe (Kopie, Abdruck, Abschrift oder sonstige Wiedergabe des Wortlauts auf einem Schrift-, Bild- oder anderen Datenträger) zurückzubehalten (§ 238 II HGB).

Der Betrieb ist außerdem nach § 240 I HGB zur Aufstellung eines Inventars verpflichtet, d.h. er hat zu Beginn seines Handelsgewerbes seine Grundstücke, seine Forderungen und Schulden, den Betrag seines baren Geldes sowie seine sonstigen Vermögensgegenstände genau zu verzeichnen und dabei den Wert der einzelnen Vermögensgegenstände und Schulden anzugeben. Diese art-, mengen- und wertmäßige

Erfassung der Bestände ist sowohl die Grundlage für die erste Eröffnungsbilanz und die daraus abgeleiteten Konten der Buchführung, als auch die Grundlage für die Abschlussbuchungen zur Vorbereitung des Jahresabschlusses. Die Buchführungspflicht entsteht mit Beginn des Handelsgewerbes, bei Formkaufleuten (Handelsgesellschaften) mit ihrer Gründung.

Eine Ausnahme für die Buchführungspflicht besteht allerdings nach § 241a HGB für diejenigen Einzelkaufleute, die an den Abschlussstichtagen von zwei aufeinander folgenden Geschäftsjahren nicht mehr als 500 000 € Umsatzerlöse und 50 000 € Jahresüberschuss aufweisen. Diese durch das Bilanzrechtsmodernisierungsgesetz eingeführte Ausnahmeregelung soll insbesondere für Kleingewerbetreibenden eine bürokratische Entlastung bewirken. Damit korrespondierend werden die entsprechenden Einzelkaufleute auch von der Pflicht zur Aufstellung eines Jahresabschlusses befreit (§ 242 IV HGB).

Auch wenn diese Erleichterung sicherlich bei einigen Kleinstbetrieben eine gewisse administrative Erleichterung mit sich bringt, darf nicht übersehen werden, dass die steuerrechtlichen Buchführungs- und Aufzeichnungspflichten (siehe S. 63 ff.) davon nicht berührt werden, die Buchführung damit letztlich trotzdem durchgeführt werden muss. Einziger Vorteil ist insofern nur die Befreiung von der Pflicht zur Aufstellung einer Handelsbilanz, da nach Steuerrecht insofern eine Einnahmen- Überschuss-Rechnung ausreicht (§ 4 III EStG). Hinzu kommt, dass die meisten von § 241a HGB erfassten Personen auch nach bisheriger Rechtslage schon von der Buchführungspflicht befreit waren, da diese unter den Ausnahmetatbestand von § 1 II HGB fielen und damit schon keine Kaufleute waren.

2. Verpflichteter Personenkreis nach Steuerrecht

a) Buchführungs- und Aufzeichnungspflichten nach der Abgabenordnung

Eine Buchführungs- und Aufzeichnungspflicht für steuerliche Zwecke ergibt sich aus den Bestimmungen der *Abgabenordnung.* § 140 AO bestimmt, dass jeder, der nach anderen Gesetzen als den Steuergesetzen Bücher und Aufzeichnungen zu führen hat, die für die Besteuerung von Bedeutung sind, die Verpflichtungen, die ihm nach diesen Gesetzen obliegen, auch im Interesse der Besteuerung zu erfüllen hat. Damit werden nicht nur die handelsrechtlichen Buchführungsvorschriften automatisch ins Steuerrecht übernommen, sondern auch *spezielle* Aufzeichnungspflichten, die bestimmte Betriebe zur Führung von Büchern verpflichten. Derartige Aufzeichnungspflichten ergeben sich etwa aus § 14 Depotgesetz, § 22 ApothekenbetriebsO oder etwa für Auskunfteien und Detektive (§ 38 III GewO).[84] Diese Aufzeichnungen sind für steuerliche Zwecke auch dann zu führen, wenn sich nach § 141 I AO keine Verpflichtung zur Buchführung ergibt.

Wer die Voraussetzungen des § 141 I AO erfüllt, ist verpflichtet, Bücher zu führen und auf Grund jährlicher Bestandsaufnahmen regelmäßige Abschlüsse zu machen. Das bedeutet, dass Betriebe, die handelsrechtlich nicht buchführungspflichtig sind, steuerrechtlich in den Kreis der buchführungspflichtigen Kaufleute aufgenommen werden, wenn § 141 I AO auf sie zutrifft.

Im Einzelnen bestimmt § 141 I AO, dass gewerbliche Unternehmen sowie Land- und Forstwirte, die nach den Feststellungen der Finanzbehörde für den einzelnen Betrieb

---

[84] Für einen Überblick vgl. etwa *Cöster,* in: *Pahlke/Koenig,* Abgabenordnung, 2. Aufl., 2009, § 140 Rdnr. 20.

- Umsätze einschließlich der steuerfreien Umsätze, ausgenommen die Umsätze nach § 4 Nr. 8 bis 10 des Umsatzsteuergesetzes, von mehr als 500 000 € im Kalenderjahr oder
- selbstbewirtschaftete land- und forstwirtschaftliche Flächen mit einem Wirtschaftswert (§ 46 des Bewertungsgesetzes) von mehr als 25 000 € oder
- einen Gewinn aus Gewerbebetrieb von mehr als 50 000 € im Wirtschaftsjahr oder
- einen Gewinn aus Land- und Forstwirtschaft von mehr als 50 000 € im Kalenderjahr

gehabt haben, sind auch dann verpflichtet, für diesen Betrieb Bücher zu führen und auf Grund jährlicher Bestandsaufnahmen Abschlüsse zu machen, wenn sich eine Buchführungspflicht nicht aus § 140 AO ergibt. In diesen Fällen beginnt die Buchführungspflicht nicht mit dem Überschreiten der angegebenen Grenzen, sondern erst mit Beginn des Kalenderjahres, das dem Jahr folgt, in dem dem Betrieb die Veranlagung bekannt gegeben wurde.

Damit wird der Kreis der zur Buchführung für steuerliche Zwecke Verpflichteten im Interesse einer Gleichmäßigkeit der Besteuerung über die Personen hinaus ausgedehnt, die auf Grund handelsrechtlicher Vorschriften zur Führung von Büchern verpflichtet sind. Es werden vor allem Gewerbetreibende ohne Kaufmannseigenschaft und Land- und Forstwirte zusätzlich erfasst.

b) Aufzeichnungspflichten für die Umsatzbesteuerung

Auch für die Umsatzbesteuerung muss der Betrieb Aufzeichnungen erstellen, aus denen zu ersehen ist, welche Entgelte erzielt wurden, die nach § 1 UStG der Umsatzsteuer unterliegen. Die Aufzeichnungspflichten bestehen unabhängig davon, ob der Betrieb sonst nach handels- oder steuerrechtlichen Vorschriften buchführungspflichtig ist oder nicht. Entscheidend ist, dass es sich um einen Unternehmer oder ein Unternehmen im Sinne des § 2 I 1 UStG handelt. Danach ist Unternehmer, wer eine gewerbliche oder berufliche Tätigkeit selbständig ausübt. Gewerblich oder beruflich ist jede nachhaltige Tätigkeit zur Erzielung von Einnahmen, auch wenn die Absicht, Gewinn zu erzielen, fehlt.

Die Aufzeichnungen für Zwecke der Umsatzsteuer haben die Aufgabe, die Steuerbemessungsgrundlage nach den Vorschriften des UStG festzustellen. Besteuerungsmaßstab für Lieferungen und sonstige Leistungen und bei dem innergemeinschaftlichen Erwerb sind das Entgelt abzüglich der Umsatzsteuer (Solleinnahme) (§ 10 I UStG), oder die Selbstkosten (§ 10 IV UStG) der entnommenen Gegenstände (bzw. die bei der Ausführung der Umsätze entstandenen Kosten) und für die Einfuhr der Wert des eingeführten Gegenstandes nach den jeweiligen Vorschriften über den Zollwert (§ 11 I UStG). Es sind Vorkehrungen zu treffen, die die Erfassung von Umsatzsteuer und Vorsteuer ermöglichen.

Zur Vereinfachung des Besteuerungsverfahrens können Unternehmer, die nicht verpflichtet sind, Bücher zu führen und auf Grund jährlicher Bestandsaufnahmen regelmäßig Abschlüsse zu machen, und deren Umsatz in den einzelnen Berufs- und Gewerbezweigen im vorangegangenen Jahr 61.356 € nicht überschritten hat, die abzuziehenden Vorsteuern gem. § 69 UStDV i.V.m. § 23 UStG *nach Durchschnittsätzen* berechnen. In diesen Fällen erfolgt nach § 66 UStDV eine Befreiung von den Aufzeichnungspflichten i.S. des § 22 II Nr. 5 und 6 UStG, d.h. die Aufzeichnung der Entgelte für die beschafften Güter und der darin enthaltenen Vorsteuern entfällt.

c) Sonstige Buchführungs- und Aufzeichnungspflichten

Nach § 142 AO haben buchführungspflichtige Land- und Forstwirte neben den jährlichen Bestandsaufnahmen und den jährlichen Abschlüssen ein Anbauverzeichnis zu führen. In dem Anbauverzeichnis ist nachzuweisen, mit welchen Fruchtarten die selbst bewirtschafteten Flächen im abgelaufenen Wirtschaftsjahre bestellt waren.

Für alle Steuerpflichtigen, die den Gewinn nach § 4 I oder § 5 EStG ermitteln, bestehen gem. § 4 VII EStG *besondere Aufzeichnungspflichten* für folgende Aufwendungen, die einzeln und getrennt von den sonstigen Betriebsausgaben erfasst werden müssen:

- Aufwendungen für Geschenke an Personen, die nicht Arbeitnehmer des Steuerpflichtigen sind;
- Aufwendungen für die Bewirtung von Personen aus geschäftlichem Anlass, soweit sie 70 Prozent der Aufwendungen übersteigen, die nach der allgemeinen Verkehrsauffassung als angemessen anzusehen und deren Höhe und betriebliche Veranlassung nachgewiesen sind;
- Aufwendungen für Einrichtungen des Steuerpflichtigen, soweit sie der Bewirtung, Beherbergung oder Unterhaltung von Personen, die nicht Arbeitnehmer des Steuerpflichtigen sind, dienen (Gästehäuser) und sich außerhalb des Orts eines Betriebes des Steuerpflichtigen befinden;
- Aufwendungen für Jagd oder Fischerei, für Segeljachten oder Motorjachten sowie für ähnliche Zwecke und für die hiermit zusammenhängenden Bewirtungen;
- Aufwendungen für ein häusliches Arbeitszimmer sowie die Kosten der Ausstattung;
- andere Aufwendungen, die die Lebensführung des Steuerpflichtigen oder anderer Personen berühren, soweit sie nach allgemeiner Verkehrsauffassung als unangemessen anzusehen sind.

Auch die *Verbrauchsteuergesetze* schreiben Aufzeichnungen und buchmäßige Nachweise zum Zweck der Steuerüberwachung vor. So muss etwa der Inhaber eines (Bier)Herstellungsbetriebes ein Belegheft führen (§ 10 BierStV).

Auch aus der Tatsache, dass die Betriebe verpflichtet sind, *für dritte Personen Steuern einzubehalten,* entstehen steuerliche Buchführungsvorschriften. § 38 III EStG verlangt vom Arbeitgeber, dass er bei jeder Lohnzahlung die Lohnsteuer für den Arbeitnehmer einbehält und an das Finanzamt abführt. Die ordnungsmäßige Durchführung dieser Verpflichtung ist buchmäßig zu belegen und muss jederzeit nachgeprüft werden können. Zu diesem Zwecke schreiben § 41 I EStG und § 4 LStDV vor, dass der Arbeitgeber am Ort der Betriebsstätte für jeden Arbeitnehmer ein *Lohnkonto* zu führen hat, aus dem neben den Personalien der Tag der Lohnzahlung und der Lohnzahlungszeitraum, der gezahlte Arbeitslohn ohne jeden Abzug, getrennt nach Barlohn und Sachbezügen, die einbehaltene Lohnsteuer, die gezahlten Bezüge, die steuerfrei sind oder für die Ermäßigungen bestehen, u.a. zu ersehen sind.

d) Aufzeichnung des Wareneingangs und Warenausgangs

Wichtige Kontrollmittel zur Überprüfung des Buchführungsergebnisses durch eine Nachkalkulation sind gesonderte Aufzeichnungen über Warenein- und -ausgänge. Nach § 143 II AO sind *beim Wareneingang* sämtliche erworbenen Waren aufzuzeichnen, die weiterveräußert werden sollen, einschließlich der Rohstoffe, der unfertige Erzeugnisse, der Hilfsstoffe und der Zutaten. Zu erfassen sind das Datum des Wareneingangs oder der Rechnung, der Name und die Anschrift des Lieferanten, die handelsübliche Bezeichnung und der Preis der Ware. Verlangt werden ferner ein Hinweis auf den Beleg (Rechnung, Kassenzettel, Quittung) und die Angabe, wo er aufbewahrt wird.

Da nach § 144 AO zusätzlich sämtliche *Warenausgänge* aufgezeichnet werden müssen und dem Abnehmer ein Beleg zu erteilen ist, hat die Finanzverwaltung mittels dieser Aufzeichnungen ein wichtiges Kontrollmittel in der Hand, um Kleinbetriebe zu überprüfen. Auf diese Weise ist der gesamte Warenverkehr vom Hersteller über den Großhändler zum Einzelhändler unter die Kontrolle der Finanzbehörden gebracht worden. Bei Betriebsprüfungen lässt es sich relativ leicht feststellen, wenn Wareneingänge vom Abnehmer nicht in den Wareneingangsaufzeichnungen erfasst worden sind. Auf Land- und Forstwirte, die nach § 141 AO buchführungspflichtig sind, dehnt § 144 V AO die Vorschriften über die Aufzeichnung des Warenausgangs mit dem Ziel aus, auch den gewerblichen Handel mit land- und forstwirtschaftlichen Erzeugnissen steuerlich zu überwachen.

Für die Form der Aufzeichnungen bestehen keine ausdrücklichen Vorschriften. Insbesondere ist es nicht erforderlich, dass ein gesondertes Wareneingangs- bzw. Warenausgangsbuch geführt wird. Es genügt bei buchführungspflichtigen Gewerbetreibenden z.B. die Führung eines Warenkontos oder bei der sog. Offene-Posten-Buchführung eine gesonderte Ablage der Belege.

§ 5. Gesetzliche Vorschriften zur Aufstellung von Unternehmensabschlüssen

Neben der Buchführungs- oder Aufzeichnungspflicht existiert noch eine Reihe von Pflicht zur Aufstellung von Bilanzen bzw. von Unternehmensabschlüssen. Dabei handelt es sich nicht nur um die Pflicht zur Aufstellung des Jahresabschlusses. Die unterschiedlichen Rechtsgebiete kennen vielmehr sehr verschiedene Arten von Bilanzen und Unternehmensabschlüssen. Dabei werden die Begrifflichkeiten nicht immer eindeutig verwendet. Insbesondere der Begriff der Bilanz ist zwar durch § 242 I HGB rechtlich besetzt. Dennoch wird unter dem Begriff der Bilanz allgemein eine Gegenüberstellung von Vermögen und Verbindlichkeiten verstanden. Zur Abgrenzung der Bilanz nach § 242 I HGB wird diese daher oft auch als Bilanz im Rechtssinne und die übrigen Bilanzen als Sonderbilanzen bezeichnet.[85]

Zu den wichtigsten Sonderbilanzen gehören vor allem die für die Durchführung von gesellschaftsrechtlichen Strukturmaßnahmen notwendig zu erstellenden Bilanzen. Dies gilt etwa bei der Kapitalerhöhung aus Gesellschaftsmitteln (§ 207 III AktG, § 57f GmbHG), der Verschmelzung und Spaltung (§ 17 II UmwG) und schließlich auch für die Liquidation und Abwicklung von Gesellschaften (§ 270 AktG, § 71 GmbHG, § 154 HGB). Darüber hinaus hat die insolvenzrechtliche Überschuldungsbilanz besondere Bedeutung, da diese für die Bestimmung des Insolvenzgrundes der Überschuldung (§ 19 InsO) und damit auch für das Insolvenzantragsrecht und die Insolvenzantragspflicht maßgeblich ist.

---

[85] Für einen Überblick zu den Sonderbilanzen vgl. *Budde/Förschle/Winkeljohann*, Sonderbilanzen, 4. Aufl., 2008.

1. Handelsrechtliche Rechnungslegung

a) Vorschriften für Unternehmen aller Rechtsformen

Nach § 242 I und II HGB ist jeder Kaufmann verpflichtet, zu Beginn seines Handelsgewerbes und für den Schluss eines jeden Geschäftsjahrs einen das Verhältnis seines Vermögens und seiner Schulden darstellenden Abschluss (Eröffnungsbilanz, Bilanz) aufzustellen. Die Bilanz und die Gewinn- und Verlustrechnung bilden zusammen den Jahresabschluss (§ 242 III HGB). Der Begriff des Kaufmanns umfasst die in §§ 1 bis 3, 5 und 6 HGB aufgeführten Kaufleute, beschränkt sich also nicht auf das Einzelunternehmen, sondern bezieht sich auch auf Personen- und Kapitalgesellschaften sowie Genossenschaften.[86]

Unter Eröffnungsbilanz ist in diesem Zusammenhang in der Regel die Gründungsbilanz bei der Geschäftseröffnung zu verstehen. Eröffnungsbilanzen sind auch zu erstellen, wenn ein Unternehmen seine Rechtsform im Wege der Liquidation und Einzelübertragung des Vermögens und der Schulden auf die neue Rechtsform (Umgründung) ändert.

Der maßgebende *Stichtag des Beginns des Handelsgewerbes* hängt von der Kaufmannseigenschaft bzw. von der Rechtsform ab. Da Kapitalgesellschaften als juristische Personen erst mit der Eintragung ins Handelsregister entstehen, ist die Eröffnungsbilanz auf den Eintragungsstichtag aufzustellen. Bei Einzelunternehmen und Personengesellschaften, die ein Handelsgewerbe i.S. des § 1 II HGB betreiben, ist der Stichtag für die Eröffnungsbilanz der Tag der Aufnahme des Geschäftsbetriebs. Obwohl die Kaufmannseigenschaft von Kaufleuten i.S. des § 2 HGB erst mit der Eintragung ins Handelsregister entsteht, ist die Eröffnungsbilanz nicht auf den Zeitpunkt der Eintragung, sondern bereits auf den Zeitpunkt, an dem die Verpflichtung zur Eintragung entstanden ist, aufzustellen. Bei Kannkaufleuten i.S. des § 3 HGB ist der maßgebende Stichtag für die Eröffnungsbilanz der Tag der Eintragung in das Handelsregister.

Die *Dauer des Geschäftsjahrs* darf nach § 240 II 2 HGB zwölf Monate nicht überschreiten. Das Geschäftsjahr muss nicht mit dem Kalenderjahr übereinstimmen. Abweichungen vom Kalenderjahr sind etwa bei Saisonbetrieben anzutreffen.

Eine *Aufstellungsfrist* für den Jahresabschluss ist nicht vorgeschrieben. Lediglich für Kapitalgesellschaften ergibt sich eine Frist zum einen aus § 264 I 3 HGB und zum anderen indirekt aus den jeweiligen gesellschaftsrechtlichen Regelungen, die eine (weitere) Frist für die Feststellung des Jahresabschlusses durch die entsprechenden Organe vorsehen (§ 175 I 2 AktG, § 42a II 1 GmbHG). Für alle anderen Kaufleute ist der Jahresabschluss innerhalb der einem ordnungsmäßigen Geschäftsgang entsprechenden Zeit aufzustellen (§ 243 III HGB). Für die Aufstellung der Steuerbilanz, die als aus der Handelsbilanz abgeleitete Bilanz[87] (§ 5 I EStG) die vorherige Aufstellung der Handelsbilanz voraussetzt, sieht der *BFH* eine Frist von einem Jahr nach Abschluss des Geschäftsjahrs noch als fristgerecht an.[88] Unter Abwägung der mit dem Jahresabschluss verbundenen Arbeitsbelastung einerseits und dem Anspruch der Gläubiger und Gesellschafter auf eine aktuelle Rechnungslegung andererseits wird ein Zeitraum von sechs bis neun Monaten für angemessen angesehen.[89]

---

[86] Siehe oben S. 68f.

[87] Vgl. zum Zusammenhang von Handels- und Steuerbilanz S. 76.

[88] Vgl. BFHE 125, 165 = WM 1978, 1307; BFHE 135, 1 = DStR 1982, 323; BFHE 140, 74 = NJW 1984, 2848.

[89] *Ballwieser*, in: Münchener Kommentar zum HGB, 2. Aufl., 2008, § 243 Rdnr. 78; *Hüffer*, in: Großkommentar zum HGB, 4. Aufl., 1995ff., § 243 Rdnr. 36ff.

b) Ergänzende Vorschriften für Kapitalgesellschaften, bestimmte Personenhandelsgesellschaften und Genossenschaften

Obwohl die dargestellten Vorschriften des HGB für alle Kaufleute gelten, werden sie in § 264 I HGB für Kapitalgesellschaften und in § 336 I HGB für Genossenschaften dahingehend erweitert, dass diese Unternehmen den grundsätzlich aus Bilanz und Gewinn- und Verlustrechnung bestehenden Jahresabschluss um einen Anhang zu erweitern und außerdem einen Lagebericht aufzustellen haben. Kleine Kapitalgesellschaften (§ 267 I HGB) brauchen gem. § 264 I 4 HGB keinen Lagebericht aufzustellen. Die strengeren Rechnungslegungsvorschriften werden mit der Haftungsbeschränkung gegenüber den Gläubigern begründet.

Einen Sonderfall bilden schließlich die Personenhandelsgesellschaften, bei denen keine natürliche Person persönlich haftender Gesellschafter ist, bei denen es sich typischerweise um die GmbH & CO. KG handelt. Aufgrund von § 264a HGB finden die Vorschriften für Kapitalgesellschaften im Wesentlichen auch diese Personenhandelsgesellschaften Anwendung. Davon erfasst sind alle offenen Handelsgesellschaften und Kommanditgesellschaften, bei denen nicht wenigstens ein persönlich haftender Gesellschafter eine natürliche Person oder eine offene Handelsgesellschaft, Kommanditgesellschaft oder andere Personengesellschaft mit einer natürlichen Person als persönlich haftendem Gesellschafter ist oder sich die Verbindung von Gesellschaften in dieser Art fortsetzt. Neben der Anwendung der allgemeinen Vorschriften für Kapitalgesellschaften enthalten die §§ 264b f. HGB noch eine Reihe von Modifikationen, die nur für diese Gesellschaften Anwendung finden.

Da es bei diesen Gesellschaften nach der Diktion des deutschen Gesellschaftsrechts um Personenhandelsgesellschaften handelt, ging der deutsche Gesetzgeber davon aus, dass die für Kapitalgesellschaften aufgrund der Jahresabschlussrichtlinie[90] geltenden Vorschriften der §§ 264 ff. HGB insoweit keine Anwendung finden würden. Aufgrund der bei diesen Gesellschaften ebenso wie bei den Kapitalgesellschaften bestehenden Gefährdungslage für die Gläubiger sah sich der europäische Gesetzgeber gezwungen, diese Differenzierung im deutschen Gesellschaftsrecht durch die GmbH & CO. KG-Richtlinie jedenfalls für die Zwecke der Anwendbarkeit der Jahresabschlussrichtlinie bzw. der §§ 264 ff. HGB zu beseitigen.[91]

Die ergänzenden Rechnungslegungsvorschriften für Kapitalgesellschaften werden in der Strenge ihrer Anwendung nach Größenmerkmalen differenziert. § 267 HGB unterscheidet *drei Größenklassen* von Kapitalgesellschaften: kleine, mittelgroße und große. Kleine Kapitalgesellschaften sind nicht prüfungspflichtig (§ 316 I HGB); außerdem bestehen für kleine und mittelgroße Kapitalgesellschaften größenabhängige Erleichterungen, etwa bei der Gliederung der Bilanz[92] und der Gewinn- und Verlustrechnung[93], bei der Berichterstattung im Anhang[94] und bei der Offenlegung[95]. Die drei Größenklassen werden folgendermaßen abgegrenzt:

---

[90] Vgl. dazu oben S. 48 f.

[91] Vgl. dazu ausführlich *Habersack*, Europäisches Gesellschafsrecht, 3. Aufl., 2004, § 8 Rdnr. 16.

[92] Siehe dazu S. 149.

[93] Siehe dazu S. 152.

[94] Siehe dazu S. 170.

[95] Siehe dazu S. 257 ff.

Größenklassen der Kapitalgesellschaften (§ 267 HGB)			
Größenmerkmal	kleine Kap.-Ges.	mittelgroße Kap.-Ges.	große Kap.-Ges.
Bilanzsumme in € Umsatzerlöse in € Arbeitnehmer	< 3 438 000 < 6 875 000 < 50	> 3 438 000 bis 13 750 000 > 6 875 000 bis 27 500 000 51 bis 250	> 13 750 000 > 27 500 000 > 250

Kleine Kapitalgesellschaften sind solche, die mindestens zwei der für sie in der Übersicht aufgeführten Merkmale nicht überschreiten (§ 267 I HGB), *große Kapitalgesellschaften* sind solche, die mindestens zwei der für sie in der Übersicht aufgeführten Merkmale überschreiten (§ 267 III HGB). Bei den übrigen Kapitalgesellschaften handelt es sich um *mittelgroße;* das sind diejenigen, die mindestens zwei Merkmale der kleinen Kapitalgesellschaften überschreiten und gleichzeitig mindestens zwei Merkmale der großen Kapitalgesellschaften nicht überschreiten (§ 267 II HGB). Dabei müssen die Größenmerkmale an zwei aufeinander folgenden Abschlussstichtagen erfüllt sein (§ 267 IV HGB). Kapitalmarktorientierte Kapitalgesellschaften gelten nach § 267 III 2 HGB jedoch immer als große. Dabei handelte es sich um Kapitalgesellschaften, die einen organisierten Markt (§ 2 V WpHG) durch von ihr ausgegebene Wertpapiere (§ 2 I 1 WpHG) in Anspruch nehmen oder die Zulassung solcher Wertpapiere zum Handel an einem organisierten Markt beantragt haben (§ 264d HGB). Die Größenmerkmale gelten entsprechend für Genossenschaften (§ 336 II HGB).

Große und mittelgroße Kapitalgesellschaften haben ihren Jahresabschluss und Lagebericht *in den ersten drei Monaten* des Geschäftsjahrs für das vergangene Geschäftsjahr aufzustellen, kleine Kapitalgesellschaften können diese Frist *bis auf sechs Monate* ausdehnen, wenn dies einem ordnungsmäßigen Geschäftsgang entspricht (§ 264 I 3 HGB). Für Genossenschaften beträgt diese Frist unabhängig von der Größe fünf Monate (§ 336 I HGB).

c) Pflicht zur Aufstellung eines Konzernabschlusses

Auch wenn das deutsche Gesellschaftsrecht in seinen zahlreichen Kodifikationen im Grundsatz immer von der Einzelgesellschaft ausgeht, stellt diese Erscheinungsform der (Handels)Gesellschaft in der Praxis die Ausnahme dar. Handelsgesellschaften sind vielmehr meist Teil einer Unternehmensgruppe, die dabei unterschiedlich ausgestaltet sein kann. Für das Rechnungslegungsrecht folgt daraus das Problem, dass die Jahresabschlüsse der einzelnen Gesellschaften in ihrer Aussagekraft deutlich eingeschränkt werden können, wenn zwischen den Gesellschaften der Unternehmensgruppe Leistungen ausgetauscht werden. Aus diesem Grund hat das Rechnungslegungsrecht begonnen, die Unternehmensgruppe als ein einheitliches Unternehmen jedenfalls für die Erstellung der Unternehmensabschlüsse zu begreifen. Daher müssen die Unternehmen an der Spitze der Unternehmensgruppe (Mutterunternehmen) neben einem regulären Jahresabschluss auch einen so genannten Konzernabschluss aufstellen (§ 290 HGB), der dann eine Art Jahresabschluss für die gesamte Unternehmensgruppe darstellt und dabei alle Abschlüsse der Tochterunternehmen mit umfasst.

Ebenso wie im materiellen Konzernrecht des Gesellschaftsrechts stellt sich auch in diesem Zusammenhang die zentrale Frage, wann von einem Mutterunternehmen ausgegangen werden kann, deren gesetzliche Vertreter dann zur Aufstellung eines Konzernabschlusses verpflichtet sind. Diese Vorschriften sind im Rahmen des Bilanzrechtsmodernisierungsgesetzes vollständig umgestellt worden.

Das bisherige Recht verfolgte dabei zwei verschiedene Konzepte. Zunächst konnte die Pflicht zur Aufstellung eines Konzernabschlusses bei Vorliegen einer einheitlichen Leitung (§ 290 I

HGB a.F.) begründet werden. Eine einheitliche Leitung sollte vorliegen, wenn ein Unternehmen kontinuierlich oberste Führungsaufgaben, ausgerichtet am Konzern als wirtschaftlicher Einheit, für ein anderes Unternehmen wahrnehmen.[96] Zudem wurde die Pflicht zur Aufstellung eines Konzernabschlusses begründet, wenn ein beherrschende Einfluss (§ 290 II HGB a.F.) vorlag (so genannten *Control*-Prinzip), der bei einer Stimmrechtsmehrheit, einem Bestellungsrecht für die Mehrheit der Veraltungs-, Leitungs- oder Aufsichtsorgane und dem Vorliegen eines Beherrschungsvertrages angenommen wurde.

Zur Aufstellung von Konzernabschlüsse siehe auch S. 179ff.

aa) Grundsatz

Das neue Recht des Bilanzrechtsmodernisierungsgesetzes folgt nunmehr dem Ansatz der Mehrheit der Risiken und Chancen, der auch in den IAS 27 verfolgt wird. Damit kommt es nunmehr nur noch darauf an, ob ein Unternehmen einen beherrschenden Einfluss auf mindestens ein anderes Unternehmen ausüben kann, wobei der beherrschende Einfluss in § 290 II HGB definiert wird. Ein beherrschende Einfluss soll danach vorliegen, wenn

- ihm bei einem anderen Unternehmen die Mehrheit der Stimmrechte der Gesellschafter zusteht (§ 290 II Nr. 1 HGB);
- ihm bei einem anderen Unternehmen das Recht zusteht, die Mehrheit der Mitglieder des die Finanz- und Geschäftspolitik bestimmenden Verwaltungs-, Leitungs- oder Aufsichtsorgans zu bestellen oder abzuberufen, und es gleichzeitig Gesellschafter ist (§ 290 II Nr. 2 HGB);
- ihm das Recht zusteht, die Finanz- und Geschäftspolitik auf Grund eines mit einem anderen Unternehmen geschlossenen Beherrschungsvertrages oder auf Grund einer Bestimmung in der Satzung des anderen Unternehmens zu bestimmen (§ 290 II Nr. 3 HGB) oder
- es bei wirtschaftlicher Betrachtung die Mehrheit der Risiken und Chancen eines Unternehmens trägt, das zur Erreichung eines eng begrenzten und genau definierten Ziels des Mutterunternehmens dient (Zweckgesellschaft) (§ 290 II Nr. 4 HGB).

Von der Frage, welches (Mutter)Unternehmen einen Konzernabschluss aufzustellen und zu veröffentlichen hat, ist die Frage nach dem Umfang der Erfassung von Tochterunternehmen – dem so genannten Konsolidierungskreis – zu unterscheiden.[97]

bb) Großenabhängige Ausnahmetatbestände

Die Pflicht zur Aufstellung eines Konzernabschlusses entfällt aber, wenn der Jahresabschluss des Mutterunternehmens bestimmte Größenordnungen nicht übersteigt, da das Informationsinteresse der Adressaten in diesen Fällen regelmäßig noch nicht berührt wird. Der Ausnahmetatbestand des § 293 HGB knüpft dabei wieder an eine Kombination von Bilanzkennziffern und der Arbeitnehmerzahl an. Im Einzelnen erfolgt eine Befreiung, wenn:

- am Abschlussstichtag seines Jahresabschlusses und am vorhergehenden Abschlussstichtag mindestens zwei der drei nachstehenden Merkmale zutreffen:
  - Die Bilanzsummen in den Bilanzen des Mutterunternehmens und der Tochterunternehmen, die in den Konzernabschluss einzubeziehen wären, übersteigen insgesamt nach Abzug von in den Bilanzen auf der Aktivseite ausgewiesenen Fehlbeträgen nicht 23 100 000 Euro (§ 293 I Nr. 1 lit. a) HGB).

---

[96] Vgl. nur *von Colbe*, in: Münchener Kommentar zum HGB, 2. Aufl., 2008, § 290 Rdnr. 14.
[97] Siehe dazu unten S. 184ff.

- Die Umsatzerlöse des Mutterunternehmens und der Tochterunternehmen, die in den Konzernabschluss einzubeziehen wären, übersteigen in den zwölf Monaten vor dem Abschlussstichtag insgesamt nicht 46 200 000 Euro (§ 293 I Nr. 1 lit. b) HGB).
- Das Mutterunternehmen und die Tochterunternehmen, die in den Konzernabschluss einzubeziehen wären, haben in den zwölf Monaten vor dem Abschlussstichtag im Jahresdurchschnitt nicht mehr als 250 Arbeitnehmer beschäftigt (§ 293 I Nr. 1 lit. c) HGB);

oder

– am Abschlussstichtag eines von ihm aufzustellenden Konzernabschlusses und am vorhergehenden Abschlussstichtag mindestens zwei der drei nachstehenden Merkmale zutreffen:
  - Die Bilanzsumme übersteigt nach Abzug eines auf der Aktivseite ausgewiesenen Fehlbetrags nicht 19 250 000 Euro (§ 293 I Nr. 2 lit. a) HGB).
  - Die Umsatzerlöse in den zwölf Monaten vor dem Abschlussstichtag übersteigen nicht 38 500 000 Euro (§ 293 I Nr. 2 lit. b) HGB).
  - Das Mutterunternehmen und die in den Konzernabschluss einbezogenen Tochterunternehmen haben in den zwölf Monaten vor dem Abschlussstichtag im Jahresdurchschnitt nicht mehr als 250 Arbeitnehmer beschäftigt (§ 293 I Nr. 2 lit. c) HGB).

cc) Teilkonzernabschluss

Da ein Mutterunternehmen selbst zugleich Tochterunternehmen sein kann, müsste in der Unternehmensgruppe dann jedes Unternehmen selbst einen Konzernabschluss erstellen, soweit es selbst über Tochterunternehmen verfügt (sog. *Tannenbaumprinzip*). Zur Vereinfachung der Rechnungslegung bestimmt § 291 I HGB jedoch, dass ein Mutterunternehmen, das zugleich Tochterunternehmen eines Mutterunternehmens mit Sitz in einem Mitgliedstaat der EU oder des EWR ist, von der Aufstellung eines Konzernabschlusses befreit ist, wenn sein Mutterunternehmen einen den Anforderungen des § 291 II HGB entsprechenden Konzernabschluss und Konzernlagebericht in deutscher Sprache mit einem entsprechend erteilten oder versagten Bestätigungsvermerk offen legt.

Zu den Anforderungen an den befreienden Konzernabschluss und Konzernlagebericht gehören nach § 291 II HGB u.a.:

– dass das zu befreiende Mutterunternehmen und sein Tochterunternehmen in den befreienden Konzernabschluss des Mutterunternehmens einbezogen worden sind,
– dass der befreiende Konzernabschluss und der befreiende Konzernlagebericht den Anforderungen der Konzernrichtlinie entsprechen und von einem Abschlussprüfer geprüft worden sind, der die Prüferqualifikation gem. der Abschlussprüferbefähigungsrichtlinie besitzt und
– dass der Anhang des Jahresabschlusses des zu befreienden Unternehmens
  - Angaben über Namen und Sitz seines Mutterunternehmens,
  - einen Hinweis auf die Befreiung von der Konzernrechnungslegungspflicht und
  - eine Erläuterung der im befreienden Konzernabschluss vom deutschen Recht abweichend angewandten Bilanzierungs-, Bewertungs- und Konsolidierungsmethoden enthält.

Die Befreiung von der Aufstellung eines Konzernabschlusses und Konzernlageberichts kann – auch wenn die in § 291 II HGB genannten Voraussetzungen erfüllt sind – *nicht in Anspruch genommen* werden, wenn es sich um ein Unternehmen handelt, das durch die von ihm ausgegebenen Wertpapiere (§ 2 I 1 WpHG) einen organisierten Markt im Sinne von § 2 V WpHG in Anspruch nimmt (§ 291 II Nr. 1 HGB). Unabhängig davon kann von der Befreiung auch dann nicht Gebrauch gemacht werden, wenn Aktionäre, die mindestens 10% der Anteile, oder Gesellschafter einer GmbH, die mindestens 20% der Anteile besitzen, spätestens sechs Monate vor Ablauf des Konzerngeschäftsjahres die Aufstellung eines Konzernabschlusses und eines Konzernlageberichts beantragt haben (§ 291 III Nr. 2 HGB).

dd) Grenzüberschreitende Unternehmensgruppen

Eine besondere Problematik ergibt sich schließlich bei grenzüberschreitenden Unternehmensgruppen, da die einzelnen Unternehmen in der Regel dem jeweiligen Rechnungslegungsrecht (typischerweise) am Sitzstaat unterliegen und somit im Einzelfall eine ganze Reihe verschiedenster Regelungen zur Anwendung kommen können. Da dies für die betroffenen Unternehmen einen deutlichen Mehraufwand für die Rechnungslegung bedeuten kann, ist einerseits eine Abstimmung zwischen den einzelnen nationalen Rechnungslegungsrechten erforderlich. Andererseits kann aber grundsätzlich nicht jeder ausländische Konzernabschluss in Deutschland anerkannt werden, da anderenfalls die mit dem Konzernabschluss verbundene Informationsfunktion nachhaltig beeinträchtigt werden würde.

(1) Grundsatz

Da diese Beeinträchtigung vor allem bei kapitalmarktorientierten Gesellschaften besteht, haben diese eine besondere gesetzgeberische Behandlung erfahren. Dabei gilt zunächst, dass Unternehmen aus einem Mitgliedstaat der Europäischen Union bei Bestehen oder bereits erfolgter Beantragung einer Kapitalmarktorientierung ihre Konzernabschlüsse nach den IAS/IFRS aufstellen müssen (Art. 4 IAS-VO), insofern also in allen Mitgliedstaaten das gleiche Recht zur Anwendung kommt. Von dieser Verweis auf die IAS/IFRS sind auch die Fragen der Konsolidierung mit eingeschlossen (§ 315a I HGB).

Für die nicht kapitalmarktorientierten Unternehmen bleibt es bei der Anwendung nationalen Rechts, wobei die Mitgliedstaaten auch optional die Anwendung der IAS/IFRS vorsehen können (Art. 5 IAS-VO). Der deutsche Gesetzgeber hat von diesem Wahlrecht entsprechend Gebrauch gemacht, so dass (deutsche) (Mutter-)Unternehmen, bei denen keine Kapitalmarktorientierung besteht bzw. eine solche noch nicht beantragt wurde, ein Wahlrecht zwischen der Anwendung der IAS/IFRS und den §§ 290ff. HGB haben (§ 315a III HGB).[98]

(2) Teilkonzernabschlüsse

Neben der Frage nach der Anwendbarkeit des Rechnungslegungsrechts auf den Konzernabschluss bzw. nach der Anerkennung von nach ausländischem Recht aufgestellten Konzernabschlüssen stellt sich das weitere Problem der grenzüberschreitenden Einbeziehung von Tochterunternehmen und der Anwendung des so genannten Tannenbaumprinzips (siehe dazu oben S. 71) in grenzüberschreitenden Sachverhalten. Hinsichtlich der Reichweite der Einbeziehung folgt das deutsche Konzernrechnungslegungsrecht dem Grundsatz des Weltkonzernabschlusses, so dass für die Konsolidierung die Herkunft des Tochterunternehmens irrelevant ist (§ 290 I HGB).

Weitaus schwieriger ist aber das Problem der befreienden Wirkung von Konzernabschlüssen zu beurteilen. Auch bei grenzüberschreitenden Unternehmensgruppen gilt dabei der Grundsatz, dass zur Vereinfachung der Rechnungslegung von der Aufstel-

---

[98] Zum Anwendungsbereich des IAS/IFRS siehe auch S. 208.

lung eines Konzernabschlusses abgesehen werden kann, wenn das jeweilige Unternehmen selbst Tochtergesellschaft ist und insofern das jeweilige Mutterunternehmen einen Konzernabschluss aufstellt. Soweit es sich um Unternehmen aus einem Mitgliedstaat der Europäischen Union oder des Europäischen Wirtschaftsraums handelt, geht § 291 I, II HGB von einer Befreiung aus, wenn der jeweilige Konzernabschluss den Anforderungen des § 291 II HGB entspricht und in deutscher Sprache offen gelegt wird. Ein Konzernabschluss eines Mutterunternehmens mit Sitz außerhalb der EU oder eines Mitgliedstaates des Abkommens über den Europäischen Wirtschaftsraum hat nur dann eine befreiende Wirkung, wenn eine solche Befreiung durch eine Rechtsverordnung gem. § 292 IV HGB ausdrücklich erlaubt wird. Nach der auf dieser Grundlage erlassenen Konzernabschlussbefreiungsverordnung (KonBefrV) besitzen diese Konzernabschlüsse befreiende Wirkung, wenn sie entweder nach dem Recht eines EU-Mitgliedstaates, das der Konzernabschlussrichtlinie entspricht, aufgestellt sind oder einem nach diesem Recht aufgestellten Konzernabschluss gleichwertig sind (§ 2 I Nr. 2 KonBefrV). Zudem ist erforderlich, dass der jeweilige Konzernabschluss auch einer Abschlussprüfung unterzogen wurde, die inhaltlich den Vorgaben der Abschlussprüferrichtlinie entspricht (§ 2 I Nr. 3 KonBefrV). Schließlich muss der Jahresabschluss im Anhang noch Angaben über den jeweiligen dann insofern befreienden Konzernabschluss enthalten (§ 2 I Nr. 4 KonBefrV).

Eine Besonderheit besteht seit dem Bilanzrechtsmodernisierungsgesetz hinsichtlich der Vergleichbarkeit der Abschlussprüfung für kapitalmarktorientierte Unternehmen aus Drittstaaten dahingehend, dass eine Vergleichbarkeit nur dann besteht, wenn die Befähigung des jeweiligen Abschlussprüfers von der Wirtschaftsprüferkammer anerkannt und dort eingetragen wurde (§ 292 II 2 HGB, § 134 I WPO).

2. Rechnungslegung nach dem Publizitätsgesetz

Unternehmen, die nicht Kapitalgesellschaften, Genossenschaften oder Versicherungsvereine auf Gegenseitigkeit sind und die bestimmte Größenmerkmale erfüllen, sind verpflichtet, statt nach den oben dargestellten Rechnungslegungsvorschriften für Unternehmen aller Rechtsformen nach den Vorschriften des Publizitätsgesetzes Rechnung zu legen. Diese besondere Rechnungslegungspflicht entsteht, wenn für ein Unternehmen für den Tag des Ablaufs eines Geschäftsjahrs (Abschlussstichtag) und für die zwei darauf folgenden Abschlussstichtage jeweils mindestens *zwei der drei nachstehenden Merkmale* zutreffen:

- Die Bilanzsumme einer auf den Abschlussstichtag aufgestellten Jahresbilanz übersteigt 65 Mio. €.
- Die Umsatzerlöse des Unternehmens in den zwölf Monaten vor dem Abschlussstichtag übersteigen 130 Mio. €.
- Das Unternehmen hat in den zwölf Monaten vor dem Abschlussstichtag durchschnittlich mehr als 5 000 Arbeitnehmer beschäftigt (§ 1 I PublG).

Das Publizitätsgesetz folgt in seinem Anwendungsbereich der Systematik des Handelsbilanzrechts des HGB und ordnet sowohl für den Jahres- als auch für den Konzernabschluss Sonderregelungen an.

a) Jahresabschluss

Nach § 5 I PublG haben die vom Publizitätsgesetz betroffenen Unternehmen den Jahresabschluss im Sinne des § 242 HGB, also die Bilanz und Gewinn- und Verlustrechnung, in den ersten drei Monaten des Geschäftsjahrs aufzustellen. Soweit ein Unternehmen nicht in der Rechtsform eines Einzelunternehmens oder einer Personengesellschaft geführt wird, hat es den Jahresabschluss um einen Anhang zu erweitern und einen Lagebericht aufzustellen (§ 5 II PublG).

Bei der Aufstellung des Jahresabschlusses sind die Vorschriften über die Gliederung der Bilanz und der Gewinn- und Verlustrechnung der Kapitalgesellschaften sowie über die Berücksichtigung steuerlicher Vorschriften und die Abschreibung der Aufwendungen für die Ingangsetzung und Erweiterung des Geschäftsbetriebs sinngemäß anzuwenden (§ 5 I 2 PublG).

Für Einzelunternehmen und Personengesellschaften gelten nach § 5 IV, V PublG Besonderheiten. So fordert § 5 IV PublG eine strenge Trennung zwischen Betriebs- und Privatvermögen. Letzteres darf nicht in die Bilanz aufgenommen werden. Ebenso dürfen auf das Privatvermögen entfallende Aufwendungen und Erträge nicht in der Gewinn- und Verlustrechnung erscheinen. Die Gliederung der Gewinn- und Verlustrechnung darf nach den für das jeweilige Unternehmen geltenden Bestimmungen vorgenommen werden.

Der Jahresabschluss und der Lagebericht von Unternehmen, die dem Publizitätsgesetz unterliegen, sind durch einen Abschlussprüfer *zu prüfen* (§ 6 PublG) und unter sinngemäßer Anwendung der Offenlegungsvorschriften für Kapitalgesellschaften *offen zu legen* (§ 9 PublG).

b) Konzernabschluss

Das *Publizitätsgesetz* dehnt die Pflicht zur Aufstellung von Konzernabschlüssen auf alle Unternehmen aus, die unmittelbar oder mittelbar einen beherrschenden Einfluss auf ein anderes Unternehmen ausüben und aufgrund ihrer Rechtsform nicht zur Konzernrechnungslegung nach dem HGB verpflichtet sind, jedoch die Größenmerkmale nach § 11 I PublG erfüllen.

Ein Konzernabschluss ist aufzustellen, wenn für drei aufeinander folgende Abschlussstichtage der Konzernobergesellschaft jeweils mindestens *zwei der drei folgenden Merkmale* zutreffen:

- Die *Bilanzsumme* einer auf den Abschlussstichtag aufgestellten Konzernbilanz übersteigt 65 Mio. €.
- Die *Umsatzerlöse* des Konzerns in den zwölf Monaten vor dem Abschlussstichtag übersteigen 130 Mio. €.
- Die Konzernunternehmen mit Sitz im Inland haben in den zwölf Monaten vor dem Abschlussstichtag insgesamt durchschnittlich mehr als 5 000 *Arbeitnehmer* beschäftigt.

Für Unternehmen, die dem *Publizitätsgesetz* unterliegen, ist das Kriterium für die Rechnungslegungspflicht die Ausübung eines unmittelbaren oder mittelbaren beherrschenden Einfluss auf ein anderes Unternehmen. Hat das Mutterunternehmen seinen Sitz im Ausland und beherrscht es über ein oder mehrere Konzernunternehmen mit Sitz im Inland andere Unternehmen, so haben die inländischen Unternehmen, die der ausländischen Konzernleitung am nächsten stehen, nach § 11 III PublG für ihren Konzernbereich (Teilkonzern) einen Konzernabschluss aufzustellen, wenn die Größenmerkmale des § 11 I PublG für den Teilkonzern erfüllt sind.

3. Kapitalmarktrechtliche Anforderungen an die Rechnungslegung

Schließlich bestehen für kapitalmarktorientierte Gesellschaften noch eine Reihe von zusätzlichen Rechnungslegungsverpflichtungen, die sich teilweise auf eine zusätzliche Publizität gegenüber den allgemeinen handelsrechtlichen Normen beschränken, teilweise aber auch deutlich darüber hinausgehen. Diese Modifikationen bzw. zusätzlichen Anforderungen finden sich dabei sowohl im Rahmen der handelsrechtlichen Vorschriften, als auch in kapitalmarktrechtlichen Regelungszusammenhängen. Der entscheidende Unterschied zwischen diesen Regelungsansätzen ist, dass die handelsrechtlichen Vorschriften nur auf Gesellschaften Anwendung finden, die deutschem Gesellschaftsrecht unterliegen. Die kapitalmarktrechtlichen Vorschriften finden hingegen grundsätzlich auf alle Unternehmen Anwendung, die den deutschen Kapitalmarkt in Anspruch nehmen.

a) Erweiterte Anforderungen der handelsrechtlichen Rechnungslegung

Für kapitalmarktorientierte Kapitalgesellschaftgesellschaft bestehen eine Reihe zusätzlicher Verpflichtungen. Als kapitalmarktorientiert gelten dabei alle Kapitalgesellschaften, die einen organisierten Markt im Sinn des § 2 V WpHG durch von ihr ausgegebene Wertpapiere im Sinn des § 2 I 1 WpHG in Anspruch nehmen oder die Zulassung solcher Wertpapiere zum Handel an einem organisierten Markt beantragt haben.

Bei kapitalmarktorientierten Kapitalgesellschaften muss der Jahresabschluss um eine Kapitalflussrechnung und einen Eigenkapitalspiegel erweitert werden (§ 264 I 2 HGB), wenn nicht auch ein Konzernabschluss erstellt werden muss, der dann notwendigerweise diese beiden Elemente schon enthält (§ 297 I HGB). Darüber hinaus kann der Jahresabschluss auch um einen Segmentbericht erweitert werden (§ 264 I 2 a.E. HGB). Die Subsidiarität dieser Verpflichtung bei Bestehen der Pflicht zur Aufstellung eines Konzernabschlusses schränkt den Anwendungsbereich des § 264 I 2 HGB allerdings deutlich ein, da in der Praxis ein kapitalmarktorientiertes Unternehmen in nur sehr wenigen Fällen nicht über mindestens eine Tochtergesellschaft verfügt, die dann eine Pflicht zur Aufstellung eines Konzernabschlusses auslöst. Darüber hinaus ist eine Reihe von Erleichterungen für kapitalmarktorientierte Kapitalgesellschaften grundsätzlich ausgeschlossen, auch wenn die entsprechende Gesellschaft ansonsten die jeweiligen Voraussetzungen erfüllt. Die wohl wichtigste Beschränkung besteht bei kapitalmarktorientierten Kapitalgesellschaften hinsichtlich der Auswahl der Abschlussprüfer. Insofern sieht § 319a HGB eine Reihe von deutlichen Verschärfungen vor.[99]

b) Kapitalmarktrechtliche Anforderungen

Das Kapitalmarktrecht verfügt über eine eigenständige Rechnungslegung bzw. Offenlegung der Rechnungslegung, die grundsätzlich unabhängig von der handelsrechtlichen Rechnungslegung steht. Dies ist notwendig, da auch Unternehmen, die ausländischem Gesellschaftsrecht unterliegen, den deutschen Kapitalmarkt in Anspruch nehmen, auf die dann das deutsche Rechnungslegungsrecht keine Anwendung findet. Zum Schutz der Anleger sieht das Kapitalmarktrecht daher die Pflicht zur Aufstellung und Veröffentlichung von Unternehmensabschlüssen vor, die dann für alle Unterneh-

---

[99] Siehe auch S. 238 f.

men gelten, die den deutschen Kapitalmarkt in Anspruch nehmen. Dabei handelt es sich um die so genannte Finanzberichterstattung, die in den §§ 37 vff. WpHG geregelt ist (siehe dazu ausführlich unten S. 259ff.).

§ 6. Gesetzliche Vorschriften zur steuerlichen Gewinnermittlung

Die Besteuerung der Unternehmensgewinne ist von der Rechtsform des Unternehmens abhängig. *Einzelunternehmen* und *Personengesellschaften* (OHG, KG) sind nicht selbständig einkommensteuerpflichtig, sondern der in diesen Unternehmen erzielte Gewinn unterliegt beim Einzelunternehmer bzw. den Gesellschaftern der Personengesellschaft der Einkommensteuer. *Kapitalgesellschaften* (GmbH, AG) werden als juristische Personen mit ihrem Gewinn zur Körperschaftsteuer herangezogen. Soweit die versteuerten Gewinne an natürliche Personen (Anteilseigner) ausgeschüttet werden, sind sie bei diesen einkommensteuerpflichtig. Die *Gewinnermittlung* erfolgt für Betriebe aller Rechtsformen grundsätzlich nach den Vorschriften des Einkommensteuergesetzes (§§ 4ff. EStG). Für die Kapitalgesellschaften ergänzt das Körperschaftsteuergesetz lediglich einige Vorschriften, die den besonderen Umständen Rechnung tragen, die durch die selbständige Rechtspersönlichkeit der Kapitalgesellschaften verursacht werden.

Das deutsche Steuerrecht kennt – im Gegensatz zu den meisten Rechtsordnungen der Welt – den Begriff der selbständigen *Steuerbilanz* nicht. Der Unternehmer ist daher auch nicht verpflichtet, eine gesonderte Steuerbilanz aufzustellen: Vielmehr genügt es, wenn er dem Finanzamt seine Handelsbilanz einreicht, die unter Beachtung der steuerlichen Vorschriften korrigiert worden ist. § 5 I 1 EStG bestimmt, dass Betriebe, die buchführungspflichtig sind und regelmäßig Abschlüsse erstellen müssen oder die freiwillig Bücher führen und Abschlüsse erstellen, für den Schluss des Wirtschaftsjahres das Betriebsvermögen anzusetzen haben, das nach den handelsrechtlichen Grundsätzen ordnungsmäßiger Buchführung auszuweisen ist. Dieser Grundsatz wird als *Grundsatz der Maßgeblichkeit der Handelsbilanz für die Steuerbilanz* bezeichnet. Insofern soll der Staat bei der Bemessung der Steuergrundlage von demselben Vermögensbestand ausgehen wie der Bilanzierungspflichtige selbst. Hinsichtlich der Wahlrechte ordnete § 5 I 2 EStG a.F. dann auch entsprechend an, dass die steuerlichen Wahlrechte nur in Übereinstimmung mit der Handelsbilanz ausgeübt werden durften.

Auch wenn der Bilanzierende aufgrund der Maßgeblichkeit der Idee nach neben seiner ohnehin zu erstellenden Handelsbilanz keine weitere Bilanz aufstellen und diese einfach den Steuerbehörden zur Verfügung stellen muss, hat sich die Praxis im Wesentlichen stets umgekehrt verhalten. Dies erklärt sich letztlich aus der unterschiedlichen Zielsetzung beider Bilanzen aus Sicht des Bilanzierenden. Während der Bilanzierende in der Handelsbilanz gern einen möglichst großen Jahresüberschuss ausweisen möchte, um den Adressaten gegenüber den Erfolg seiner wirtschaftlichen Handelns zu vermitteln, möchte er hingegen gegenüber den Finanzbehörden einen möglichst geringen Jahresüberschuss ausweisen, um seine Steuerlast entsprechend zu reduzieren. In der Praxis hat sich gezeigt, dass das Interesse an einer möglichst geringen Steuerbemessungsgrundlage in der Regel das Interesse an einem möglichst großen Jahresüberschuss überwiegt. Daher stellen Kaufleute in der Regel zunächst die Steuerbilanz mit einer entsprechenden Ausübung der Wahlrechte auf und benutzen diese dann sogleich als Handelsbilanz. Entgegen der gesetzlichen Konzeption handelt es sich somit im Prinzip nicht um den Grundsatz der Maßgeblichkeit der Handelsbilanz für die Steuerbilanz, sondern vielmehr um eine *(umgekehrte) Maßgeblichkeit* der Steuerbilanz für die Handelsbilanz.

Da diese Entwicklung den Informationsgehalt des Handelsbilanz nachhaltig in Frage stellte, sah sich der Gesetzgeber im Rahmen des Bilanzrechtsmodernisierungsgesetzes gezwungen, die faktisch bestehende umgekehrte Maßgeblichkeit zu durchbrechen, indem die Wahlrechte in der Steuerbilanz nun anders als in der Handelsbilanz ausgeübt werden können, da das dahingehende Verbot des § 5 I 2 EStG a.F. aufgehoben wurde.[100] Soweit die Ausübung der steuerrechtlichen Wahlrechte zu Abweichungen des in der Handelsbilanz ausgewiesenen Wertes führen, sind für diese Wirtschaftsgüter gesonderte Verzeichnisse zu führen (§ 5 I 3 EStG).

Mit der Abkopplung der Steuer- von der Handelsbilanz erhofft sich der Gesetzgeber langfristig eine Erhöhung der Informationsfunktion der Handelsbilanz. Für dieses Ziel wurde allerdings die an sich bestehende einheitliche Handels- und Steuerbilanz endgültig aufgegeben, was im Übrigen aber der Rechtslage in den meisten Rechtsordnungen der Welt entspricht. Ob es sich bei der Aufgabe der umgekehrten Maßgeblichkeit um einen ersten Schritt hin zur vollständigen Aufgabe der Maßgeblichkeit handelt, wird allerdings abzuwarten bleiben. Zwar würde die Aufgabe des Maßgeblichkeitsprinzips insbesondere die Möglichkeit eröffnen, das Handelsbilanzrecht langfristig vollständig auf die IAS/IFRS umzustellen und damit eine internationale Vergleichbarkeit der deutschen Unternehmensabschlüsse herbeizuführen. Allerdings würde dies auch bedeuten, dass ein vollständiges Steuerbilanzrecht geschaffen werden müsste, wofür freilich das bisherige Handelsbilanzrecht des HGB mit einigen Modifikationen verwendet werden könnte.

---

100 Siehe S. 50 f.

3. Teil. Jahresabschluss

§ 7. Überblick

Damit der Jahresabschluss die mit ihm verfolgten Aufgaben, insbesondere der Rechenschaftslegung und Information durch Vermittlung eines den tatsächlichen Verhältnissen entsprechenden Bildes der Vermögens-, Finanz- und Ertragslage des Betriebes erfüllen kann, muss er nach bestimmten Regeln über Form und Inhalt aufgestellt werden. Diese Regeln werden unter dem Begriff *Grundsätze ordnungsmäßiger Buchführung und Bilanzierung* zusammengefasst und gelten rechtsformunabhängig für alle Kaufleute. Daneben gibt es einige Grundsätze, die nur von Kapitalgesellschaften beachtet werden müssen. Die Grundsätze lassen sich folgendermaßen systematisieren:

1. Allgemeine Grundsätze

Es gibt eine Anzahl von allgemeinen Grundsätzen der Rechnungslegung, die sowohl bei der Führung der Bücher als auch bei der Aufstellung des Jahresabschlusses beachtet werden müssen. *Formelle Grundsätze* (z.B. Klarheit und Übersichtlichkeit, Beibehaltung der gewählten Gliederung der Bilanz, der Erfolgsrechnung und des Anhangs) dienen der besseren Information der Bilanzadressaten und der Vergleichbarkeit des Jahresabschlusses mit früheren Jahresabschlüssen. Ihre Verletzung hat keinen Einfluss auf die Höhe des ausgewiesenen Vermögens und Erfolgs.

Die Verletzung *materieller Grundsätze* (z.B. Vollständigkeit und Richtigkeit der Buchführung oder der Angaben im Anhang) kann zur Folge haben, dass das gesetzliche Gebot des § 264 II HGB, dass der Jahresabschluss ein den tatsächlichen Verhältnissen entsprechendes Bild der Vermögens-, Finanz- und Ertragslage vermitteln soll, nicht erfüllt werden kann.

2. Grundsätze für die Bilanzierung dem Grunde nach

Bei der Bilanzierung dem Grunde nach lautet die Fragestellung: Welche Vermögensgegenstände und Schulden müssen, welche dürfen und welche dürfen nicht bilanziert werden, d.h. man unterscheidet:

- Aktivierungs- und Passivierungsgebote,
- Aktivierungs- und Passivierungswahlrechte,
- Aktivierungs- und Passivierungsverbote.

Diese Grundsätze beeinflussen die Höhe des Vermögens, der Schulden und des Erfolges. Wird ein Aktivierungsrecht eingeräumt, so bedeutet die Entscheidung für die Aktivierung den Ausweis eines im Vergleich zur Nichtaktivierung höheren Vermögens und Erfolges. Besteht ein Passivierungswahlrecht, so bedeutet die Passivierung (z.B. Bildung einer Rückstellung) einen höheren Schuldenausweis und eine entsprechende, den Periodenerfolg mindernde Verrechnung von Aufwand.

So dürfen etwa selbst geschaffene immaterielle Vermögensgegenstände als Aktivposten ausgewiesen werden, ohne dass dies zwingend erfolgen muss (§ 248 II HGB). Der Bilanzierende hat also die Wahl, ob er diese selbst geschaffenen immateriellen Vermögensgegenstände in seiner Handelsbilanz ausweisen möchte.

3. Grundsätze für die Bilanzierung der Höhe nach

Bei der Bilanzierung der Höhe nach geht es um die Frage: Wenn ein Vermögensgegenstand oder eine Schuld bilanziert werden muss oder darf, wie ist dann zu bewerten? Man unterscheidet:

- Bewertungsgebote,
- Bewertungswahlrechte bzw. Bewertungsspielräume (Ermessungsspielräume).

Der Unterschied zwischen Bewertungswahlrechten und Ermessungsspielräumen besteht darin, dass bei gesetzlich eingeräumten *Bewertungswahlrechten* der Bilanzierende die Wahl zwischen mindestens zwei gesetzlich zulässigen Wertansätzen hat.

So kann ein Bilanzierender etwa bei Finanzanlagen außerplanmäßige Abschreibungen auch bei voraussichtlich nicht dauernder Wertminderung vornehmen, ohne hierzu aber verpflichtet zu sein (§ 253 III 4 HGB). Beide Werte sind also gesetzmäßig.

Ermessungsspielräume bei der Bewertung ergeben sich dadurch, dass der Gesetzgeber einen bestimmten Wert bzw. eine bestimmte Wertart zwar zwingend vorgeschrieben hat, nicht jedoch die jeweilige Methode und die jeweiligen Komponenten zu seiner Bestimmung. So schreibt das HGB etwa in bestimmten Fällen den Ansatz der Herstellungskosten vor, lässt aber bei ihrer Ermittlung insofern einen Ermessungsspielraum, als es sowohl Herstellungskosten, die auf Vollkostenbasis als auch Herstellungskosten zulässt, die auf Teil- oder Grenzkostenbasis ermittelt sind. Ermessungsspielräume ergeben sich auch – ohne dass sie vom Gesetzgeber ausdrücklich vorgesehen sind – dadurch, dass viele Wertansätze unter unvollkommener Information über die zukünftige Entwicklung fixiert werden müssen. Das gilt vor allem bei der Bemessung von Garantie-, Prozess- oder Bergschädenrückstellungen oder bei der Bemessung von Abschreibungen auf Vorräte.

4. Übersicht

Die folgende tabellarische Übersicht zeigt die Grundsätze für die Aufstellung des Jahresabschlusses, die teils anschließend, teils in anderen Zusammenhängen ausführlicher erläutert werden:

Grundsätze für die Aufstellung des Jahresabschlusses			
I. *Allgemeine Grundsätze*			
Grundsatz		Inhalt	Rechtsgrundlage
(1)	Der Jahresabschluss hat den Grundsätzen ordnungsmäßiger Buchführung (GoB) zu entsprechen	Alle kodifizierten und nicht kodifizierten formellen und materiellen GoB sind zu beachten.	§ 243 I HGB

Grundsätze für die Aufstellung des Jahresabschlusses			
(2)	Der Generalnorm für Kapitalgesellschaften	Der Jahresabschluss hat ein den tatsächlichen Verhältnissen entsprechendes Bild der Vermögens-, Finanz- und Ertragslage zu vermitteln.	§ 264 II HGB
(3)	Klarheit und Übersichtlichkeit	Insb. Beachtung der Gliederungsvorschriften der Bilanz und Erfolgsrechnung; sowie klarer Aufbau von Anhang und Lagebericht.	§ 243 II HGB
(4)	Bilanzwahrheit	Die Bilanzansätze sollen nicht nur rechnerisch richtig, sondern auch geeignet sein, den jeweiligen Bilanzzweck zu erfüllen.	nicht kodifiziert
(5)	Einhaltung der Aufstellungsfristen	Aufstellung innerhalb der einem ordnungsmäßigen Geschäftsgang entsprechenden Zeit kleine Kapitalgesellschaften innerhalb von 3, spätestens 6 Monaten des folgenden Geschäftsjahres mittelgroße und große Kapitalgesellschaften innerhalb von 3 Monaten des folgenden Geschäftsjahres	§ 243 III HGB § 264 I 4 HGB § 264 I 3 HGB
II. *Grundsätze für die Bilanzierung dem Grunde nach*			
(1)	Bilanzidentität	Mengen- und wertmäßige Übereinstimmung der Ansätze in der Eröffnungsbilanz und der vorangegangenen Schlussbilanz	§ 252 I Nr. 1 HGB
(2)	Vollständigkeit	Ausweis sämtlicher Vermögensgegenstände, Schulden, RAP, Aufwendungen, Erträge sowie sämtlicher Pflichtangaben im Anhang und Lagebericht	§ 246 I 1 HGB
(3)	Verrechnungsverbot (Saldierungsverbot, Bruttoprinzip)	Keine Aufrechnung zwischen Aktiv- und Passivposten oder zwischen Aufwendungen und Erträgen sowie zwischen Grundstücksrechten und -lasten	§ 246 II HGB
(4)	Darstellungsstetigkeit (formelle Bilanzkontinuität)	Die Form der Darstellung, insbes. die Gliederung der Bilanz und G + V *ist* beizubehalten.	§ 265 I HGB
III. *Grundsätze für die Bilanzierung der Höhe nach*			
(1)	Unternehmensfortführung	Sog. Going-concern-Prinzip. Bewertung und Abschreibung unter dem Gesichtspunkt der Weiterführung des Betriebes, nicht der Liquidation.	§ 252 I Nr. 2 HGB
(2)	Einzelbewertung	Vermögensgegenstände und Schulden sind einzeln zu bewerten, soweit nicht Ausnahmen zulässig sind. (Gruppenbewertung, § 240 IV HGB, Festbewertung, § 240 III HGB, Sammelbewertung mittels Verbrauchsfolgefiktionen (Lifo-Fifo), § 256 HGB).	§ 252 I Nr. 3 HGB

Grundsätze für die Aufstellung des Jahresabschlusses			
(3)	Vorsichtsprinzip	*Realisationsprinzip* für Gewinne: kein Ausweis von noch nicht durch Umsatz realisierten Gewinnen.	§ 252 I Nr. 4 HGB
III. *Grundsätze für die Bilanzierung der Höhe nach*			
		Imparitätsprinzip: noch nicht durch Umsatz realisierte Verluste dürfen oder müssen ausgewiesen werden, für Gewinne gilt das Realisationsprinzip.	
(4)	Anschaffungskostenprinzip (Prinzip der nominellen Kapitalerhaltung)	Die Anschaffungs- bzw. Herstellungskosten bilden die obere Grenze der Bewertung und für die Bemessung der Gesamtabschreibungen. Höhere Wiederbeschaffungskosten dürfen nicht berücksichtigt werden.	§ 253 HGB
(5)	Periodenabgrenzung	Aufwendungen und Erträge des Geschäftsjahres sind unabhängig von den Zeitpunkten der entsprechenden Zahlungen im Jahresabschluss zu berücksichtigen.	§ 252 I Nr. 5 HGB
(6)	Bewertungsstetigkeit (materielle Bilanzkontinuität)	Die im vorhergehenden Jahresabschluss angewendeten Bewertungs- und Abschreibungsmethoden sollen beibehalten werden.	§ 252 I Nr. 6 HGB

§ 8. Allgemeine Grundsätze für die Aufstellung des Jahresabschlusses

1. Grundsätze ordnungsmäßiger Buchführung

Zentraler Eckpfeiler bei der Erstellung des Jahresabschlusses stellen die Grundsätze ordnungsmäßiger Buchführung (GoB) dar, die für den Kaufmann den Pflichtenkreis im Rahmen der Buchführung konkretisieren (§ 243 I 1 HGB).

a) Begriff und Herkunft

Der Gesetzgeber hat den Begriff Ordnungsmäßigkeit der Buchführung nirgends definiert; er hat aber die in das neue Dritte Buch des HGB übernommenen früheren Vorschriften über die Führung von Handelsbüchern (§§ 38 bis 47b HGB (a.f.) durch Regelungsinhalte der Jahresabschlussrichtlinie angereichert, die bereits als nicht kodifizierte Grundsätze ordnungsmäßiger Buchführung angewendet wurden (z.B. über die Bilanzaufstellung, über das Erstellen einer Gewinn- und Verlustrechnung (§ 242 II HGB), die Bewertung (§§ 252–256 HGB), das Gebot der Vollständigkeit und der Stetigkeit u.a. Diese Vorschriften der §§ 238 bis 263 HGB gelten *für alle Kaufleute,* sind also von der Rechtsform und der Betriebsgröße unabhängig.

Die Tatsache, dass die GoB bis zur Verabschiedung des Bilanzrichtlinien-Gesetzes nicht kodifiziert waren, hatte erhebliche Vorteile, weil diese Grundsätze im Laufe der Zeit durch Veränderungen und Verfeinerungen der Methoden des betrieblichen Rechnungswesens, durch Einsatz von EDV und durch neue Aufgaben, die an das Rechnungswesen gestellt werden, einer laufenden *Weiterentwicklung* unterliegen. Da sich die in der Praxis angewendeten Methoden des Rechnungswesens den veränderten Anforderungen anpassen, die die betrieblichen Ablaufprozesse an das Rechnungswesen stellen, und da sich andererseits die mit der Rechnungslegung verfolgten Zielsetzungen wandeln, können viele in früherer Zeit durch Gesetz und Rechtsprechung entwickelte Grundsätze ordnungsmäßiger Buchführung und Bilanzierung im Laufe der wirtschaftlichen Entwicklung *nicht mehr zeitgemäß* sein. Folglich müssen sich der Gesetzgeber und die Rechtsprechung der neuen Entwicklung anpassen, damit sie die Betriebe nicht durch ein Beharren auf Normen und Prinzipien behindern, die von der praktischen Entwicklung der Technik und der Ziele des Rechnungswesens überholt worden sind. Je weniger starr die gesetzlichen Normen sind, desto reibungsloser kann sich dieser Prozess der Anpassung vollziehen und desto länger ist der Zeitraum, in dem sie auch bei einer Veränderung der wirtschaftlichen Verhältnisse angewendet werden können. Die amtliche Begründung des Bilanzrichtlinienumsetzungsgesetzes weist jedoch darauf hin, dass die Kodifizierung durch eine auch von der Sache her gebotene Verwendung unbestimmter Rechtsbegriffe ein hohes Maß an Flexibilität[101] ermögliche, so dass auch in der Zukunft die GoB durch die kaufmännische Praxis weiterentwickelt werden könnten.

Die Grundsätze ordnungsmäßiger Buchführung haben ihren Ursprung in vier unterschiedlichen Bereichen:
- in der *praktischen Übung* ordentlicher Kaufleute, die zum Handelsbrauch geworden ist und einer laufenden Entwicklung unterliegt;
- in der *Rechtsordnung* (Handelsrecht, Aktienrecht, Steuerrecht, Rechtsprechung);
- in *Erlassen, Steuerrichtlinien, Empfehlungen und Gutachten* von Behörden und Verbänden (z.B. die vom Reichswirtschaftsminister erlassenen Grundsätze für Buchführungsrichtlinien der gewerblichen Wirtschaft vom 11. 11. 1937, die vom Bundesverband der Deutschen Industrie herausgegebenen Gemeinschaftsrichtlinien für das Rechnungswesen vom 12. 12. 1952, die zahlreichen Gutachten des Deutschen Industrie- und Handelstages und des Instituts der Wirtschaftsprüfer). Die Gutachten und Empfehlungen bilden in der Regel für Gesetzgebung und Rechtsprechung wichtige Hilfsmittel der Information über die Weiterentwicklung der Grundsätze ordnungsmäßiger Buchführung und Bilanzierung in der Praxis;
- in der *wissenschaftlichen Diskussion* der Probleme der Buchführung und Bilanz, die zur Entwicklung neuer Grundsätze oder zur Feststellung und Präzisierung von Praktikergrundsätzen führen und damit für Gesetzgebung und Rechtsprechung Impulse geben kann.

b) Materielle und formelle Ordnungsmäßigkeit der Buchführung

Ordnungsmäßig ist die Buchführung dann, wenn sich ein sachverständiger Dritter aus den Aufzeichnungen ein Bild über die Lage des Betriebes machen kann (vgl. § 145 I AO). Das ist eine sehr dehnbare Definition. Grundsätzlich wird zwischen materieller und formeller Ordnungsmäßigkeit unterschieden.

Materielle Ordnungsmäßigkeit erfordert, dass sämtliche Geschäftsvorfälle vollständig und richtig aufgezeichnet worden sind. Ein sachlicher Mangel liegt vor, wenn die Eintragungen in den Büchern nicht der Wahrheit entsprechen, indem
- Geschäftsvorfälle, die stattgefunden haben, nicht aufgezeichnet werden,
- Geschäftsvorfälle falsch aufgezeichnet werden,
- Geschäftsvorfälle aufgezeichnet werden, die nicht stattgefunden haben,
- bei der Inventur nicht alle Vermögensgegenstände und Schulden erfasst werden,
- bei der Inventur Vermögensgegenstände und Schulden aufgeführt werden, die nicht vorhanden sind,

[101] Begr RegE BiRiLiG, BR-Drs. 257/83, S. 68.

- Vermögensgegenstände und Schulden falsch, d.h. nicht den gesetzlichen Vorschriften entsprechend, bewertet werden.

Formelle Ordnungsmäßigkeit bedeutet, dass die Führung der Bücher so klar und übersichtlich ist, dass ein sachverständiger Dritter die Buchführung ohne Schwierigkeiten übersehen kann und die Aufzeichnungen somit jederzeit nachprüfbar sind. Die Klarheit und Übersichtlichkeit der Buchführung wird einerseits durch die Einhaltung der in den §§ 239, 243, 244, 257, 261 HGB und den §§ 145–147 AO aufgeführten Grundsätze erreicht, zum anderen durch die Organisation der Buchführung, insbesondere die Anwendung des Kontenrahmens, durch das System der Buchführung und durch die Art der geführten Bücher. Die formelle Ordnungsmäßigkeit setzt ferner voraus, dass die Belege mit Nummern zu versehen und aufzubewahren sind. Einer der wichtigsten Grundsätze der Buchführung ist es, dass keine Buchung ohne Beleg (Rechnungen, Quittungen, Lieferscheine, Frachtbriefe, Bank- und Postscheckauszüge, Kassenzettel, Inventurunterlagen u.a.) ausgeführt werden darf. Eine Buchung kann nur dann gegenüber der Betriebsprüfung bewiesen werden, wenn ein Beleg vorgelegt werden kann. Belege bilden also einen Bestandteil der Buchführungsunterlagen.

Für die Bücher, Aufzeichnungen, Geschäftspapiere und sonstigen Unterlagen besteht eine Aufbewahrungspflicht. Aufzubewahren sind nach § 257 I HGB bzw. § 147 I AO:

- Handelsbücher, Inventare, Eröffnungsbilanzen, Jahresabschlüsse, Lageberichte, Konzernabschlüsse, Konzernlageberichte sowie die zu ihrem Verständnis erforderlichen Arbeitsanweisungen und sonstigen Organisationsunterlagen,
- die empfangenen Handelsbriefe,
- Wiedergaben der abgesandten Handelsbriefe,
- Belege für Buchungen in den nach § 238 I HGB zu führenden Büchern (Buchungsbelege),
- sonstige Unterlagen, soweit sie für die Besteuerung von Bedeutung sind.

Handelsbriefe sind nur Schriftstücke, die ein Handelsgeschäft betreffen (§ 257 II HGB). Die Fristen für die Aufbewahrung der Unterlagen betragen gem. § 257 IV HGB bzw. für steuerliche Zwecke gem. § 147 III AO *zehn Jahre,* die für die übrigen in § 257 I HGB bzw. in § 147 I AO aufgezählten Unterlagen *sechs Jahre.* Für steuerliche Zwecke schreibt § 147 III AO die gleichen Fristen vor. Belege dürfen auch als Wiedergabe auf einem Bildträger oder auf anderen Datenträgern aufbewahrt werden, wenn das den GoB entspricht. § 147 V AO bestimmt weiter, dass der Betrieb auf Verlangen der Finanzbehörden oder der Gerichte auf seine Kosten die Unterlagen auszudrucken oder ohne Hilfsmittel lesbare Reproduktion vorzulegen hat, wenn er die Unterlagen, z.B. auf Grund einer Mikroverfilmung nur in einer ohne Hilfsmittel nicht lesbaren Form vorlegen kann.

2. Inhalt und Auslegung der Generalnorm des § 264 II HGB

§ 243 I HGB verlangt von allen Kaufleuten, den Jahresabschluss nach den Grundsätzen ordnungsmäßiger Buchführung aufzustellen. Diese Vorschrift wird durch § 264 II HGB für Kapitalgesellschaften und Personengesellschaften i.S. d. § 264a HGB dahingehend erweitert, dass der Jahresabschluss ein den tatsächlichen Verhältnissen entsprechendes Bild der Vermögens-, Finanz- und Ertragslage der Kapitalgesellschaft zu vermitteln hat.

Diese Generalklausel geht auf Art. 2 III Jahresabschlussrichtlinie zurück und stellt dabei einen Kompromiss der unterschiedlichen Rechnungslegungstraditionen des angelsächsischen und des kontinentalen Rechtskreises dar.[102] Die deutsche Position bei der Ausarbeitung der Jahresabschlussrichtlinie drückte sich vor allem durch den damaligen § 149 I 2 AktG a.F. aus, der den Einblick in die Vermögens- und Ertragslage der Gesellschaft lediglich im Rahmen der Bewertungsvorschriften einräumte.[103] Die englische Position basierte hingegen schon damals auf dem *True-and-fair-view*-Prinzip, das gerade nicht unter dem Vorbehalt von Bewertungsvorschriften stand.[104] Bei der Umsetzung der Jahresabschlussrichtlinie im Rahmen des Bilanzrichtliniengesetzes entschied sich der deutsche Gesetzgeber nicht für eine vollständige Übernahme des *True-and-fair-view-Prinzips*.[105] Zwar enthält § 264 II HGB die Verpflichtung, dass der Jahresabschluss ein den tatsächlichen Verhältnissen entsprechendes Bild der Vermögens-, Finanz- und Ertragslage zu vermitteln hat. Diese Verpflichtung steht jedoch nach wie vor unter dem Vorbehalt der Grundsätze ordnungsgemäßer Buchführung. Auch wenn der deutsche Gesetzgeber damit seiner Umsetzungsverpflichtung im Grunde nach nachgekommen ist[106], wurde das Richtlinienziel der Schaffung eines vergleichbaren Jahresabschlusses in den Mitgliedstaaten damit weitgehend unterlaufen.

Das *True-and-fair-view*-Prinzip stellt somit kein *overriding principle* im europäischen oder deutschen Rechnungslegungsrecht dar, da der Grundsatz in einer engen Wechselbeziehung zu den übrigen Grundsätzen der Jahresabschlussrichtlinie bzw. der §§ 264 ff. HGB steht. § 264 II 1 HGB ist somit grundsätzlich gegenüber den Einzelnvorschriften subsidiär und kann daher nur zur Lückenschließung und bei Zweifelsfragen herangezogen werden.[107]

Damit wird jedoch im Grunde ein Zirkelschluss vorgenommen. Der Jahresabschluss soll ein tatsächliches Bild der Vermögenslage der Kapitalgesellschaft vermitteln, die ihrerseits aber durch seine Bestandteile insbesondere die (Bilanz) überhaupt erst ermittelt werden kann. Diese weitgehende Einschränkung des Informationsziels soll auch nicht unter Hinweis auf das Einblicksgebot korrigiert werden können.[108] Lediglich unter besonderen Umständen, d.h. in besonders gravierenden Fällen soll über das *True-and-fair-view*-Prinzip eine Pflicht zu zusätzlichen Angaben ausgelöst werden, um zu verhindern, dass die Verzerrungen ein bestimmtes Maß überschreiten. In der Rechtsprechung des EuGH zum *True-and-fair-view*-Prinzip hat dieser die herausragende Bedeutung des *True-and-fair-view*-Prinzip zwar betont, auf der anderen Seite aber auch die enge Verbindung zu den übrigen Grundsätzen der Jahresabschlussrichtlinie – insbesondere zum Vorsichtsprinzip – hervorgehoben.[109]

Die Generalnorm kann daher keine Bedeutung bei der Anwendung von Bilanzierungs- und Bewertungsvorschriften erlangen, die *zwingendes Recht* sind, auch wenn

---

[102] Vgl. etwa *Hüttemann,* in: Großkommentar zum HGB, 4. Aufl., 1995 ff., § 264 Rdnr. 14; zum *True-and-fair-view*-Prinzip im englischen Recht: *Bird,* Journal of Business Law 1984, 480 ff.; *Ekkenga,* Anlegerschutz, Rechnungslegung und Kapitalmarkt, 1998, S. 116 ff.

[103] Vgl. *Mellerowicz*, in: Großkommentar zum Aktiengesetz, 3. Aufl., 1976, § 149 Rdnr. 23 ff.

[104] Zur englischen Position vgl. etwa *Ekkenga,* Anlegerschutz, Rechnungslegung und Kapitalmarkt, 1998, 116 f.

[105] RegBeg BiRiLiG, BT-Drucks. 10/317, S. 76 f.

[106] *Adler/Düring/Schmaltz*, Rechnungslegung und Prüfung der Unternehmen, 6. Aufl., 1994 ff., § 264 Rdnr. 42; *Schulze-Ostloh,* ZHR 150 (1986), 532, 542; **a.A.** *Ekkenga,* Anlegerschutz, Rechnungslegung und Kapitalmarkt, 1998, S. 114 ff.; *Müller,* FS Claussen, 1997, S. 707, 720.

[107] *Busse von Colbe,* WPg 1987, 117, 120; *Hüttemann,* in: Großkommentar zum HGB, 4. Aufl. 1995 ff., § 264 Rdnr. 27; *Ludewig,* AG 1987, 12; *Marks,* WPg 1989, 121, 124; *Schülen,* WPg 1987, 223, 226.

[108] *Adler/Düring/Schmaltz*, Rechnungslegung und Prüfung der Unternehmen, 6. Aufl., 1994 ff., § 264 Rdnr. 123; **a.A.** *Lachnit,* WPg 1993, 193, 198 f.

[109] *EuGH* vom 27. 6. 1996 – Rs. C-234/94 *(Tomberger),* Slg. 1996, I-3133 ff. mit Besprechung *Kropff,* ZGR 1997, 115 ff.; vgl. auch *EuGH* vom 14. 9. 1999 – Rs. C. 275/97 *(DE+ES Bauunternehmung GmbH),* Slg. 1999, I-5331.

durch diese Vorschriften nicht der sicherste Einblick oder ein den tatsächlichen Verhältnissen entsprechendes Bild der Lage der Gesellschaft vermittelt wird. So hat etwa die Vorschrift des § 253 I HGB, dass Vermögensgegenstände höchstens mit ihren Anschaffungs- oder Herstellungskosten angesetzt werden dürfen, bei Vermögensgegenständen, deren Nutzung zeitlich nicht begrenzt ist, zur Folge, dass Wertsteigerungen etwa beim Grund und Boden, bei Finanzanlagen, bei Lagerbeständen u.a. über die Anschaffungs- oder Herstellungskosten nicht berücksichtigt werden dürfen, also *stille Rücklagen* (Zwangsrücklagen oder gesetzlich bedingte stille Rücklagen) entstehen, durch die die Vermögenslage nicht richtig dargestellt wird, vom Standpunkt des Bilanzrechts aber aufgrund der Zielsetzungen des Gläubigerschutzes und der kaufmännischen Vorsicht (kein Ausweis von noch nicht durch Umsatz realisierten Gewinnen) nicht anders dargestellt werden kann. Einer Verbesserung des Einblicks in die Vermögenslage durch Berücksichtigung von *Wiederbeschaffungskosten,* die *über* den Anschaffungskosten liegen (so ist es z.B. nicht ungewöhnlich, dass ein unbebautes Grundstück, das früher einmal 100 000 € Anschaffungskosten verursacht hat, heute einen Verkehrswert von 1 Mio. € hat), würde hier also eine Verschlechterung des Einblicks in die Ertragslage gegenüberstehen, wenn die Wertzuschreibung zusammen mit Umsatzgewinnen als Jahresüberschuss ausgewiesen würde.

Es stellt sich die Frage, ob die Generalnorm die Anwendung von gesetzlichen Wahlrechten bei der Bilanzierung dem Grunde und der Höhe nach oder von Ermessungsspielräumen beeinflusst. Bei den gesetzlichen Wahlrechten ist zu unterscheiden zwischen solchen, die den Zielen des Jahresabschlusses entsprechen (z.B. der Ansatz von Bilanzierungshilfen zur Verteilung von Aufwendungen auf mehrere Perioden: die Aufwendungen für die Ingangsetzung und Erweiterung des Geschäftsbetriebs; das Disagio oder Damnum bei der Aufnahme von Darlehen) und solchen, die *bilanzfremden Zwecken* dienen (z.B. Gewinn- und Steuerverlagerungen auf spätere Perioden durch steuerliche Sonderabschreibungen, die außerfiskalischen Zielen dienen). Vorschriften der letztgenannten Art *widersprechen eindeutig der Generalnorm,* da sie zu einem Vermögens-, Finanz- und Ertragsausweis führen, der nicht ein den tatsächlichen Verhältnissen entsprechendes Bild vermitteln kann.

Die Problematik derartiger Verstöße gegen die Generalnorm hat der Gesetzgeber durch die Bestimmung des § 264 II HGB entschärft, dass dann, wenn besondere Umstände dazu führen, dass der Jahresabschluss ein den tatsächlichen Verhältnissen entsprechendes Bild der Vermögens-, Finanz- und Ertragslage nicht vermitteln kann, zusätzliche Angaben im Anhang zu machen sind.

Auch bei den Ermessensspielräumen sind zwei Arten zu unterscheiden: entweder ergeben sie sich aus den gesetzlichen Vorschriften (z.B. die genau fixierten Spielräume bei der Zusammensetzung der Herstellungskosten), oder sie müssen unter Anwendung der Grundsätze ordnungsmäßiger Buchführung bestimmt werden. So schreibt etwa § 253 II HGB für Vermögensgegenstände des Anlagevermögens, deren Nutzung zeitlich begrenzt ist, die Verminderung der Anschaffungs- oder Herstellungskosten um planmäßige Abschreibungen vor. § 253 III 2 HGB bestimmt, dass die Anschaffungs- oder Herstellungskosten auf die Geschäftsjahre zu verteilen sind, in denen der Vermögensgegenstand voraussichtlich genutzt werden kann. Damit wird sowohl die Länge der wirtschaftlichen Nutzungsdauer als auch das gewählte Abschreibungsverfahren grundsätzlich in das Ermessen des Bilanzierenden gestellt.

3. Grundsatz der Bilanzklarheit

Der Grundsatz der Bilanzklarheit ist in § 243 II HGB für alle Kaufleute gesetzlich kodifiziert. Die Beachtung des Grundsatzes der Bilanzklarheit soll den Gläubigern, den Gesellschaftern und den Anteilseignern und nicht zuletzt der Betriebsführung selbst ein den tatsächlichen Verhältnissen entsprechendes Bild der Vermögens-, Finanz- und Ertragslage des Unternehmens vermitteln (§ 264 II 1 HGB).

Die Klarheit und Übersichtlichkeit der Bilanzierung wird durch eine den Bilanzzwecken entsprechende *Gliederung* des Vermögens und des Kapitals erreicht. Dabei müssen die einzelnen Bilanzpositionen inhaltlich scharf umrissen und gegen andere Positionen abgegrenzt werden. Es dürfen keine Vermögensgegenstände in einer Position zusammengefasst werden, wenn sich dadurch Fehlinformationen für die Interessenten des Jahresabschlusses ergeben können. Vor allem aber ist das *Bruttoprinzip*[110] voll anzuwenden. Die Gliederung darf aber auch nicht so weit getrieben werden, dass die geforderte Übersichtlichkeit verloren geht.

Bei Kapitalgesellschaften wird die Bilanzklarheit durch den *Anhang* (§§ 284 ff. HGB) vergrößert, in dem Erläuterungen zu den einzelnen Posten der Bilanz und Gewinn- und Verlustrechnung sowie zusätzliche Angaben, etwa über Restlaufzeiten oder besondere Sicherung von Verbindlichkeiten oder über aus der Bilanz nicht zu ersehende Haftungsverhältnisse, zu machen sind (§ 285 HGB). Der Anhang ist als Bestandteil des Jahresabschlusses zu veröffentlichen.[111]

Bei Kapitalgesellschaften wird die Klarheit und Übersichtlichkeit des Jahresabschlusses ferner durch die Verpflichtung zur Aufstellung eines *Lageberichts* erhöht (§ 289 HGB). Im Lagebericht sind der Geschäftsverlauf und die Lage sowie die voraussichtliche Entwicklung des Unternehmens und ggf. Vorgänge von besonderer Bedeutung, die nach Ablauf des Geschäftsjahres eingetreten sind, darzulegen.[112]

4. Grundsatz der Bilanzwahrheit

Das Prinzip der Bilanzwahrheit ist der problematischste Bilanzierungsgrundsatz. Die Wahrheit ist ein ethischer Wert, der Anspruch auf absolute Geltung erhebt. Eine absolute Bilanzwahrheit kann es aber nicht geben, weil die Frage, ob ein Bilanzansatz *wahr* ist oder nicht, *von der Bewertung* der einzelnen Bilanzpositionen abhängt. Die gewählten Wertansätze orientieren sich in jedem Falle an den Zielsetzungen, die mit der Bewertung realisiert werden sollen. Es gibt aber nicht nur ein Ziel, an dem sich die Bildung der Wertansätze ausrichten kann, sondern eine ganze Anzahl von Zielsetzungen, die sich zum Teil konträr gegenüberstehen. Die Problematik der Zweckbezogenheit der Bilanzansätze zeigt sich insbesondere in den verschiedenen *Kapitalerhaltungsvorstellungen,* die in den betriebswirtschaftlichen Bilanztheorien vertreten werden. Ein Betrieb kann aus den Geschäftsvorfällen einer Periode einen unterschiedlich hohen Gewinn errechnen, je nachdem, ob die Bewertung des Vermögens – wie in der Handels- und Steuerbilanz – unter Beachtung des Prinzips der nominellen Kapitalerhaltung oder unter Beachtung verschiedener Formen der Substanzerhaltung erfolgt.

---

[110] Vgl. dazu S. 153.
[111] Zum Anhang siehe unten S. 170 ff.
[112] Zum Lagebericht siehe unten S. 175 ff.

Nach § 264 II HGB ist es das Ziel des Jahresabschlusses von Kapitalgesellschaften, ein den tatsächlichen Verhältnissen entsprechendes Bild der Vermögens-, Finanz- und Ertragslage der Kapitalgesellschaft zu vermitteln. Grundsätzlich ist von jedem Bilanzansatz, der den gesetzlichen Bilanzierungs- und Bewertungsvorschriften entspricht, zu vermuten, dass er *richtig* ist. Stehen aber mehrere mögliche Wertansätze zur Wahl, so ist derjenige *zweckmäßig*, der den bestmöglichen Einblick gewährt. Lassen die Bewertungsvorschriften aber Wertansätze zu, die die Vermögens-, Finanz- und Ertragslage völlig falsch darstellen, so sind sie zwar gesetzmäßig, aber vom Standpunkt der Zielsetzung nicht richtig und auch nicht zweckmäßig. Wenn mit ihnen aber ein anderes Ziel verfolgt wird, das der Gesetzgeber über das erstgenannte Ziel stellt, so können sie diesem anderen Zweck adäquat sein, dem ersten aber widersprechen.

Man kommt hier zu dem paradoxen Ergebnis, dass derartige Bilanzansätze den gesetzlichen Vorschriften und ebenso einer gewissenhaften Rechenschaftslegung entsprechen, dass also sowohl sachliche Richtigkeit des Bilanzansatzes als auch Wahrhaftigkeit des Bilanzierenden gegeben ist, dass aber der Wertansatz dennoch ein falsches Bild der Vermögens-, Finanz- und Ertragslage vermittelt. Er muss jedoch, da er gesetzmäßig und ordnungsmäßig ist, vom Abschlussprüfer testiert werden.

§ 9. Grundsätze für die Bilanzierung dem Grunde nach

1. Grundsatz der Bilanzidentität

Dieser Grundsatz besagt, dass die Positionen der Schlussbilanz eines Wirtschaftsjahres mit den Positionen der Anfangsbilanz des folgenden Wirtschaftsjahres völlig übereinstimmen, also identisch sein müssen, und zwar nicht nur wertmäßig, sondern auch mengenmäßig. Das gilt gleichermaßen für die Handelsbilanz (§ 252 I Nr. 1 HGB) wie auch für die Steuerbilanz (§ 4 I 1 EStG).

Dass die Schlussbilanz und die folgende Anfangsbilanz sich in allen Positionen decken müssen, ergibt sich zwingend aus den Grundsätzen ordnungsmäßiger Buchführung. Die Salden sämtlicher Bestandskonten der Buchhaltung werden am Schluss der Periode in die Schlussbilanz, die Salden sämtlicher Erfolgskonten in die Gewinn- und Verlustrechnung übernommen. Der Saldo des Schlussbilanzkontos und der Saldo des Gewinn- und Verlustkontos zeigen jeder für sich den Erfolg der Periode. In der Schlussbilanz ergibt sich der Erfolg als Saldo zwischen Vermögen (Aktiva) und Kapital (Passiva), in der Erfolgsrechnung als Saldo zwischen Aufwand und Ertrag. Die Schlussbilanz ist gleichzeitig Anfangsbilanz des folgenden Jahres, aus der die einzelnen Bilanzpositionen dann auf die Bestandskonten übertragen werden.

Der Grundsatz der Bilanzidentität ergibt sich für die *Steuerbilanz* aus § 4 I 1 EStG, der auch für Steuerpflichtige gilt, die ihren Gewinn nach § 5 EStG ermitteln. Danach ist der Gewinn die Differenz zwischen dem Betriebsvermögen am Schluss des Wirtschaftsjahres und dem Betriebsvermögen am Schluss des vorangegangenen Wirtschaftsjahres, vermehrt um den Wert der Entnahmen und vermindert um den Wert der Einlagen. Diese Differenz kann aber nur dann gleich dem Gewinn sein, wenn die Schlussbilanz des laufenden Jahres nach den Grundsätzen ordnungsmäßiger Buchführung aus der Anfangsbilanz entwickelt worden ist, die mit der Schlussbilanz des vorangegangenen Jahres identisch ist.

Die Finanzverwaltung hat an der Einhaltung der Bilanzidentität ein besonderes Interesse, da durch sie verhindert wird, dass durch ein Auseinandergehen der Positionen der Schlussbilanz eines Wirtschaftsjahres und der Anfangsbilanz des folgenden Wirtschaftsjahres das Gesamtergebnis beider Jahre nicht mehr ermittelt werden kann und dadurch Gewinnminderungen und damit Steuerminderungen eintreten können. Durch Beachtung des Bilanzenzusammenhangs wird erreicht, dass der Totalgewinn eines Betriebes gleich der Summe der Gewinne der einzelnen Wirtschaftsjahre ist. Steuerlich wird dieser Bilanzierungsgrundsatz mit der sog. *Zweischneidigkeit der Bilanz* begründet, die darin besteht, dass höhere oder niedrigere Wertansätze in einem Wirtschaftsjahr (selbstverständlich im Rahmen der gesetzlich zulässigen Bewertungen) sich im folgenden Wirtschaftsjahr (oder mehreren folgenden Wirtschaftsjahren) entgegengesetzt auswirken, so dass durch Bewertungsvorschriften, die bei den Wertansätzen gewisse Ermessensspielräume einräumen oder die wirtschafts- und konjunkturpolitische Ziele verfolgen (z.B. Sonderabschreibungen), zwar Gewinnverlagerungen auf spätere Perioden möglich werden, aber der Totalgewinn des Betriebes nicht beeinträchtigt wird.

2. Grundsatz der Bilanzkontinuität

In einem unmittelbaren Zusammenhang mit dem Grundsatz der Bilanzidentität steht der Grundsatz der Bilanzkontinuität. Für die Bilanzierung dem Grunde nach findet der Grundsatz der Bilanzkontinuität seine Ausprägung in § 246 III HGB, wonach die einmal angewandten Ansatzmethoden auch in den Folgejahren beizuhalten sind. Eine Abweichung ist nur in begründeten Ausnahmefällen zulässig (§§ 246 III 2 i.V.m. 252 II HGB). Der Grundsatz der Bilanzkontinuität findet seine Ausprägung auch bei der Bewertungsstetigkeit des § 252 I Nr. 6 HGB, die aber von der Ansatzstetigkeit zu unterscheiden ist.[113]

3. Grundsatz der Vollständigkeit

Nach § 246 I 1 HGB hat der Jahresabschluss sämtliche Vermögensgegenstände, Schulden, Rechnungsabgrenzungsposten, Aufwendungen und Erträge zu enthalten, soweit gesetzlich nichts anderes bestimmt ist. Der letzte Halbsatz eröffnet dem Gesetzgeber die Möglichkeit, Bilanzierungsverbote auszusprechen, Bilanzierungswahlrechte einzuräumen und Bilanzierungshilfen zu gewähren. Soweit Vermögensgegenstände, für die eine Aktivierungspflicht besteht, bereits voll abgeschrieben sind, ist mindestens ein *Erinnerungswert* (Merkposten) von 1 Euro anzusetzen. Soweit nach § 248 I HGB Bilanzierungsverbote bestehen, darf auch kein Merkposten in die Bilanz aufgenommen werden.

Der Vollständigkeitsgrundsatz wird durch die im Gesetz ausgesprochenen Bilanzierungswahlrechte eingeschränkt. So kann der Bilanzierende etwa wählen, ob er selbst geschaffene immaterielle Vermögensgegenstände aktivieren möchte (§ 248 II HGB). Entscheidet er sich gegen eine Aktivierung, wird die Rechnungslegung dadurch nicht unvollständig. Eine weitere Einschränkung des Vollständigkeitsgrundsatzes ergibt sich durch das Ansatzwahlrecht sog. Bilanzierungshilfen. Diese haben die Aufgabe, Auszahlungen der Periode, die als Aufwand mehrere Perioden betreffen, in die Bilanz aufzunehmen, damit sie durch Abschreibungen auf mehrere Perioden verteilt werden können. Ein Beispiel ist etwa das Disagio, das z.B. bei der Unterpari-Ausgabe von Schuldverschreibungen entsteht (§ 250 III HGB). Der Vollständigkeitsgrundsatz gilt ausdrücklich auch für die *Gewinn- und Verlustrechnung*. In der Regel wirkt sich jedoch die Entscheidung über den Bilanzansatz automatisch auf die Erfolgsrechnung aus.

---

[113] Siehe dazu S. 110ff.

Da dem Grundsatz der Vollständigkeit nach § 246 I HGB nur bei einem Ausweis sämtlicher Vermögensgegenstände, Schulden, Rechnungsabgrenzungsposten sowie Aufwendungen und Erträge ausreichend Rechnung getragen wird, stellt sich zwangsläufig die Frage nach der Definition dieser Begriffe. Im Gegensatz etwa zu den IAS/IFRS verzichtet das deutsche Rechnungslegungsrecht aber auf entsprechende Definitionen, so dass diese Begrifflichkeiten im Rahmen der Auslegung mit Inhalt zu füllen sind.

4. Bruttoprinzip (Verrechnungsverbot)

§ 246 II HGB bestimmt, dass Posten der Aktivseite nicht mit Posten der Passivseite, Aufwendungen nicht mit Erträgen, Grundstücksrechte nicht mit Grundstückslasten verrechnet werden dürfen. Diese Vorschrift ist eine der Voraussetzungen dafür, dass der Jahresabschluss ein den tatsächlichen Verhältnissen entsprechendes Bild der Vermögens-, Finanz- und Ertragslage vermittelt. Diese Forderung des § 264 II HGB wäre im Falle von Saldierungen der genannten Posten nicht zu erfüllen. Sind z.B. in einer Periode Aufwandszinsen (Zinsen für Fremdkapital) von 100 000 € und Ertragszinsen (Zinsen aus Guthaben und Wertpapieren) von 95 000 € angefallen, so würde eine Verrechnung zum Ausweis von 5 000 € Aufwandszinsen führen. Es wäre nicht zu erkennen, dass der Betrieb auch Ertragszinsen erzielt hat. Das Verrechnungsverbot gilt allerdings nicht, wenn die rechtlichen Voraussetzungen für eine Aufrechnung vorliegen.

5. Bilanzposten der Aktivseite

Da die Aktivseite im Grundsatz die Verwendung der Mittel des Bilanzierenden zeigen soll, müssten dort eigentlich alle denkbaren Gegenstände, Rechte und sonstigen Wertgegenstände aufgeführt werden. Eine solche Vorgehensweise wäre mit einer Reihe von Grundsätzen der Bilanzierung dem Grunde nach[114] aber nur schwer zu vereinbaren. Insofern muss sowohl für die Handels- als auch für die Steuerbilanz eine Reihe von Einschränkungen vorgenommen werden.

a) Handelsbilanz

Zentraler Ausgangspunkt des Handelsbilanzrechts ist der Vermögensgegenstand, von dem allerdings eine Reihe von Ausnahmen vorgesehen ist.

aa) Vermögensgegenstände

Das Objekt der Bilanzierung auf der Aktivseite der Bilanz sind nach deutschem Rechnungslegungsrecht nur Vermögensgegenstände und Rechnungsabgrenzungsposten (arg. § 246 I HGB). Ein Vermögensgegenstand ist dabei jede gegenständlich konkretisierte Werteinheit, die selbständig bewertbar und verkehrsfähig ist.[115] Anknüpfungspunkt für die Verkehrsfähigkeit ist die Einzelveräußerungsfähigkeit

---

[114] Siehe S. 87 ff.

[115] *Ballwieser*, in: Münchener Kommentar zum HGB, 2. Aufl., 2008, § 246 Rdnr. 13 ff.; *Crezelius*, ZGR 1987, 1, 14; *Kleindiek*, in: Großkommentar zum HGB, 4. Aufl., 1995 ff., Anh. § 246 Rdnr. 5.

(Einzelverwertbarkeit).[116] Die bloße Möglichkeit einer Veräußerung im Rahmen einer Unternehmensveräußerung soll nicht ausreichen. Diese Einschränkung ergibt sich aus dem Gläubigschutzgedanken des deutschen Handelsbilanzrechts, da eine Unternehmensveräußerung im Insolvenzfall nicht immer möglich ist. Verkehrsfähigkeit bedeutet daher, dass der rechtlich gesicherte wirtschaftliche Vorteil seiner Art nach an einen Einzelnen zugewandt werden können muss.[117]

Liegen die Anforderungen an einen Vermögensgegenstand vor, führt dies grundsätzlich zwingend zu einer Aktivierung des Vermögensgegenstandes.[118] Allerdings räumt das deutsche Handelsbilanzrecht teilweise auch ausdrückliche Ansatzwahlrechte ein.

Eine weitere zwingende Eigenschaft der Vermögensgegenstände ist, dass diese im Eigentum des jeweils Bilanzierenden stehen müssen (§ 246 I 2 HGB). Dieser auf den ersten Blick selbstverständliche Grundsatz ist insbesondere bei einer Reihe von Vertragstypen von Bedeutung, die an die wirtschaftliche Eigentümerstellung im Gegensatz zur formalen Eigentümerstellung anknüpfen. Dies gilt neben dem Verkauf unter Eigentumsvorbehalt vor allem auch für das Leasing. Daher normiert § 246 I 2 Hs. 2 HGB nunmehr, dass auch auf das wirtschaftliche Eigentum abzustellen ist, soweit ein Vermögensgegenstand einem anderen als dem Eigentümer wirtschaftlich zuzurechnen ist.

bb) Immaterielle Vermögensgegenstände

Die immateriellen Vermögensgegenstände stellen ein besonderes Problem für die Rechnungslegung dar. Der historische Gesetzgeber hat den immateriellen Vermögensgegenständen keine große Bedeutung zugemessen und in diesen vielmehr eine grundsätzliche Gefahr für Bilanzmanipulationen gesehen.

Daher enthielt § 248 II HGB a.F. bis zum Bilanzrechtsmodernisierungsgesetz ein ausdrückliches Aktivierungsverbot. Das Aktivierungsverbot für immaterielle Vermögensgegenstände wurde verstanden als eine Ausprägung des Vorsichtsprinzips und diente damit dem Gläubigerschutz. Immaterielle Vermögensgegenstände wurden bezüglich ihres Wertgehaltes als unsicher angesehen, da ihre Existenz und ihr Wert nur schwer oder überhaupt nicht zu ermitteln war.[119] Da immaterielle Vermögensgegenstände allerdings von enormer wirtschaftlicher Bedeutung sein können, bestand bisher eine Ausnahme vom Aktivierungsverbot, wenn der immaterielle Vermögensgegenstand entgeltlich erworben wurde. Durch das Erfordernis des entgeltlichen Erwerbs sollte sichergestellt werden, dass dem immateriellen Vermögenswert ein gewisser Gegenwert gegenüberstand und somit eine Wertobjektivierung durch das Erwerbsgeschäft stattgefunden hatte. Selbst erstellte Vermögensgegenstände konnten somit nicht aktiviert werden und erschienen somit grundsätzlich nicht in der Bilanz.

Durch das Bilanzrechtsmodernisierungsgesetz wurden die immateriellen Vermögensgegenstände nunmehr auf eine vollständig neue Regelungsbasis gestellt. Dabei ergeben sich für die entgeltlich erworbenen immateriellen Vermögensgegenstände keine Änderungen zur bisherigen Rechtslage. Diese sind zwingend zu aktivieren und zu ihren Anschaffungskosten auszuweisen, soweit sie die Definition der Vermögensgegen-

---

[116] *Ellrott/Krämer*, in: Beckscher Bilanzkommentar, 7. Aufl., 2009, § 247 Rdnr. 13; *Großfeld/Luttermann*, Bilanzrecht, 4. Aufl., 2004, Rdnr. 359; *Hüffer*, in: Großkommentar zum HGB, 4. Aufl., 1995ff., Anh. 243 Rdnr. 15.

[117] *Crezelius*, ZGR 1987, 1, 16f.

[118] Vgl. etwa *Kleindiek*, in: Großkommentar zum HGB, 4. Aufl., 1995ff., § 246 Rdnr. 5.

[119] Vgl. zu dieser Problematik ausführlich *Adler/Düring/Schmaltz*, Rechnungslegung und Prüfung der Unternehmen, 6. Aufl., 1994ff., § 248 Rdnr. 14; *Ballwieser*, in: Münchener Kommentar zum HGB, 2. Aufl., 2008, § 248 Rdnr. 2; *Hüffer*, in: Großkommentar zum HGB, 4. Aufl., 1995ff., § 248 Rdnr. 11 mwN.

stände tatsächlich erfüllen. Für die selbst geschaffenen immateriellen Vermögensgegenstände sieht § 248 II HGB nunmehr ein Aktivierungswahlrecht vor. Davon ausgenommen sind allerdings selbst geschaffene Marken, Drucktitel, Verlagsrechte, Kundenlisten oder vergleichbare immaterielle Vermögensgegenstände des Anlagevermögens, da bei diesen die tatsächliche Existenz zu ungewiss ist.

Der nunmehr zulässige Ausweis selbst erstellter immaterieller Vermögensgegenstände des Anlagevermögens wird allerdings durch die Regelung des § 268 VIII HGB bei Kapitalgesellschaften weit gehende jedenfalls hinsichtlich der gesellschaftsrechtlichen Folgen wieder kompensiert. Danach ist eine Ausschüttung nämlich nur dann möglich, wenn den selbst erstellten immateriellen Vermögensgegenständen entsprechend frei verfügbare Rücklagen zuzüglich eines Gewinnvortrags und abzüglich eines Verlustvortrags gegenüberstehen, wobei die entsprechend gebildeten passiven latenten Steuern in Abzug zu bringen sind. Regelungsziel ist es, auch Kapitalgesellschaften den Ausweis selbst erstellter immaterieller Vermögensgegenstände des Anlagevermögens zu gestatten, ohne dabei den Gläubigerschutz zu vernachlässigen. Zur Bewertung der selbst geschaffenen immateriellen Vermögensgegenstände siehe S. 124f.

cc) Geschäfts- oder Firmenwert *(good will)*

Eine besondere Form der immateriellen Vermögensgegenstände stellt der so genannte Geschäfts- oder Firmenwert *(good will)* dar. Der Wert eines Unternehmens setzt sich regelmäßig nicht nur aus der Summe der einzelnen Vermögensgegenstände zusammen. Zusätzlich kommen etwa der Kundenstamm des Unternehmens, der Ausbildungsstand und die Leistungsfähigkeit der Mitarbeiter, das Vertriebsnetz, der Ruf oder der Bekanntheitsgrad des Unternehmens und seiner Produkte sowie auch selbstgeschaffene immaterielle Vermögenswerte hinzu, die oft sogar einen Großteil des Unternehmenswertes ausmachen.[120] Diese für die Wertbildung eines Unternehmens maßgeblichen Faktoren sind jedoch nicht einzeln übertragbar und können vor allem im Fall einer Insolvenz nicht immer realisiert werden. Das Vorsichtsprinzip müsste aus Gläubigerschutzgesichtspunkten daher eine Aktivierung des Geschäfts- oder Firmenwertes ausschließen.

Aufgrund der wirtschaftlichen Bedeutung ging das deutsche Handelsbilanzrecht für den Geschäfts- oder Firmenwertes bis zum Bilanzrechtsmodernisierungsgesetz ebenso einen Mittelweg wie bei den immateriellen Vermögensgegenständen. Da der Geschäfts- oder Firmenwertes bei einer Unternehmensakquisition quantifizierbar ist, gestattete § 255 IV HGB a.F. eine Aktivierung des derivativen Geschäfts- oder Firmenwertes. Die Aktivierungsmöglichkeit des derivativen Geschäfts- oder Firmenwertes war aber an zwei Voraussetzungen geknüpft. Zum einen musste eine Unternehmensakquisition vorliegen, und zum anderen musste die für das übernommene Unternehmen gewährte Gegenleistung den Wert der einzelnen Vermögensgegenstände des Unternehmens abzüglich der Schulden zum Zeitpunkt der Übernahme übersteigen. Parallel zu den übrigen immateriellen Vermögensgegenständen konnte ein originärer (= selbsterstellter) Geschäfts- oder Firmenwert nicht aktiviert werden und fand somit keine Berücksichtigung in der Bilanz.

Aufgrund der Änderungen bei den immateriellen Vermögensgegenständen im Rahmen des Bilanzrechtsmodernisierungsgesetzes sah sich der Gesetzgeber gezwungen auch beim Geschäfts- oder Firmenwert entsprechende Modifikationen vorzunehmen. Dabei folgt die gesetzliche Neuregelung insofern dem bisherigen Konzept, als zunächst der originäre Geschäfts- oder Firmenwert einem Ansatzverbot unterliegt und

---

[120] *Adler/Düring/Schmaltz*, Rechnungslegung und Prüfung der Unternehmen, 6. Aufl., 1994ff., § 255 Rdnr. 257; *Kleindiek*, in: Großkommentar zum HGB, 4. Aufl., 1995ff., § 255 Rdnr. 39.

somit keine Berücksichtigung in der Bilanz findet. Für den derivativen Geschäfts- oder Firmenwert hat der Gesetzgeber des Bilanzrechtsmodernisierungsgesetzes eine Ansatzpflicht statuiert (§ 246 I 4 HGB) und somit das nach alter Rechtslage bestehende Ansatzwahlrecht abgeschafft. Der originäre Geschäfts- oder Firmenwert wird dabei nach der Neuregelung als ein zeitlich begrenzt nutzbarer Vermögensgegenstand eingestuft (§ 246 I 4 HGB), so dass für diesen (reguläre) Abschreibungen vorzunehmen sind.[121]

dd) Forderungen

Forderungen sind grundsätzlich zu aktivieren. Diese Feststellung bedarf jedoch dahingehend einer Einschränkung, dass bei einem zweiseitigen Vertrag eine bilanzierungsfähige Forderung erst gegeben ist, wenn der Gläubiger den Anspruch des Schuldners erfüllt hat. Nicht bilanzierungsfähig sind Forderungen aus Verträgen, die noch von keiner Seite erfüllt wurden *(schwebende Geschäfte).* Ein schwebendes Geschäft liegt z.B. vor, wenn der Betrieb einen Vertrag über die Lieferung von Fertigfabrikaten geschlossen hat, den er erst in der folgenden Periode erfüllen muss. Auch der Kaufpreis wird erst in der nächsten Periode fällig, eine Anzahlung ist nicht erfolgt. Folglich ist noch kein buchungspflichtiger Geschäftsvorfall eingetreten. Die rechtlich bereits bestehende Forderung auf Zahlung des Kaufpreises ist ebenso wie die Lieferverpflichtung des Betriebes wirtschaftlich noch nicht zugegangen.[122] Ist jedoch aus einem schwebenden Geschäft ein Verlust zu erwarten, so muss er durch eine *Rückstellung* berücksichtigt werden (§ 249 I HGB).[123]

b) Steuerbilanzrecht

Im Gegensatz zum Handelsbilanzrecht verfolgt das Steuerbilanzrecht den Begriff des Wirtschaftsgutes und knüpft somit nicht an den Vermögensgegenstand an. Aufgrund der Maßgeblichkeit der Handels- für die Steuerbilanz[124] besteht zwischen beiden Begriffen allerdings weitgehend Übereinstimmung. Zentraler Unterschied ist lediglich, dass der Begriff des Wirtschaftsgutes vorrangig auf die eigenständige Bewertungsfähigkeit und nicht auf die selbständige Verkehrsfähigkeit abstellt.[125] Es geht also im Steuerbilanzrecht nicht um die Frage, ob der entsprechende Gegenstand selbständig genutzt werden kann, sondern vielmehr nur darum, ob er einer selbständigen Bewertung zugänglich ist. Für die Frage der subjektiven Zurechnung von Wirtschaftsgütern gelten dabei die handelsbilanzrechtlichen Grundsätze.[126]

Ein wichtiger Unterschied zwischen Handels- und Steuerbilanzrecht hinsichtlich der Aktivierbarkeit von Vermögensgegenständen besteht allerdings hinsichtlich der immateriellen Wirtschaftgüter. Nach § 5 II EStG dürfen nur entgeltlich erworbene immaterielle Wirtschaftsgüter aktiviert werden, so dass die selbst erstellten immateriellen Vermögensgegenstände – im Gegensatz zum Handelsbilanzrecht[127] – unberücksichtigt bleiben müssen. Der Steuerpflichtige hat es zwar selbst durch die entsprechende Aus-

[121] Zum Konzept der Abschreibungen siehe S. 132ff.
[122] Kritisch hierzu: *Bieg*, Schwebende Geschäfte in Handels- und Steuerbilanz 1977, S. 179ff.
[123] Siehe S. 103ff.
[124] Siehe dazu S. 67.
[125] Vgl. dazu ausführlich *Hey*, in: Tipke/Lang, Steuerrecht, 20. Aufl., 2009, § 17 Rdnr. 91 m.w.Nachw.
[126] Siehe S. 90.
[127] Siehe S. 90f.

übung des Wahlrechts (§ 248 II 1 HGB) in der Hand, einen Gleichklang herbeizuführen. Dies erfordert dann aber entsprechend eine vollständige Nichtbeachtung der selbst erstellten immateriellen Vermögensgegenstände.[128]

6. Bilanzposten der Passivseite

Auf der Passivseite der Bilanz wird das Kapital, als die Summe aller vom Unternehmer bzw. von Gesellschaftern zur Verfügung gestellten Mittel (Eigenkapital) und aller von Dritten dem Betrieb überlassenen Mittel (Fremdkapital) ausgewiesen. Außerdem nimmt die Passivseite Korrekturposten (Wertberichtigungen), mit denen bestimmte Vermögenspositionen der Aktivseite korrigiert werden, Rechnungsabgrenzungsposten[129] auf, die den Erfolg der Abrechnungsperiode vom Erfolg einer späteren Periode abgrenzen sollen, indem sie solche auf der Aktivseite bereits erfassten Einnahmen in einer besonderen Position auf der Passivseite ausweisen, für die der Betrieb noch eine Leistung zu erbringen hat und die nicht als Verbindlichkeiten erscheinen (z.B. im Voraus erhaltene Mieten). Die Passivseite zeigt die Herkunft der dem Betrieb zur Verfügung stehenden Mittel; die Aktivseite weist aus, in welchen Vermögenswerten diese Mittel gebunden sind.

Der Ausweis des Eigenkapitals wird von der Rechtsform beeinflusst.[130] Bei Personenunternehmen wird für den Unternehmer bzw. die Gesellschafter je eine Kapitalposition bilanziert, der Gewinnanteile und Einlagen zugeschrieben werden und die um Verlustanteile und Entnahmen gekürzt wird. Der Saldo zwischen Anfangs- und Endbestand eines Kapitalkontos ergibt – wenn man Gewinnentnahmen hinzuzählt und Kapitaleinlagen abzieht – den Erfolg bzw. Erfolgsanteil der Periode.

Bei Kapitalgesellschaften muss das in der Satzung festgesetzte Nominalkapital (Grundkapital der AG, Stammkapital der GmbH) stets zum Nennwert passiviert werden. Nicht entnommene Gewinne oder den Nennwert der ausgegebenen Kapitalanteile übersteigende Einlagen (Agio) werden auf Rücklagepositionen ausgewiesen. Verluste werden von diesen Positionen abgesetzt oder – wenn sie den Wert der Rücklagen übersteigen – als Jahresfehlbetrag bilanziert. Werden Gewinnteile weder den Rücklagen zugeführt noch ausgeschüttet, so erscheinen sie auf der Passivseite als Gewinnvortrag.

Den Ausweis des *Eigenkapitals,* des *Jahresergebnisses* und der Ergebnisverwendung der *Kapitalgesellschaften* auf der Passivseite zeigt die folgende Übersicht:

Eigenkapital, Jahresergebnis, Ergebnisverwendung	
Mindestgliederung des Eigenkapitals (§ 266 III HGB)	A. Eigenkapital I. Gezeichnetes Kapital II. Kapitalrücklage III. Gewinnrücklagen 1. Gesetzliche Rücklagen 2. Rücklage für Anteile an einem herrschenden oder mehrheitlich beteiligten Unternehmen 3. Satzungsmäßige Rücklagen 4. Andere Gewinnrücklagen IV. Gewinnvortrag/Verlustvortrag V. Jahresüberschuss/Jahresfehlbetrag

[128] *Hey*, in: Tipke/Lang, Steuerrecht, 20. Aufl., 2009, § 17 Rdnr. 97.
[129] Siehe dazu S. 109f.
[130] Vgl. die Schaubilder auf S. 93f.

Eigenkapital, Jahresergebnis, Ergebnisverwendung	
Jahresüberschuss/Jahresfehlbetrag	Saldo zwischen Erträgen und Aufwendungen – Jahresergebnis vor Veränderung der Rücklagen um Einstellungen oder Entnahmen.
Bilanzgewinn/Bilanzverlust	Jahresüberschuss/Jahresfehlbetrag, korrigiert um Gewinn- oder Verlustvortrag aus dem Vorjahr sowie um Einstellung in die bzw. Entnahmen aus den Rücklagen.
Ausweis der Ergebnisverwendung lt. HGB	§ 268 I HGB: In der Bilanz ist statt des Ausweises des Postens Jahresüberschuss/Jahresfehlbetrag der Ausweis des Postens Bilanzgewinn/Bilanzverlust zulässig, der sich durch vollständige oder teilweise Verwendung des Jahresergebnisses (Dotierung von Rücklagen) bereits bei der Aufstellung des Jahresabschlusses ergibt. Ein vorhandener Gewinn- oder Verlustvortrag ist in den Posten Bilanzgewinn/Bilanzverlust einzubeziehen und in der Bilanz oder im Anhang gesondert anzugeben.§ 275 IV HGB: In der G + V-Rechnung dürfen Veränderungen in den Kapital- und Gewinnrücklagen erst nach dem Posten Jahresüberschuss/Jahresfehlbetrag angegeben werden.
Ausweis der Ergebnisverwendung gem. § 158 I AktG	Die G + V-Rechnung nach § 275 HGB ist nach dem Posten Jahresüberschuss/Jahresfehlbetrag in Fortführung der Nummerierung zu ergänzen: (1) Gewinnvortrag/Verlustvortrag aus dem Vorjahr (2) Entnahmen aus der Kapitalrücklage (3) Entnahmen aus Gewinnrücklagen a) aus der gesetzlichen Rücklage b) aus der Rücklage für Anteile an einem herrschenden oder mehrheitlich beteiligten Unternehmen c) aus satzungsmäßigen Rücklagen d) aus anderen Gewinnrücklagen. (4) Einstellungen in Gewinnrücklagen a) in die gesetzliche Rücklage b) in die Rücklage für Anteile an einem herrschenden oder mehrheitlich beteiligten Unternehmen c) in satzungsmäßige Rücklagen d) in andere Gewinnrücklagen (5) Bilanzgewinn/Bilanzverlust. Über die Verteilung des Bilanzgewinns beschließt die Hauptversammlung. Dabei ist sie an den Gewinnverwendungsvorschlag des Vorstandes nicht gebunden. § 58 AktG begrenzt die Kompetenz des Vorstandes, Teile des Jahresüberschusses in die Gewinnrücklagen einzustellen.
Ergebnisverwendung der GmbH	§ 29 I 1 GmbHG: Die Gesellschafter haben Anspruch auf den Jahresüberschuss (+/./. Gewinnvortrag/Verlustvortrag), es sei denn, die Verteilung an die Gesellschafter ist ausgeschlossen: (1) nach Gesetz (2) nach Gesellschaftsvertrag

Eigenkapital, Jahresergebnis, Ergebnisverwendung	
	(3) durch Gewinnverwendungsbeschluss, Beträge in die Gewinnrücklagen einzustellen oder als Gewinn vorzutragen (§ 29 II GmbHG) (4) als zusätzlicher Aufwand aufgrund des Gewinnverwendungsbeschlusses (z.B. zusätzlicher Körperschaftsteueraufwand). § 29 I 2 GmbHG: Wird die Bilanz gem. § 268 I HGB unter Berücksichtigung der teilweisen Ergebnisverwendung aufgestellt (z.B. Einstellungen in Gewinnrücklagen bei der Bilanzaufstellung) oder werden Rücklagen aufgelöst (wodurch der Bilanzgewinn über den Jahresüberschuss steigen kann), so haben die Gesellschafter Anspruch auf den Bilanzgewinn.

Für die Gliederung des Fremdkapitals werden mehrere Gliederungsprinzipien angewendet:
- die Fristigkeit (lang-, mittel-, kurzfristig);
- die Sicherheit oder Unsicherheit über Bestehen oder Entstehen, über Höhe und Fälligkeitstermin (Verbindlichkeiten – Rückstellungen);
- die Art der Verbindlichkeit (z.B. Lieferantenschulden, erhaltene Anzahlungen, Bankschulden);
- die besondere rechtliche Sicherung (Akzepte, Sicherung durch Grundpfandrechte u.a.);
- die besondere rechtliche und wirtschaftliche Verbindung mit dem Gläubiger (z.B. Verbindlichkeiten gegenüber verbundenen Unternehmen).

a) Abgrenzung bestimmter Passivposten gegeneinander

aa) Rücklagen – Rückstellungen

Rücklagen sind Eigenkapital, das
- nicht auf den Kapitalkonten (Grundkapital, Stammkapital, Gesellschaftskapital), sondern auf gesonderten Rücklagenkonten ausgewiesen wird (offene Rücklagen, die in der Bilanz als Kapital- oder Gewinnrücklagen erscheinen), oder das
- überhaupt nicht in der Bilanz in Erscheinung tritt, da Vermögensteile unterbewertet worden sind (stille Rücklagen im engeren Sinne), oder das
- in überhöhten Passivposten, z.B. Rückstellungen, steckt (versteckte stille Rücklagen).

Der Zweck der Bildung von Rücklagen ist in erster Linie, neben dem von außen eingebrachten Gesellschafterkapital weiteres Eigenkapital an den Betrieb zu binden, und zwar entweder auf dem Wege der Bildung *offener Rücklagen* durch Thesaurierung von ausgewiesenen Periodengewinnen oder auf dem Wege der Bildung *stiller Rücklagen* durch buchmäßig niedrigeren Gewinnausweis mit Hilfe zusätzlicher Aufwandsverrechnung durch Unterbewertung von Vermögenswerten oder überhöhten Ansatz von Rückstellungen und Verbindlichkeiten. Stille Rücklagen können außerdem dadurch entstehen, dass Wertsteigerungen über die Anschaffungs- oder Herstellungskosten als unrealisierte Gewinne nicht berücksichtigt werden dürfen *(Zwangsrücklagen)*. Stille Rücklagen interessieren in diesem Zusammenhang nicht, soweit sie durch Unterbewertung von Vermögenspositionen gebildet werden. Sie sind ein Problem der Aktivseite der Bilanz.

Treten Verluste ein, so werden zunächst die Rücklagen aufgelöst, bevor das Nominalkapital korrigiert werden muss. Damit erhalten sie zugleich den Charakter von Garantieposten für die Gläubiger; je höher die Rücklagen sind, desto geringer ist das Risiko, dass das nominell gebundene Haftungskapital durch Verluste angegriffen wird, oder anders formuliert, dass das dem nominell gebundenen Haftungskapital gegenüberstehende Vermögen durch Verluste angegriffen bzw. aufgezehrt wird.

Die Rücklagen haben *keinen gesonderten Gegenposten* auf der Aktivseite der Bilanz, sondern sind wie alles Kapital durch die Gesamtheit der Vermögenswerte gedeckt. Die durch die Rücklagen zurückbehaltenen Beträge können deshalb auch als Selbstfinanzierungsmittel für zusätzliche Investitionen im Betrieb Verwendung finden oder gegebenenfalls zur Rückzahlung von Fremdkapital und damit der Verbesserung der Eigenkapitalquote dienen.

Im Gegensatz zu den Rücklagen, die Teile des Eigenkapitals sind und – abgesehen von der gesetzlichen Rücklage der Aktiengesellschaften und Genossenschaften – nicht zweckgebunden sein müssen, sind die Rückstellungen in der Regel wirtschaftlich als Fremdkapital anzusehen und stets zweckgebunden. Rückstellungen werden für Aufwendungen gebildet, die ihren wirtschaftlichen Grund in der abgelaufenen Periode haben, die aber erst in einer späteren Periode zu Auszahlungen (z.B. Pensionsrückstellungen) oder zu Mindereinzahlungen (z.B. Kulanzrückstellungen) führen. Die Höhe dieser Auszahlungen bzw. Mindereinzahlungen kann in der Regel nur geschätzt werden. Deshalb ist es denkbar, dass durch eine zu hohe Schätzung des Aufwandes und der Auszahlungen bzw. Mindereinzahlungen in den Rückstellungen Rücklagen versteckt werden, d.h., dass Eigenkapital im Gewande von Fremdkapital in diesen Positionen erscheint (z.B. auch Rückstellung für einen schwebenden Prozess).

Die Bildung von offenen Rücklagen hat keinen Einfluss auf die Höhe des Gewinns, sondern stellt eine *Gewinnverwendung* dar, ist also *erfolgsneutral.* Offene Rücklagen (Kapitalrücklagen, Gewinnrücklagen) können nur gebildet werden, wenn auch Gewinn erwirtschaftet worden ist oder wenn neues Eigenkapital von außen zugeführt wird (z.B. Agio bei Kapitalerhöhungen). Die Bildung von Rückstellungen ist dagegen *erfolgswirksam.* Es entsteht ein Aufwand in Höhe der Rückstellung, der den Periodengewinn mindert bzw. den Periodenverlust erhöht. Wurde der Aufwand zu hoch eingeschätzt oder stellt sich später heraus, dass er überhaupt nicht eingetreten ist, so ist eine Gewinnverlagerung in die Periode erfolgt, in der die Rückstellung aufgelöst werden muss. Die Bildung von Rückstellungen ist also unabhängig davon, ob Gewinne entstanden sind.

Beispiel: Der Betrieb rechnet für das abgelaufene Jahr mit einer Steuerabschlusszahlung von 15 000 €. Das ist Aufwand der Periode, der den Gewinn mindert, aber erst in der folgenden Periode zu einer Auszahlung führt. Beträgt in der nächsten Periode die Steuerabschlusszahlung für das vergangene Jahr tatsächlich 15 000 €, so ist dieser Zahlungsvorgang jetzt erfolgsunwirksam und führt lediglich zu einer Bilanzverkürzung (per Rückstellungskonto an Bankkonto).

Beträgt die Zahlung nur 12 000 €, so ist der Vorgang in dieser Höhe erfolgsunwirksam, jedoch muss der restliche Rückstellungsbetrag von 3 000 € jetzt über die Erfolgsrechnung gewinnerhöhend aufgelöst werden, da der Zweck, für den die Rückstellung gebildet worden ist, hinfällig ist. Der Aufwand der vorhergehenden Periode betrug – wie sich später herausgestellt hat – nur 12 000 €, wurde aber auf 15 000 €, also um 3 000 € zu hoch geschätzt. Das wird in der folgenden Periode durch Ausweis eines sonstigen betrieblichen Ertrages von 3 000 € rückgängig gemacht.

2004: Bildung einer Steuerrückstellung: erfolgswirksam.

2005: Nachzahlung der Steuern: erfolgsunwirksam, wenn Höhe der Zahlung und Höhe der Rückstellung sich entsprechen (Fall 1), erfolgswirksam in Höhe der Differenz zwischen Zahlung und Rückstellung (Fall 2).

bb) Rückstellungen – Verbindlichkeiten

Obwohl die Rückstellungen wirtschaftlich zum Fremdkapital gehören, sind sie aber dennoch nicht mit den *Verbindlichkeiten* identisch. Bei Verbindlichkeiten sind der Grund, die Höhe und der Termin der Fälligkeit bekannt, bei Rückstellungen steht gewöhnlich nur der Zweck fest, für den sie gebildet werden, die Höhe und der Termin der Auszahlung oder des zu erwartenden Verlustes sind in der Regel ungewiss. Ungewiss kann auch sein, ob überhaupt eine Inanspruchnahme des Betriebes erfolgt, z.B. bei Rückstellungen für schwebende Prozesse, die der Betrieb verlieren, aber auch gewinnen kann. Im letzteren Falle entsteht überhaupt keine Schuld, ihre Entstehung war allerdings wahrscheinlich, und solange der Prozess nicht entschieden ist, muss der Betrieb mit der Inanspruchnahme rechnen. Wird der Prozess gewonnen, so muss die Rückstellung aufgelöst und der zurückgestellte Betrag als sonstiger betrieblicher Ertrag dieser Periode ausgewiesen werden.

Rückstellungen und Verbindlichkeiten haben gemeinsam, dass sie nicht in der Periode bilanziert werden, in der die Schuld geltend gemacht wird oder fällig ist, sondern in der Periode, in der die Schuld wirtschaftlich entstanden ist.

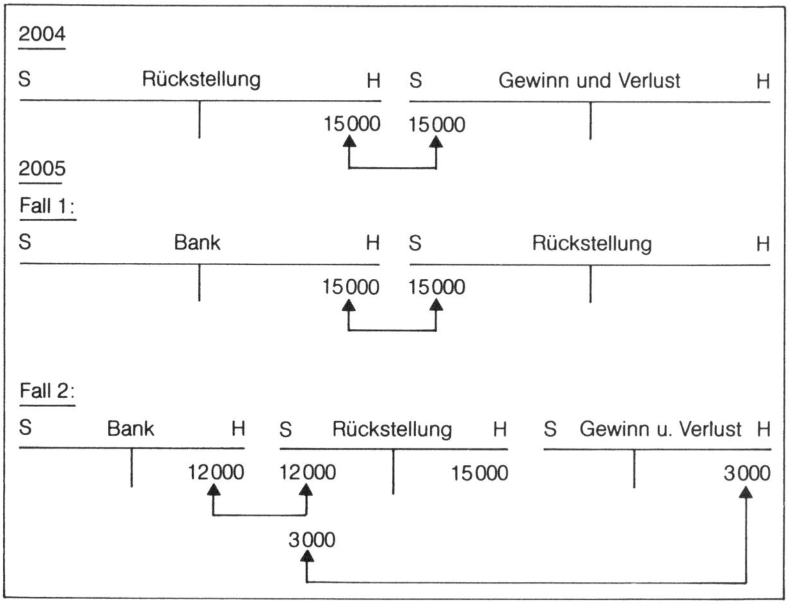

cc) Rechnungsabgrenzungsposten – Rückstellungen – Verbindlichkeiten

Die *passiven Rechnungsabgrenzungsposten* haben die gleiche Aufgabe wie die aktiven: eine periodenrichtige Erfolgsermittlung zu ermöglichen, indem sie zwei Geschäftsjahre so gegeneinander abgrenzen, dass jedem Geschäftsjahr die Aufwendungen und Erträge zugerechnet werden, die durch das jeweilige Geschäftsjahr verursacht bzw. realisiert worden sind. Passiv ist stets dann abzugrenzen, wenn der Periodenerfolg ohne Abgrenzung zu hoch ausgewiesen würde. Dabei sind zwei Fälle zu unterscheiden. Der Ansatz eines *transitorischen* Passivpostens ist erforderlich, wenn der Betrieb eine Einnahme erzielt hat, für die er in der folgenden Periode noch eine Leistung zu erbringen hat, z.B. im Voraus erhaltene Miete (Einzahlung jetzt – Ertrag später). Ist jedoch in der Abrechnungsperiode ein Aufwand eingetreten, der erst später zu einer

Auszahlung führt (z.B. noch zu zahlende Löhne), so erfolgt die Abgrenzung mit Hilfe eines *antizipativen* Passivpostens (Aufwand jetzt – Auszahlung später).

Der Rechnungsabgrenzungsposten, bei dem die gleichen Beziehungen zwischen Leistungs- und Zahlungsbereich gegeben sind wie bei den meisten Rückstellungen, ist das *antizipative Passivum.* Bei beiden gilt: Aufwand jetzt, Auszahlung später. In beiden Fällen werden Kapitalteile, die sonst als Gewinn ausgewiesen worden wären und den Betrieb ggf. als Gewinnausschüttung und Steuerzahlung verlassen hätten, an den Betrieb gebunden.

§ 250 HGB lässt nur noch die Verwendung transitorischer Rechnungsabgrenzungen zu. Das Steuerrecht hat in dem § 5 V EStG die gleiche Regelung getroffen und somit für Betriebe aller Rechtsformen verbindlich gemacht. Sie wird damit begründet, dass bei antizipativen Abgrenzungen auf der Passivseite in Wirklichkeit Verbindlichkeiten vorliegen, wenn der Betrieb in der nächsten Periode noch eine Zahlung für einen Aufwand zu leisten hat, der bereits in der Abrechnungsperiode eingetreten ist. Derartige Verbindlichkeiten sind als *sonstige Verbindlichkeiten* auszuweisen. Die Abgrenzung zu den Rückstellungen verlagert sich somit von den passiven Rechnungsabgrenzungsposten zu den sonstigen Verbindlichkeiten.

b) Eigenkapital

Als erster Posten auf der Passivseite der Bilanz steht zunächst das Eigenkapital.

aa) Gezeichnetes Kapital

Sofern eine Kapitalgesellschaft vorliegt, ist der erste Bestandteil des Eigenkapitals das gezeichnete Kapital. Unter diesem – im Gegensatz zu den gesellschaftsrechtlichen Spezialregelungen verwendeten – (Ober)Begriff versteht § 272 I 1 HGB den Betrag, auf den die Haftung der Gesellschafter für die Verbindlichkeiten der Kapitalgesellschaft gegenüber den Gläubigern beschränkt ist. Das gezeichnete Kapital hängt dabei von den jeweiligen gesellschaftsrechtlichen Regelungen ab und beträgt bei der Aktiengesellschaft mindestens 50 000 Euro (§ 7 AktG), bei der GmbH mindestens 25 000 Euro (§ 5 Abs. 1 GmbHG) und bei der Unternehmergesellschaft mindestens 1 Euro (§ 5a I GmbHG). Nach § 272 I 2 HGB ist das gezeichnete Kapital mit dem Nennbetrag anzusetzen. Die Aufbringung des gezeichneten Kapitals muss dabei nicht immer sofort bei der Gründung und insbesondere einer Kapitalerhöhung erfolgen, sondern kann sich über einen längeren Zeitraum hinziehen. Zur Verdeutlichung des *Standes* der Eintreibung des Eigenkapitals muss nach § 272 I 3 HGB für den Ausweis der ausstehenden Einlagen zunächst zwischen den eingeforderten ausstehenden und den nicht eingeforderten ausstehenden Einlagen unterschieden werden. Die nicht eingeforderten ausstehenden Einlagen sind von dem Posten gezeichnetes Kapital offen abzusetzen (§ 272 I 3 Hs. 1 HGB). Der Differenzbetrag zwischen dem gezeichneten Kapital und den nicht eingeforderten ausstehenden Einlagen ist dann als Posten eingefordertes Kapital auszuweisen (§ 272 I 3 Hs. 2 HGB). Soweit Einlagen bereits eingefordert wurden, sind sie als Forderungen gesondert auszuweisen und zu bezeichnen, wenn sie noch nicht eingezahlt wurden (§ 272 I 3 Hs. 3 HGB). Auf diese Weise soll den Adressaten der Rechnungslegung verdeutlicht werden, ob tatsächlich alle Einlagen eingezahlt wurden.

bb) Eigene Anteile

Im Rahmen des gezeichneten Kapitals bzw. des Kapitalschutzsystems stellt sich das Problem der Behandlung der eigenen Anteile. Soweit die Kapitalgesellschaft ihre eigenen Anteile erwirbt, kommt dies einer Rückzahlung des Kapitals an die Gesellschafter gleich, da diese im Austausch für ihre Beteiligung ihre Einlage zurückerhalten. Aus diesem Grund ist sowohl für die GmbH (§ 33 GmbHG) als auch für die Aktiengesellschaft (§§ 71 ff. AktG) der Erwerb eigener Anteile einer Reihe gesellschaftsrechtlicher Einschränkungen unterworfen. Diese Einschränkungen werden im Rechnungslegungsrecht durch besondere Vorschriften über den Ausweis eigener Anteile flankiert.

Das bisherige Bilanzrecht sah für Kapitalgesellschaften eine Rücklage für eigene Anteile vor (§ 272 IV HGB a.F.). Hatte eine Kapitalgesellschaft eigene Anteile erworben, so waren diese im Umlaufvermögen nach dem strengen *Niederstwertprinzip* zu bilanzieren. Der Zweck dieser Rücklage bestand darin, Gewinnausschüttungen in Höhe des auf der Aktivseite bilanzierten Wertes dieser eigenen Anteile aus den Gewinnrücklagen dadurch zu sperren, dass bereits vorhandene Gewinnrücklagen in die Position Rücklage für eigene Anteile umgebucht wurden. Diese Rücklage durfte nur aufgelöst oder vermindert werden, wenn die eigenen Anteile ausgegeben, veräußert oder eingezogen wurden oder wenn sie auf der Aktivseite niedriger bewertet werden mussten.

Durch das Bilanzrechtsmodernisierungsgesetz wurde der Ausweis eigener Anteile vollständig neu geregelt. Nach neuem Recht erfolgt nur noch ein Ausweis auf der Passivseite im Rahmen des Postens gezeichneten Kapitals. Dies gilt dabei unabhängig davon, zu welchem Zweck die Gesellschaft die eigenen Anteile erworben hat (§ 272 Ia HGB). Dabei muss der Nennbetrag oder der entsprechende rechnerische Wert offen von dem Posten des gezeichneten Kapitals abgesetzt werden. Somit verringert sich der Posten des gezeichneten Kapitals also um den Betrag der erworbenen eigenen Anteile und trägt damit der damit verbundenen wirtschaftlichen Auszahlung des Kapitals an die Gesellschafter Rechnung. Soweit die Kapitalgesellschaft die eigenen Anteile dann wieder veräußert, entfällt der gesonderte Ausweis (§ 272 Ib HGB). Soweit dabei ein Veräußerungserlös entsteht, ist dieser in die freien Rücklagen einzustellen (§ 272 Ib 3 HGB).

cc) Rücklagen

Bei Rechtsformen, deren Haftungskapital mit einem festen Nennbetrag in der Bilanz ausgewiesen werden muss (z.B. Aktiengesellschaften, GmbH), erfolgt der Ausweis von Eigenkapital, das über das nominelle Haftungskapital hinausgeht, auf Rücklagenkonten (offene Rücklagen).

(1) Kapitalrücklage und gesetzliche Rücklage

§ 272 II HGB zählt eine Anzahl von Beträgen auf, die in die Kapitalrücklage eingestellt werden müssen. Dazu gehören in erster Linie Agiobeträge, die bei der Überpari-Ausgabe von Aktien und im Zusammenhang mit der Ausgabe von Wandelschuldverschreibungen entstehen, ferner Beträge aus Zuzahlungen von Aktionären, die für das Einräumen von Vorzugsrechten zugeflossen sind, sowie Beträge, die bei vereinfachten Kapitalherabsetzungen frei geworden sind.

§ 150 I, II AktG schreibt vor, dass eine *gesetzliche Rücklage* zu bilden ist, die zusammen mit der Kapitalrücklage 10 % oder den in der Satzung bestimmten höheren Teil des Grundkapitals beträgt. Bis diese 10 % bzw. der höhere satzungsmäßige Prozentsatz erreicht sind, müssen der gesetzlichen Rücklage 5 % des Jahresüberschusses (abzüglich eines Verlustvortrages) zugeführt werden. Unter *Jahresüberschuss* ist der Periodengewinn zu verstehen vor Abzug

– der Einstellungen in Gewinnrücklagen und
– eines Verlustvortrages

und vor Hinzurechnung

– der Entnahmen aus der Kapitalrücklage und aus den Gewinnrücklagen und
– eines Gewinnvortrages.

Während das GmbH-Gesetz keine gesetzliche Rücklage kennt, verfügen die Erwerbs- und Wirtschaftsgenossenschaften ebenso über eine gesetzliche Rücklage (§ 7 Nr. 2 GenG).

Die gesetzliche Rücklage und die Kapitalrücklage dürfen *nur zum Ausgleich eines Jahresfehlbetrages oder eines Verlustvortrages* aus dem Vorjahr verwendet werden. Sind sie zusammen nicht höher als 10 % des Grundkapitals, so dürfen sie erst aufgelöst werden, wenn zuvor ein Gewinnvortrag zum Ausgleich eines Jahresfehlbetrages bzw. ein Jahresüberschuss zum Ausgleich eines Verlustvortrags und die anderen Gewinnrücklagen zur Verlusttilgung herangezogen worden sind. Lediglich ein 10 % des Grundkapitals übersteigender Teil der gesetzlichen Rücklage und der Kapitalrücklage darf – nach Verwendung eines Gewinnvortrages bzw. eines Jahresüberschusses – vor Auflösung der anderen Gewinnrücklagen zur buchmäßigen Tilgung von Verlusten (Jahresfehlbetrag oder Verlustvortrag aus dem Vorjahr) benutzt werden. Eine *Ausschüttung von Dividenden* aus der gesetzlichen Rücklage und der Kapitalrücklage ist *nicht zulässig.* Das gilt auch, wenn sie zusammen mehr als 10 % des Grundkapitals betragen. Die Teile dieser Rücklagen, die 10 % des Grundkapitals übersteigen, dürfen jedoch für eine Kapitalerhöhung aus Gesellschaftsmitteln (Umwandlung von Rücklagen in Grundkapital gegen Gewährung von Gratisaktien) verwendet werden.

Die Auflösung der gesetzlichen Rücklage und der Kapitalrücklage zur Verlusttilgung kann bereits in der Bilanz des betreffenden Jahres erfolgen, so dass der Ausweis eines Verlustvortrages vermieden werden kann. Die Verwendung dieser Rücklagen muss gem. § 158 AktG in der Erfolgsrechnung oder im Anhang ausgewiesen werden und ist gem. § 152 AktG in der Bilanz oder im Anhang gesondert anzugeben.

Die folgenden Übersichten zeigen noch einmal zusammenfassend die Aufgaben, die Bildung und Auflösung der Kapitalrücklage und der gesetzlichen Rücklage der AG.

Kapitalrücklage (§ 272 II HGB)	
Aufgaben	(1) *Ausschüttungssperre* für erfolgsunwirksam durchgeführte Kapitalzuführungen neben dem gezeichneten Kapital (2) *Verlustabdeckung* (bei der AG zusammen mit der gesetzlichen Rücklage), wenn freie Gewinnrücklagen dafür nicht ausreichen.
Bildung	(1) Zuweisung von Agiobeträgen bei der Anteilsausgabe; (2) Zuweisung von Agiobeträgen bei der Ausgabe von Wandel- und Optionsschuldverschreibungen über ihrem Rückzahlungsbetrag; (3) Zuweisung von Zuzahlungen, die Gesellschafter für Vorzugsrechte für ihre Anteile leisten; (4) Zuweisungen von anderen Zuzahlungen, die Gesellschafter in das Eigenkapital leisten; (5) Bei der AG nach §§ 229 ff. AktG: Zuführung von Buchgewinnen bei der Kapitalherabsetzung; (6) Bei der GmbH nach § 42 II GmbHG: Gegenposten zu aktivierten eingeforderten Nachschüssen in der Kapitalrücklage.

Kapitalrücklage (§ 272 II HGB)	
Auflösung	wie gesetzliche Rücklage gem. § 150 AktG
Behandlung in der Bilanz und G + V-Rechnung	– *§ 270 I 1 HGB:* Einstellungen in die Kapitalrücklage und ihre Auflösung sind bereits bei der Bilanzaufstellung vorzunehmen; – *§ 275 IV HGB:* Veränderungen der Kapitalrücklagen dürfen in der G + V-Rechnung erst nach dem Posten Jahresüberschuss/Jahresfehlbetrag ausgewiesen werden.
Gesetzliche Rücklage der AG (§ 150 AktG)	
Aufgabe	*Ausschüttungssperre* von Teilen des Jahresüberschusses, die nur zum Ausgleich eines Jahresfehlbetrages oder eines Verlustvortrages verwendet werden dürfen, wenn andere Gewinnrücklagen nicht zur Verfügung stehen.
Bildung	Zuführung von 5 % des um einen Verlustvortrag aus dem Vorjahr geminderten Jahresüberschusses, bis die gesetzliche Rücklage zusammen mit den Kapitalrücklagen nach § 272 II Nr. 1–3 HGB – 10 % des Grundkapitals oder – einen in der Satzung bestimmten höheren Teil des Grundkapitals erreichen.
Auflösung	(1) Die gesetzliche Rücklage und die Kapitalrücklage übersteigen zusammen *nicht* den zehnten oder in der Satzung bestimmten höheren Teil des Grundkapitals. Verwendung der gesetzlichen Rücklage (a) zum Ausgleich eines Jahresfehlbetrages, soweit er nicht – durch einen Gewinnvortrag aus dem Vorjahr gedeckt und – durch Auflösung anderer Gewinnrücklagen ausgeglichen werden kann; (b) zum Ausgleich eines Verlustvortrages aus dem Vorjahr, soweit er nicht – durch einen Jahresüberschuss gedeckt ist und – durch Auflösung anderer Gewinnrücklagen ausgeglichen werden kann. (2) Die gesetzliche Rücklage und die Kapitalrücklage übersteigen den zehnten oder den in der Satzung bestimmten höheren Teil des Grundkapitals. Verwendung des übersteigenden Teils der gesetzlichen Rücklage (a) zum Ausgleich eines *Jahresfehlbetrags,* soweit er nicht durch einen Gewinnvortrag aus dem Vorjahr gedeckt ist; (b) zum Ausgleich eines Verlustvortrages aus dem Vorjahr, soweit er nicht durch einen Jahresüberschuss gedeckt ist. Die Verwendung nach (a) und (b) setzt voraus, dass nicht gleichzeitig Gewinnrücklagen zur Gewinnausschüttung aufgelöst werden; (c) zur Kapitalerhöhung *aus Gesellschaftsmitteln* nach den §§ 207 bis 220 AktG.

(2) Sonstige Rücklagen

Andere Gewinnrücklagen werden in der Regel durch den Vorstand und den Aufsichtsrat gebildet. Diese Gremien dürfen nicht mehr als die Hälfte des um einen Verlustvortrag und die Zuführung zur gesetzlichen Rücklage und zur Rücklage für eigene Anteile verminderten Jahresüberschusses in die anderen Gewinnrücklagen einstellen, es sei denn, sie sind durch die Satzung zur Zuführung eines größeren Teils ermächtigt. Die Einstellung eines die Hälfte des (korrigierten) Jahresüberschusses übersteigenden Teils ist allerdings nur solange zulässig, wie die gesamten anderen Gewinnrücklagen nicht über die Hälfte des Grundkapitals angewachsen sind. Ist die Hälfte des Grundkapitals erreicht, so darf nur noch maximal die Hälfte des (korrigierten) Jahresüberschusses zugeführt werden (§ 58 II AktG). Nach § 58 III AktG kann die Hauptversammlung beim Beschluss über die Verwendung des Bilanzgewinns den Gewinnrücklagen weitere Beträge zuführen oder sie als Gewinnvortrag stehen lassen.

Die anderen Gewinnrücklagen müssen zur Tilgung von Verlusten herangezogen werden, bevor die gesetzliche Rücklage und die Kapitalrücklage, soweit sie 10 % des Grundkapitals nicht übersteigen, aufgelöst werden dürfen; erstere können aber auch zur Ausschüttung von Gewinnen, zur Aufrechterhaltung der Dividendenzahlung in Verlustjahren oder zur Kapitalerhöhung aus Gesellschaftsmitteln Verwendung finden.

Die *satzungsmäßigen Rücklagen,* deren Bildung durch die Satzung der Gesellschaft vorgeschrieben werden kann und die auch nur nach den Bestimmungen der Satzung aufgelöst werden dürfen, wurden nach dem AktG 1965 (a. f.) in der Regel nicht gesondert ausgewiesen, sondern waren entweder in den gesetzlichen Rücklagen (z.B. Zuführungen über den gesetzlich vorgeschriebenen Mindestbetrag hinaus) oder in den freien Rücklagen (z.B. Zweckbindung bestimmter Gewinnteile für soziale Zwecke) enthalten. Die Bilanzgliederung nach geltendem Recht sieht einen gesonderten Ausweis vor (§ 266 III HGB).

dd) Bilanzierung der Rücklagen

§ 152 II, III AktG verlangt in einer Vorspalte der Bilanz oder im Anhang eine Darstellung der Bewegungen in den Rücklagen, die der Vergrößerung der Bilanzklarheit dienen soll. Aus der Gewinn- und Verlustrechnung nach § 275 HGB bzw. § 158 AktG lässt sich zwar ersehen, welche Beträge den Gewinnrücklagen aus dem Jahresüberschuss zugeführt und welche Beträge aus den Rücklagen entnommen worden sind,[131] jedoch sind die Beträge nicht zu erkennen, die die Hauptversammlung in ihrem Beschluss über die Verwendung des Bilanzgewinns in die Gewinnrücklagen eingestellt hat, da durch diesen Beschluss der festgestellte Jahresabschluss nicht geändert wird (§ 174 III AktG), so dass diese Beträge erst in der folgenden Jahresbilanz als Teil der Gewinnrücklagen erscheinen. In der *Vorspalte* zu den Gewinnrücklagen *oder im Anhang* sind deshalb auszuweisen:

- die Beträge, die die Hauptversammlung aus dem Bilanzgewinn des Vorjahrs eingestellt hat;
- die Beträge, die aus dem Jahresüberschuss des Geschäftsjahrs eingestellt werden;
- die Beträge, die für das Geschäftsjahr entnommen werden (§ 152 III AktG).

Rücklagen, die buchmäßig durch Thesaurierung von Gewinnen entstehen (Gewinnrücklagen), also Gewinnverwendung darstellen, sind grundsätzlich steuerpflichtig (Einkommensteuer, Körperschaftsteuer, Gewerbeertragsteuer), d.h., sie sind *aus dem*

[131] Nach § 275 IV HGB dürfen Veränderungen der Kapital- und Gewinnrücklagen erst nach dem Posten Jahresüberschuss/Jahresfehlbetrag ausgewiesen werden.

versteuerten Gewinn zu bilden. Rücklagen, die durch Kapitaleinlagen entstehen, z.B. Agio-Beträge bei der Überpari-Ausgabe von Aktien (Kapitalrücklagen), unterliegen wie alle *Einlagen* nicht der Ertragsbesteuerung.

c) Rückstellungen

Rückstellungen sind Passivposten, die die Aufgabe haben, Aufwendungen, die erst in einer späteren Periode zu einer in ihrer Höhe und ihrem genauen Fälligkeitstermin am Bilanzstichtag noch nicht feststehenden Auszahlung (z.B. Steuerrückstellungen) oder Mindereinzahlung (z.B. Kulanzrückstellungen) führen, der Periode ihrer Verursachung zuzurechnen. Eine rechtsverbindliche Verpflichtung gegenüber einem Dritten muss nach betriebswirtschaftlicher Auffassung nicht bestehen, um eine Rückstellung bilden zu können. Es muss lediglich die Wahrscheinlichkeit für eine spätere Inanspruchnahme und somit für eine spätere Auszahlung gegeben sein, deren wirtschaftliche Begründung bereits aus der laufenden Abrechnungsperiode herrührt.

Der *Umfang des Rückstellungsbegriffs* hängt entscheidend davon ab, welche *Ziele* mit einer Bilanz verfolgt werden sollen. Soll in erster Linie der Bestand an Vermögen und Kapital an einem Stichtag festgestellt werden, so kommt der Rückstellung die Aufgabe zu, einen vollständigen Ausweis der Schulden zu ermöglichen, indem auch Schulden, die ihrem Verpflichtungsgrunde, ihrer Höhe und dem Termin ihrer Fälligkeit nach noch ungewiss sind, bereits erfasst werden. Eine rechtswirksame Verpflichtung (mit ungewisser Höhe) muss nicht notwendigerweise bestehen, es genügt, dass in der Abrechnungsperiode eine Schuld wirtschaftlich begründet wurde. Dieser – aus der statischen Bilanztheorie entspringende – Rückstellungsbegriff betont also vorwiegend den *Schuldcharakter der Rückstellung.*

Wird der Bilanz dagegen in erster Linie die Aufgabe zugeordnet, den in einer Periode erzielten Erfolg auszuweisen, wie das die dynamische Bilanzauffassung fordert, so erhält der Rückstellungsbegriff einen weiteren Umfang. Rückstellungen werden als *eine Art Abgrenzungsposten* aufgefasst, die ähnlich wie die Rechnungsabgrenzungsposten die Aufgabe haben, den Erfolg der Abrechnungsperiode von dem späterer Perioden dadurch abzugrenzen, dass die Aufwendungen (und Erträge) jeweils der Periode zugerechnet werden, in der sie verursacht worden sind. Daraus folgt, dass Rückstellungen nicht nur für ungewisse Verpflichtungen gegenüber Dritten, die ihren wirtschaftlichen Grund in der Abrechnungsperiode haben, gebildet werden müssen, sondern auch für Aufwendungen oder drohende Verluste, die wirtschaftlich in der Abrechnungsperiode begründet worden sind, die aber erst in einer späteren Periode zu einer Auszahlung oder Mindereinzahlung führen, ohne dass eine Verpflichtung gegenüber einem Dritten besteht. Das ist z.B. bei im Abstand mehrerer Perioden regelmäßig anfallenden Auszahlungen (z.B. für Großreparaturen) oder aperiodisch anfallenden Auszahlungen (z.B. bei innerhalb größerer Zeiträume erfahrungsgemäß immer wieder auftretenden Risikoverlusten) der Fall. Hier hat die Rückstellung die Aufgabe einer Verteilung der Auszahlungen auf mehrere Perioden, weil der der Auszahlung entsprechende Aufwand entweder in mehreren Perioden verursacht worden ist (Großreparaturen) oder durch Verteilung auf mehrere Perioden periodisiert werden soll. In diesen Fällen kann man von einer *wirtschaftlichen Verpflichtung* des Betriebes gegen sich selbst sprechen.

Eine Notwendigkeit zur Bildung von Rückstellungen ergibt sich vom betriebswirtschaftlichen Standpunkt aus den Grundsätzen ordnungsmäßiger Buchführung und Bilanzierung, nach denen mögliche Verluste bereits als echte Verluste auszuweisen sind *(Imparitätsprinzip).*

Geht man von dem weiteren *dynamischen* Rückstellungsbegriff aus, so muss, damit die Bildung einer Rückstellung zu rechtfertigen ist, eine der drei folgenden Voraussetzungen erfüllt sein:

(1) Der Betrieb rechnet mit einer *Inanspruchnahme durch einen Dritten,* die ihren wirtschaftlichen Grund in der Abrechnungsperiode hat, aber voraussichtlich erst in einer späteren Periode erfolgen und zu einer Auszahlung oder Mindereinzahlung führen wird. Hier ergeben sich folgende Möglichkeiten:

(a) Es besteht bereits eine *rechtswirksame Verpflichtung* gegenüber einem Dritten, die Höhe der später fällig werdenden Auszahlung ist aber noch ungewiss. Beispiel: Pensionsrückstellungen.
Vom betriebswirtschaftlichen Standpunkt aus – und zwar sowohl bei statischer als auch bei dynamischer Auslegung des Rückstellungsbegriffs – ist eine Passivierungspflicht von Pensionsanwartschaften zu fordern, da es sich bei den künftigen Pensionsleistungen um Zahlungen handelt, die für die Inanspruchnahme von Arbeitsleistungen in früheren Jahren, in denen der pensionsberechtigte Arbeitnehmer aktiv im Betriebe tätig war, nachgezahlt werden. Der Aufwand ist also in den Jahren eingetreten, in denen der Betrieb die Arbeitsleistungen eingesetzt hat. Vom Standpunkt einer richtigen Erfolgsabgrenzung sind demnach auch die Jahre, in denen der Aufwand erfolgte, und nicht die Jahre, in denen die Zahlungen geleistet werden, zu belasten *(dynamische Betrachtung).* Da der Betrieb zur späteren Zahlung verpflichtet ist, dient die Passivierung von Pensionsrückstellungen außerdem der Erfassung der jeweils entstandenen Schuld *(statische Betrachtung).*

(b) Es ist eine *Verpflichtung* gegenüber einem Dritten *bereits verursacht,* aber rechtswirksam noch nicht festgesetzt worden. Beispiele: Steuerrückstellungen, Rückstellungen für Bergschäden, die bereits erkennbar sind.
Bergschäden treten oft erst mehrere Jahre nach der Beendigung der Abbauhandlungen ein. Sie müssen aber im Interesse einer korrekten Periodenabgrenzung den Rechnungsperioden als Aufwand belastet werden, in denen sie verursacht worden sind. Auszahlungen fallen gewöhnlich erst erheblich später im Zusammenhang mit der Beseitigung der eingetretenen Schäden an.
Soweit die Höhe des eingetretenen Bergschadens bereits feststeht, liegt eine *echte Verbindlichkeit* des Betriebes vor. Ist die Höhe des Schadens dagegen noch ungewiss, so darf eine Rückstellung gebildet werden. Das gilt nicht nur für den Fall, dass der Schaden bereits eingetreten ist und eine Verpflichtung in Form eines Schadensersatzanspruchs besteht, dessen Höhe noch ungewiss ist, sondern auch dann, wenn Schäden als Folge der in der Abrechnungsperiode durchgeführten Abbauhandlungen bereits *verursacht* worden sind, *aber noch nicht nachgewiesen* werden können, d.h. eine rechtswirksame Verpflichtung noch nicht besteht.
Würden keine Rückstellungen für Bergschäden gebildet, so wäre der ausgewiesene Gewinn in den Jahren, in denen die Schäden verursacht, aber nicht verrechnet bzw. beseitigt worden sind, zu hoch und in den Jahren, in denen die Schadensersatzansprüche bezahlt werden müssen, zu niedrig. In beiden Fällen entsteht ein falsches Bild über die Rentabilität des Betriebes und besteht die Gefahr, dass infolge einer falschen Beurteilung der betrieblichen Situation nicht die richtigen Dispositionen getroffen werden. Bezieht man die Bergschäden periodengerecht in die Kostenrechnung ein, berücksichtigt sie aber in der Bilanz nicht, so kann zwar die Selbstkostenrechnung als Grundlage der Kalkulation des Angebotspreises verwendet werden, der Gewinn würde aber um die in die Selbstkosten einbezogenen und in den Verkaufserlösen gedeckten Kosten für die Bergschäden höher in der Bilanz erscheinen, da den verrechneten Kosten kein entsprechender Aufwand in der Ge-

winn- und Verlustrechnung gegenübersteht, solange keine Ausgaben für die Beseitigung der Bergschäden anfallen.

(c) Es besteht auf Grund der bisherigen Erfahrung die *Wahrscheinlichkeit,* dass eine Verpflichtung gegenüber einem Dritten entstehen wird, die ihren wirtschaftlichen Grund in der Abrechnungsperiode hat. Höhe und Fälligkeit sind noch ungewiss. Beispiele: Garantierückstellungen, Rückstellungen für Bergschäden, die durch Abbauhandlungen unter Tage bereits verursacht, aber noch nicht erkennbar sind. Auf der Grundlage gesetzlicher Bestimmungen (z.B. §§ 434 ff. BGB beim Kaufvertrag; §§ 633 ff. BGB beim Werkvertrag), vertraglicher Vereinbarungen oder kaufmännischer Übung ist der Betrieb verpflichtet, für die gelieferten Güter oder erstellten Leistungen eine zeitlich befristete *Garantie* dafür zu übernehmen, dass die Lieferungen oder Leistungen die zugesicherten Eigenschaften haben oder behalten und dass innerhalb dieser Zeit auftretende Mängel beseitigt werden. Dadurch bedingte Ersatzlieferungen oder Nacharbeiten stellen für den Betrieb Erlösschmälerungen dar, die im Interesse einer richtigen Aufwandsverteilung in der Periode erfasst werden müssen, in der die Leistung erfolgt ist.

(2) Es besteht eine rechtswirksame Verpflichtung auf Grund eines Vertrages, der in der Abrechnungsperiode abgeschlossen wurde, der aber noch von keinem der beiden Vertragspartner erfüllt wurde *(schwebendes Geschäft),* bei dessen Erfüllung der Betrieb aber einen am Bilanzstichtag bereits erkennbaren Verlust erleiden wird. Während die schwebenden Geschäfte selbst nicht bilanziert werden dürfen, können für *drohende Verluste aus schwebenden Geschäften* Rückstellungen gebildet werden.

Der Betrieb hat z.B. Waren bestellt, aber noch nicht erhalten und auch seinerseits noch nicht bezahlt *(schwebendes Anschaffungsgeschäft)* oder er ist vertraglich zu einer Lieferung verpflichtet, ohne dass er bisher eine Anzahlung erhalten hat *(schwebendes Absatzgeschäft).*

Lässt sich bereits am Bilanzstichtag mit einiger Wahrscheinlichkeit übersehen, dass aus der Erfüllung eines abgeschlossenen Kaufvertrages ein Verlust entstehen wird, da inzwischen die Wiederbeschaffungskosten gesunken (bei Anschaffungsgeschäften) oder die Herstellungs- oder Beschaffungskosten gestiegen sind (bei Lieferverträgen) oder das ganze Geschäft sich als Fehldisposition erwiesen hat, so erfordert der Grundsatz der kaufmännischen Vorsicht und des Gläubigerschutzes die Bildung einer Rückstellung, denn mögliche Verluste sind in der Bilanz als echte Verluste zu behandeln, während mögliche Gewinne vor ihrer Realisierung nicht berücksichtigt werden dürfen (Imparitätsprinzip).

(3) Es ist ein *Aufwand* entstanden oder es droht ein *Verlust,* der seinen wirtschaftlichen Grund in der Abrechnungsperiode hat, aber erst in einer späteren Periode zu einer Auszahlung bzw. Mindereinzahlung führt, ohne dass eine Inanspruchnahme durch einen Dritten erfolgt. Hier ergeben sich folgende Möglichkeiten:

(a) Es ist ein *drohender Verlust,* der seinen wirtschaftlichen Grund in der Abrechnungsperiode hat, bereits erkennbar, in seiner Höhe aber nur zu schätzen. Beispiele: Delkredererückstellungen, Rückstellungen für Selbstversicherungen mittels kalkulatorischer Wagniszuschläge.
Die speziellen Wagnisse, zu denen z.B. Diebstähle, Unfälle, Forderungsverluste, Beständewagnis, Abschreibungswagnis gehören, wirken sich nicht unmittelbar wie das allgemeine Unternehmerrisiko auf die Gesamtentwicklung des Betriebes aus, sondern lassen sich auf Grund von Erfahrungszahlen oder versicherungstechnischen Überlegungen in ihrer Größenordnung ungefähr bestimmen. Soweit sie nicht durch den Abschluss von Versicherungen gedeckt sind, oder soweit sie nicht

gedeckt werden können, weil eine Versicherungsgesellschaft für das betreffende Wagnis keinen Versicherungsschutz gewährt, werden in der Kostenrechnung *kalkulatorische Wagniszuschläge* gewissermaßen als *Selbstversicherung* in die Gemeinkosten eingerechnet und in der Bilanz durch entsprechende Rückstellungsbeträge erfasst.

Selbstversicherungen haben den Zweck, für einen evtl. Schadensfall einen *Deckungsbetrag* anzusammeln. Tritt kein Schadensfall ein, so ist für den Betrieb keine Vermögensminderung erfolgt. Schließt er dagegen eine Fremdversicherung ab, so mindert sich das Vermögen um die gezahlte Versicherungsprämie. Das gilt aber nur bei Betrachtung der einzelnen Periode. Durch die Selbstversicherungen wird an sich ein langfristiger Ausgleich zwischen eingetretenen Wagnisverlusten und verrechneten kalkulatorischen Wagniszuschlägen bzw. in der Bilanz zwischen eingetretenen Verlusten und gebildeten Rückstellungen erstrebt. Das ist nur möglich, wenn zur Berechnung *genügend Erfahrungsmaterial* zur Verfügung steht, z.B. bei Debitorenausfällen, Garantieverpflichtungen, Abschreibungswagnissen, durch falsche Schätzung der Nutzungsdauer u.ä., so dass auf statistischem Wege mit Hilfe der Wahrscheinlichkeitsrechnung eine Bestimmung der Höhe der wahrscheinlichen Verluste erfolgen kann. Betriebswirtschaftlich sind nur solche Wagnisrückstellungen anzuerkennen, die im Durchschnitt vieler Jahre einen mit einiger Wahrscheinlichkeit bestimmbaren Aufwand verursachen, auch wenn die Ausgaben dafür unregelmäßig anfallen.

(b) Es besteht eine *wirtschaftliche Verpflichtung* des Betriebes gegen sich selbst, die ihren wirtschaftlichen Grund in der Abrechnungsperiode hat, aber erst später zu einer Auszahlung führen wird. Beispiel: Rückstellungen für aufgeschobene Reparaturen.

Vom betriebswirtschaftlichen Standpunkt aus ist nicht in erster Linie die Frage bedeutsam, ob eine Verpflichtung gegenüber einem Dritten besteht oder nicht, sondern für den Betrieb ist es wichtiger zu wissen, wie durch die Rückstellungen seine derzeitige und zukünftige *Liquiditätslage* und seine *Finanzierungspolitik* beeinflusst werden. Bei der Beurteilung der Rückstellungen kommt es in erster Linie auf den Zeitpunkt an, an dem die Zahlung für den in der Periode verrechneten Aufwand erfolgen wird.

Da eine Rückstellung Vermögensteile so lange an den Betrieb bindet, bis die Auszahlungen einmal fällig werden, tritt eine mehr oder weniger lang andauernde Stärkung der Liquidität ein, und es besteht für den Betrieb die Möglichkeit, mit diesen Mitteln zu arbeiten. Ohne Bildung der Rückstellung wäre der entsprechende Betrag als Gewinn ausgewiesen worden und hätte u.U. den Betrieb als Ausschüttung und Steuerzahlung verlassen. Entsprechend müsste dann im Jahre der Auszahlung eine aufwandswirksame Verrechnung erfolgen, so dass der Gewinn dieser Periode zu niedrig ist, da ein periodenfremder Aufwand verrechnet wurde.

aa) Handelsrechtlicher Rückstellungsbegriff

Nach § 249 I 1 HGB besteht eine Passivierungspflicht für Rückstellungen für ungewisse Verbindlichkeiten und für drohende Verluste aus schwebenden Geschäften. Rückstellungen, die die Periodisierung von stoßweise anfallenden Ausgaben zum Ziel haben, sind grundsätzlich nicht zulässig (z.B. sog. Selbstversicherungen, kalkulatorische Wagniszuschläge).

§ 249 I Nr. 2 HGB schreibt außerdem eine Passivierungspflicht für Rückstellungen für Gewährleistungen, die ohne rechtliche Verpflichtung erbracht werden *(Kulanzrückstellungen)* vor. Passivierungspflichtig sind ferner Rückstellungen für im Geschäftsjahr *unterlassene Aufwendungen für Instandhaltung,* die in den ersten drei Monaten des folgenden Geschäftsjahres nachgeholt werden, sowie für unterlassene Aufwendungen für Abraumbeseitigung, die im folgenden Geschäftsjahr nachgeholt werden (§ 249 I Nr. 1 HGB).

Darüber hinaus räumte § 249 II HGB a.F. bis zum Bilanzrechtsmodernisierungsgesetz ein Wahlrecht zur Bildung von Aufwandsrückstellungen ein, womit dem Bilanzierenden gestattet werden sollte, eine Risikovorsorge für die Zukunft zu treffen.[132] Diese Möglichkeit wurde zwischenzeitlich aber als unsachgemäß empfunden, da sie dem Bilanzierenden zu viel bilanzielle Spielraum einräumt. Das Bilanzrechtsmodernisierungsgesetz hat diese Option daher aufgehoben.[133]

Dieser Rückstellungskatalog ist abschließend. § 249 III HGB bestimmt, dass für andere Zwecke keine Rückstellungen gebildet werden dürfen. Diese Vorschrift ist allerdings auslegungsbedürftig, weil der Begriff Rückstellungen für ungewisse Verbindlichkeiten Abgrenzungsprobleme aufwerfen kann. Sie soll jedoch verhindern, dass unter Berufung auf das Prinzip kaufmännischer Vorsicht weitere Rückstellungen gebildet werden können.

Das *Mindestgliederungsschema* für die Bilanz der Kapitalgesellschaften schreibt den gesonderten Ausweis folgender Rückstellungsarten vor (§ 266 III HGB):
- Rückstellungen für Pensionen und ähnliche Verpflichtungen;
- Steuerrückstellungen;
- sonstige Rückstellungen.

Die folgende Übersicht gibt einen Überblick über die Regelung der Rückstellungen durch das Bilanzrecht.

Rückstellungen in der Handelsbilanz (§ 249 HGB)	
Rückstellungskatalog (§ 249 HGB)	Keine gesetzliche Definition des Rückstellungsbegriffs, sondern erschöpfende Aufzählung der zulässigen Rückstellungsarten.
Gesonderter Ausweis in der Bilanz, § 266 III B 1–3 HGB, § 274 I HGB	(1) Rückstellungen für Pensionen und ähnliche Verpflichtungen; (2) Steuerrückstellungen; (3) sonstige Rückstellungen.
Berichterstattung im Anhang (§ 285 Nr. 12 HGB)	Rückstellungen, die in der Bilanz unter dem Posten sonstige Rückstellungen nicht gesondert ausgewiesen werden, sind zu erläutern, wenn sie einen nicht unerheblichen Umfang haben.
Passivierungspflicht (§ 249 I HGB)	(1) Rückstellungen für ungewisse Verbindlichkeiten; (2) Rückstellungen für drohende Verluste aus schwebenden Geschäften; (3) Rückstellungen für Gewährleistungen ohne rechtliche Verpflichtung (Kulanzrückstellungen); (4) Rückstellungen für unterlassene Instandhaltung, wenn diese in den ersten drei Monaten des folgenden Geschäftsjahres nachgeholt wird.
Passivierungsverbot, (§ 249 II 1 HGB)	Für andere Zwecke als die in § 249 I HGB genannten dürfen keine Rückstellungen gebildet werden.

[132] Vgl. zu den Hintergründen auch *Hoyos/Ring*, in: Beck'scher Bilanzkommentar, 7. Aufl. 2009, § 249 Rdnr. 300f.

[133] Zu den Gründen vgl. *Künkele*, in: Petersen/Zwirner, Bilanzrechtsmodernisierungsgesetz, 2009, S. 395, 396.

Rückstellungen in der Handelsbilanz (§ 249 HGB)	
Bewertung (§ 253 I 2, § 252 I Nr. 4 HGB)	– In Höhe des Betrages, der nach vernünftiger kaufmännischer Beurteilung notwendig ist; – Beachtung des Vorsichtsprinzips; alle vorhersehbaren Risiken und Verluste, die bis zum Abschlussstichtag entstanden sind, sind zu berücksichtigen.
Auflösung (§§ 249 II 2, 274 II 2 HGB)	Auflösung nur zulässig, soweit der Grund der Rückstellungsbildung entfallen ist bzw. bei Rückstellungen für latente Steuern, sobald die höhere Steuerbelastung eintritt oder mit ihr voraussichtlich nicht mehr zu rechnen ist.

bb) Steuerrechtlicher Rückstellungsbegriff

Da Rückstellungen den steuerpflichtigen Gewinn mindern, werden in der Steuerbilanz seit jeher strenge Maßstäbe bei ihrer Bildung angelegt, um willkürliche Gewinnverlagerungen zu verhindern.

Bereits nach Auffassung des *RFH* handelt es sich bei der Bildung von Rückstellungen um die Bewertung einer am Bilanzstichtage bereits bestehenden, nur ihrem Betrag nach noch nicht feststehenden Schuld oder eines in seiner Höhe noch nicht feststehenden Verlustes.[134] Die Auslegung des Rückstellungsbegriffes ist also streng statisch, es muss eine Verpflichtung gegenüber einem Dritten oder ein drohender Verlust, der zu einer Vermögensminderung führt, vorliegen. Die Auffassung des *RFH* hat sich mit der bilanztheoretischen Klärung des Rückstellungsbegriffs in der Betriebswirtschaftslehre allmählich in Richtung auf eine Erweiterung des steuerrechtlichen Rückstellungsbegriffs entwickelt. Der statische Rückstellungsbegriff des *RFH,* der in der Rückstellungsbildung eine notwendige Maßnahme zur vollständigen Schuldenerfassung am Bilanzstichtag sieht, schließt auch Rückstellungen für Verluste ein, die dem Betrage nach noch nicht genau feststehen. Die Zulässigkeit derartiger Rückstellungen wird von einer eingetretenen Vermögensminderung abhängig gemacht. Eine Periodenabgrenzung im Sinne der dynamischen Bilanzauffassung durch Abgrenzung von Zufallsverlusten im Wege der Periodisierung bleibt ausgeschlossen. Durch die Rechtsprechung des *BFH* trat im Laufe der Jahre eine gewisse Ausweitung des Rückstellungsbegriffs ein, ohne dass es aber bisher zu einer Anerkennung des dynamischen Rückstellungsbegriffs gekommen ist. Eine gewisse Ausweitung des steuerlichen Rückstellungsbegriffs erfolgte durch die Anerkennung von Rückstellungen für Gewährleistungen, die ohne rechtliche Verpflichtung *aus Kulanzgründen* erfolgen.[135]

Auf Grund des derzeitigen Standes der Rechtsprechung dürfen Rückstellungen in der Steuerbilanz gebildet werden, wenn

- eine Wahrscheinlichkeit des künftigen Entstehens einer Verbindlichkeit besteht,
- eine wirtschaftliche Verursachung vor dem Bilanzstichtag vorliegt und
- der Schuldner mit einer ernsthaften Inanspruchnahme rechnen muss.

Dabei gilt grundsätzlich die so genannte Alimentationsthese, wonach künftige Aufwendungen, die mit Gewinnchancen in der Zukunft verbunden sind, nicht rückstellungsfähig sind. Daher ist für die Bildung einer Rückstellung auch nicht ausreichend, dass eine rechtliche Verpflichtung besteht, wenn die wirtschaftliche Verursachung

---

134 *RFH* vom 17.12. 1929 – II A 528/29, RFHE 26, 157-160.

135 *BFH* vom 20.11. 1962 – I 242/61 U, BFHE 76, 307 = DStR 1960/63, 272 Nr 202. Dort heißt es: „*Die Bildung einer Rückstellung setzt jedoch nicht stets das Vorliegen einer klagbaren Verpflichtung voraus. Es genügt die Gewissheit, dass in den folgenden Jahren eine wirtschaftlich das abgelaufene Jahr treffende Schuld entstehen werde oder auch das Vorliegen einer sittlichen Verpflichtung, der sich der Unternehmer nicht zu entziehen können glaubt.*“

noch nicht eingetreten ist.[136] Für die Bildung von Rückstellungen ist es auch ausreichend, dass eine sittliche Verpflichtung zu einer Leistung gegenüber einem Dritten in ungewisser Höhe besteht, die wirtschaftlich in der Abrechnungsperiode begründet ist (Gewährleistungen ohne rechtliche Verpflichtung [Kulanzrückstellung]). Voraussetzung ist aber stets, das Vorliegen einer Wahrscheinlichkeit einer Inanspruchnahme von mehr als 51 %, so dass also mehr Gründe für als gegen ein Bestehen vorliegen müssen. Darüber hinaus besteht noch eine Reihe von steuerrechtlichen Sondervorschriften für die Bildung von Rückstellungen. Dabei handelt es sich etwa um Sonderregelungen bei der Verletzung fremder Patent-, Urheber oder ähnlicher Schutzrechte (§ 5 III EStG).[137]

d) Verbindlichkeiten

Verbindlichkeiten müssen in der Handels- und Steuerbilanz passiviert werden. Verbindlichkeiten bilden rechtliche oder faktische, dem Grunde wie der Höhe nach gewisse Verpflichtungen, die zum Abschlussstichtag als quantifizierbare Belastung entstanden, aber noch nicht erfüllt sind.[138]

Ähnlich wie bei den Vermögensgegenständen kann es auch bei den Verbindlichkeiten teilweise Schwierigkeiten bereiten, wer diese zu bilanzieren hat. § 246 I 3 HGB ordnet nunmehr ausdrücklich an, dass Schulden in der Bilanz des Schuldners auszuweisen sind. Diese selbstverständliche Regelung muss vor dem Hintergrund der Bedeutung der wirtschaftlichen Zurechnung von Eigentum nach § 246 I 2 Hs. 2 HGB verstanden werden. Während es bei dem Ausweis von Vermögensgegenständen auf der Aktivseite zulässig sein kann, Gegenstände als Vermögensgegenstände auszuweisen, obwohl diese nicht im Eigentum des Bilanzierenden stehen, soll dies bei den Schulden gerade nicht möglich sein. Aus Gründen des Vorsichtsprinzips muss stets der Schuldner die Schulden ausweisen. Der Schuldner mag zwar hinsichtlich der Schuld durch eine andere Person abgesichert sein, allerdings kann diese Sicherung grundsätzlich ausfallen. Etwas anderes gilt nur Sicherungsgeschäften, bei denen spezielle (bilanzrechtliche) Bewertungseinheiten gebildet werden können.[139]

7. Rechnungsabgrenzungsposten

Sowohl auf das Aktiv- als auch der Passivseite der Bilanz können schließlich Rechnungsabgrenzungsposten ausgewiesen werden. Sie dienen der Ermittlung eines periodengerechten Ergebnisses. Daher werden als aktive Rechnungsabgrenzungsposten die Ausgaben ausgewiesen, die *vor* dem Abschlussstichtag erfolgt sind, jedoch einen Aufwand für eine bestimmte Zeit *nach* dem Abschlussstichtag darstellen (§ 250 I HGB). Spiegelbildlich werden als passive Rechnungsabgrenzungsposten die Einnahmen ausgewiesen, die vor dem Abschlussstichtag erfolgt sind, jedoch einen Ertrag für eine bestimmte Zeit *nach* dem Abschlussstichtag darstellen (§ 250 II HGB).

---

[136] A.A. aber *BFH* v. 27. 6. 2001 – I R 45/97, BFHE 196, 216 = DStR 2001, 1384, dem allerdings ein Großteil der Literatur entgegengetreten ist (vgl. nur *Hey*, in: Tipke/Lang, Steuerrecht, 20. Aufl., 2009, § 17 Rdnr. 109).

[137] Für eine Übersicht vgl. etwa *Hey*, in: Tipke/Lang, Steuerrecht, 20. Aufl., 2009, § 17 Rdnr. 112ff.

[138] *Ballwieser*, in: Münchener Kommentar zum HGB, 2. Aufl., 2008, § 246 Rdnr. 69; *Kleindiek*, in: Großkommentar zum HGB, 4. Aufl., 1995ff., § 246 Rdnr. 25ff.

[139] Siehe oben S. 118.

§ 10. Grundsätze für die Bilanzierung der Höhe nach

1. Grundsatz der Unternehmensfortführung (Going-concern-Prinzip)

Die Bewertung in der Bilanz hat nach § 252 I Nr. 2 HGB grundsätzlich unter der Annahme zu erfolgen, dass das Unternehmen fortgeführt wird. Dieses Prinzip erfordert eine Bewertung der Vermögensgegenstände des Anlagevermögens zu ihren Anschaffungs- bzw. Herstellungskosten, bei abnutzbaren Anlagegütern unter Berücksichtigung planmäßiger Abschreibungen. Der Liquidationswert, d.h. der am Bilanzstichtag am Markt für gebrauchte Anlagegüter noch erzielbare Absatzpreis, würde im Falle der Unternehmensfortführung in der Regel zu einer zu niedrigen Bewertung führen, da er für Anlagen, die bereits längere Zeit im Betriebe genutzt werden, häufig mit dem Schrottwert identisch sein wird.

Der Grundsatz der Unternehmensfortführung gilt gem. § 252 I Nr. 2 HGB unter der Voraussetzung, dass dem nicht tatsächliche oder rechtliche Gegebenheiten entgegenstehen. Ein solcher Fall liegt vor, wenn der Zeitpunkt der Liquidation bei der Bilanzaufstellung bereits feststeht.

2. Grundsatz der Bewertungsstetigkeit (materielle Bilanzkontinuität)

Der Grundsatz der materiellen Bilanzkontinuität verlangt eine *Bewertungskontinuität,* d.h. die Beibehaltung der in früheren Bilanzen verwendeten Bewertungsgrundsätze. Die Einhaltung dieses Prinzips ist vom betriebswirtschaftlichen Standpunkt aus zu fordern, damit gewährleistet wird, dass die Gewinnermittlung nach gleichen Grundsätzen erfolgt und dementsprechend auch durch *Vergleich der Bilanzen* mehrerer Perioden Unterlagen für die Beurteilung der betrieblichen Entwicklung gewonnen werden können. Der Grundsatz der Bilanzkontinuität ist dabei zwingend (§ 252 I Nr. 6 HGB).

Das Handelsrecht hatte in § 252 I Nr. 6 HGB a.F. den Grundsatz der Bewertungsstetigkeit bis zum Bilanzrechtsmodernisierungsgesetz nicht als zwingende, sondern als für alle Kaufleute gültige Soll-Vorschrift formuliert: *Die auf den vorhergehenden Jahresabschluss angewandten Bewertungsmethoden sollen beibehalten werden.* Von diesem Grundsatz durfte nach § 252 II HGB nur in begründeten Ausnahmefällen abgewichen werden. Neben diesem Abweichen von der Bewertungsstetigkeit aus sachlichen Gründen ergab sich für Nicht-Kapitalgesellschaften ggf. eine *Relativierung des Stetigkeitsgebotes* aus der auslegungsbedürftigen Vorschrift des § 253 IV 3 HGB a.F., nach der Abschreibungen im Rahmen vernünftiger kaufmännischer Beurteilung bis zum Bilanzrechtsmodernisierungsgesetz vorgenommen werden konnten. Für Kapitalgesellschaften wurde jedoch unabhängig von Abweichungen von der Stetigkeit gem. § 252 II i.V.m. § 252 I Nr. 6 HGB a.F. die Vergleichbarkeit der Bilanzen dadurch erreicht, dass *Änderungen* der Bilanzierungs- und Bewertungsmethoden *im Anhang anzugeben* und zu erklären sind und ihr Einfluss auf die Vermögens-, Finanz- und Ertragslage gesondert darzustellen waren (§ 284 II Nr. 3 HGB).

3. Allgemeine Bewertungsgrundsätze

a) Aus dem Prinzip kaufmännischer Vorsicht abgeleiteten Bewertungsprinzipien

Das Bewertungsproblem ist das zentrale Problem der Bilanztheorie und der Bilanzpolitik. Die Wertansätze in der Bilanz hängen stets von den *Zielsetzungen* ab, die mit einer Bilanz verfolgt werden sollen. Nach dem Willen des Gesetzgebers soll der handelsrechtliche Jahresabschluss zum Schutze der Gläubiger und – bei Gesellschaften, bei denen die Gesellschafter nicht an der Geschäftsführung beteiligt sind – zum Schutze der Anteilseigner ein den tatsächlichen Verhältnissen entsprechendes Bild der Vermögens-, Finanz- und Ertragslage vermitteln (§ 264 II HGB).

Beide Gruppen von Bilanzadressaten sollen dadurch vor Vermögensverlusten geschützt werden, dass die Vermögens- und Ertragslage nicht zu günstig ausgewiesen werden kann, d.h. insbesondere, dass eingetretene Verluste nicht durch Höherbewertung von Vermögenspositionen verschleiert werden können. Das erfordert die Festlegung oberer Wertgrenzen durch den Gesetzgeber. Andererseits sollen die Bewertungsvorschriften durch Fixierung unterer Wertgrenzen verhindern, dass den Anteilseignern durch zu niedrige Bewertung des Vermögens zu geringe Gewinne vorgetäuscht werden.

Da die Bewertungsvorschriften aber nur zum Teil zwingender Natur sind und somit zu eindeutigen Wertansätzen führen, zu einem anderen Teil dagegen Wahlrechte gewähren, die Wertansätze innerhalb gewisser oberer und unterer Grenzen zu wählen *(Bewertungswahlrechte),* hat der Betrieb die Möglichkeit, die Bewertung des Vermögens und der Schulden und damit den Ausweis des Gewinns bzw. Verlustes nach *bilanzpolitischen Zielen* vorzunehmen. Alle den handelsrechtlichen Bewertungvorschriften zugrunde liegenden allgemeinen Bewertungsprinzipien lassen sich aus dem *Prinzip kaufmännischer Vorsicht* ableiten. Es handelt sich dabei um folgende Grundsätze.

aa) Realisationsprinzip

Das *Realisationsprinzip* hat die Forderung zum Inhalt, dass Gewinne und Verluste erst dann ausgewiesen werden dürfen, wenn sie durch den Umsatzprozess in Erscheinung getreten sind. Die Möglichkeit, Vermögensgegenstände zu einem späteren Zeitpunkt mit Gewinn veräußern zu können oder mit Verlust absetzen zu müssen, rechtfertigt nach diesem Grundsatz noch nicht die bilanzmäßige Berücksichtigung derartiger Gewinne bzw. Verluste. Das Prinzip schließt die Beachtung von Wertsteigerungen über die Anschaffungs- oder Herstellungskosten aus. Dabei kommt es nicht darauf an, ob die Wertsteigerungen die Folge einer allgemeinen Preissteigerung sind oder der Wert von Wirtschaftsgütern – z.B. eines unbebauten Grundstücks oder eines Wertpapiers – bei konstantem Geldwert gestiegen ist. Hat der Betrieb vor 20 Jahren ein unbebautes Grundstück für 50 000 € gekauft, das heute einen Wert von 300 000 € hat, so dürfen die Anschaffungskosten von 50 000 € in der Bilanz nicht überschritten werden. Die Wertsteigerung von 250 000 € wird erst als Gewinn realisiert, wenn das Grundstück tatsächlich zu 300 000 € verkauft worden ist.

bb) Niederstwertprinzip

Das *Niederstwertprinzip* schränkt das Realisationsprinzip für Wertminderungen ein. Es besagt, dass von zwei möglichen Wertansätzen – z.B. den Anschaffungs- oder Herstellungskosten einerseits und dem Börsen- oder Marktpreis andererseits – jeweils der niedrigere angesetzt werden muss (strenges Niederstwertprinzip) oder darf (gemildertes Niederstwertprinzip) und damit eine Aufwandsantizipation verlangt bzw. erlaubt wird. Der niedrigere der beiden zur Wahl stehenden Werte bildet bei strenger Anwendung des Prinzips, die nach § 253 III HGB bei der Bewertung des Umlaufvermögens gefordert wird, die obere Wertgrenze, die nicht überschritten werden darf. Ist z.B. ein Rohstoff zu 60 € pro Mengeneinheit beschafft worden, und betragen die Wiederbeschaffungskosten am Bilanzstichtag nur noch 55 €, so ist der höchstmögliche Wertansatz 55 €. Sind dagegen die Wiederbeschaffungskosten auf 65 € gestiegen, so dürfen die Anschaffungskosten von 60 € nicht überschritten werden.

cc) Höchstwertprinzip für Verbindlichkeiten

Das *Höchstwertprinzip für Verbindlichkeiten* ergibt sich durch analoge Übertragung des Niederstwertprinzips von der Bewertung des Vermögens auf die Bewertung der Verbindlichkeiten. Ist z.B. der Wert einer Verbindlichkeit am Bilanzstichtag höher als ihre Anschaffungskosten waren (z.B. bei Auslandsschulden infolge von Wechselkursänderungen), so ist der höhere Wert anzusetzen. Sinkt der Wert unter die Anschaffungskosten, so darf der niedrigere Wert nicht berücksichtigt werden.

dd) Imparitätsprinzip

Das Imparitätsprinzip fasst die drei erstgenannten Grundsätze zu einer Regel zusammen. Da Ertragsantizipationen unzulässig sind, vollzieht sich die Bewertung im Hinblick auf erwartete Gewinne und erwartete Verluste ungleichmäßig. Das Imparitätsprinzip besagt:

- noch nicht durch Umsatz realisierte Gewinne dürfen nicht ausgewiesen werden; es gilt also das Realisationsprinzip;
- noch nicht durch Umsatz realisierte Verluste müssen oder dürfen berücksichtigt werden; das Realisationsprinzip gilt also nicht, an seine Stelle tritt das Niederstwertprinzip bei der Bewertung von Vermögensgegenständen, das Höchstwertprinzip bei der Bewertung von Verbindlichkeiten.

ee) Überblick

Bewertungsprinzip	Inhalt	Aufgaben	Anwendung
Prinzip kaufmännischer Vorsicht	Bei der Bewertung sind alle sich für die Zukunft abzeichnenden Risiken zu berücksichtigen	Gläubigerschutz, Schutz nicht geschäftsführender Gesellschafter, Kapitalerhaltung	In Handels- und Steuerbilanz Grundlage des Niederstwert- und Imparitätsprinzips, Prinzip des Wertzusammenhangs
Realisationsprinzip	Gewinne und Verluste dürfen erst ausgewiesen werden, wenn sie durch Umsatz realisiert sind	Schutz der Bilanzadressaten vor zu günstiger und zu ungünstiger Darstellung der Vermögens- und Ertragslage, Vermeidung der Ausschüttung und der Besteuerung unrealisierter Gewinne	a) für Gewinne: Anschaffungswertprinzip (Verbot des Ausweises höherer Wiederbeschaffungskosten in Handels- und Steuerbilanz) b) für Verluste: keine Anwendung
Niederstwertprinzip	Von zwei oder mehreren zur Wahl stehenden Werten ist höchstens der niedrigste anzusetzen	Schutz der Bilanzadressaten vor zu günstiger Darstellung der Vermögens- und Ertragslage	In strenger Form: der niedrigste Wert muss angesetzt werden: im Umlaufvermögen stets, im Anlagevermögen bei dauernder Wertminderung. In gemilderter Form: der niedrigste Wert darf

Bewertungs-prinzip	Inhalt	Aufgaben	Anwendung
			angesetzt werden: im Anlagevermögen (bei Kapitalgesellschaften nur bei Finanzanlagen) bei vorübergehender Wertminderung
Höchstwert-prinzip	Von zwei oder mehreren zur Wahl stehenden Werten ist zur Bewertung von Verbindlichkeiten mindestens der höchste anzusetzen	Wie Niederstwert-prinzip, bezogen auf Verbindlichkeiten	Bewertung von Verbindlichkeiten
Imparitäts-prinzip	Kombination von Realisationsprinzip für Gewinne und Niederstwert- bzw. Höchstwertprinzip: Unrealisierte Gewinne dürfen nicht, unrealisierte Verluste dürfen oder müssen bereits ausgewiesen werden	Schutz der Bilanz-adressaten vor zu günstiger Darstellung. Ausschüttungssperre für unrealisierte Gewinne, Minderung des Gewinnausweises durch Berücksichtigung drohender Verluste	In Handels- und Steuerbilanz Grundlage der Bewertungsvorschriften

b) Problem der Unternehmenserhaltung im Jahresabschluss

aa) Formen der Kapitalerhaltung

Die Unternehmenserhaltung ist in der Regel die Voraussetzung für die ungestörte Fortführung des Betriebsprozesses. Sie kann nominell, d.h. in Geldeinheiten, oder substantiell, d.h. in Gütereinheiten gemessen werden. Man unterscheidet deshalb zwischen nomineller Kapitalerhaltung und Substanzerhaltung. Unter der Annahme konstanter Beschaffungs- und Absatzpreise stimmen beide Formen der Unternehmenserhaltung überein, d.h., wenn am Ende einer Periode aus dem betrieblichen Prozessablauf ebenso viele finanzielle Mittel zur Verfügung stehen wie am Anfang der Periode, so können auch die gleichen Mengen an Produktionsfaktoren wiederbeschafft werden, die zur Durchführung des Produktions- und Umsatzprozesses der abgelaufenen Periode eingesetzt werden mussten.

Für die Handels- und Steuerbilanz hat der Gesetzgeber das Prinzip der nominellen Kapitalerhaltung durch gesetzliche Bewertungsvorschriften fixiert. Diesem Prinzip liegt die Vorstellung zugrunde, die jeweilige Geldeinheit sei ein im Zeitablauf konstanter Wertmesser (€ = €). Die Leistungsfähigkeit eines Betriebes gilt als gewahrt, wenn das nominelle Geldkapital ziffernmäßig von Periode zu Periode gleich bleibt, mit anderen Worten, wenn der Ertrag den in den ursprünglich angefallenen Anschaffungs- oder Herstellungskosten gemessenen Aufwand deckt. Ein Gewinn (Verlust) im Sinne des Prinzips der nominellen Kapitalerhaltung liegt vor, wenn das Eigenkapital am Ende des Jahres – unter Berücksichtigung von Entnahmen und Einlagen – das Eigenkapital am Anfang des Jahres übersteigt (unterschreitet). Der in Handels- und Steuerbilanz nach dieser Konzeption ermittelte Gewinn unterliegt in voller Höhe der Besteuerung und kann – unter Beachtung der Vorschriften über die Zuführung zu den

Rücklagen – an die Anteilseigner ausgeschüttet werden. Steigen die Preise infolge konjunktureller Einflüsse oder allgemeiner Geldentwertung, so kann die Produktionsfähigkeit des Betriebes durch Einsatz der gleichen investierten Geldsumme nicht aufrechterhalten werden, denn die durch die Verrechnung des Aufwandes in Höhe der ursprünglich angefallenen Anschaffungs- oder Herstellungskosten der verbrauchten bzw. verkauften Vermögensgegenstände an den Betrieb gebundenen Ertragsteile reichen nicht aus, die verbrauchten bzw. verkauften Vermögensgegenstände in vollem Umfang neu zu beschaffen.

Dieser Tatsache soll durch das *Prinzip der realen Kapitalerhaltung* Rechnung getragen werden. Die Vertreter dieser Konzeption verfolgen das Ziel der Erhaltung eines geldziffernmäßig bestimmten Ursprungskapitals in Einheiten gleicher Kaufkraft. Das Eigenkapital ist *real* oder *indexmäßig* erhalten, wenn die Kaufkraft des Endkapitals gleich der des Anfangskapitals einer Periode ist. Ein Gewinn liegt demnach vor, wenn die Kaufkraft des Endkapitals höher ist als die des Anfangskapitals; anders formuliert: Gewinn ist der Überschuss des mittels eines Index auf gleiche Kaufkraft umgerechneten Endkapitals über das Anfangskapital. Die reale Kapitalerhaltung ist lediglich eine Variante der nominellen Kapitalerhaltung. Beide entspringen einem rein geldmäßigen Denken. Die Veränderung des Preisniveaus innerhalb einer Volkswirtschaft kann an sehr verschiedenen Wertmaßstäben gemessen werden, z.B. an der Preisentwicklung einzelner Güter (Gold, Weizen), an den Kursen bestimmter ausländischer Devisen, am Lebenshaltungs- oder am Großhandelspreisindex.

bb) Formen der Substanzerhaltung

Gegenüber der geldmäßigen Betrachtungsweise der Konzeptionen der nominellen und der realen Kapitalerhaltung stellt das *Prinzip der Substanzerhaltung* nicht den *Wert* von zu erhaltenden Vermögensgegenständen, sondern deren *Menge* in den Vordergrund. Die substantielle Kapitalerhaltung ist dann erreicht, wenn der mengenmäßige Bestand der Vermögensgegenstände am Ende der Periode dem am Anfang der Periode entspricht, d.h., wenn es gelungen ist, aus den Erträgen der Periode die verbrauchten bzw. veräußerten Vermögensgegenstände (bei gestiegenen Preisen) wiederzubeschaffen. Als Gewinn wird demnach nur der Teil der Erträge angesehen, der nicht zur Wiederbeschaffung der in der Periode verbrauchten bzw. veräußerten Vermögensgegenstände benötigt wird. Dementsprechend muss die Bewertung der am Periodenende verbrauchten bzw. veräußerten Vermögensgegenstände in der Erfolgsrechnung (Aufwendungen) *zu Wiederbeschaffungspreisen* erfolgen.

Substanzerhaltung ist grundsätzlich in zwei Formen möglich. Versteht man darunter den Ersatz der Vermögensgegenstände in unveränderter Form (Art, Qualität und Menge), so spricht man von *reproduktiver Substanzerhaltung*. Das Streben nach Substanzerhaltung kann jedoch so weit gehen, dass von einer Erhaltung der Substanz erst dann gesprochen wird, wenn die Leistungsfähigkeit des Betriebes nicht nur auf dem gleichen Niveau erhalten wird, sondern mit der Gesamtentwicklung der volkswirtschaftlichen Produktivität Schritt hält. Bei dieser *relativen* oder *qualifizierten Substanzerhaltung* wird nur noch das als Gewinn angesehen, was nach Bildung ausreichender Substanzerhaltungsrücklagen übrig bleibt. Die Tatsache, dass die Nominalgewinne durch Gewinnsteuern gekürzt werden und folglich bei Preissteigerungen die Substanzerhaltung über eine Zurückbehaltung von bereits versteuerten Gewinnen durch Rücklagenbildung erfolgen muss, ist oft als eine unberechtigte Besteuerung von Scheingewinnen angegriffen worden.

Das folgende Beispiel zeigt das Problem: Angenommen, die Anschaffungskosten einer Ware haben 240 € betragen, die Wiederbeschaffungskosten sind am Bilanzstichtag auf 300 € gestiegen, der im Laufe der Periode ebenfalls gestiegene Verkaufspreis von 400 € konnte bei der Veräußerung erzielt werden.
Dann ergibt sich, wenn man von weiteren Aufwendungen neben den Anschaffungskosten absieht:

Verkaufspreis	./. Anschaffungskosten	= Gesamtgewinn
400	./. 240	= 160
Verkaufspreis	./. Wiederbeschaffungskosten	= Umsatzgewinn
400	./. 300	= 100
Wiederbeschaffungskosten	./. Anschaffungskosten	= Preissteigerungsgewinn (Scheingewinn)
300	./. 240	= 60

Soll eine *Substanzerhaltung nach Steuern* möglich sein, so darf die Steuerbelastung des Gesamtgewinns nicht höher sein als der Umsatzgewinn.

	Steuersatz		
	60%	62,5%	70%
– Gesamtgewinn vor Steuer	160	160	160
Steuer	96	100	112
– Gesamtgewinn nach Steuer	64	60	48
Preissteigerungsgewinn (Einbehaltung zur Substanzerhaltung erforderlich)	60	60	60
mögliche Ausschüttung	4	–	–
Fehlbetrag bei Substanzerhaltung	–	–	12

Die Angriffe gegen eine Besteuerung von Preissteigerungsgewinnen sind nicht berechtigt, da es gegen die Gleichmäßigkeit der Besteuerung verstoßen würde, wenn nicht die in Betrieben erzielten Nominalgewinne, sondern nur die um bestimmte zur Substanzerhaltung erforderlichen Beträge gekürzten Gewinne der Besteuerung unterliegen würden, während bei allen anderen Einkunftsarten (z.B. Einkünfte aus nichtselbständiger oder selbständiger Arbeit, Einkünfte aus Vermietung und Verpachtung, aus Kapitalvermögen) die Nominaleinkünfte besteuert werden. Eine Umrechnung aller steuerpflichtigen Einkünfte auf Realwerte ist verwaltungstechnisch nicht durchführbar.

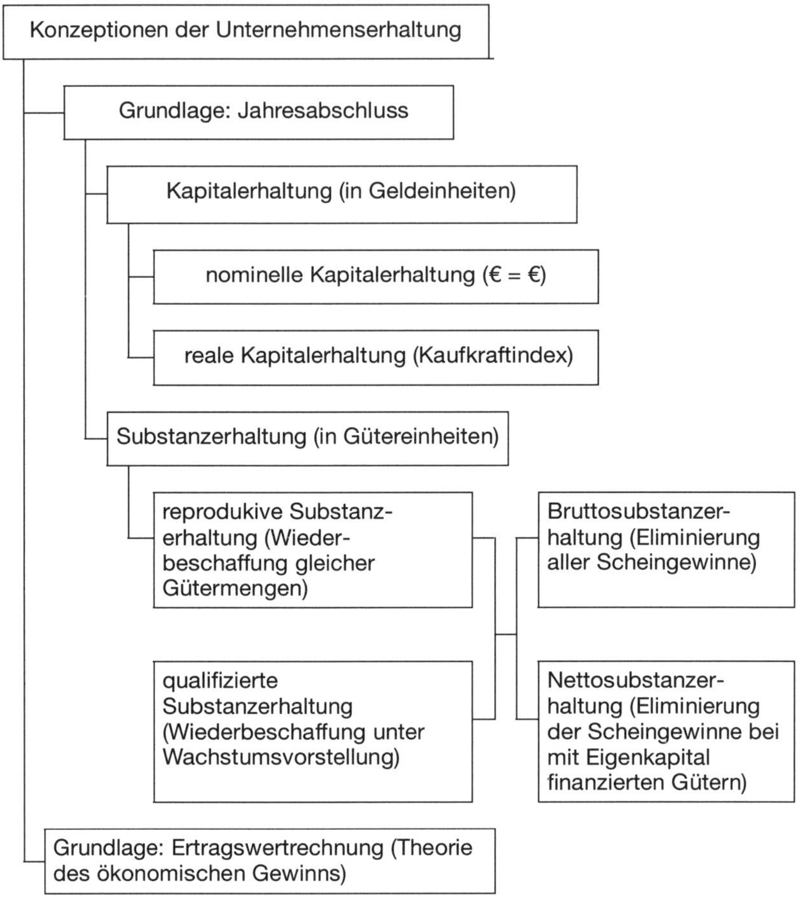

c) Einzelbewertung – Gesamtbewertung

aa) Grundsatz

Die Bewertung in der Bilanz erfolgt nach dem *Grundsatz der Einzelbewertung,* d.h. jeder Vermögensgegenstand und jede Schuld wird für sich bewertet. Der Gesamtwert eines Unternehmens lässt sich folglich mit Hilfe der Bilanz nur durch eine *Addition* der einzelnen Vermögenswerte ermitteln. Da jedoch nicht alle Vermögensgegenstände bilanziert werden dürfen (Bilanzierungsverbote) oder bilanziert werden müssen (Bilanzierungswahlrechte)[140] und da es außerdem Werte gibt, die zwar nicht Gegenstand des Rechtsverkehrs sind und deshalb nicht in die Bilanzsumme aufgenommen werden dürfen, dennoch aber bei der Erzielung des Ertrages mitwirken (z.B. der gute Ruf des Unternehmens und die darauf basierende Kreditwürdigkeit, der Kundenstamm, die Organisation), zeigt die Bilanzsumme den *Gesamtwert* des Unternehmens *nur unvollkommen* an. Er wird deshalb genauer ermittelt, wenn die mit allen bilanzierungsfähigen und nicht bilanzierungsfähigen Werten erzielten bzw. nachhaltig erzielbaren *Reinerträge (Gewinne) kapitalisiert* werden. Der Gesamtwert entspricht dann einem Kapitalbetrag, der bei Annahme eines bestimmten Kalkulationszinsfußes (z.B.

[140] Siehe oben S. 88f.

Zins für alternative Kapitalanlagemöglichkeiten) erforderlich wäre, um damit Zinserträge in Höhe der nachhaltig im Unternehmen zu erzielenden Gewinne zu verdienen.

Bei der Einzelbewertung stellt sich das Problem, ob ein Vermögensgegenstand nur isoliert für sich oder unter der Berücksichtigung der Tatsache bewertet wird, dass er in einem Betrieb mit anderen Vermögensgegenständen zusammen eine Leistung erbringt. Wird z.B. eine Maschine isoliert bewertet, so kann ihr Wert erstens dem Preis entsprechen, der am Absatzmarkt für sie noch zu erzielen ist. Das ist vielleicht nur noch der Schrottwert, wenn es keinen Käufer gibt, der die Maschine noch verwenden kann.

Da Maschinen in der Regel nicht beschafft werden, um wieder am Absatzmarkt verkauft zu werden, sondern im Betriebe zur Leistungserstellung bis zum Ende ihrer wirtschaftlichen Nutzungsdauer eingesetzt werden sollen, kann ihr Wert zweitens auch von den geschätzten Erträgen abgeleitet werden, die diese Maschine im Rahmen des Betriebes noch erbringen kann.

Zur Bewertung können drittens die Anschaffungskosten der Maschine verwendet werden, vermindert um die bis zum Bilanzstichtag eingetretenen (geschätzten) Wertminderungen, die durch planmäßige oder außerplanmäßige Verteilung der Anschaffungskosten auf die wirtschaftliche Nutzungsdauer mittels Abschreibungen erfasst werden. Anstelle der Anschaffungskosten können viertens auch die um die Abschreibungen verminderten Wiederbeschaffungskosten am Bilanzstichtag angesetzt werden.

Bei der Einzelbewertung ist also zwischen marktpreisabhängiger und ertragsabhängiger Bewertung zu unterscheiden. Marktabhängige Bewertungsmaßstäbe sind die Anschaffungskosten, die Herstellungskosten, die Wiederbeschaffungskosten und die Preise am Absatzmarkt. Ein ertragsabhängiger Bewertungsmaßstab ist seiner Idee nach der steuerliche Teilwert.[141] Wegen der großen Schwierigkeiten bei seiner Ermittlung wird er in der Praxis häufig von marktabhängigen Werten abgeleitet. Zusammenfassend lassen sich folgende Bewertungsmöglichkeiten unterscheiden:

- Die marktpreisbezogene Einzelbewertung der einzelnen Vermögensgegenstände ohne Rücksicht auf ihre Zugehörigkeit zu einem Betrieb durch Verwendung von am Markt vorgefundenen Anschaffungskosten, Wiederbeschaffungskosten oder Absatzpreisen bzw. durch Ermittlung von auf Preisen des Beschaffungsmarktes basierenden Herstellungskosten.
- Die ertragsabhängige Einzelbewertung der einzelnen Vermögensgegenstände unter Berücksichtigung ihrer Zugehörigkeit zu einem Betrieb, z.B. mit Hilfe des steuerlichen Teilwertes.
- Die Gesamtbewertung des Betriebes durch Addition der marktpreisbezogenen oder ertragsabhängigen Einzelwerte der bilanzierungsfähigen Vermögensgegenstände.
- Die ertragsabhängige Gesamtbewertung des Betriebes als einer wirtschaftlichen Einheit, die einen ihr zurechenbaren Ertrag abwirft, durch Kapitalisierung der nachhaltig mit allen bilanzierungsfähigen und nicht bilanzierungsfähigen Vermögensgegenständen gemeinsam zu erwartenden Reinerträge oder mit Hilfe anderer ertragsabhängiger Gesamtbewertungsverfahren.

Welche Bewertungsmaßstäbe angewendet werden, hängt von den mit der Bewertung verfolgten Zielen ab. Die Bewertung in der Handels- und Steuerbilanz ist aufgrund gesetzlicher Vorschriften grundsätzlich eine Einzelbewertung (§ 252 I Nr. 3 HGB).

---

[141] Zum Begriff und zur Problematik des Teilwertes vgl. S. 129f.

bb) Bewertungseinheiten

Der Grundsatz der Einzelbewertung ist allerdings nicht unproblematisch. Dies ist insbesondere dann der Fall, wenn einzelne Vermögensgegenstände für sich genommen in der Summe einen nur sehr kleinen (Gesamt)Wert erreichen, dieser Wert bei einer Gesamtbetrachtung aber möglicherweise deutlich höher ausfallen würde.

Die Problematik der Bewertungseinheiten stellt sich zudem in besonderem Maße bei der Anwendung des Konzept der *Fair-value*-Bewertung. Bei einer Erfassung von Bewertungseinheiten wird eine Bewertung nicht bezüglich einzelner Vermögensgegenstände oder Verbindlichkeiten vorgenommen, sondern es wird vielmehr auf so genannte zahlungsmittelgenerierende Einheiten *(cash generating units)* abgestellt (vgl. etwa IAS 36.65). Die Bildung dieser zahlungsmittelgenerierende Einheiten ist vor allem für Vermögensgegenstände und Verbindlichkeiten notwendig, die sich nicht aus dem Unternehmensverbund herauslösen und einzeln bewerten lassen. Insbesondere bei Fehlen eines aktiven oder vergleichbaren Marktes kann eine *Fair-value*-Bewertung nur anhand künftiger Zahlungsströme vorgenommen werden. Zahlungsströme lassen sich in vielen Fällen aber nicht einzelnen Vermögensgegenständen oder Verbindlichkeiten eindeutig zuordnen, so dass eine *Zusammenfassung* dieser Positionen notwendig ist. Die Erfassung zahlungsmittelgenerierender Einheiten wird bisher insbesondere im Rahmen der Bewertung eines derivativen Firmen- oder Geschäftswertes genutzt.[142] Ein schrittweiser Übergang zu einem *full fair value accounting* wird aber die Nutzung des Konzeptes zahlungsmittelgenerierender Einheiten erweitern, so dass damit auf lange Sicht auch vom Grundsatz der Einzelbewertung zumindest in einigen Fällen Abstand genommen werden wird.[143]

Das geltende deutsche Handelsbilanzrecht verzichtet weitgehend auf die Nutzung von Bewertungseinheiten und folgt dem Grundsatz der Einzelbewertung. Eine Ausnahme sieht seit dem Bilanzrechtsmodernisierungsgesetz lediglich § 254 HGB für Sicherungsgeschäfte (*hedging*) vor. Dabei handelt es sich um Transaktionen, die das Risiko anderer Transaktionen auffangen und ggf. ausgleichen sollen. Ohne dieses *hedging* würde sich das Risiko der (Ursprungs-)Transaktion vollständig auf den Bilanzierenden auswirken und bei diesem Eintreten. Durch das *Hedging* kann er dies zwar verhindern, allerdings würde sich die Risikoverwirklichung noch immer bilanziell auswirken, auch wenn sie später durch das Sicherungsgeschäft aufgefangen würde. Um diese Zwischenschritte zu verhindern, sieht § 254 HGB nun vor, dass beide Transaktionen als Sicherungsgeschäfte zusammengefasst werden und etwaige entstehende unrealisierte Gewinne und Verluste gegen gerechnet werden können. Soweit das Sicherungsgeschäft daher die (Ursprungs-)Transaktion vollständig abdeckt, bleibt der Eintritt eines Risikos somit bilanzneutral.

4. Bewertungsmaßstäbe der Handels- und Steuerbilanz

Die Bewertung von Vermögensgegenständen und Schulden in der Handels- und Steuerbilanz ist eines der grundlegenden Probleme des Rechnungslegungsrechts, da diese Methoden doch im Wesentlichen über den Inhalt bzw. die Inhaltskraft der Rechnungslegung entscheiden. Entsprechend unterschiedlich sind auch die für diese Fragen vorgesehenen Konzepte des Rechnungslegungsrechts. Dabei lässt sich unabhängig von diesen Konzepten grundsätzlich eine Trennung dieses Fragenkomplexes in Zugangs- und Folgebewertung vornehmen. Während die Zugangsbewertung die Frage behandelt, mit welchem Wert Vermögensgegenstände oder Schulden bei ihrer erstmaligen Berücksichtigung in der Rechnungslegung angesetzt werden sollen, widmet sich die Folgebewertung der Frage, mit welchem Wert einmal aufgenommene Vermögensge-

---

[142] Siehe S. 91 f.

[143] *Streim/Bieker/Esser*, BFuP 2003, 457, 472.

genständen und Schulden dann in den Folgejahren in der Rechnungslegung berücksichtigt werden sollen.

a) Aktiva

In der Handels- und Steuerbilanz sind bei den Vermögensgegenständen grundsätzlich die *Anschaffungs- oder Herstellungskosten* anzusetzen. Eine Ausnahme besteht insofern nur für Vermögensgegenstände, die zur Erfüllung von bestimmten Schulden dienen, da diese mit dem beizulegenden Zeitwert zu bewerten sind.[144] Da Vermögensgegenstände Wertschwankungen unterliegen können, müssen diese in ihrem Ansatz korrigiert werden. Dies geschieht bei Anlagegütern durch planmäßige oder außerplanmäßige Abschreibungen[145], bei Gütern des Umlaufvermögens in der Handelsbilanz durch Ansatz niedrigerer Werte, die, wenn sie an die Stelle der Anschaffungskosten treten, in der Regel vom Beschaffungs- oder Absatzmarkt abgeleitet werden, oder wenn sie an die Stelle der Herstellungskosten treten, als Reproduktionswert (Wiederherstellungskosten) oder Verkaufswert am Absatzmarkt (abzüglich bis zum Absatz noch anfallender Aufwendungen) ermittelt werden.

In der *Steuerbilanz* wird als niedrigerer Wert der steuerliche *Teilwert* angesetzt, der seiner theoretischen Konzeption nach ein selbständiger Wert neben den Anschaffungs- oder Herstellungskosten ist, in der Praxis aber wegen der Unmöglichkeit seiner rechnerischen Ermittlung (entsprechend der theoretischen Konzeption) ebenso wie bestimmte Wertmaßstäbe in der Handelsbilanz durch Korrekturen der Anschaffungs- oder Herstellungskosten an Hand niedrigerer Marktwerte bestimmt wird.

Zur Bewertung in der *Handelsbilanz* dienen folgende Wertmaßstäbe:
- die Anschaffungskosten (§§ 253 I, 255 I HGB),
- die Herstellungskosten (§§ 253 I, 255 II HGB),
- der beizulegende Zeitwert (§ 255 IV HGB),
- der aus dem Markt- oder Börsenwert am Beschaffungsmarkt (Wiederbeschaffungskosten am Bilanzstichtag) abgeleitete Wert (§ 253 IV 1 HGB),
- der unter den Anschaffungs- oder Herstellungskosten liegende niedrigere Wert, der den Vermögensgegenständen am Abschlussstichtag beizulegen ist (§ 253 IV 2 HGB), z.B. der Reproduktionswert (Wiederherstellungskosten am Bilanzstichtag) oder der Verkaufswert am Absatzmarkt abzüglich noch anfallender Aufwendungen,
- der beizulegende Zeitwert (§ 255 IV HGB).

Zur Bewertung in der *Steuerbilanz* werden nach § 6 EStG folgende Wertmaßstäbe verwendet:
- die Anschaffungskosten,
- die Herstellungskosten,
- der (niedrigere) Teilwert,
- der gemeine Wert,
- der Buchwert.

aa) Anschaffungskosten

Als Anschaffungskosten bezeichnet man die Gegenwerte, die ein Betrieb aufwenden muss, um einen Vermögensgegenstand zu beschaffen und einsatzfähig zu machen. Nach § 255 I HGB sind Anschaffungskosten die Aufwendungen, die geleistet werden,

---

144 Siehe S. 127.
145 Siehe S. 132ff.

um einen Vermögensgegenstand zu erwerben und in einen betriebsbereiten Zustand zu versetzen, soweit sie dem Vermögensgegenstand einzeln zugeordnet werden können. Zu den Anschaffungskosten gehören auch die Nebenkosten sowie die nachträglichen Anschaffungskosten. Anschaffungspreisminderungen sind abzusetzen. *Nachträgliche* Anschaffungskosten können beispielsweise entstehen, wenn ein bebautes Grundstück mit der Absicht erworben wird, das Gebäude, das technisch und wirtschaftlich wertlos ist, abzubrechen, jedoch kein neues Gebäude zu errichten (z.B. Nutzung des Grundstücks als Parkplatz). Die späteren Abbruchkosten zählen dann in der Steuerbilanz zu den Anschaffungskosten des Grund und Bodens.

Die Anschaffungskosten setzen sich also nach § 255 I HGB folgendermaßen zusammen:

	Anschaffungspreis
+	Anschaffungsnebenkosten
+	nachträgliche Anschaffungskosten
./.	Anschaffungspreisminderungen
=	Anschaffungskosten

Die Anschaffungskosten stellen einen Vergangenheitswert dar. Nur im Moment der Anschaffung sind sie gleich den Wiederbeschaffungskosten bzw. dem Tageswert (Börsen- oder Marktpreis). Durch Wertminderungen oder Preisänderungen im Ablauf der Zeit entsprechen die tatsächlichen Werte der Vermögensgegenstände gewöhnlich nicht mehr ihren Anschaffungskosten. Soweit Wertminderungen durch planmäßige Abschreibungen erfasst werden und die Anschaffungskosten mindern, spricht man von fortgeführten Anschaffungskosten bzw. Anschaffungswerten.

Wird für mehrere Güter ein Gesamtkaufpreis gezahlt, so erfordert das Prinzip der Einzelbewertung eine Verteilung auf die einzelnen Vermögensgegenstände. Die wichtigsten und zugleich problematischsten Fälle sind der Erwerb ganzer Betriebe oder Teilbetriebe und der Erwerb bebauter Grundstücke.

Zu den *Anschaffungsnebenkosten* gehören insbesondere Aufwendungen für Transport und Transportversicherung des beschafften Vermögensgegenstandes, für Aufstellung und Montage, etwa den Bau von Fundamenten für Maschinen, ferner für Gebühren für die Beurkundung von Kaufverträgen (insbesondere bei Grundstücken), für Provisionen und Vermittlergebühren, für Steuern (z.B. Grunderwerbsteuer), Zölle und sonstige Abgaben usw., kurz formuliert für alle Aufwendungen, die erforderlich sind, um den erworbenen Vermögensgegenstand in Dienst zu stellen (Maschinen) bzw., wenn er zur Weiterverarbeitung (Roh- und Betriebsstoffe) oder zum Verkauf (Waren) bestimmt ist, auf Lager zu nehmen.

Die Anschaffungsnebenkosten verursachen Ausgaben, durch deren Aktivierung eine Erhöhung des Bilanzansatzes der gekauften Vermögensgegenstände über den Anschaffungspreis hinaus erfolgt. Der Zweck der Einbeziehung der Nebenkosten in die Anschaffungskosten ist eine *periodenrichtige Verteilung des Aufwandes.* Die Anschaffungsnebenkosten werden ebenso wie der Anschaffungspreis bei Gütern des Anlagevermögens, die der Abnutzung unterliegen, mittels der Abschreibung über die Jahre der Gesamtnutzung verteilt, damit verhindert wird, dass der Gewinn einer Wirtschaftsperiode besonders stark reduziert wird, wenn die Anschaffungskosten im Jahre der Anschaffung voll als Aufwand in der Erfolgsrechnung verrechnet würden. Würde das geschehen, so wäre der Gewinn der folgenden Perioden der Nutzungsdauer des angeschafften Anlagegutes entsprechend höher, weil infolge der geringeren aktivierten

Anschaffungskosten die Abschreibungen (Absetzungen) pro Periode kleiner sind. Das widerspricht insbesondere in der Steuerbilanz dem Prinzip, den in einer Periode tatsächlich erwirtschafteten Gewinn auszuweisen.

Als Anschaffungspreis ist nicht der gezahlte Kaufpreis (Bruttopreis), sondern der Kaufpreis *abzüglich der Umsatzsteuer* (Nettopreis) anzusehen.

Der Lieferant ist – wenn der Abnehmer es verlangt – verpflichtet, den Kaufpreis in der Rechnung in zwei Teile aufzuspalten (§ 14 I UStG): den Nettopreis und die Umsatzsteuer. In die aktivierungsfähigen Anschaffungskosten geht nur der Nettopreis ein. Die im Kaufpreis gezahlte Umsatzsteuer darf nicht als Bestandteil der Anschaffungskosten aktiviert werden, da der Betrieb einen Rechtsanspruch auf Erstattung oder Aufrechnung an das Finanzamt hat. Durch Anschaffung eines Vermögensgegenstandes erwirbt der Betrieb zwei bei der Bilanzierung getrennt zu behandelnde Vermögenswerte: den gekauften Vermögensgegenstand und eine Forderung an das Finanzamt.

Für den Ansatz der Anschaffungskosten in der *Steuerbilanz* bestimmt § 9 b I EStG, dass der Vorsteuerbetrag, soweit er bei der Umsatzsteuer abgezogen werden kann, nicht zu den Anschaffungs- oder Herstellungskosten des Wirtschaftsguts (gehört), auf dessen Anschaffung oder Herstellung er entfällt.

bb) Herstellungskosten

Ganz oder teilweise selbsterstellte Güter (Halbfabrikate, Fertigfabrikate, für den eigenen Betrieb erstellte Anlagen und Werkzeuge usw.) sind mit den Herstellungskosten zu bewerten. Diese sind wesentlich schwieriger zu ermitteln als die Anschaffungskosten, da letztere im Allgemeinen aufgrund von Rechnungen, die bei der Beschaffung eines Vermögensgegenstandes erteilt werden, genau zu bestimmen sind. Auch die mit der Anschaffung verbundenen Nebenkosten wie Transport- und Aufstellkosten, Notariatsgebühren u.a. sind gewöhnlich als Aufwendungen, die zu entsprechenden Ausgaben führen, exakt zu berechnen. Die Herstellungskosten dagegen setzen sich aus einer Vielzahl von Kostenarten zusammen, die bei der Erstellung einer Betriebsleistung anfallen. Die Herstellungskosten werden in der Kostenrechnung ermittelt.

Aufgrund der grundsätzlichen Abhängigkeit der Steuerbilanz von der Handelsbilanz[146] müsste man annehmen, dass die Herstellungskosten in beiden Bilanzen identisch sind. Das ist jedoch nicht zwingend der Fall. So stimmen Aufwand in der Handelsbilanz und Betriebsausgaben in der Steuerbilanz nicht immer überein. In der Steuerbilanz dürfen nur die Aufwendungen, die als *abzugsfähige Betriebsausgaben* anerkannt werden, angesetzt werden. Das sind aber nicht alle Aufwendungen, die in die handelsrechtlichen Herstellungskosten eingehen. So können z.B. in der Handelsbilanz höhere Abschreibungsquoten als in der Steuerbilanz verrechnet werden, in der z.B. die Sätze der geometrisch-degressiven Abschreibung nach oben begrenzt sind.[147]

Mit dem Begriff Herstellung verbindet sich die Vorstellung eines technischen Vorganges. Betriebswirtschaftlich entspricht er aber nicht nur dem Begriff der Fertigung im Sinne des eigentlichen Herstellungsvorganges, sondern in etwa dem weiter gefassten Begriff der Produktion, d.h., er schließt auch die Beschaffung, den Transport und die Lagerung der zur Fertigung benötigten Kostengüter (Produktionsfaktoren) ein. Die Lagerung der Fertigfabrikate dagegen gehört bereits zum Vertriebsbereich. Die Her-

---

[146] Siehe S. 76 f.
[147] Siehe S. 137 f.

stellungskosten sind also die Summe aller Kosten, die bei der Erstellung einer betrieblichen Leistung anfallen, bis diese Leistung absatzreif ist. Die Herstellungskosten der Kostenrechnung sind ein *Teil der Selbstkosten.* Sie stellen eigentlich keinen selbständigen Begriff, sondern lediglich eine *Zwischensumme* im allgemeinen Kalkulationsschema dar, das folgendermaßen aufgebaut ist:

	Fertigungsmaterial	
+	Materialgemeinkosten	
=		Materialkosten
+	Fertigungslohn	
+	Fertigungsgemeinkosten	
+	Sonderkosten der Fertigung	
=		Fertigungskosten
=		Herstellungskosten
+		Verwaltungsgemeinkosten
+		Vertriebsgemeinkosten
+		Sonderkosten des Vertriebs
=		Selbstkosten

Ein großer Teil der Kostenarten aber lässt sich nicht direkt auf die Kostenträger zurechnen, da diese Kosten für mehrere oder alle Kostenbereiche (Kostenstellen) und mehrere oder alle Kostenträger angefallen sind und eine Aufteilung nur mit Hilfe von Schlüsselgrößen (Bezugsgrößen) möglich ist. Zu diesen so genannten Gemeinkosten gehören z.B. Anlagegüter, Versicherungen, Transportlöhne, Gehälter leitender Angestellter, bestimmte Steuern, Strom, Wasser, Post- und Telefongebühren u.a.

Ist es schon nicht einfach festzustellen, welche Bestandteile der Herstellungskosten in der Bilanz aktiviert werden müssen bzw. dürfen, weil die Trennung in Einzel- und Gemeinkosten nicht in allen Fällen eindeutig ist, so bereitet die Ermittlung der absoluten Beträge, die für jede Kostenart anzusetzen sind, aus mehreren Gründen erhebliche Schwierigkeiten:

(1) Die Verteilung der Gemeinkosten auf Kostenstellen und Kostenträger in der Kostenrechnung ist ein außerordentlich schwieriges Problem, das häufig nicht durch exakte Messungen, sondern nur durch Schätzungen lösbar ist.

(2) Nicht alle Bestandteile der betriebswirtschaftlichen Herstellungskosten dürfen in der Bilanz aktiviert werden, weil es sonst zu Verstößen gegen die Bilanzierungsvorschriften kommt. So dürfen z.B. *kalkulatorische Kosten* in dem Umfang, in dem sie nicht aufwandsgleich sind, nicht aktiviert werden. Als kalkulatorische Kosten bezeichnet man solche Kostenarten, die zwar in den Selbstkosten enthalten sind, aber nicht in die Gewinn- und Verlustrechnung eingehen, sondern Bestandteil des Bilanzgewinns sind, z.B. Eigenkapitalzinsen oder die Unternehmerlöhne. Würde genau zu Selbstkosten, also ohne Gewinnaufschlag verkauft, so müsste auch in diesem Falle der Unternehmer ein Entgelt für seine Mitarbeit und seinen Kapitaleinsatz erhalten; anderenfalls hätte er einen Vermögensverlust in Höhe des Betrages erlitten, den er erzielt hätte, wenn er sein Kapital ausgeliehen und als angestellter Geschäftsführer eines anderen Betriebes ein Gehalt verdient hätte.

Beispiel (es wird unterstellt, dass beim Umsatz keine Vertriebskosten anfallen):

Kostenrechnung			
Verschiedene Kosten	1 000 €	Erlöse	1 200 €
Unternehmerlohn	100 €		
Eigenkapitalzinsen	60 €		
Gewinn	40 €		
	1 200 €		1 200 €

Gewinn- und Verlustrechnung			
Herstellungskosten	1 000 €	Erlöse	1 200 €
Gewinn	200 €		
	1 200 €		1 200 €

In der Bilanz dürfen die Herstellungskosten, solange die Produkte noch nicht verkauft sind, nur in Höhe von 1 000 € angesetzt werden, in der Kostenrechnung betragen sie 1 160 €. Eine Aktivierung von 1 160 € in der Bilanz würde zum Ausweis eines noch nicht realisierten Gewinns von 160 € führen und gegen das Realisationsprinzip verstoßen.

(3) In der Kostenrechnung kann eine Bewertung der Kosten erfolgen, die mit den Bewertungsprinzipien der Handelsbilanz nicht vereinbar ist, z.B. die Verrechnung kalkulatorischer Abschreibungen auf Basis *gestiegener* Wiederbeschaffungskosten oder die Bewertung der Kostengüter mit Normal- oder Plankosten, die erheblich von den Istkosten abweichen.

Nach § 255 II HGB sind Herstellungskosten die Aufwendungen, die durch den Verbrauch von Gütern und die Inanspruchnahme von Diensten für die Herstellung eines Vermögensgegenstands, seine Erweiterung oder für eine über seinen ursprünglichen Zustand hinausgehende wesentliche Verbesserung entstehen. Über die Zusammensetzung der Herstellungskosten bestimmt § 255 II, III HGB im Einzelnen:

- Ein Aktivierungsgebot besteht für die Material(einzel)kosten, die Fertigungs(einzel) kosten, die Sonder(einzel)kosten der Fertigung sowie angemessene Teile der Materialgemeinkosten und des Wertverzehrs des Anlagevermögens, soweit dieser durch die Fertigung veranlasst ist.
- Ein Aktivierungswahlrecht wird für die Kosten der allgemeinen Verwaltung sowie für Aufwendungen für soziale Einrichtungen des Betriebs, für freiwillige soziale Leistungen und für betriebliche Altersversorgung eingeräumt, soweit sie sich auf den Zeitraum der Herstellung beziehen.
- Ein Aktivierungsverbot gilt für Forschungs- und Vertriebskosten und Fremdkapitalzinsen, bei letzteren mit der Ausnahme, dass – soweit die Zinsen auf den Zeitraum der Herstellung entfallen – ein Ansatz zulässig ist, wenn das Fremdkapital zur Finanzierung der Herstellung eines Vermögensgegenstandes verwendet wird.

Nach § 255 II, III HGB ergibt sich also folgende *Wertunter- bzw. Wertobergrenze* für die handelsrechtlichen Herstellungskosten:

	Wertuntergrenze	Wertobergrenze
Pflicht-bestandteile	Materialeinzelkosten + Fertigungseinzelkosten + Sondereinzelkosten der Fertigung	Materialeinzelkosten + Fertigungseinzelkosten + Sondereinzelkosten der Fertigung
	= gesamte Einzelkosten	= gesamte Einzelkosten
Wahlbestandteile		+ Materialgemeinkosten + Fertigungsgemeinkosten + Wertverzehr des Anlagevermögens + Kosten der allgemeinen Verwaltung + Aufwendungen für soziale Einrichtungen des Betriebs + Aufwendungen für freiwillige soziale Leistungen + Aufwendungen für betriebliche Altersversorgung + Fremdkapitalzinsen (unter der Voraussetzung des § 255 III HGB)
		= gesamte Einzel- und Gemeinkosten (außer Vertriebskosten)

Für die *Steuerbilanz* fordert § 6 I EStG den Ansatz von Herstellungskosten für Halb- und Fertigfabrikate und für die für den eigenen Betrieb erstellten Anlagen, Werkzeuge usw. Eine Definition des Begriffs Herstellungskosten gibt das Einkommensteuergesetz nicht. Was in die steuerlichen Herstellungskosten an Kostenarten einzubeziehen ist, d.h. welchen Umfang sie haben und wie sie zu ermitteln sind, wird weder aus dem Einkommensteuergesetz noch aus der Durchführungsverordnung ersichtlich. Allerdings sollen die Begrifflichkeiten des § 255 II, III HGB nach dem Willen des Gesetzgebers auch für § 6 I EStG verbindlich sein.[148]

Vor Geltung des Bilanzrechtsmodernisierungsgesetzes bestanden für bestimmte Herstellungskosten handelsrechtliche Wahlrechte, die im Rahmen der Steuerbilanz zu Aktivierungsgeboten wurden. Aufgrund der Abschaffung dieser Wahlrechte im Rahmen des Bilanzrechtsmodernisierungsgesetzes besteht nun aber wieder ein dahingehender Gleichlauf.

cc) Herstellungskosten selbst geschaffener immaterieller Vermögensgegenstände

Eine besondere Art von Herstellungskosten besteht für die selbst geschaffenen immateriellen Vermögensgegenstände.

Für diese bestand nach alter Rechtslage vor dem Bilanzrechtsmodernisierungsgesetz ein Ansatzverbot, da mit den selbst geschaffenen immateriellen Vermögensgegenständen grundsätzlich eine Reihe von Zweifelsfragen insbesondere bei der Bewertung verbunden ist. Aufgrund des Drucks durch die IAS/IFRS, die derartigen Vermögensgegenständen deutlich offener gegenüberstehen, sah sich der Gesetzgeber gezwungen auch deutschen Unternehmen diese Möglichkeit zu eröffnen, da anderenfalls insbesondere bei langjährigen Entwicklungen eine deutliche bilanzielle Belastung entstehen würde.

---

[148] Begr RegE BiRiLiG, BT-Drucks. 10/317, 88; vgl. auch *Hey*, in: Tipke/Lang, Steuerrecht, 20. Aufl. 2009, § 17 Rdnr. 139.

Nach der Regelung des § 255 IIa HGB sind bei den selbst geschaffenen immateriellen Vermögensgegenständen nunmehr die für ihre Entwicklung entstandenen Herstellungskosten anzusetzen. Dabei muss die Entwicklung von der Forschung unterschieden werden. Während die Forschung *nur* die eigenständige und planmäßige Suche nach neuen wissenschaftlichen oder technischen Erkenntnissen oder Erfahrungen allgemeiner Art ist, richtet sich die Entwicklung auf die Anwendung dieser Forschungsergebnisse oder der Weiterentwicklung von Gütern. Da beide Phasen oftmals schwierig voneinander zu trennen sind, sieht § 255 IIa 4 HGB ein Aktivierungsverbot vor, da anderenfalls dem Vorsichtsprinzip nicht hinreichend Rechnung getragen werden würde.

dd) Aus dem Markt- oder Börsenpreis abgeleitete Wert

Als Börsenpreis (Börsenkurs) gilt der an einer deutschen Börse amtlich festgestellte oder der im Freiverkehr ermittelte Preis (Kurs) am Bilanzstichtag. Marktpreis ist der Durchschnittspreis, der sich aus dem Vergleich einer erheblichen Anzahl an dem Ort, an dem die Gesellschaft ihre Waren einzukaufen oder abzusetzen pflegt, am Abschlussstichtag über Waren und Wertpapiere der betreffenden Art und Güte geschlossener Kaufverträge ergibt.[149]

§ 253 IV 1 HGB verlangt nicht den Ansatz des Börsen- oder Marktpreises, sondern des Wertes, der sich aus einem Börsen- oder Marktpreis am Abschlussstichtag ergibt, d.h., diese Werte sind entweder um Anschaffungsnebenkosten zu erhöhen oder um Verkaufsspesen zu vermindern. Marktpreise sind entweder vom Beschaffungsmarkt oder vom Absatzmarkt abzuleiten. Der *Beschaffungsmarkt* kommt in Frage für Roh-, Hilfs- und Betriebsstoffe und für Halb- und Fertigfabrikate, für die Fremdbezug möglich wäre. Ausgangswert sind die *Wiederbeschaffungskosten* am Bilanzstichtag, zuzüglich angemessener Nebenkosten. Der *Absatzmarkt* ist maßgeblich für Halb- und Fertigfabrikate, sowie für den Überbestand an Roh-, Hilfs- und Betriebsstoffen. Es erfolgt eine *verlustfreie Bewertung,* d.h. vom erwarteten Preis am Absatzmarkt sind alle noch bis zum Absatz anfallenden Aufwendungen abzusetzen. Ist der sich ergebende Wert niedriger als die Anschaffungs- oder Herstellungskosten, so ist der niedrigere Wert anzusetzen, da der am Stichtag erzielbare Preis die höheren Anschaffungs- oder Herstellungskosten zuzüglich der bis zum Verkauf noch anfallenden Aufwendungen nicht voll deckt, also ein Verlust zu erwarten ist, der nach dem Imparitätsprinzip bereits berücksichtigt werden muss, bevor er durch Umsatz in Erscheinung getreten ist.

ee) Am Bilanzstichtag beizulegende Wert

Der den Vermögensgegenständen am Abschlussstichtag beizulegende Wert (§ 253 IV 2 HGB), der dann zu ermitteln ist, wenn ein Börsen- oder Marktpreis nicht existiert, und der dann anzusetzen ist, wenn er *unter* den Anschaffungs- oder Herstellungskosten liegt, ist bei Roh-, Hilfs- und Betriebsstoffen *vom Beschaffungsmarkt abzuleiten.* Dabei ist von den Wiederbeschaffungskosten auszugehen, wenn es sich um Vermögensgegenstände handelt, die im Betrieb noch verwendet werden können. Die Wiederbeschaffungskosten dürfen angemessene Nebenkosten enthalten.

Handelt es sich um Rohstoffe, deren Verwendbarkeit im Betrieb eingeschränkt ist, so erfordert das Prinzip kaufmännischer Vorsicht die Vornahme von Abschlägen (sog. *Gängigkeitsabschreibung*). Sind die Rohstoffe usw. überhaupt nicht mehr verwendbar,

---

[149] Vgl. *Ballwieser*, in: Münchener Kommentar zum HGB, 2. Aufl., 2008, § 253 Rdnr. 57f.

so kommt als Bewertungsmaßstab nur der vom Absatzmarkt abgeleitete Verkaufspreis (evtl. Schrottpreis) abzüglich aller bis zum Verkauf noch anfallenden Aufwendungen in Frage. Entscheidend für die Bewertung ist also nicht die Art der Vermögensgegenstände, sondern der Grad ihrer Verwendbarkeit für den Betrieb.

Bei Halbfabrikaten, Fertigfabrikaten und Waren, für die kein Börsen- oder Marktpreis besteht oder deren Absatzpreise am Markt gesunken sind, muss die Bewertung nach den Verhältnissen *am Absatzmarkt* erfolgen. Es ist eine verlustfreie Bewertung vorzunehmen, d.h. Ausgangspunkt ist der vorsichtig geschätzte Verkaufserlös, der um alle bis zum Verkauf noch anfallenden Aufwendungen zu kürzen ist. Es erfolgt also eine retrograde Bewertung. Bei Fertigfabrikaten und Waren handelt es sich dabei vor allem um Erlösschmälerungen, Verpackungs-, Vertriebs- und Verwaltungskosten. Zu den zu berücksichtigenden Kosten zählen auch Kapitaldienstkosten, d.h. entstandene Zinsverluste hinzu, wenn die Wirtschaftsgüter voraussichtlich für längere Zeit nicht abgesetzt werden können.[150] Damit ergibt sich folgendes Schema:

	Voraussichtlicher Verkaufserlös
./.	Erlösschmälerungen
./.	Verpackungskosten und Ausgangsfrachten
./.	Sonstige Vertriebskosten
./.	Noch anfallende Verwaltungskosten
./.	Kapitaldienstkosten
=	am Bilanzstichtag beizulegender Wert

Beispiel:

Lagerbestand am 31. 12. 2005	10 000 Stück
Bisherige Herstellungskosten	12 €/Stück
Voraussichtlicher Verkaufspreis	14 €/Stück
Erlösschmälerungen (Garantieaufwand)	3 % vom Verkaufspreis
Kosten für Verpackung und Fracht	0,60 €/Stück
Noch anfallende Verwaltungskosten	2 % vom Verkaufspreis
Noch anfallende Herstellungskosten	1,70 €/Stück

Würde man die Bestände an Halbfabrikaten zu Herstellungskosten bewerten, gelangte man zu einem Wertansatz von 12 €/Stück × 10 000 Stück = 120 000 €. Bei verlustfreier Bewertung dagegen ergibt sich folgender Wertansatz:

	Voraussichtlicher Verkaufserlös	140 200 €
./.	Erlösschmälerungen	4 200 €
./.	Verpackungs- und Frachtkosten	6 000 €
./.	Verwaltungskosten	2 800 €
./.	Zusätzliche Herstellungskosten	17 000 €
	Wertansatz bei verlustfreier Bewertung	110 000 €

[150] So vor allem *Adler/Düring/Schmaltz*, Rechnungslegung und Prüfung der Unternehmen, 6. Aufl., 1994ff., § 253 Rdnr. 526.

ff) Beizulegender Zeitwert

In einem engen Zusammenhang mit dem am Bilanzstichtag beizulegenden Wert steht der so genannte beizulegende Zeitwert (*fair value*). Dabei handelt es sich um ein vor allem aus dem anglo-amerikanischen Raum stammendes Bewertungskonzept, das nicht auf historische Anschaffungs- oder Herstellungskosten abstellt, sondern versucht, die jeweiligen Vermögensgegenstände zu ihrem tatsächlichen, aktuellen Wert abzubilden.

Der beizulegende Zeitwert wird durch § 255 IV 1 HGB dem Marktpreis gleichgestellt. Dabei legt sich § 255 IV 1 HGB nicht auf einen bestimmten Markt wie etwa § 253 IV HGB fest. Dennoch kann nicht jeder Markt für den beizulegenden Zeitwert herangezogen werden. In Betracht kommen nur aktive Märkte, die einen Gleichgewichtspreis herbeiführen können und die für den Bilanzierenden auch tatsächlich erreichbar sind.[151] Soweit ein aktiver Markt nicht besteht, ist der beizulegende Zeitwert mit Hilfe anerkannter Bewertungsmethoden zu bestimmen (§ 255 IV 2 HGB). In Betracht kommen dabei etwa Vergleichswert- oder Multiplikatormethoden. Wenn schließlich eine Bestimmung weder nach § 255 IV 1 HGB noch nach § 255 IV 2 HGB möglich ist, müssen die Anschaffungs- oder Herstellungskosten zur Bewertung herangezogen werden (§ 255 IV 3 HGB), wobei bei der Folgebewertung auf den zuletzt ermittelten beizulegenden Zeitwert abzustellen ist (§ 255 IV 4 HGB).

Der beizulegende Zeitwert ist schließlich auch für das Steuerbilanzrecht von Bedeutung, wird dort allerdings als der gemeine Wert bezeichnet (§ 6 IV, VI 1 EStG).[152]

gg) Bewertung aufgrund von Abschreibungen nach vernünftiger kaufmännischer Beurteilung

Nach § 253 III 3 HGB a.F. durften Vermögensgegenstände des Umlaufvermögens auf einen niedrigeren Wert abgeschrieben werden, wenn diese Abschreibungen nach vernünftiger kaufmännischer Beurteilung notwendig waren, um zu verhindern, dass in der näheren Zukunft der Wertansatz dieser Vermögensgegenstände aufgrund von Wertschwankungen geändert werden mussten. Diese Bewertungsmöglichkeit hat der Gesetzgeber aber im Rahmen des Bilanzrechtsmodernisierungsgesetzes abgeschafft, da mit dieser eine zu große Gefahr der Manipulation verbunden war.

hh) Bewertung von Forderungen

Für Forderungen besteht grundsätzlich eine Aktivierungspflicht.[153] Weder für die Handelsbilanz noch für die Steuerbilanz gibt es besondere Vorschriften über die Bewertung von Forderungen.[154] Es gelten je nachdem, ob die Forderungen zum Anlage- oder zum Umlaufvermögen gehören, die *allgemeinen* Bewertungsgrundsätze. In der Steuerbilanz sind alle Forderungen mit den Anschaffungskosten, dem niedrigeren Teilwert oder einem Zwischenwert anzusetzen.

Als *Anschaffungskosten* einer Forderung aus Warenlieferungen gilt der volle Rechnungsbetrag der Lieferung, d.h. einschließlich der im Rechnungsbetrag enthaltenen Umsatzsteuer. Auf diesen Betrag lautet die Forderung des Lieferanten. In der Ge-

---

[151] Vgl. etwa *Künkele/Koss*, in: Petersen/Zwirner, Bilanzrechtsmodernisierungsgesetz, 2009, S. 433, 446.

[152] Vgl. dazu *Hey*, in: Tipke/Lang, Steuerrecht, 20. Aufl., 2009, § 17 Rdnr. 146.

[153] Siehe S. 92.

[154] Bewertungsgrundsätze sieht § 253 I 2 HGB nur für den umgekehrten Fall vor, dass also jemand eine Forderung gegen den Bilanzierenden hat, letzterer also eine Verbindlichkeit ausweisen muss (siehe dazu S. 130).

winn- und Verlustrechnung sind die Umsatzerlöse abzüglich der Umsatzsteuer auszuweisen. Zu den Anschaffungskosten von Warenforderungen zählt auch der *Gewinnaufschlag*. Der Gewinn wird in dem Augenblick realisiert, in dem die Lieferung erfolgt ist, und nicht erst beim Zahlungseingang.

Der BFH stellt dazu fest: Wollte man die Anschaffungs- oder Herstellungskosten der veräußerten Wirtschaftsgüter maßgebend sein lassen, so würde die Gewinnverwirklichung bis zu dem Zeitpunkt hinausgeschoben werden, in dem die Warenforderungen eingehen. Dies würde nicht nur der Verkehrsauffassung, sondern auch handelsrechtlichen Vorschriften sowie den für das Steuerrecht maßgebenden Grundsätzen ordnungsmäßiger Buchführung widersprechen.[155]

Werden Forderungen uneinbringlich oder zweifelhaft, so sind sie abzuschreiben bzw. mit dem wahrscheinlichen Wert anzusetzen. Nach geltendem Bilanzrecht ergibt sich die Verpflichtung zu einem entsprechend niedrigeren Wertansatz einerseits aus der Vorschrift des § 252 I Nr. 4 HGB, nach der alle vorhersehbaren Risiken und Verluste zu berücksichtigen sind, andererseits aus den Bewertungsvorschriften des § 253 HGB. Danach sind Forderungen des Umlaufvermögens nach dem Niederstwertprinzip zu bewerten, d.h., wenn der Wert, der ihnen am Abschlussstichtag beizulegen ist, unter den Anschaffungskosten liegt, so muss der niedrigere Wert angesetzt werden (§ 253 III 2 HGB). Außerdem darf ein niedrigerer Wert angesetzt werden, wenn zu erwarten ist, dass der Wertansatz in der nächsten Zukunft aufgrund von Wertschwankungen geändert werden muss (§ 253 III 3 HGB).

Das Prinzip der Einzelbewertung gilt auch bei der Bewertung von Forderungen, d.h., grundsätzlich ist jede Forderung einzeln zu bewerten. Es ist in der Handelsbilanz jedoch üblich, bei einem größeren Bestand an Forderungen aus Warenlieferungen aus Gründen kaufmännischer Vorsicht eine Sammelbewertung *(Pauschalbewertung)* durch Ansatz einer *Pauschalwertberichtigung* für das allgemeine Ausfallrisiko vorzunehmen, da in dem Gesamtbestand der ausgewiesenen Forderungen ein gewisser Prozentsatz an zweifelhaften Forderungen enthalten sein kann. Die Höhe einer solchen Pauschalwertberichtigung kann nur geschätzt werden.

Natürlich kommt neben der Pauschalwertberichtigung einer gleichartigen Gruppe von Forderungen auch die den besonderen Verhältnissen des Schuldners Rechnung tragende Einzelwertberichtigung in Frage (sog. gemischtes Verfahren). Eine bestimmte Forderung kann aber nur nach einer der beiden Methoden berücksichtigt werden. Wurde der Wertansatz einer Forderung auf Grundlage der Einzelbewertung berichtigt, so muss diese Forderung aus dem Bestand der mittels Pauschalwertberichtigung bewerteten Forderungen ausscheiden.[156]

Die Finanzverwaltung folgt bei der Beurteilung der Pauschalwertberichtigungen in der Regel den *Schätzungen* des Betriebes, wenn es sich nicht um eine bewusst falsche Bewertung handelt. Grundlage der Schätzung bilden die bisherigen Erfahrungen des Betriebes, gegebenenfalls des gesamten Wirtschaftszweiges. Allerdings müssen in die Berechnungen auch die Zukunftserwartungen einbezogen werden, insbesondere wenn sich die wirtschaftlichen Verhältnisse geändert haben. In Zeiten eines konjunkturellen Rückganges wird man mit einer Zunahme der zweifelhaften Forderungen rechnen müssen. Hier sind die Erfahrungen der Vergangenheit, die sich auf Jahre guter Konjunktur beziehen, nicht ausreichend.

---

155 *BFH* v. 23.11. 1967 – IV 123/63, BFHE 90, 484 = NJW 1968, 1400.

156 Vgl. *BFH* v. 16.7. 1981 – IV R 89/80, BFHE 134, 27 = DStR 1981, 659.

ii) Steuerlicher Teilwert

In der Steuerbilanz wird die untere Wertgrenze durch den Teilwert fixiert. § 6 I Nr. 1 Satz 3 EStG definiert den Teilwert als den Betrag, den ein Erwerber des ganzen Betriebs im Rahmen des Gesamtkaufpreises für das einzelne Wirtschaftsgut ansetzen würde; dabei ist davon auszugehen, dass der Erwerber den Betrieb fortführt. Der Teilwert ist aus der Überlegung entwickelt worden, dass die an Marktpreisen orientierten Bewertungsmaßstäbe unbrauchbar sind, wenn es gilt, eine Wertuntergrenze für Güter zu finden, die nicht am Markt abgesetzt werden sollen, sondern – wie Grundstücke, Gebäude, Maschinen usw. – im Betrieb verbleiben und viele Jahre lang Nutzungen abgeben und dabei entweder keiner Abnutzung unterliegen (Grundstücke) oder allmählich von Periode zu Periode im Wert sinken (Gebäude, Maschinen). Eine Orientierung an den Wiederbeschaffungskosten erscheint hier – theoretisch – nicht zweckmäßig, auch wenn sie unter den Anschaffungs- oder Herstellungskosten liegen, da der Wert dieser Güter nicht von ihren Marktpreisen, sondern von den Nutzungsmöglichkeiten im Betriebe abhängt. Die Nutzungsmöglichkeiten aber sind nicht festzustellen, indem man das zu bewertende Gut isoliert für sich betrachtet, sondern indem man es in Verbindung mit allen übrigen Vermögensteilen des Betriebes bewertet.

An Stelle einer preisabhängigen Bewertung (Wiederbeschaffungskosten) wird hier vom Steuerrecht eine nutzungs- oder ertragsabhängige Bewertung angestrebt, die davon ausgeht, welcher Ertrag mit dem zu bewertenden Gut (in Gemeinschaft mit allen anderen Teilen des Betriebes) noch zu erwarten ist. Werden diese Werte bewusst unterschritten, so entstehen stille Rücklagen.

Die theoretische Konzeption des Teilwertes hat sich jedoch als unpraktikabel erwiesen, weil es bis heute weder eine Methode gibt, den Gesamtwert eines Betriebes exakt festzustellen, noch ein Verfahren, den Gesamtwert auf die einzelnen Wirtschaftsgüter des Betriebes genau aufzuteilen. Folglich muss der Teilwert in der Praxis mit Hilfe von marktabhängigen Werten (Anschaffungskosten, Herstellungskosten, Wiederbeschaffungskosten) bestimmt werden. Der Gesetzgeber hat aus der Erkenntnis, dass der Teilwert sich entsprechend seiner Definition und Zielsetzung nicht berechnen lässt, bis heute keine Konsequenzen gezogen. Stattdessen hat die Rechtsprechung zur Bestimmung des Teilwerts sog. Vermutungen aufgestellt, die grundsätzlich gelten, solange sie nicht vom Steuerpflichtigen widerlegt worden sind.[157]

Auf die einzelnen Gruppen von Wirtschaftsgütern bezogen, ergeben sich nach der ständigen Rechtsprechung des *RFH* und *BFH* folgende *Einzelvermutungen:* [158]

- Im Zeitpunkt der Anschaffung oder Herstellung eines Wirtschaftsgutes ist der Teilwert gleich den tatsächlichen Anschaffungs- oder Herstellungskosten, die gewöhnlich den Wiederbeschaffungskosten entsprechen werden. Das gilt auch dann, wenn der Betrieb für das beschaffte Wirtschaftsgut einen höheren Preis bezahlt hat, als ein Dritter ohne betrieblichen Anlass bezahlt hätte, da anzunehmen ist, dass ein Betrieb für ein Wirtschaftsgut kaum größere Aufwendungen machen wird, als ihm das Gut wert ist.
- Bei nicht abnutzbaren Wirtschaftsgütern des Anlagevermögens gilt die Vermutung, dass der Teilwert gleich den Anschaffungskosten ist, auch für spätere Stichtage.
- Bei Gütern des Anlagevermögens, die der Abnutzung unterliegen, entspricht der Teilwert den um die Absetzungen für Abnutzung verminderten Anschaffungs- oder

[157] Kritisch etwa *Hey*, in: Tipke/Lang, Steuerrecht, 20. Aufl., 2009, § 17 Rdnr. 145.

[158] Für eine Übersicht vgl. *Ebling*, in: Blümich, Einkommensteuergesetz, Körperschaftsteuergesetz, Gewerbesteuergesetz, Loseblatt (Stand Mai 2009), § 6 EStG, Rdnr. 600 ff.

Herstellungskosten. Sind die Wiederbeschaffungskosten inzwischen gesunken, so kann von ihnen ausgegangen werden.
- Für die Güter des Umlaufvermögens, die einen Börsen- oder Marktpreis haben, besteht die Vermutung, dass der Teilwert gleich den Wiederbeschaffungskosten ist, die in der Regel dem Börsen- oder Marktpreis entsprechen.
- Die Wiederbeschaffungskosten bilden grundsätzlich die obere Grenze des Teilwertes. Für Gegenstände des Anlagevermögens ist die untere Grenze des Teilwertes der Einzelveräußerungspreis (abzüglich evtl. entstehender Verkaufskosten). Im ungünstigsten Fall kann dies der Material- oder Schrottwert sein.

Betrachtet man die angeführten Vermutungen, so ist von der ursprünglichen Idee des Teilwertes als eines betriebs- bzw. ertragsbezogenen Wertes nichts mehr übrig geblieben. Indem die Rechtsprechung den Teilwert mit Hilfe von Werten bestimmt, die vom Ertrag unabhängig, statt dessen aber von Marktpreisen abhängig sind (Anschaffungs-, Herstellungs-, Wiederbeschaffungskosten), gibt sie die mit dem Teilwert verfolgte Zielsetzung, anstelle einer isolierten, am Markt orientierten Bewertung der einzelnen Wirtschaftsgüter eine betriebsbezogene Bewertung durchzuführen, auf und gesteht ein, dass die in der Legaldefinition geforderte Beziehung zum Gesamtwert nicht hergestellt werden kann.

jj) Buchwert

Schließlich kennt das Steuerbilanzrecht den Begriff des Buchwertes. Dieser ist für die Wirtschaftsgüter zu verwenden, wenn diese erfolgsneutral in das Betriebsvermögen eines anderen Steuerpflichtigen übertragen werden (§ 6 III 1, V 1 EStG). Der Buchwert ist dabei der Wert, der sich nach den Grundsätzen über die Gewinnermittlung ergibt, so dass also die fortgeschriebenen Anschaffungs- oder Herstellungskosten gemeint sind.[159]

b) Schulden

Die Bewertung für die Schulden (Verbindlichkeiten und Rückstellungen) unterliegt grundsätzlich einer anderen Problematik als bei den Vermögensgegenständen, da der Bilanzierende immer vom schlechtesten Fall ausgeht und bei Verbindlichkeiten und Rückstellungen eine tatsächliche Inanspruchnahme annimmt. Auch wenn somit die Bewertungsproblematik deutlich einfacher ausfällt, können auch bei den Verbindlichkeiten und Rückstellungen Zweifelsfragen auftreten.

aa) Verbindlichkeiten

Als Grundregel sieht § 253 I 2 HGB vor, dass Verbindlichkeiten zu ihrem Erfüllungsbetrag anzusetzen sind. Dabei muss der Bilanzierende nicht nur den Nennwert, sondern auch sicher zu leistende Nebenkosten bereits berücksichtigen. Dies gilt vor allem für Zinsen und andere Einflüsse auf den tatsächlich von dem Bilanzierenden zu zahlenden Betrag.[160]

bb) Rückstellungen

Rückstellungen sind grundsätzlich in Höhe des nach vernünftiger kaufmännischer Beurteilung notwendigen Erfüllungsbetrages anzusetzen. Insofern bedarf es also einer

---

[159] *Hey*, in: Tipke/Lang, Steuerrecht, 20. Aufl., 2009, § 17 Rdnr. 147.

[160] Vgl. etwa *Ballwieser*, in: Münchener Kommentar zum HGB, 2. Aufl., 2008, § 253 Rdnr. 79.

Schätzung des Bilanzierenden, in welcher Höhe eine Inanspruchnahme droht. Dabei muss der Bilanzierende auch zu erwartende Preis- und Kostensteigerungen berücksichtigen.

Insofern muss der Bilanzierende oftmals auf statistische Wahrscheinlichkeiten zurückgreifen. Dies kann etwa für die Frage eine Rolle spielen, mit welcher Wahrscheinlichkeit eine Inanspruchnahme des Bilanzierenden wegen des Vertriebs eines mangelhaften Produktes droht. Dabei muss der Bilanzierende auch eine stetige Anpassung in den Folgejahren annehmen, wenn er etwa neue Informationen erhalten hat, die eine Bestimmung der voraussichtlichen Inanspruchnahme genauer werden lassen. Haben sich also etwa bei einem bestimmen Produkt deutlich mehr Mängel gezeigt, als dies üblicherweise der Fall ist, müssen die Rückstellungen entsprechend erhöht werden.

Die für die Bewertung der Rückstellungen notwendigen Schätzungen durch den Bilanzierenden können oftmals weit in der Zukunft liegen. Je weiter ein Ereignis entfernt ist, desto mehr besteht dann für den Bilanzierenden die Möglichkeit der Manipulation, da eine Forderung zu einem bestimmten Nennbetrag, die in zehn Jahren zahlbar ist, zum Bilanzstichtag einen deutlich geringen Wert hat, da die für die Erfüllung der Forderung notwendigen Mittel bis zum Eintritt des Ereignisses angelegt werden können. Aus diesem Grund sieht § 253 II 1 HGB nunmehr vor, dass Rückstellungen mit einer Restlaufzeit von mehr als einem Jahr mit einem durchschnittlichen Marktzinssatz der vergangenen sieben Geschäftsjahre abzuzinsen sind. Damit soll der Tageswert der Rückstellung zum Bilanzstichtag abgebildet und die Manipulationsmöglichkeiten für die Bilanzierenden eingeschränkt werden.[161]

cc) Altersvorsorgeverpflichtungen

Eine besondere Problematik stellen schließlich die Altersvorsorgeverpflichtungen dar. Diese Verpflichtungen machen insbesondere bei älteren Unternehmen oftmals einen Großteil der (künftigen) Verbindlichkeiten aus, die sich freilich oftmals erst nach mehreren Jahrzehnten auswirken. Hinsichtlich der Bewertung dieser Rückstellungen für Altersvorsorgeverpflichtungen sieht § 253 II 2 HGB nunmehr vor, dass auch diese Rückstellungen abzuzinsen sind, wobei ein dabei ein durchschnittlicher Marktzinssatz anzusetzen ist. Dieser Zinssatz wird von der Bundesbank monatlich bekanntgegeben (§ 253 II 4 HGB). Darüber hinaus müssen bei der Berechnung der entsprechenden Rückstellungen auch etwaige Lohn-, Gehalts- oder Rentensteigerungen berücksichtigt werden, soweit für diese objektive Anhaltspunkte vorliegen.

Eine weitere Besonderheit besteht bei den Altersvorsorgeverpflichtungen für den Fall, dass sich deren Höhe ausschließlich an dem beizulegenden Zeitwert von Wertpapieren des Anlagevermögens orientiert. In diesem Fall hat der Bilanzierende also zur Erfüllung der Altersvorsorgeverpflichtungen bestimmte Wertpapiere erworben bzw. als Anlagevermögen ausgewiesen. Bei Zugrundelegung der allgemeinen Bewertungsregelungen würde sich ein Kursverlust dieser Wertpapiere des Anlagevermögens unmittelbar bilanziell nachteilhaft auswirken, da die Abwertung zwar bei den Aktiva vorgenommen werden müsste, bei den Altersvorsorgeverpflichtungen eine Korrektur nur dann vorgenommen werden könnte, wenn objektive Anhaltspunkte dafür vorliegen, dass diese Abwertung dauerhaft ist. Um diesen Effekt zu vermeiden, sieht § 253 I 3 HGB nunmehr vor, dass sich die Rückstellungen in ihrer Höhe an dem beizulegenden Zeitwert der Wertpapiere des Anlagevermögens orientieren. Sofern dieser beizulegende Zeitwert allerdings unter den dem Bilanzierenden garantierten Mindestbetrag

---

[161] Vgl. dazu *Brösel/Mindermann*, in: Petersen/Zwirner, Bilanzrechtsmodernisierungsgesetz, 2009, S. 405, 416.

sinkt, müssen die Rückstellungen in Höhe des garantierten Mindestbetrages ausgewiesen werden (§ 253 I 3 HGB).

5. Die Abschreibung von Gegenständen des Anlagevermögens

a) Begriff, Arten und Aufgaben der Abschreibung

Abnutzbare Anlagegüter (Gebäude, Maschinen, Werkzeuge u.a.) haben in der Regel eine mehrjährige Nutzungsdauer. Folglich können ihre Anschaffungs- oder Herstellungskosten nicht in einer Periode als Aufwand in die Gewinn- und Verlustrechnung eingehen, sondern müssen im Interesse einer periodenrichtigen Aufwandsverteilung über die gesamte Zeit ihrer wirtschaftlichen Nutzungsdauer verteilt werden. Diese Verteilung wird als Abschreibung bezeichnet. Die Wertminderung kann verschiedene Ursachen haben (z.B. technischer Verschleiß, wirtschaftliche Entwertung infolge technischer Fortschritte oder Nachfragerückgang). Da die tatsächliche Wertminderung eines Geschäftsjahres in der Praxis in der Regel nicht ermittelt werden kann, ist die Abschreibung letzten Endes eine reine Verteilungsabschreibung, d.h. sie teilt die Anschaffungs- oder Herstellungskosten eines Vermögensgegenstandes mittels eines planmäßigen Verfahrens[162] auf die Jahre der geschätzten Nutzung auf.

Sowohl in der Handels- als auch in der Steuerbilanz besteht ein Zwang zur Abschreibung. § 253 III 1 HGB bestimmt, dass bei Vermögensgegenständen des Anlagevermögens, deren Nutzung zeitlich begrenzt ist, die Anschaffungs- oder Herstellungskosten um planmäßige Abschreibungen zu vermindern sind. Ähnlich wird in § 7 I 1 EStG gefordert, dass bei Wirtschaftsgütern, deren Verwendung oder Nutzung durch den Steuerpflichtigen zur Erzielung von Einkünften sich erfahrungsgemäß auf einen Zeitraum von mehr als einem Jahr erstreckt, jeweils für ein Jahr der Teil der Anschaffungs- oder Herstellungskosten abzusetzen ist, der bei gleichmäßiger Verteilung dieser Kosten auf die Gesamtdauer der Verwendung oder Nutzung auf ein Jahr entfällt (Absetzung für Abnutzung in gleichen Jahresbeträgen).

Die gesetzlichen Formulierungen zeigen, dass Handels- und Steuerrecht noch immer eine unterschiedliche Terminologie verwenden, obwohl sie dieselbe Sache regeln. Dem handelsrechtlichen und betriebswirtschaftlichen Begriff der planmäßigen Abschreibung entspricht im Einkommensteuergesetz der Begriff der Absetzung für Abnutzung (AfA) oder Absetzung für Substanzverringerung. Dem handelsrechtlichen Begriff der außerplanmäßigen Abschreibung (§ 253 III 3 HGB) stehen im Steuerrecht zwei Begriffe gegenüber: die Absetzung für außergewöhnliche technische und wirtschaftliche Abnutzung (AfaA) und die Teilwertabschreibung.

Darüber hinaus gibt es im Steuerrecht sog. steuerliche Sonderabschreibungen, die für begrenzte Zeit und oft auch für einen begrenzten Personenkreis aus wirtschaftspolitischen, insbesondere konjunktur- und strukturpolitischen Gründen zugelassen werden. Sie stehen in keiner Beziehung zum geschätzten Wertminderungsverlauf, sondern dienen der Beeinflussung der Steuerbemessungsgrundlage Gewinn, insbesondere wenn sie neben den planmäßigen Abschreibungen in Anspruch genommen werden dürfen.

Die folgende Übersicht zeigt die verschiedenen Abschreibungsarten und ihre gesetzliche Regelung für die Handels- und Steuerbilanz.

---

[162] Zu den Verfahren planmäßiger Abschreibung vgl. S. 136ff.

Handelsrecht	Steuerrecht
Planmäßige Abschreibung (§ 253 II 1 HGB)	(1) Absetzung für Abnutzung (AfA) und Absetzung für Substanzverringerung (§ 7 I 1–4 EStG) (2) Absetzung für Abnutzung nach Maßgabe der Leistung des Wirtschaftsguts (§ 7 I 5 EStG)
Außerplanmäßige Abschreibung (§ 253 II 3 HGB)	(1) Absetzung für außergewöhnliche technische oder wirtschaftliche Abnutzung (AfaA) (§ 7 I 6 EStG) (2) Teilwertabschreibung (§ 6 I EStG)
Außerplanmäßige Abschreibung (§ 254 HGB; Übernahme steuerlicher Sonderabschreibungen)	Steuerliche Sonderabschreibungen (geregelt im EStG, in verschiedenen speziellen Gesetzen, den EStDV u. a.)

Da in der Handels- und Steuerbilanz das Prinzip der nominellen Kapitalerhaltung gilt, reichen die in die erstellten Leistungen verrechneten und über den Absatzmarkt in den Umsatzerlösen zurückgewährten Abschreibungsbeträge in Zeiten der Geldentwertung und dadurch steigender Preise nicht zur Wiederbeschaffung der verbrauchten Anlagegüter aus. Die Substanzerhaltung kann nur dann erreicht werden, wenn die auf inflatorischer Geldentwertung beruhenden Teile des um die Steuern gekürzten Gewinns im Betriebe durch Bildung offener oder stiller Rücklagen zurückbehalten werden.

Die Verrechnung des Abschreibungsaufwandes in der Erfolgsrechnung bindet Ertragsteile an den Betrieb, die letzten Endes zu liquiden Mitteln werden. Daraus folgt, dass die Abschreibung nicht nur ein Aufwands-, sondern auch *ein Ertragsfaktor* ist, denn in Höhe des verrechneten Abschreibungsaufwandes bleiben die verdienten Abschreibungsgegenwerte im Betrieb. Durch die Bilanzabschreibung tritt eine *Strukturänderung im Vermögen* ein: Das Anlagevermögen vermindert sich um die Abschreibungen, das Umlaufvermögen (liquide Mittel oder Bestände, falls die Abschreibungen in die Herstellungskosten einbezogen worden sind) erhöht sich um die Abschreibungsgegenwerte, bis schließlich die gesamten Anschaffungskosten aus dem Anlagevermögen verschwinden und – wenn alle produzierten Leistungen ohne Verlust abgesetzt worden sind – an ihre Stelle in gleicher Höhe liquide Mittel getreten sind.

Da die Abschreibungen als Aufwand verrechnet werden und den ausgewiesenen Gewinn mindern, hat der Betrieb die Möglichkeit, durch die Höhe der angesetzten Jahresabschreibungen den Periodengewinn zu beeinflussen.

Der in § 253 III 2 HGB ausgesprochene *Grundsatz der Planmäßigkeit* erfordert die Aufstellung eines *Abschreibungsplanes,* aus dem der Abschreibungsverlauf eindeutig ersichtlich ist und durch den der Grundsatz der Bewertungskontinuität gesichert werden soll. Dieser Plan kann geändert werden, wenn sachliche Gründe es rechtfertigen (z.B. Verkürzung der wirtschaftlichen Nutzungsdauer infolge unerwarteten technischen Fortschritts). Das dem Plan zugrunde liegende Abschreibungsverfahren muss nach § 284 II Nr. 1 HGB von Kapitalgesellschaften im Anhang angegeben werden. Jede Änderung der Abschreibungsmethode ist ebenfalls im Anhang anzugeben und zu begründen. Außerdem ist der Einfluss der Methodenänderung auf die Vermögens-, Finanz- und Ertragslage darzustellen (§ 284 II Nr. 3 HGB).

Zur *Aufstellung des Abschreibungsplanes* müssen neben den Anschaffungs- oder Herstellungskosten bestimmt werden:

– die wirtschaftliche Nutzungsdauer;

- der am Ende der wirtschaftlichen Nutzungsdauer noch erzielbare Restverkaufserlös;
- der Verlauf der Wertminderung des in dem abzuschreibenden Vermögensgegenstand enthaltenen Nutzungsvorrats bzw. ein anderes Kriterium (z.B. gezielte Periodengewinnbeeinflussung im Rahmen gesetzlich zulässiger Ermessensspielräume) zur Bestimmung des zweckmäßigsten Abschreibungsverfahrens.

b) Wirtschaftliche Nutzungsdauer

Als *wirtschaftliche* Nutzungsdauer bezeichnet man den Zeitraum, in dem es wirtschaftlich sinnvoll ist, eine Anlage zu nutzen. Sie ist in der Regel kürzer als die *technische* Nutzungsdauer (Lebensdauer), unter der der Zeitraum zu verstehen ist, in dem eine Anlage technisch einwandfreie Nutzungen abgeben kann. Die Lebensdauer lässt sich in der Regel durch Reparaturen und Austausch von Einzelteilen verlängern. Sie stellt die obere Grenze der wirtschaftlichen Nutzungsdauer dar.

Die Berechnung der wirtschaftlichen Nutzungsdauer von Anlagegütern ist theoretisch mit Hilfe der Investitionsrechnung möglich, in der Praxis aber außerordentlich schwierig. Folglich wird die Ermittlung in der Regel *mit Hilfe von Schätzungen* vorgenommen, die von Vergangenheitswerten ausgehen, d.h. von der beobachteten durchschnittlichen Nutzungsdauer einer vergleichbaren Anlage.

Die wirtschaftliche Nutzungsdauer eines Wirtschaftsgutes wird durch eine Reihe von Faktoren begrenzt. Die Beschaffung einer Anlage ist für den Betrieb dann vorteilhaft, wenn die Summe der mit der Anlage erzielten Einnahmen die Summe der laufenden Ausgaben übersteigt und der Überschuss der Einnahmen über die Ausgaben die Amortisation und eine angemessene Verzinsung des eingesetzten Kapitals ermöglicht. Die Berechnung der Vorteilhaftigkeit setzt folglich die exakte Ermittlung der durch den Einsatz der Anlage bedingten Einzahlungs- und Auszahlungsreihe voraus.

Die Fähigkeit einer Anlage, *Einzahlungen* (einschließlich des Restverkaufserlöses) zu erzielen, kann durch drei Gruppen von Faktoren begrenzt werden:

- durch *technische Entwertung* infolge von Verschleiß (Gebrauch, natürlicher Verschleiß durch Witterungseinflüsse u.ä., Katastrophen),
- durch *wirtschaftliche Entwertung* (z.B. technischer Fortschritt, Einschränkung oder Wegfall der Verwendungsmöglichkeit infolge von Nachfragerückgang oder Modewechsel, Fehlinvestition),
- durch *vertragliche Begrenzung* der Nutzungszeit (z.B. Konzessionen).

Die wirtschaftliche Nutzungsdauer einer Anlage ist solange noch nicht beendet, wie die Einzahlungen, die durch den Einsatz dieser Anlage in einer Periode erzielt werden können, noch ausreichen, um folgende Größen zu decken:

- die zum Einsatz der Anlage erforderlichen laufenden Betriebsausgaben (z.B. laufende Wartung, Ersatzteile);
- die in einer Periode eintretende Minderung des Restverkaufserlöses;
- die Zinsen auf den Restverkaufserlös;
- die *Ertragsteuern* auf den Teil der Einzahlungen, die zum steuerpflichtigen Gewinn zählen.

c) Betriebsgewöhnliche Nutzungsdauer

Für die Bemessung der steuerlichen Abschreibungen werden von der Finanzverwaltung die betriebsgewöhnlichen Nutzungsdauern von Anlagegütern in sog. AfA-Tabellen zusammengestellt, die nach Auffassung der Finanzverwaltung ihre Verwaltungsarbeit und die Bilanzierungsarbeiten bei den Betrieben vereinfachen, die Zahl der Streitfälle verringern und zugleich der Gleichmäßigkeit der Besteuerung dienen sollen. Letzteres ist aber gerade nicht der Fall, wenn die Vereinfachung zu einer Vernachlässigung betriebsindividueller Umstände durch eine Pauschalisierung führt.

Grundlage der AfA-Tabellen sind nicht Nutzungsdauerberechnungen auf der Basis von Investitionsrechnungen, sondern Erfahrungswerte, die bei steuerlichen Betriebsprüfungen gewonnen worden sind. Die Tabellensammlung enthält eine Tabelle für die allgemein verwendbaren Anlagegüter[163], das sind Anlagegüter, deren betriebsgewöhnliche Nutzungsdauer von der Verwendung in einem bestimmten Wirtschaftszweig in der Regel unabhängig ist. Alle übrigen Tabellen gelten für jeweils einen Wirtschaftszweig. Sie enthalten Anlagegüter, deren Nutzungsdauer verschieden lang ist, je nachdem, in welchem Wirtschaftszweig sie eingesetzt werden. An ihrer Entwicklung haben die zuständigen Wirtschafts- bzw. Fachverbände teilweise mitgewirkt.

Für alle Betriebe, die sich bei der Erstellung ihrer Handelsbilanz aus Gründen der Arbeitsvereinfachung von steuerlichen Vorschriften leiten lassen, ist die wirtschaftliche Nutzungsdauer ihrer Anlagegüter somit durch die AfA-Tabellen der Finanzverwaltung festgelegt, es sei denn, es gelingt, eine kürzere wirtschaftliche Nutzungsdauer zu begründen. Gelingt diese Begründung nicht, obwohl der Betrieb auf Grund einer Investitionsrechnung zu einer kürzeren wirtschaftlichen Nutzungsdauer kommt, so kann er diese zwar zur Grundlage der Verteilung der Anschaffungskosten in der Handelsbilanz machen, kann aber die Restwertansätze der Handelsbilanz nicht für steuerliche Zwecke verwenden.

d) Restverkaufserlös

Ist zu erwarten, dass sich am Ende der wirtschaftlichen Nutzungsdauer noch ein Nettoliquidationserlös ergibt, d.h. ein Überschuss des Veräußerungspreises (z.B. Schrotterlös) über die Kosten der Außerbetriebnahme und der Veräußerung des abgeschriebenen Anlagegutes, so können die zu verteilenden Anschaffungs- oder Herstellungskosten um den geschätzten Restwert vermindert werden, da im Interesse einer periodenrichtigen Erfolgsermittlung nur der Teil der Anschaffungs- oder Herstellungskosten abgeschrieben werden sollte, der aller Voraussicht nach bis zum Ausscheiden des Vermögensgegenstandes verbraucht worden ist. Wird kein Restwert berücksichtigt, so tritt im Jahre der Veräußerung des Vermögensgegenstandes buchtechnisch ein sonstiger betrieblicher Ertrag in Höhe des während der Abschreibungsdauer zu viel verrechneten Abschreibungsaufwandes ein.

Es entspricht jedoch kaufmännischer Übung, dass ein Restverkaufserlös in der Regel nicht berücksichtigt wird, sondern die vollen Anschaffungs- oder Herstellungskosten abgeschrieben werden. Handelsrechtlich ist ein Wahlrecht anzunehmen, es sei denn, es handelt sich um Vermögensgegenstände, bei denen eine Veräußerung vor ihrer vollen Abnutzung von Anfang an geplant ist (z.B. werden gebrauchte Kraftfahrzeuge in der Regel beim Kauf neuer Fahrzeuge in Zahlung gegeben), oder bei denen ein Schrottwert im Verhältnis zur Höhe der Anschaffungs- oder Herstellungskosten erheblich ins Gewicht fällt. In solchen Fällen würde eine Vollabschreibung die Vergleichbarkeit der Jahresergebnisse beeinträchtigen und daher unzulässig sein.

---

163 Vgl. *Bundesministerium der Finanzen*, AfA-Tabelle für die allgemein verwendbaren Anlagegüter (AV), abrufbar unter www.bundesfinanzministerium.de.

Steuerrechtlich kommt der Ansatz eines Schrottwertes nur in Ausnahmefällen in Betracht. Das ergibt sich aus dem Wortlaut des § 7 I EStG, nach dem die Anschaffungs- oder Herstellungskosten auf die betriebsgewöhnliche Nutzungsdauer zu verteilen sind. Allerdings ist bei Gegenständen von großem Gewicht oder aus wertvollem Material (z.B. bei Schiffen) ein Schrottwert zu berücksichtigen, wenn er im Vergleich zu den Anschaffungs- oder Herstellungskosten von erheblicher Bedeutung ist.[164]

e) Verfahren planmäßiger Abschreibung

In der Handelsbilanz sind sämtliche Abschreibungsverfahren zulässig, die den Grundsätzen ordnungsmäßiger Buchführung entsprechen (§ 243 I HGB). Das Steuerrecht setzt bei der Abschreibung in fallenden Jahresbeträgen (degressive Abschreibung) gewisse Höchstgrenzen für die jährliche Abschreibung, um im Interesse der Gleichmäßigkeit der Besteuerung eine Verschiebung von Steuerzahlungen auf spätere Perioden durch zu hohe Abschreibungen und damit zu niedrigen Gewinnausweis in den ersten Jahren der Nutzungsdauer zu verhindern (§ 7 II EStG).

Folgende Verfahren können angewendet werden:

- Die Zeitabschreibung: die Anschaffungs- oder Herstellungskosten werden mit Hilfe eines planmäßigen Verteilungsverfahrens entsprechend dem Zeitablauf auf die betriebsgewöhnliche Nutzungsdauer verteilt. Der Abschreibungsbetrag einer Abrechnungsperiode ist von der Zahl der mit dem abzuschreibenden Wirtschaftsgut produzierten Leistungen und damit vom Beschäftigungsgrad unabhängig; die Jahresabschreibung zählt zu den fixen Kosten. Die Berechnung des jährlichen Abschreibungsbetrages kann erfolgen durch eine:
  - Abschreibung in gleich bleibenden Jahresbeträgen (lineare Abschreibung); sie ist zulässig nach § 7 I 1 EStG bei allen abnutzbaren Anlagegütern;
  - Abschreibung in fallenden Jahresbeträgen (degressive Abschreibung); je nach dem Verlauf der Degression sind zu unterscheiden:
    - *geometrisch-degressive Abschreibung* (Buchwertabschreibung); sie ist zulässig nach § 7 II EStG bei allen beweglichen abnutzbaren Anlagegütern, also nicht bei Gebäuden;
    - *arithmetisch-degressive Abschreibung;* sie ist seit 1985 in der Steuerbilanz nicht mehr erlaubt;
    - degressive Abschreibung *mit unregelmäßig fallenden Quoten;* sie kommt zustande durch Anwendung steuerlicher Sonderabschreibungen anstelle oder neben der Normalabschreibung;
  - Abschreibung mit steigenden Jahresbeträgen (progressive Abschreibung); sie ist als Zeitabschreibung steuerlich nicht zulässig, da sie weder im EStG noch in den EStDV aufgeführt wird;
- Die Leistungsabschreibung (variable Abschreibung): Die Anschaffungs- oder Herstellungskosten werden entsprechend der Beanspruchung, d.h. der Zahl der in einer Abrechnungsperiode mit dem abzuschreibenden Anlagegut produzierten Leistungen (Stückzahl, Maschinenstunden, km-Leistung bei Kraftfahrzeugen) verteilt (§ 7 I 6 EStG);
- Die *Abschreibung für Substanzverringerung* (variable Abschreibung): Bei Bergbauunternehmen, Steinbrüchen, Kiesgruben und anderen Betrieben, bei denen ein Substanzabbau erfolgt, dürfen die Abschreibungen nach Maßgabe des eingetretenen Substanzverzehrs berechnet werden. Ebenso wie bei der Leistungsabschreibung

---

[164] Grundlegend dazu *BFH* v. 7.12. 1967 – GrS 1/67, BFHE 91, 93 = DStR 1968, 19.

schwankt die Periodenabschreibung mit der Höhe der Periodenleistung. Der Abschreibungsbetrag pro Leistungseinheit, z.B. pro Kubikmeter abgebauter Substanz ist konstant. Das Verfahren ist nach § 7 VI EStG auch steuerlich zulässig.

- Die Abschreibung für Gebäude unterliegt hingegen spezifischen Sonderregelungen (§ 7 IV, V EStG).

aa) Zeitabschreibung

(1) Abschreibung in gleich bleibenden Jahresbeträgen (lineare Abschreibung)

Dieses Verfahren ist zulässig nach § 7 I EStG bei allen abnutzbaren Anlagegütern. Der jährliche Abschreibungsbetrag wird ermittelt, indem die Anschaffungs- bzw. Herstellungskosten durch die Zahl der Jahre der Nutzung dividiert werden. Betragen die Anschaffungskosten (A) einer Anlage 80 000 €, die Nutzungsdauer (n) 10 Jahre, so beläuft sich die Abschreibungsquote (a) auf 8 000 € im Jahr.

$$a = \frac{A}{n}$$

$$a = \frac{80\,000\text{ €}}{10\text{ Jahre}}$$

$$a = 8000\text{ €/Jahr}$$

Ein *Restwert* (Schrottwert) wird im Allgemeinen bei der Ermittlung der Abschreibungsquoten nicht berücksichtigt, es sei denn, dass ihm im Verhältnis zum Gesamtabschreibungsbetrag eine besondere Bedeutung zukommt. Wird im obigen Beispiel z.B. ein Restwert (R) von 4 000 € angesetzt, so ergibt sich:

$$a = \frac{A - R}{n}$$

$$a = \frac{80\,000\text{ €} - 4000\text{ €}}{10\text{ Jahre}}$$

$$a = 7600\text{ €/Jahr}$$

Die Behauptung, dass der Vorteil des linearen Abschreibungsverfahrens in einer *gleichmäßigen Aufwandsbelastung* der einzelnen Perioden liege, trifft nur zu, wenn auch die Reparaturen (Instandhaltungsaufwand) pro Periode etwa gleichmäßig anfallen. Treten sie dagegen erst im späteren Verlauf der Nutzungsdauer auf – und das ist die Regel –, so nimmt der jährliche Aufwand für die Anlage gegen Ende der Nutzungsdauer trotz linearer Abschreibung zu.

(2) Abschreibung in fallenden Jahresbeträgen (degressive Abschreibung)

Dieses Verfahren wird vor allem damit begründet, dass abnutzbare Anlagegüter nicht nur durch technischen Verschleiß im Laufe der Nutzungsdauer entwertet werden, sondern dass sie von Anfang an der wirtschaftlichen Entwertung durch technischen Fortschritt, Nachfrageverschiebungen, Modeänderungen u.a. ausgesetzt sind. Das Prinzip kaufmännischer Vorsicht als ein Grundprinzip der Bilanzbewertung erfordert daher, dem durch das Zusammenwirken mehrerer Wertminderungskomponenten degressiven Verlauf der Nutzungskurve abnutzbarer Anlagegüter durch eine entsprechende Bemessung der Abschreibungsquoten Rechnung zu tragen.

Ein weiteres Argument für die degressive Abschreibung ist die Feststellung, dass sie eine planmäßigere Aufwandsverteilung als die lineare Abschreibung ermöglicht, weil die Risiken des technischen Fortschritts usw. bereits im Abschreibungsplan berücksichtigt worden sind und infolgedessen außerplanmäßige Abschreibungen nur in ganz außergewöhnlichen Fällen noch zusätzlich erforderlich werden, und weil sich außerdem derartige Risiken – ebenso wie z.B. eine Fehlschätzung der wirtschaftlichen Nutzungsdauer – umso weniger auswirken, je später sie eintreten.

Die geometrisch-degressive Abschreibungsmethode ermittelt die jährlichen Abschreibungsquoten nicht wie die lineare als festen Prozentsatz von den Anschaffungs- oder Herstellungskosten, sondern als festen Prozentsatz des sich bei direkter Abschreibung ergebenden Restbuchwertes. Dieses Verfahren wird deshalb auch als Buchwertabschreibung bezeichnet.

Das Beispiel auf S. 137 oben zeigt, dass dieses Verfahren nicht zum Restwert Null führt *(unendliche Abschreibung)*. Je niedriger der Restwert (Schrottwert) am Ende der Nutzungsdauer ist, auf den abgeschrieben werden muss, desto höher muss der auf den jährlichen Restbuchwert anzuwendende Abschreibungsprozentsatz sein. Der Abschreibungsprozentsatz vom jeweiligen Restbuchwert muss – wenn am Ende der Nutzungsdauer etwa der gleiche Restwert erreicht werden soll – wesentlich höher sein als der Abschreibungsprozentsatz der Anschaffungskosten.

Beispiel: Anschaffungskosten 10 000 €, Nutzungsdauer 5 Jahre, Abschreibungsprozentsatz vom jeweiligen Buchwert:
a) 30 %
b) 40 %

Jahr (am Ende)	Abschreibungs-prozentsatz		Jahresabschreibung		Restbuchwert	
	a)	b)	a)	b)	a)	b)
1	30	40	3000	4000	7000	6000
2	30	40	2100	2400	4900	3600
3	30	40	1470	1440	3430	2160
4	30	40	1029	864	2401	1296
5	30	40	720	518	1681	778

Den Einfluss der Höhe des Restwertes auf den Abschreibungsprozentsatz zeigt folgendes Beispiel: Anschaffungskosten 100 000 €, Nutzungsdauer 10 Jahre, Restwert am Ende der Nutzungsdauer: (a) 10 000 €, (b) 1 000 €, (c) 1,– €.

Restwert am Ende der Nutzungsdauer	Abschreibungsprozentsatz vom Buchwert
10 000	20,57
1 000	36,90
1	68,38

In der *Steuerbilanz* ist die geometrisch-degressive Abschreibung bei allen beweglichen Wirtschaftsgütern des Anlagevermögens zugelassen. Besondere Voraussetzungen hinsichtlich des Wertminderungsverlaufs sind nicht erforderlich. Für die Höhe der jährlich möglichen Abschreibung hat der Gesetzgeber aber Grenzen gesetzt. Der zu wählende Abschreibungsprozentsatz muss *zwei Bedingungen* erfüllen (§ 7 II 2 EStG):

- Er darf nicht höher sein als das Zweieinhalbfache des Prozentsatzes, der sich bei der Absetzung für Abnutzung in gleichen Jahresbeträgen (lineare Abschreibung) ergibt;
- er darf unabhängig von der ersten Bedingung 25 % nicht übersteigen.

Beispiel:

Anschaffungskosten (€)	Nutzungsdauer (Jahre)	Absetzung am Ende des ersten Jahres	
		linear (in % vom Anschaffungswert)	geometrisch-degressiv (in % vom Restbuchwert)
10 000	20	5% = 500	2,0 x 5% = 10% = 1 500
10 000	10	10% = 1 000	2,0 x 10% = 20% = 3 000
10 000	5	20% = 2 000	maximal = 20% = 2 000
10 000	4	25% = 2 500	maximal = 20% = 2 000

Bei der arithmetisch-degressiven Abschreibung vermindern sich die jährlichen Abschreibungsquoten stets um den gleichen Betrag.

Beispiel: Anschaffungskosten 90 000 €, Nutzungsdauer 6 Jahre, kein Schrottwert.

Jahr (am Ende)	Jahresabschreibung	Restbuchwert
1	27 500	62 500
2	22 500	40 000
3	17 500	22 500
4	12 500	10 000
5	7 500	2 500
6	2 500	0

Ist die Abschreibungsquote des letzten Jahres gleich dem Betrag, um den die jährliche Abschreibungsquote abnimmt (Degressionsbetrag), so bezeichnet man diese Form der arithmetisch-degressiven Abschreibung als *digitale Abschreibung* (Jahressummenabsetzung). Die Abschreibungsquoten werden in der Weise ermittelt, dass man die Jahresziffern der geschätzten Nutzungsdauer addiert und die Anschaffungs- oder Herstellungskosten durch die erhaltene Summe dividiert. Der Quotient ist der Degressionsbetrag, der mit den Jahresziffern in fallender Reihe multipliziert wird. Die Produkte ergeben die jährlichen Abschreibungsquoten.

Beispiel: Anschaffungskosten (A) 90 000 €, Nutzungsdauer (n) 5 Jahre, kein Schrottwert.
Addition der Jahresziffern von n: 1 + 2 + 3 + 4 + 5 = 15.

$$\text{Degressionsbetrag (D)} = \frac{\text{Anschaffungskosten}}{\text{Summe der Jahresziffern}}$$

$$D = \frac{A}{\frac{n\,(n+1)}{2}}$$

$$D = 2 \times \frac{A}{n\,(n+1)}$$

$$D = 2 \times \frac{90\,000\ €}{30} = 6000\ €$$

Die jährliche Abschreibungsquote ergibt sich, wenn man den Ausdruck für den Degressionsbetrag mit den Jahresziffern in umgekehrter Reihenfolge multipliziert. Bezeichnet man die Abschreibungsquote des 1. Jahres mit a1, des 2. Jahres mit a2 usw., so folgt daraus:

$$a_1 = D \times n$$
$$a_2 = D \times (n - 1)$$
$$a_3 = D \times (n - 2) \text{ usw.}$$

Jahr am Ende	Degressionsbetrag mal Jahresziffer in fallender Reihe	Jahresabschreibung	Restbuchwert
1	6000 × 5	30 000	60 000
2	6000 × 4	24 000	36 000
3	6000 × 3	18 000	18 000
4	6000 × 2	12 000	6 000
5	6000 × 1	6 000	0

Die arithmetisch-degressive bzw. digitale Abschreibung ist bereits seit 1985 steuerlich nicht mehr zulässig.

Bei der Abschreibung *in unregelmäßig fallenden Jahresbeträgen* werden die ersten Jahre der Nutzungsdauer zwar mit höheren Abschreibungsquoten belegt als die späteren, jedoch erfolgt der Abfall der Quoten nicht in einer regelmäßigen Degression oder in fallenden Staffelsätzen, sondern infolge der Zulässigkeit steuerlicher Sonderabschreibungen, die entweder neben oder anstelle der AfA vorgenommen werden dürfen, kommt es zu einem Abfall der Abschreibungsquoten, die der Betrieb nach bilanzpolitischen Überlegungen bestimmen kann, da in der Regel die Aufteilung der gesamten Sonderabschreibung auf mehrere Jahre in das Belieben des Steuerpflichtigen gestellt ist.

Beispiel: Anschaffungskosten 10 000 €, Nutzungsdauer 5 Jahre, lineare Abschreibung 20 %, Sonderabschreibung in den beiden ersten Jahren 50 %. Sie wird beispielsweise folgendermaßen verteilt:

	Fall (a)	Fall (b)	Fall (c)
1. Jahr	45%	30%	15%
2. Jahr	5%	20%	35%

Jahr (am Ende)	Normalabschreibung	Sonderabschreibung			Restbuchwert		
		(a)	(b)	(c)	(a)	(b)	(c)
1	2 000	4 500	3 000	1 500	3 500	5 000	6 500
2	2 000	500	2 000	3 500	1 000	1 000	1 000
3	333	–	–	–	667	667	667
4	333	–	–	–	334	334	334
5	334	–	–	–	–	–	–
insgesamt	5 000	5 000	5 000	5 000			

(3) Abschreibung mit steigenden Jahresbeträgen (progressive Abschreibung)

Dieses Verfahren widerspricht in der Regel dem Prinzip kaufmännischer Vorsicht und wird deshalb kaum angewendet. Zweckmäßig könnte es sein, wenn ein Abschreibungsobjekt in Zukunft mit Sicherheit zunehmende Erträge abwirft. Die Abschreibungsquoten können wie bei der degressiven Abschreibung als geometrische oder arithmetische Reihe gebildet werden. Steuerlich ist das progressive Verfahren zurzeit nicht zulässig.

bb) Leistungsabschreibung (variable Abschreibung)

Die Anschaffungs- oder Herstellungskosten werden entsprechend der Beanspruchung, d.h. entsprechend der Zahl der in einer Abrechnungsperiode mit dem abzuschreibenden Vermögensgegenstand produzierten Leistungen (Stückzahl, Maschinenstunden, km-Leistung bei Kraftfahrzeugen) verteilt. Schwankungen des Beschäftigungsgrades beeinflussen die Höhe der Periodenabschreibung, d.h., der Abschreibungsaufwand steigt oder fällt *proportional zur Ausbringungsmenge* des abzuschreibenden Vermögensgegenstandes. Die Leistungsabschreibung ist nach § 7 I 6 EStG bei Nachweis des Umfanges der auf ein Jahr entfallenden Leistung auch steuerlich zulässig, vorausgesetzt, dass sich die Anwendung dieser Abschreibungsmethode wirtschaftlich begründen lässt. Das ist bei solchen beweglichen Wirtschaftsgütern des Anlagevermögens der Fall, deren Leistung in der Regel erheblich schwankt und deren Verschleiß dementsprechend wesentliche Unterschiede aufweist.[165]

Beispiel: Anschaffungskosten einer Maschine 120 000 €; Gesamtleistungsabgabe: Bearbeitung von 400 000 Werkstücken; Produktion einer Periode: 80 000 Werkstücke

$$a = \frac{120\,000}{400\,000} \times 80\,000$$

$$a = 24\,000$$

Allgemein formuliert:

$$a = \frac{A - R}{L_G} \times L_P$$

a = Jahresabschreibung
A = Anschaffungskosten
R = Restwert (Schrottwert)
L_G = Gesamtleistungsvorrat des Anlageguts
L_P = in der Periode verbrauchter Leistungsvorrat

Der Mangel des Verfahrens besteht darin, dass nur die Abnutzung durch Gebrauch (technischer Verschleiß), nicht dagegen der auch bei vorübergehender Außerbetriebnahme mögliche natürliche Verschleiß (z.B. durch Witterungseinflüsse) und vor allem nicht die durch den Zeitablauf bedingte wirtschaftliche Entwertung durch technischen Fortschritt usw. berücksichtigt werden.

f) Außerplanmäßige Abschreibungen

Sinkt der Wert eines Vermögensgegenstandes unter den durch planmäßige Abschreibung erreichten Restbuchwert, oder sinkt der Wert von nicht abnutzbaren Anlagegütern oder Gütern des Umlaufvermögens, die keiner planmäßigen Abschreibung unterliegen können, so verlangt das Imparitätsprinzip, dass die erkennbare, aber durch Umsatz noch nicht realisierte Wertminderung erfasst wird.

Eine außergewöhnliche Wertminderung liegt vor, wenn

– die technische Fähigkeit des zu bewertenden Wirtschaftsgutes, Nutzungen abzugeben, aus bestimmten Gründen stärker abgenommen hat, als das durch die planmäßige Abschreibung berücksichtigt wird;

---

[165] EStR 7.4 Abs. 5 S. 2.

- der Nutzungsvorrat, den ein Anlagegut noch repräsentiert, aus wirtschaftlichen Gründen stärker entwertet worden ist, als es der planmäßigen Abschreibung entspricht;
- die Wiederbeschaffungskosten oder der Einzelveräußerungswert eines Wirtschaftsgutes gesunken sind. Der Einzelveräußerungswert kommt bei Anlagegütern nur selten in Frage, da solche Güter normalerweise dazu bestimmt sind, dauernd dem Betriebe zu dienen.

Sofern eine solche Wertminderung eingetreten ist, ergeben sich folgende Regeln für die dann notwendige außerplanmäßige Abschreibung:

- Der niedrigere Wert *muss* angesetzt werden, d.h., es ist eine außerplanmäßige Abschreibung durchzuführen, wenn es sich um eine *voraussichtliche dauernde Wertminderung* handelt (strenges Niederstwertprinzip) (§ 253 III 3 letzter Halbsatz HGB). Bis zum Bilanzrechtsmodernisierungsgesetz bestand bei nicht dauerhafter Wertminderung ein Wahlrecht für den Ansatz des niedrigeren Wertes. Nach neuem Recht besteht dieses nicht mehr, so dass eine außerplanmäßige Abschreibung immer durchzuführen ist, wenn es sich um eine dauerhafte Wertminderung handelt. Ist dies nicht der Fall, darf keine außerplanmäßige Abschreibung erfolgen. Der Begriff der Dauerhaftigkeit wird dabei nicht gesetzlich definiert. Von einer Dauerhaftigkeit ist aber auszugehen, wenn die Wertminderung voraussichtlich weniger als die halbe Restnutzungsdauer bestehen wird.[166]
- Eine Ausnahme besteht insofern aber für Finanzanlagen. Bei diesen kann der Bilanzierende eine außerplanmäßige Abschreibung auch schon bei nicht dauerhafter Wertminderung vornehmen (§ 253 III 4 HGB).

In der *Steuerbilanz* darf ein unter den Anschaffungs- oder Herstellungskosten bzw. den fortgeführten Anschaffungs- oder Herstellungskosten liegender Wert von Gütern des Anlagevermögens entweder durch Vornahme einer *Absetzung für außergewöhnliche technische oder wirtschaftliche Abnutzung (AfaA)* (§ 7 I 7 EStG) oder durch eine *Teilwertabschreibung* (§ 6 I Nr. 1 S. 2 und Nr. 2 S. 2 EStG) berücksichtigt werden. Zwischen der Teilwertabschreibung und der AfaA bestehen zwar enge Beziehungen, doch ergeben sich folgende *Unterschiede:* Die AfaA erfasst Wertminderungen, die ihre Ursache entweder in einer außergewöhnlichen technischen Abnutzung (z.B. Explosion, Brand oder sonstige Beschädigung) und damit einer mengenmäßigen Verminderung des Nutzungsvorrates eines Wirtschaftsgutes haben oder die durch eine außergewöhnliche wirtschaftliche Abnutzung (z.B. Verwendung anderer Produktionsverfahren infolge technischen Fortschritts) bedingt sind und bei gleichem mengenmäßigem Nutzungsvorrat zu einer Entwertung dieses Nutzungsvorrates führen.

Die Teilwertabschreibung dagegen berücksichtigt Wertminderungen, deren Ursachen in erster Linie in einem *Sinken der Wiederbeschaffungskosten* und nicht in einer Abnutzung der zu bewertenden Wirtschaftsgüter liegen. Eine Verminderung der mengenmäßigen Nutzungsmöglichkeiten ist also nicht eingetreten, wohl aber ist der Wert der noch abzugebenden Nutzungen gesunken.

g) Beibehaltung des niedrigeren Wertes oder Wertaufholung (Zuschreibung)

Neben der außerplanmäßigen Abschreibung kann sich auch das umgekehrte Problem der Zuschreibung stellen, bei der ein Vermögensgegenstand also nicht an Wert verliert,

---

[166] Vgl. *Brösel/Mindermann*, in: Petersen/Zwirner, Bilanzrechtsmodernisierungsgesetz, 2009, S. 405, 409.

sondern an Wert gewinnt. Die Behandlung dieser Wertzuwächse ist allerdings Schwierigkeiten ausgesetzt, da diese Wertzuwächse selbst oftmals nur von kurzer Dauer sein können. Aus diesem Grund sieht das Handelsbilanzrecht auch keine generelle Zuschreibungsmöglichkeit bei Wertzuwächsen vor. Eine Ausnahme besteht insofern nur hinsichtlich des Wegfalls der Gründe für eine außerplanmäßige Abschreibung. Für diesen Fall darf der durch außerplanmäßige Abschreibung gebildete niedrigere Wertansatz nicht beibehalten werden (§ 253 V 1 HGB). Insofern muss eine Wertaufholung erfolgen, womit die Bildung stiller Reserven verhindert werden soll. Dabei gilt aber die Beschränkung, dass die Zuschreibung den Wert der ursprünglichen außerplanmäßigen Abschreibung nicht überschreiten darf. Es geht der Sache nach also nur um eine Wertaufholung und nicht um einen Wertzuwachs. Dieses Wertaufholungsgebot gilt aber nicht für den entgeltlich erworbenen Geschäfts- oder Firmenwert (§ 253 V 2 HGB), bei dem ein einmal angesetzter niedriger Wertansatz auch bei einem Wegfall der Gründe für eine außerplanmäßige Abschreibung fortzuführen ist.

Das Steuerbilanzrecht verfügt hingegen über ein strenges Wertaufholungsgebot (§ 6 I Nr. 1 S. 4, Nr. 2 S. 3 EStG), wonach auf den höheren Teilwert, höchstens jedoch auf die fortgeführten Anschaffungs- oder Herstellungskosten zuzuschreiben ist. Dabei wird nicht nur der Wegfall der Gründe für außerplanmäßige Abschreibung, sondern jede auch auf anderen Gründen beruhende Werterholung erfasst.

6. Die Bewertung gleichartiger Vorräte

Grundsätzlich gilt auch für die Vermögensgegenstände des Umlaufvermögens nach § 252 I Nr. 3 HGB das Prinzip der Einzelbewertung. Ein Warenlager kann nicht als Ganzes bewertet werden, sondern die einzelnen Waren sind getrennt zu bewerten. Das setzt allerdings voraus, dass die einzelnen Mengen, aus denen sich der Gesamtbestand zusammensetzt, getrennt nach ihren verschiedenen Anschaffungs- bzw. Herstellungskosten gelagert werden. Dem Betrieb steht es frei, welche Güter des Bestandes er zuerst verbraucht oder verkauft. Er kann grundsätzlich die am teuersten beschafften zuerst absetzen oder verbrauchen, um einen möglichst niedrigen Wert für den Endbestand und einen vergleichsweise niedrigen Gewinn in der Periode auszuweisen; diese Entscheidung trifft der Betrieb aber im Zeitpunkt des Verbrauchs bzw. Verkaufs, nicht erst im Zeitpunkt der Bilanzierung, so dass eine nachträgliche Gewinnbeeinflussung nicht möglich ist.

Werden die Güter des Vorratsvermögens (Roh-, Hilfs- und Betriebsstoffe, Halb- und Fertigfabrikate, Waren) nicht getrennt nach ihren unterschiedlichen Anschaffungskosten gelagert, so ist eine Einzelbewertung nicht möglich, weil nicht feststellbar ist, aus welcher Lieferung zu welchen Anschaffungskosten die am Bilanzstichtag als Endbestand verbliebenen Güter stammen. Der Gesetzgeber lässt deshalb sowohl in der Handels- als auch in der Steuerbilanz (hier mit Einschränkungen) eine Sammel- oder Gruppenbewertung oder den Ansatz von Festwerten zu.

Während Gruppen- und Festbewertung in erster Linie eine verwaltungstechnische Vereinfachung bezwecken, sollen die Sammelbewertungsverfahren durch bestimmte *Fiktionen über die Verbrauchsfolge* der Einzelbewertung möglichst nahe kommen.

Folgende Verfahren zur Bewertung des Vorratsvermögens sind denkbar:

- Aus sämtlichen Anschaffungskosten wird ein *gewogener Durchschnitt* gebildet (durchschnittliche Anschaffungskosten);
- Die Anschaffungskosten der einzelnen Zugänge werden *der zeitlichen Reihenfolge nach* geordnet, d.h., es werden die zuerst (First in – first out – [Fifo-]Verfahren) oder

die zuletzt (Last in – first out – [Lifo-]Verfahren) beschafften Güter als verbraucht angesehen.
- Die Anschaffungskosten der einzelnen Zugänge werden *der Höhe nach* geordnet, d.h., es werden jeweils die höchsten (Highest in – first out – [Hifo-]Verfahren) oder die niedrigsten (Lowest in – first out – [Lofo-]Verfahren) bezahlten Preise zuerst ausgebucht.
- Es erfolgt eine *Gruppenbewertung* nach § 240 IV HGB für gleichartige Vermögensgegenstände des Vorratsvermögens sowie andere gleichartige oder annähernd gleichwertige bewegliche Vermögensgegenstände mit dem gewogenen Durchschnittswert.
- Es erfolgt eine *Festbewertung* nach § 240 III HGB bei Vermögensgegenständen des Sachanlagevermögens sowie Roh-, Hilfs- und Betriebsstoffen, wenn sie regelmäßig ersetzt werden und ihr Wert für das Unternehmen von nachrangiger Bedeutung ist.

Es darf nicht übersehen werden, dass die mit Hilfe der einzelnen Verfahren ermittelten Werte nicht ohne weiteres als Bilanzansätze in Frage kommen, sondern dass sie die *fiktiven Anschaffungs- oder Herstellungskosten* der als Bestände zu aktivierenden Vorräte sind. Sie kommen bei Anwendung des strengen Niederstwertprinzips nur zum Zuge, wenn sie unter dem Börsen- oder Marktwert liegen.

Alle Versuche, dem Endbestand Anschaffungskosten beizumessen, bauen auf einer Fiktion der Zusammensetzung des Endbestandes und damit auch auf einer Fiktion der Zusammensetzung des Verbrauchs (Wareneinsatzes) auf.

In Zeiten permanenter Preissteigerungen liegt die *bilanzpolitische Bedeutung* der einzelnen Verbrauchsfolgeverfahren vor allem darin, die Besteuerung und die Ausschüttung von Preissteigerungsgewinnen (sog. Scheingewinnen) zu verhindern oder doch wenigstens einzuschränken. Ein *Preissteigerungsgewinn* entsteht beim Umsatz als Differenz zwischen den niedrigeren Anschaffungskosten und den höheren Wiederbeschaffungskosten der umgesetzten oder in die Produktion eingegangenen Vermögensgegenstände (Waren, Rohstoffe usw.). Eine Besteuerung der Preissteigerungsgewinne kann die Substanzerhaltung des Betriebes in Frage stellen.

Bewertungs-verfahren	Fiktion der Zusammensetzung des Endbestandes	Fiktion der Zusammensetzung des Verbrauchs
gewogener Durchschnitt	Im Endbestand steckt die gleiche Mengenrelation aus Anfangsbestand und Einzellieferungen der Periode.	Im Verbrauch steckt die gleiche Mengenrelation aus Anfangsbestand und Einzellieferungen der Periode.
Fifo (first in – first out)	Im Endbestand sind die letzten Lieferungen enthalten.	Der Verbrauch setzt sich aus dem Anfangsbestand und den ersten Lieferungen zusammen.
Lifo (last in – first out)	Im Endbestand sind der Anfangsbestand und ggf. die ersten Lieferungen enthalten.	Der Verbrauch setzt sich aus den letzten Lieferungen zusammen.
Hifo (highest in – first out)	Im Endbestand sind die billigsten Lieferungen ggf. einschließlich dem Anfangsbestand enthalten.	Der Verbrauch setzt sich aus den teuersten Lieferungen ggf. einschließlich dem Anfangsbestand zusammen.
Lofo (lowest in – first out)	Im Endbestand sind die teuersten Lieferungen ggf. einschließlich dem Anfangsbestand enthalten.	Der Verbrauch setzt sich aus den billigsten Lieferungen ggf. einschließlich dem Anfangsbestand zusammen.

a) Durchschnittsmethode

Bei dieser Methode wird ein Durchschnittspreis (durchschnittliche Anschaffungskosten) als gewogenes arithmetisches Mittel aus allen Einkäufen einer Waren- oder Rohstoffart, deren Einheiten im Wesentlichen gleichartig sind und ungefähr die gleiche Preislage haben, errechnet. Mit den ermittelten durchschnittlichen Anschaffungskosten werden dann sowohl die Abgänge als auch der Endbestand bewertet. Schließt man den Anfangsbestand in die Berechnung ein, so ergibt sich ein *durchschnittlicher Buchbestandswert,* rechnet man ohne den Anfangsbestand, so stellt der Durchschnittspreis den *mittleren Beschaffungswert* dar.

Beispiel:
AB = Anfangsbestand
EB = Endbestand
ME = Mengeneinheit

Soll			Gemischtes Warenkonto		Haben
AB 100 ME à 24 €	=	2 400 €	Verkauf	200 ME à 30 €	= 6 000 €
+ 100 ME à 25 €	=	2 500 €	Verkauf	300 ME à 35 €	= 10 500 €
+ 100 ME à 26 €	=	2 600 €	Verkauf	200 ME à 40 €	= 8 000 €
+ 300 ME à 27 €	=	8100 €		700 ME	= 24 500 €
+ 200 ME à 28 €	=	5 600 €	EB	100 ME à 26,50 €	= 2 650 €
800 ME	=	21 200 €			=
Gewinn		5 950 €			
		27 150 €			27 150 €

Durchschnittlicher Buchbestandswert: $\frac{21\,000}{800} = 26{,}50$ €

Durchschnittlicher Beschaffungswert: $\frac{18\,800}{700} = 26{,}86$ €

Die dargestellte Methode der Bewertung zum gewogenen Durchschnittswert kann dadurch verfeinert werden, dass die durchschnittlichen Anschaffungskosten nicht am Ende der Periode, sondern laufend, d.h. nach jedem Zugang neu ermittelt werden *(Skontration).* Die Abgänge werden dann stets mit dem jeweils zuletzt ermittelten Durchschnittspreis bewertet. Die durchschnittlichen Anschaffungskosten werden also bis zum Jahresende fortgeschrieben, so dass der Endbestand mit den zuletzt ermittelten durchschnittlichen Anschaffungskosten bewertet wird, falls diese Bewertung nicht gegen das strenge Niederstwertprinzip verstößt. Diese Methode führt dann zur bestmöglichen Annäherung an die Wertansätze, die im Falle der Einzelbewertung bei getrennter Lagerung der zu unterschiedlichen Anschaffungskosten beschafften Zugänge zu verwenden wären, wenn jeweils alle Abgänge streng verhältnismäßig aus dem Anfangsbestand und den Zugängen stammen.

b) Verbrauchsfolgeverfahren

Die *Lifo-Methode* (lifo = last in – first out) unterstellt, dass die zuletzt beschafften Güter stets zuerst veräußert oder verbraucht werden (buchtechnisch, nicht gegenständlich), und dass die zuerst gekauften Güter als Endbestand verbleiben. Diese Methode ist bei steigenden Preisen zweckmäßig, denn dann bleiben die zuerst mit den niedrigsten Preisen beschafften Güter als Endbestand erhalten, oder besser gesagt, der Endbestand wird mit den niedrigen Anschaffungskosten des Anfangsbestandes bzw. der zeitlich am weitesten zurückliegenden Beschaffungen bewertet. Die ausgewiesenen Gewinne – und damit die Preissteigerungsgewinne – werden vermindert, vorausgesetzt, dass die ausgewiesenen Bestände keinen zu starken Schwankungen unterliegen.

Beispiel: Es wird unterstellt, dass die Wiederbeschaffungskosten laufend steigen. (Diese Annahme gilt auch für die folgenden Beispiele).

Lifo-Methode

Soll		Gemischtes Warenkonto		Haben
AB 100 ME à 24 € =	2 400 €	Verkauf	200 ME à 30 € =	6 000 €
+ 100 ME à 25 € =	2 500 €	Verkauf	300 ME à 35 € =	10 500 €
+ 100 ME à 26 € =	2 600 €	Verkauf	200 ME à 40 € =	8 000 €
+ 300 ME à 27 € =	8 100 €		700 ME =	24 500 €
+ 200 ME à 28 € =	5 600 €	EB	100 ME à 24 € =	2 400 €
800 ME =	21 200 €		=	
Gewinn	5 700 €			
	26 900 €			26 900 €

Die *Fifo-Methode* (fifo = first in – first out) geht davon aus, dass die zuerst erworbenen Güter buchtechnisch auch als zuerst veräußert oder verbraucht angesehen werden. Folglich wird der Endbestand mit den Anschaffungskosten der zuletzt beschafften Güter bewertet. Dieses Verfahren ist theoretisch bei sinkenden Preisen zweckmäßig. Der Gewinn wird niedriger ausgewiesen, als wenn die hohen Beschaffungspreise von früher für den Endbestand angesetzt worden wären. Sinken die Preise permanent bis zum Bilanzstichtag, so erfordert allerdings bereits das strenge Niederstwertprinzip (höchstens) den Ansatz des Tageswertes am Bilanzstichtag.

Fifo-Methode

Soll		Gemischtes Warenkonto		Haben
AB 100 ME à 24 € =	2 400 €	Verkauf	200 ME à 30 € =	6 000 €
+ 100 ME à 25 € =	2 500 €	Verkauf	300 ME à 35 € =	10 500 €
+ 100 ME à 26 € =	2 600 €	Verkauf	200 ME à 40 € =	8 000 €
+ 300 ME à 27 € =	8 100 €		700 ME =	24 500 €
+ 200 ME à 28 € =	5 600 €	EB	100 ME à 28 € =	2 800 €
800 ME =	21 200 €		=	
Gewinn	6 100 €			
	27 300 €			27 300 €

Die *Hifo-Methode* (hifo = highest in – first out) bucht grundsätzlich die mit den höchsten Beschaffungspreisen hereingenommenen Güter zuerst aus, so dass bei der Bewertung des Endbestandes stets die niedrigst möglichen Wertansätze gewählt werden. Diese Methode entspricht dann dem Prinzip kaufmännischer Vorsicht, wenn der Trend der Anschaffungskosten innerhalb einer Periode nicht in einer Richtung läuft, also die Preise weder permanent steigen noch permanent sinken, sondern wenn innerhalb der Periode starke Schwankungen der Preise erfolgt sind. Diese Methode führt bei kontinuierlich steigenden Preisen zum gleichen Endbestandswert wie die Lifo-Methode.

Die *Lofo-Methode* (lofo = lowest in – first out) unterstellt, dass grundsätzlich die mit den niedrigsten Preisen beschafften Güter als zuerst verbraucht gelten. Für die Bewertung des Endbestandes verbleiben folglich stets die höchsten Beschaffungspreise. Dieses Verfahren verstößt bei schwankenden Preisen gegen das Prinzip der kaufmännischen Vorsicht und ist in vielen Fällen mit dem Niederstwertprinzip nicht vereinbar.

Steigen die Wiederbeschaffungskosten in einer Periode permanent, so entspricht dieses Verfahren im Ergebnis der Fifo-Methode.

Unterstellt man, dass die Wiederbeschaffungskosten am Bilanzstichtag (Tageswert) gleich den Anschaffungskosten der zuletzt beschafften Menge (28 € je Einheit) sind, so ergibt sich bei *Beachtung des Niederstwertprinzips* folgende Bewertung des Endbestandes:

Methode	Wert des Endbestandes je Einheit	Tageswert am Bilanzstichtag je Einheit	maximal zulässiger Bilanzansatz je Einheit (Handelsbilanz)	Periodengewinn
Durchschnittsmethode	26,50	28,–	26,50	5950 €
Lifo	24,–	28,–	24,–	5700 €
Fifo	28,–	28,–	28,–	6100 €
Hifo	24,–	28,–	24,–	5700 €
Lofo	28,–	28,–	28,–	6100 €

c) Rechtliche Zulässigkeit der Methoden

Wegen der Möglichkeit der gezielten Beeinflussung des Periodengewinns durch die Anwendung der unterschiedlichen Methoden sind diese nicht unproblematisch. Aus diesem Grund sieht § 256 Satz 1 HGB als zulässige Methode seit dem Bilanzrechtsmodernisierungsgesetz auch nur noch die Lifo- und die Fifo-Methode vor. Allerdings kann auch auf die Bewertung der Vorräte zum gewogenen Durchschnitt sowie auf die Bewertung nach dem Festwertverfahren zurückgegriffen werden (§§ 256 S. 2, 240 III, IV HGB). Alle übrigen Verfahren – insbesondere die Preisfolgeverfahren Hifo und Lofo sind damit ausgeschlossen.

Auch die Steuerverwaltung macht hinsichtlich der unterschiedlichen Bewertungsverfahren deutliche Einschränkungen. Nach § 6 I Nr. 2a EStG kommt für die Bewertung gleichartiger Wirtschaftsgüter des Vorratsvermögens nur noch das Lifo-Verfahren in Betracht.

§ 11. Gliederung des Jahresabschlusses und Inhalt der Bilanzpositionen

1. Allgemeine Gliederungsgrundsätze für die Bilanz

Der Grundsatz der Bilanzklarheit wird in erster Linie durch eine detaillierte Gliederung der Bilanz und der Erfolgsrechnung realisiert. Art und Umfang der Gliederung sind durch die Zielsetzungen bedingt, die mit dem Jahresabschluss verfolgt werden sollen. Da aufgrund des Prinzips der Maßgeblichkeit der Handelsbilanz für die Steuerbilanz[167] beide Bilanzen eng miteinander verzahnt sind, muss eine Art der Gliederung gewählt werden, die nach Möglichkeit die teilweise unterschiedliche Interessenlage der wichtigsten Gruppen von Bilanzadressaten (Gläubiger, Anteilseigner, Finanzbehörden, Unternehmensleitung) berücksichtigt. Die Bilanz muss deshalb so aufgebaut sein, dass sie über folgende Faktoren Auskunft gibt:

– die Vermögens- und Kapitalstruktur,

---

[167] Siehe dazu S. 76ff.

- die finanzielle Struktur,
- die Liquiditätslage,
- die Rentabilität und Gewinnverwendung (in Verbindung mit der Erfolgsrechnung),
- die Beziehungen zu verbundenen Unternehmen,
- die finanziellen Beziehungen zwischen der Gesellschaft und den geschäftsführenden Organen bei Unternehmen, bei denen die Geschäftsführer keine Gesellschafter sind.

Der Gesetzgeber hat kein für Unternehmen aller Rechtsformen geltendes Mindestgliederungsschema für die Bilanz und die Gewinn- und Verlustrechnung erlassen. Zum Inhalt der Bilanz ist aus § 242 I HGB lediglich zu entnehmen, dass jeder Kaufmann zu Beginn seines Handelsgewerbes und für den Schluss eines jeden Geschäftsjahrs einen, das Verhältnis seines Vermögens und seiner Schulden darstellenden, Abschluss (Eröffnungsbilanz, Bilanz) aufzustellen hat. § 247 I HGB konkretisiert diese Vorschrift lediglich dahingehend, dass das Anlage- und das Umlaufvermögen, das Eigenkapital, die Schulden sowie die Rechnungsabgrenzungsposten gesondert auszuweisen und hinreichend aufzugliedern sind.

Für bestimmte Unternehmen gibt es gesetzliche Gliederungsvorschriften für die Handelsbilanz und die Erfolgsrechnung, die als Kompromiss zwischen theoretischer Erkenntnis über eine zweckentsprechende Gliederung von handelsrechtlichen Jahresabschlüssen einerseits und ihrer praktischen Durchführbarkeit unter dem Gesichtspunkt der Einfachheit, Übersichtlichkeit und Wirtschaftlichkeit der Rechnungslegung andererseits angesehen werden können. Diese Vorschriften knüpfen teils an die Rechtsform des Unternehmens (z.B. Aktiengesellschaft, GmbH, GmbH & Co KG, Genossenschaft), teils an die Zugehörigkeit des Unternehmens zu einem bestimmten Wirtschaftszweig (z.B. Kreditinstitute, Versicherungen), teils an die Eigentumsverhältnisse (z.B. öffentliche Betriebe), teils an bestimmte Größenmerkmale (z.B. die dem Publizitätsgesetz unterworfenen Unternehmen) an. In einigen der wirtschaftszweigbezogenen Vorschriften wird außerdem noch nach der Rechtsform unterschieden (z.B. Kreditinstitute).

Ein gesetzliches Bilanzgliederungsschema beantwortet die Frage nach dem Inhalt der Bilanz nicht erschöpfend. Ein Schema, das klar und übersichtlich bleiben soll, darf die Mindestgliederung nicht zu weit treiben. Folglich können immer wieder Zweifelsfragen auftreten, welche Vermögensgegenstände und Schulden bilanziert werden müssen bzw. nicht bilanziert werden dürfen und welchen im Gliederungsschema aufgeführten Positionen bestimmte Vermögensgegenstände zuzuordnen sind. Die Bilanzierung ist teils durch Gebote und Verbote geregelt, teils räumt der Gesetzgeber Bilanzierungswahlrechte ein. Alle nicht kodifizierten Fälle sind mit Hilfe der Grundsätze ordnungsmäßiger Buchführung und Bilanzierung zu lösen.

Aus einem gesetzlich vorgeschriebenen Mindestgliederungsschema ergibt sich für den Inhalt der Bilanz:

- Alle zu den aufgezählten Bilanzpositionen zählenden Vermögensgegenstände und Schulden müssen bilanziert werden, es sei denn, durch besondere gesetzliche Vorschriften wird ein Bilanzierungswahlrecht eingeräumt.
- Alle übrigen – nicht aufgezählten – Vermögensgegenstände und Schulden dürfen bzw. müssen bilanziert werden, es sei denn, durch besondere gesetzliche Vorschriften wird ein Bilanzierungsverbot ausgesprochen.
- Eine weitergehende Gliederung ist zulässig, wenn sie die Klarheit und Übersichtlichkeit verbessert. Sie ist geboten, wenn in Ausnahmefällen das Mindestgliede-

rungsschema für eine klare und übersichtliche Bilanzierung nicht ausreicht. Es ist dann aber das Prinzip der formalen Bilanzkontinuität zu beachten.

2. Gliederung der Bilanzen der Kapitalgesellschaften nach dem HGB

Das Bilanzgliederungsschema des § 266 II, III HGB ist für große und mittelgroße Kapitalgesellschaften i.S. des § 267 II, III HGB verbindlich. Kleine Kapitalgesellschaften dürfen eine verkürzte Bilanz aufstellen, in die nur die mit Buchstaben und römischen Zahlen bezeichneten Posten gesondert aufgenommen werden müssen (§ 266 I 3 HGB).

Gliederung der Bilanz nach § 266 II, III HGB

Aktivseite:

A. Anlagevermögen
- I. Immaterielle Vermögensgegenstände
  1. Selbst geschaffene gewerbliche Schutzrechte und ähnliche Rechte und Werte
  2. Konzessionen, gewerbliche Schutzrechte und ähnliche Rechte und Werte sowie Lizenzen an solchen Rechten und Werten
  3. Geschäfts- oder Firmenwert
  4. geleistete Anzahlungen
- II. Sachanlagen
  1. Grundstücke, grundstücksgleiche Rechte und Bauten einschließlich der Bauten auf fremden Grundstücken
  2. technische Anlagen und Maschinen
  3. andere Anlagen, Betriebs- und Geschäftsausstattung
  4. geleistete Anzahlungen und Anlagen im Bau
- III. Finanzanlagen
  1. Anteile an verbundenen Unternehmen
  2. Ausleihungen an verbundene Unternehmen
  3. Beteiligungen
  4. Ausleihungen an Unternehmen, mit denen ein Beteiligungsverhältnis besteht
  5. Wertpapiere des Anlagevermögens
  6. sonstige Ausleihungen

B. Umlaufvermögen
- I. Vorräte
  1. Roh-, Hilfs- und Betriebsstoffe
  2. unfertige Erzeugnisse, unfertige Leistungen
  3. fertige Erzeugnisse und Waren
  4. geleistete Anzahlungen
- II. Forderungen und sonstige Vermögensgegenstände
  1. Forderungen aus Lieferungen und Leistungen
  2. Forderungen gegen verbundene Unternehmen
  3. Forderungen gegen Unternehmen, mit denen ein Beteiligungsverhältnis besteht
  4. sonstige Vermögensgegenstände
- III. Wertpapiere
  1. Anteile an verbundenen Unternehmen
  2. sonstige Wertpapiere
- IV. Schecks, Kassenbestand, Bundesbank- und Postgiroguthaben, Guthaben bei Kreditinstituten

C. Rechnungsabgrenzungsposten

D. Aktive Latente Steuern

E. Aktiver Unterschiedsbetrag aus der Vermögensverrechnung

Passivseite:

A. Eigenkapital
  I. Gezeichnetes Kapital
  II. Kapitalrücklage
  III. Gewinnrücklagen
    1. gesetzliche Rücklage
    2. Rücklage für Anteile an einem herrschenden oder mehrheitlich beteiligten Unternehmen
    3. satzungsmäßige Rücklagen
    4. andere Gewinnrücklagen
  IV. Gewinnvortrag/Verlustvortrag
  V. Jahresüberschuss/Jahresfehlbetrag

B. Rückstellungen
    1. Rückstellungen für Pensionen und ähnliche Verpflichtungen
    2. Steuerrückstellungen
    3. sonstige Rückstellungen

C. Verbindlichkeiten
    1. Anleihen, davon konvertibel
    2. Verbindlichkeiten gegenüber Kreditinstituten
    3. erhaltene Anzahlungen auf Bestellungen
    4. Verbindlichkeiten aus Lieferungen und Leistungen
    5. Verbindlichkeiten aus der Annahme gezogener Wechsel und der Ausstellung eigener Wechsel
    6. Verbindlichkeiten gegenüber verbundenen Unternehmen
    7. Verbindlichkeiten gegenüber Unternehmen, mit denen ein Beteiligungsverhältnis besteht
    8. sonstige Verbindlichkeiten, davon aus Steuern, davon im Rahmen der sozialen Sicherheit

D. Rechnungsabgrenzungsposten

E. Passive latente Steuern

Reicht die Mindestgliederung aufgrund der Besonderheiten eines Betriebes nicht aus, die Klarheit und Übersichtlichkeit der Bilanzierung zu gewährleisten, so werden entweder zusätzliche Positionen eingefügt, und zwar dann, wenn sich Vermögens- oder Schuldposten nicht in die Bilanzpositionen des § 266 II, III HGB einordnen lassen, oder es werden gesetzlich vorgeschriebene Posten weiter aufgeteilt (z.B. die Position Betriebs- und Geschäftsausstattung in Werkzeuge, Fuhrpark, sonstige Betriebsausstattung und Büroausstattung), so dass entweder mehrere Positionen an die Stelle von einer Position treten oder die Zusammensetzung einer Position durch Vermerke in einer Vorspalte oder in einer Fußnote erläutert wird (so kann z.B. die Position Kapitalrücklage in einer Vorspalte nach den verschiedenen Arten ihrer Dotierung erläutert werden).[168]

Außerdem ergibt sich aus dem Gesetz der Ausweis bestimmter Positionen, die

- im Gliederungsschema nicht enthalten sind, weil sie selten auftreten, z.B. die nicht eingeforderten und ausstehenden Einlagen auf das gezeichnete Kapital (§ 272 I 3 HGB);
- eine im Gliederungsschema aufgeführte Position durch nähere Angaben in den Vorspalten oder auf andere Weise (z.B. als Fußnote oder im Anhang) erläutern; so müssen z.B. der Betrag der Forderungen mit einer Restlaufzeit von mehr als einem Jahr und der Betrag der Verbindlichkeiten mit einer Restlaufzeit bis zu einem Jahr bei jedem Posten gesondert vermerkt werden (§ 268 IV, V HGB), ferner muss ein in den

[168] Siehe dazu S. 161 f.

aktiven Rechnungsabgrenzungsposten aufgenommener Disagiobetrag gesondert ausgewiesen oder im Anhang angegeben werden (§ 268 VI HGB) u.a.

Risiken und Verpflichtungen, für die ein Ausweis auf der Passivseite der Bilanz nicht zwingend vorgeschrieben ist (§ 251 HGB), müssen im Interesse der Klarheit der Rechenschaftslegung entweder in der Bilanz (*unter dem Strich,* d.h. nicht als Bestandteil der Bilanzsumme) oder *im Anhang* vermerkt werden (§ 268 VII HGB).

Es bedarf keiner besonderen Feststellung, dass jeder Vermögens- und Schuldposten nur einmal in der Bilanz ausgewiesen werden kann. Es gibt aber Gegenstände, bei denen es zweifelhaft sein kann, welcher Position sie zuzuordnen sind; so kann z.B. eine Forderung aus Warenlieferungen zugleich eine Forderung gegenüber einem verbundenen Unternehmen sein. Die Verwaltung hat hier zu entscheiden, welche Art des Ausweises dem Prinzip der Klarheit und Übersichtlichkeit am besten Rechnung trägt. § 265 III HGB sieht vor, dass bei Gegenständen, die mehreren Positionen zugerechnet werden können, die *Mitzugehörigkeit* zu den anderen Positionen zu vermerken ist, wenn das zur Aufstellung einer klaren und übersichtlichen Bilanz erforderlich ist. Zu viele Verweise können allerdings die Übersichtlichkeit auch beeinträchtigen.

3. Tabellarischer Überblick über die allgemeinen Gliederungsgrundsätze für die Bilanz

Die folgende Übersicht zeigt noch einmal zusammenfassend die allgemeinen Grundsätze für die Gliederung der Bilanz:

Allgemeine Grundsätze für die Gliederung der Bilanz		
	Grundsatz	**Rechtsvorschrift**
Für alle Unternehmen	(1) Aufstellung nach den GoB (2) Klarheit und Übersichtlichkeit (3) Vollständigkeit (4) Saldierungsverbot (Bruttoprinzip)	§ 243 I HGB § 243 II HGB § 246 I HGB § 246 II HGB
Zusätzliche Grundsätze für Kapitalgesellschaften	(1) Gliederungskontinuität; Abweichungen in Ausnahmefällen sind im Anhang anzugeben und zu begründen	§ 265 I HGB
	(2) Angabe des entsprechenden Vorjahresbetrages bei jedem Posten; ggf. Angabe und Erläuterung nicht vergleichbarer Beträge im Anhang	§ 265 II HGB
	(3) Vermerk der Mitzugehörigkeit zu anderen Posten, wenn ein Vermögensgegenstand oder eine Schuld unter mehrere Bilanzposten fällt, in der Bilanz oder Angabe im Anhang	§ 265 III HGB
	(4) Beachtung des Mindestgliederungsschemas (oder Beachtung von Formblättern bei abweichendem Geschäftszweig) – Aufstellung in Kontoform – Beachtung der vorgeschriebenen Reihenfolge – gesonderter Ausweis der vorgeschriebenen Posten – größenabhängige Erleichterungen für kleine Kapitalgesellschaften	§ 266 HGB § 330 HGB § 266 I 1 HGB § 266 I 2 HGB § 266 I 2 HGB § 266 I 3 HGB
	(5) Abweichungen vom Mindestgliederungsschema – Sind mehrere Geschäftszweige mit verschiedenen Gliederungsschemata vorhanden, so ist ein Schema anzuwenden und der Jahresabschluss nach den anderen Schemata zu ergänzen;	 § 265 IV HGB

Allgemeine Grundsätze für die Gliederung der Bilanz		
	Grundsatz	Rechtsvorschrift
	– weitergehende Untergliederung von Posten zulässig;	§ 265 V 1 HGB
	– Hinzufügung neuer Posten zulässig, wenn ihr Inhalt nicht von einem vorgeschriebenen Posten gedeckt wird;	§ 265 V 2 HGB
	– Änderung der Gliederung und Bezeichnung der mit arabischen Zahlen versehenen Posten zulässig, wenn wegen Besonderheiten im Interesse der Klarheit und Übersichtlichkeit erforderlich;	§ 265 VI HGB
	– mit arabischen Zahlen versehene Posten dürfen zusammengefasst werden, wenn dadurch die Klarheit der Darstellung vergrößert wird oder wenn sie einen für die Vermittlung eines den tatsächlichen Verhältnissen entsprechenden Bildes unerheblichen Betrag enthalten;	§ 265 VII HGB
	– Leerposten (ein Posten der Mindestgliederung weist keinen Betrag aus) sind nur zu führen, wenn im vorhergehenden Geschäftsjahr unter diesem Posten ein Betrag ausgewiesen wurde.	§ 265 VIII HGB

4. Allgemeine Gliederungsgrundsätze für die Gewinn- und Verlustrechnung

a) Gewinn- und Verlustrechnung als Bestandteil des Jahresabschlusses

Dem Bilanzgewinn ist es nicht anzusehen, ob er in der Abrechnungsperiode durch Umsatz von Betriebsleistungen oder durch außerordentliche Erträge aus Beteiligungen, anderen Wertpapieren oder Anlageverkäufen entstanden ist, oder ob er bereits in früheren Perioden erzielt wurde, in denen er durch Bildung stiller Rücklagen nicht gezeigt wurde, und in dieser Periode durch Bewertungsmaßnahmen oder Umsatzvorgänge, die zur Auflösung stiller Rücklagen führen, zum Ausweis gebracht wird. Zur Beurteilung der Ertragslage einer Unternehmung muss deshalb zur Bilanz eine Gewinn- und Verlustrechnung (auch als Erfolgsrechnung bezeichnet) treten.

Während in der Bilanz der Erfolg einer Abrechnungsperiode als Saldo durch Gegenüberstellung von Vermögens- und Kapitalpositionen an einem Zeitpunkt (Bilanzstichtag) ermittelt wird, saldiert die Gewinn- und Verlustrechnung die Summe aller Erträge und die Summe aller Aufwendungen einer Abrechnungsperiode und bestimmt so nicht nur den Erfolg als Saldo, sondern zeigt je nach dem Umfang der Aufgliederung der Aufwands- und Ertragsarten auch die Quellen des Erfolges auf, d.h. sie erklärt sein Zustandekommen.

Die Erfolgsrechnung ist eine Aufwands- und Ertragsrechnung, keine Zahlungsrechnung. Nur ein Teil der Aufwendungen und Erträge einer Abrechnungsperiode stimmt mit den Auszahlungen und Einzahlungen dieses Zeitraums überein; anderen Aufwendungen und Erträgen sind Auszahlungen und Einzahlungen in früheren Perioden vorausgegangen, oder es folgen ihnen in späteren Perioden Auszahlungen und Einzahlungen nach, wenn aus Kreditvorgängen Zahlungsvorgänge werden, z.B. Abschreibung auf Maschinen (Auszahlungen früher, Aufwand jetzt), Verbrauch von Rohstoffen, die auf Kredit gekauft worden sind (Aufwand jetzt, Auszahlungen später), Lieferungen auf Grund früherer Anzahlungen (Einzahlungen früher, Ertrag jetzt) oder Forderungen aus Warenlieferungen (Ertrag jetzt, Einzahlungen später).

Die Pflicht zur Aufstellung einer Gewinn- und Verlustrechnung im Rahmen des handelsrechtlichen Jahresabschlusses ergibt sich aus § 242 II HGB.

Für Zwecke der Besteuerung ist eine Aufgliederung des Erfolges nach seinen Quellen nicht unbedingt erforderlich, weil die Aufgabe der steuerlichen Gewinnermittlung die Feststellung einer Steuerbemessungsgrundlage ist, auf deren Zusammensetzung es nicht ankommt. In welchem Umfange z.B. ein Gewinn aus betrieblichen oder aus neutralen Erträgen stammt, ist für seine Besteuerung in der Regel ohne Bedeutung. Soweit Erträge nicht der Besteuerung unterliegen, ergibt sich das aus speziellen steuerrechtlichen Vorschriften (z.B. Organschaft, Schachtelprivileg) und aus ihren Auswirkungen auf einzelne Konten (z.B. Erträge aus Beteiligungen), aber nicht unmittelbar aus der Gewinn- und Verlustrechnung.

b) Bruttoprinzip oder Nettoprinzip

Für den Aufbau einer Gewinn- und Verlustrechnung gibt es grundsätzlich zwei Möglichkeiten:

- Der Aufbau erfolgt nach dem Bruttoprinzip, d.h. sämtliche Aufwendungen und Erträge werden ohne jede Saldierung gegenübergestellt. Nur so sind die Voraussetzungen gegeben, dass sämtliche Erfolgsquellen voll sichtbar werden. Vor allem wird der betriebliche Umsatzerlös ohne Abzug bestimmter (z.B. Materialverbrauch) oder aller Aufwendungen ausgewiesen.
- Der Aufbau erfolgt nach dem Nettoprinzip, d.h. Aufwands- und Ertragspositionen werden völlig oder teilweise gegeneinander aufgerechnet, im Extremfall erscheint nur noch der Gewinn oder der Verlust. Die Aufrechnung kann z.B. bei gleichartigen Aufwands- und Ertragspositionen (z.B. Zinsaufwand und Zinsertrag) oder bei aus mehreren Aufwands- und Ertragsarten zusammengesetzten Positionen (z.B. außerordentliche Aufwendungen und Erträge) oder zwischen sämtlichen Umsatzerlösen und bestimmten Aufwandsarten (z.B. Materialaufwand, Energieaufwand, Steueraufwand u.a.) erfolgen.

Die Aussagefähigkeit der Salden ist gering. Beträgt z.B. nach Saldierung mit den Zinserträgen der Zinsaufwand der Periode 5 000 €, so kann sich dieser Saldo aus Zinsaufwand von 6 000 € und Zinserträgen von 1 000 €, aber ebenso gut aus Zinsaufwand von 600 000 € und Zinserträgen von 595 000 € ergeben. Je größer die Zahl der Aufwands- und Ertragsarten ist, die miteinander verrechnet werden, und je ungleichartiger ihre Zusammensetzung ist, desto geringer ist der Aussagewert des Saldos. Saldierungen beim Umsatzerlös verhindern jeden Einblick in die Größe des Umsatzes und verschleiern damit eine für die Beurteilung der Ertragslage des Betriebes entscheidende Größe. § 246 II HGB fordert nicht nur für die Bilanz, sondern auch für die Gewinn- und Verlustrechnung die strenge Beachtung des Bruttoprinzips.

c) Trennung von Betriebserfolg und neutralem Erfolg

Das Prinzip der Klarheit erfordert ferner eine scharfe Trennung der Aufwendungen und Erträge, die mit der Erstellung und dem Absatz der Betriebsleistung zusammenhängen, von den Aufwendungen und Erträgen, die neutralen (betriebsfremden oder außerordentlichen) Charakter haben. Nur so wird erkenntlich, welcher Teil des Gesamterfolges das Ergebnis der eigentlichen betrieblichen Tätigkeit ist und welcher Teil aus anderen Quellen stammt.

d) Gesamtkostenverfahren oder Umsatzkostenverfahren

Produktion (Ertrag) und Verkauf (Umsatzerlös) einer Periode stimmen gewöhnlich nicht überein, sondern es bilden sich Lagerbestände an Halb- und Fertigfabrikaten, so dass mehr verkauft als produziert (Minderung der Bestände an Fertigfabrikaten) oder mehr produziert als verkauft werden kann (Mehrung der Bestände). Die Erfolgsrechnung kann zur Ermittlung des Betriebserfolges entweder sämtliche Aufwendungen, die in der Abrechnungsperiode bei der Erstellung der Betriebsleistungen angefallen sind, sämtlichen betrieblichen Erträgen, also nicht nur den Umsatzerlösen, sondern auch den nicht abgesetzten Leistungen, gegenüberstellen. Dieses Verfahren wird als Gesamtkostenverfahren (Produktionsrechnung) bezeichnet. Erscheint dagegen auf der Ertragsseite nicht der gesamte Ertrag der Periode, sondern nur der Umsatzerlös, der größer oder kleiner als der Periodenertrag sein kann, während die Umsatzaufwendungen unter Berücksichtigung der Bestandsveränderungen der Fabrikate auf der Aufwandsseite stehen, so handelt es sich um eine Gewinn- und Verlustrechnung nach dem Umsatzkostenverfahren (Umsatzrechnung).

Beide Rechnungsarten unterscheiden sich also lediglich darin, wie sie unter Berücksichtigung von Lagerbestandsveränderungen die Erfolgskomponenten (Aufwand und Ertrag) mengenmäßig vergleichbar machen. Aus den folgenden Gleichungen erkennt man, dass das Gesamtkostenverfahren den Ertrag den Produktionsmengen und das Umsatzkostenverfahren den Aufwand den abgesetzten Mengen anpasst.

Gesamtkostenverfahren:

Aufwand	=	Produktionsaufwand der Periode
Ertrag	=	Gesamtleistung der Periode
		(Umsatzerlöse – Bestandsabnahme + Bestandserhöhung)

Umsatzkostenverfahren:

Aufwand	=	Umsatzaufwand
		(Produktionsaufwand + Bestandsabnahme – Bestandserhöhung)
Ertrag	=	Umsatzerlöse der Periode

Im Ergebnis stimmen Produktionsrechnung und Umsatzrechnung also überein. Bei Bestandserhöhungen, d.h. wenn mehr produziert als umgesetzt wird, weist die Umsatzrechnung einen um den zur Bestandserhöhung erforderlichen Aufwand geringeren Aufwand aus als die Produktionsrechnung. Im Periodenertrag der Produktionsrechnung werden demgegenüber neben den Umsatzerlösen auch die Bestandserhöhungen als Ertragskomponente ausgewiesen. Bei Bestandsabnahmen ist der Produktionsaufwand entsprechend geringer als der Aufwand für die insgesamt in der Periode umgesetzten Erzeugnisse. Die Umsatzrechnung enthält dafür auch die vollen Erlöse für die ab Lager verkauften Produkte als Ertragskomponenten.

Die folgende Produktionsrechnung *(Gesamtkostenverfahren)* zeigt nur den Produktionsaufwand der Abrechnungsperiode, gegliedert nach Aufwandsarten. Die Betriebsleistung aus dem Umsatz der Periode wird korrigiert um die Veränderung der Bestände an Halb- und Fertigfabrikaten. Da der Endbestand niedriger als der Anfangsbestand ist, ist in der Abrechnungsperiode mehr umgesetzt als produziert worden.

Beispiel:

Aufwand	Gewinn- und Verlustrechnung (Gesamtkostenverfahren)				Ertrag
Betriebsaufwand der Periode			Betriebsleistung		
1. Löhne und Gehälter	30000		1. Umsatzerlös	200000	
2. Materialverbrauch	70000		2. Endbestand an Halb- und Fertigfabrikaten	20000	
3. Abschreibungen	10000			220000	
4. Zinsen	5000		3. Anfangsbestand an Halb- und Fertigfabrikaten	– 40000	180000
5. Sonstige Aufwendungen	25000	140000			
Gewinn		40000			
		180000			180000

Das folgende Beispiel zeigt eine nach Kostenstellen gegliederte Umsatzrechnung *(Umsatzkostenverfahren).*

Aufwand	Gewinn- und Verlustrechnung (Umsatzkostenverfahren)		Ertrag
Anfangsbestand an Fertigfabrikaten	20000	Umsatzerlös	200000
+ Herstellungskosten der produzierten Fabrikate (einschließlich Bestandsveränderungen der Halbfabrikate)	140000		
+ Verwaltungs- und Vertriebsaufwand	10000		
	170000		
./. Endbestand an Fertigfabrikaten	10000		
Umsatzaufwand	160000		
Gewinn	40000		
	200000		200000

5. Gliederung der Gewinn- und Verlustrechnung bei Kapitalgesellschaften

§ 275 HGB sieht für Kapitalgesellschaften wahlweise das Gesamtkosten- oder Umsatzkostenverfahren vor. Entsprechend enthält § 275 HGB zwei Gliederungsschemata. Für Einzelunternehmen und Personengesellschaften ist – ebenso wie bei der Bilanz – kein Gliederungsschema vorgeschrieben.

<table>
<tr><th colspan="2">Gliederung der Gewinn- und Verlustrechnung (§ 275 HGB)</th></tr>
<tr><th>Gesamtkostenverfahren (§ 275 II HGB)</th><th>Umsatzkostenverfahren (§ 275 III HGB)</th></tr>
<tr><td>1. Umsatzerlöse
2. Erhöhung oder Verminderung des Bestands an fertigen und unfertigen Erzeugnissen
3. andere aktivierte Eigenleistungen
4. sonstige betriebliche Erträge
5. Materialaufwand:
a) Aufwendungen für Roh-, Hilfs- und Betriebsstoffe und für bezogene Waren
b) Aufwendungen für bezogene Leistungen
6. Personalaufwand:
a) Löhne und Gehälter
b) soziale Abgaben und Aufwendungen für Altersversorgung und für Unterstützung
7. Abschreibungen:
a) auf immaterielle Vermögensgegenstände des Anlagevermögens und Sachanlagen sowie auf aktivierte Aufwendungen für die Ingangsetzung und Erweiterung des Geschäftsbetriebs
b) auf Vermögensgegenstände des Umlaufvermögens, soweit diese die in der Kapitalgesellschaft üblichen Abschreibungen überschreiten</td><td>1. Umsatzerlöse
2. Herstellungskosten der zur Erzielung der Umsatzerlöse erbrachten Leistungen
3. Bruttoergebnis vom Umsatz
4. Vertriebskosten
5. allgemeine Verwaltungskosten
6. sonstige betriebliche Erträge</td></tr>
<tr><td colspan="2">8. (7.) sonstige betriebliche Aufwendungen
9. (8.) Erträge aus Beteiligungen
10. (9.) Erträge aus anderen Wertpapieren und Ausleihungen des Finanzanlagevermögens
11. (10.) sonstige Zinsen und ähnliche Erträge
12. (11.) Abschreibungen auf Finanzanlagen und auf Wertpapiere des Umlaufvermögens
13. (12.) Zinsen und ähnliche Aufwendungen
14. (13.) Ergebnis der gewöhnlichen Geschäftstätigkeit
15. (14.) außerordentliche Erträge
16. (15.) außerordentliche Aufwendungen
17. (16.) außerordentliches Ergebnis
18. (17.) Steuern vom Einkommen und vom Ertrag
19. (18.) sonstige Steuern
20. (19.) Jahresüberschuss/Jahresfehlbetrag</td></tr>
</table>

Die Gliederung der Gewinn- und Verlustrechnung ist nach § 277 III 2 HGB um den gesonderten Ausweis von Erträgen und Aufwendungen aus Verlustübernahme und um die aufgrund einer Gewinngemeinschaft, eines Gewinnabführungs- oder eines Teilgewinnabführungsvertrages erhaltenen oder abgeführten Gewinne zu ergänzen. Außerdem sind die außerplanmäßigen Abschreibungen auf Vermögensgegenstände des Anlagevermögens nach § 253 II 3 HGB gesondert auszuweisen oder im Anhang anzugeben.

Während bei Anwendung des Gesamtkostenverfahrens alle Aufwendungen der Periode nach Aufwandsarten (Kostenarten) gegliedert erfasst werden, stellt das Umsatzkostenverfahren den Umsatzerlösen der Periode nur die Umsatzaufwendungen, d.h.

die auf die umgesetzten Leistungen entfallenden Aufwendungen, gegenüber, und zwar gegliedert nach Funktionsbereichen (Kostenstellen). Das Gliederungsschema des § 275 III HGB unterscheidet zwischen den Aufwendungen des Herstellungs-, Verwaltungs- und Vertriebsbereichs.

Da aus diesem Schema weder die Material- noch die Personalaufwendungen zu ersehen sind, schreibt § 285 Nr. 8 HGB vor, dass bei Anwendung des Umsatzkostenverfahrens die Material- und Personalaufwendungen des Geschäftsjahres, untergliedert nach den für das Gesamtkostenverfahren geltenden Vorschriften (§ 275 II Nr. 5 und 6 HGB), *im Anhang gesondert auszuweisen* sind. *Kleine* Kapitalgesellschaften können allerdings nach § 288 HGB auf den Ausweis des Materialaufwands im Anhang verzichten. Nach § 326 S. 2 HGB können darüber hinaus alle kleinen Kapitalgesellschaften bei der Offenlegung sämtliche die Gewinn- und Verlustrechnung betreffenden Angaben aus dem Anhang weglassen. *Mittelgroße* Kapitalgesellschaften dürfen nach § 327 Nr. 2 HGB den Anhang ohne die Angaben über den Materialaufwand zum Handelsregister einreichen.

Die folgende verkürzte Gliederung des § 275 II, III HGB zeigt noch einmal deutlich den Unterschied zwischen beiden Verfahren.

Gliederung der Gewinn- und Verlustrechnung in verkürzter Form					
Gesamtkostenverfahren (§ 275 II HGB)			*Umsatzkostenverfahren* (§ 275 III HGB)		
Posten					Posten
1		Umsatzerlöse		Umsatzerlöse	1
2	+/./.	Bestandsveränderungen der fertigen und unfertigen Erzeugnisse	./.	Herstellungskosten der zur Erzielung der Umsatzerlöse erbrachten Leistungen	2
3	+	andere aktivierte Eigenleistungen	=	Bruttoergebnis vom Umsatz	3
4	+	sonstige betriebliche Erträge	./.	Vertriebskosten	4
5	./.	Materialaufwand	./.	allg. Verwaltungskosten	5
6	./.	Personalaufwand	+	sonstige betriebliche Erträge	6
7	./.	Abschreibungen	./.	sonstige betriebliche Aufwendungen	7
8	./.	sonstige betriebliche Aufwendungen			
9–13	= +	Betriebsergebnis Finanzergebnis			8–12
14	=	Ergebnis der gewöhnlichen Geschäftstätigkeit			13
15–17	+/./.	außerordentliches Ergebnis			14–16
18–19	./.	Steuern			17–18
20	=	Jahresüberschuss/Jahresfehlbetrag			19

Eine *Einschränkung des Bruttoprinzips* sieht § 276 HGB für kleine und mittelgroße Kapitalgesellschaften i.S. des § 267 I, II HGB vor. Diese Gesellschaften dürfen bei Anwendung des Gesamtkostenverfahrens von der Gesamtleistung – bestehend aus den Umsatzerlösen, den Bestandsveränderungen der fertigen und unfertigen Erzeugnisse, den anderen aktivierten Eigenleistungen und den sonstigen betrieblichen Erträgen – den Materialaufwand absetzen. Die Differenz wird als *Rohergebnis* (Rohertrag bzw. Rohaufwand) bezeichnet. Die Gewinn- und Verlustrechnung der genannten Arten von Kapitalgesellschaften darf also unmittelbar mit dieser Position beginnen. Bei Anwendung des Umsatzkostenverfahrens dürfen entsprechend die Posten Umsatzerlöse, Herstellungskosten der zur Erzielung der Umsatzerlöse erbrachten Leistungen, Bruttoergebnis vom Umsatz und sonstige betriebliche Erträge zu dem Posten Rohergebnis verrechnet werden.

6. Tabellarischer Überblick über die allgemeinen Gliederungsgrundsätze für die Gewinn- und Verlustrechnung

Die folgende Übersicht zeigt noch einmal zusammenfassend die allgemeinen Grundsätze für die Gliederung der Gewinn- und Verlustrechnung:

Allgemeine Grundsätze für die Gliederung der Gewinn- und Verlustrechnung		
	Grundsatz	**Rechtsvorschrift**
Für alle Unternehmen	(1) Aufstellung nach den GoB (2) Klarheit und Übersichtlichkeit (3) Vollständigkeit (4) Saldierungsverbot (Bruttoprinzip)	§ 243 I HGB § 243 II HGB § 246 I HGB § 246 II HGB
Zusätzliche Grundsätze für Kapitalgesellschaften	(1) Gliederungskontinuität; Abweichungen in Ausnahmefällen sind im Anhang anzugeben und zu erläutern	§ 265 I HGB
	(2) Angabe des entsprechenden Vorjahresbetrages bei jedem Posten; ggf. Angabe und Erläuterung nicht vergleichbarer Beträge im Anhang	§ 265 II HGB
	(3) Beachtung des Mindestgliederungsschemas (oder Beachtung von Formblättern bei abweichendem Geschäftszweig) – Aufstellung in Staffelform – Aufstellung nach dem Gesamtkosten- oder dem Umsatzkostenverfahren – Beachtung der vorgeschriebenen Reihenfolge der Posten – gesonderter Ausweis der vorgeschriebenen Posten – größenabhängige Erleichterungen für kleine und mittelgroße Kapitalgesellschaften	§ 275 HGB § 330 HGB § 275 I 1 HGB § 275 I 1 HGB § 275 I 2 HGB § 275 II, III HGB § 276 HGB
	(4) Abweichungen vom Mindestgliederungsschemas – Sind mehrere Geschäftszweige mit verschiedenen Gliederungsschemata vorhanden, so ist ein Schema anzuwenden und die Gewinn- und Verlustrechnung nach den anderen Schemata zu ergänzen – weitergehende Untergliederung von Positionen zulässig	§ 265 IV HGB § 265 V 1 HGB

Allgemeine Grundsätze für die Gliederung der Gewinn- und Verlustrechnung		
	Grundsatz	**Rechtsvorschrift**
	– Hinzufügung neuer Positionen zulässig, wenn ihr Inhalt nicht von einem vorgeschriebenen Posten gedeckt wird	§ 265 V 2 HGB
	– Änderung der Gliederung und Bezeichnung der mit arabischen Zahlen versehenen Posten zulässig, wenn wegen Besonderheiten im Interesse der Klarheit und Übersichtlichkeit erforderlich	§ 265 VI HGB
	– mit arabischen Zahlen versehene Posten dürfen zusammengefasst werden, wenn dadurch die Klarheit der Darstellung vergrößert wird oder wenn sie einen für die Vermittlung eines den tatsächlichen Verhältnissen entsprechenden Bildes unerheblichen Betrag enthalten	§ 265 VII HGB
	– Leerposten (ein Posten der Mindestgliederung weist keinen Betrag aus) sind nur zu führen, wenn im vorhergehenden Geschäftsjahr unter diesem Posten ein Betrag ausgewiesen wurde	§ 265 VIII HGB

7. Eignung der Jahresabschlussgliederung für die Analyse des Jahresabschlusses

a) Einblicke in die Vermögensstruktur

aa) Ausweis der Finanzanlagen bzw. Wertpapieren

Für die Beurteilung der wirtschaftlichen Situation eines Betriebes ist es praktisch bedeutungslos, nur die Höhe seines Gesamtvermögens und Gesamtkapitals zu kennen. Aussagen lassen sich erst gewinnen, wenn man die *Struktur des Vermögens und des Kapitals,* d.h. ihre Zusammensetzung einerseits nach Vermögens- und Kapitalarten, andererseits nach den Fristen, für die das Kapital zur Verfügung steht, und nach der Dauer der Bindung des Kapitals in Vermögensarten kennt. Weiterhin ist die Kenntnis der Funktionen der Vermögensarten (betriebsnotwendiges Vermögen, Reservevermögen, Überschussvermögen) von Wichtigkeit.

Die Bedeutung, die eine detaillierte Gliederung des Vermögens für die Offenlegung der Vermögenslage (und die Beurteilung der Ertragslage) hat, soll an zwei Gruppen von Positionen des handelsrechtlichen Gliederungsschemas für Kapitalgesellschaften erläutert werden: den Wertpapieren und Beteiligungen sowie den Forderungen.

Für die Bilanzierung von *Finanzanlagen bzw. Wertpapieren* sind auf der Aktivseite der Bilanz folgende Positionen vorgesehen (§ 266 II HGB):

A. Im Anlagevermögen:
   (1) Anteile an verbundenen Unternehmen
   (2) Beteiligungen
   (3) Wertpapiere des Anlagevermögens
B. Im Umlaufvermögen:
   (4) Anteile an verbundenen Unternehmen
   (5) eigene Anteile
   (6) sonstige Wertpapiere

Würde man für all diese Positionen nur einen Sammelposten Finanzanlagen oder Wertpapieren ansetzen, so wären die Einblicke in die Bilanz dadurch erheblich eingeschränkt. Der gesonderte Ausweis der Beteiligungen und der Anteile an verbundenen Unternehmen gibt Auskunft über den Gesamtumfang der finanziellen Verflechtungen mit anderen Unternehmungen. Die Trennung in Wertpapiere des Anlagevermögens, die nicht zu den Beteiligungen oder den Anteilen an verbundenen Unternehmen gehören, und des Umlaufvermögens, die nicht unter die anderen im Umlaufvermögen ausgewiesenen Gruppen fallen, zeigt, dass der Betrieb mit den Wertpapieren verschiedene Zwecke verfolgen kann: die einen können der langfristigen Anlage dienen, ohne dass damit – wenn es sich um Anteilspapiere handelt – die Absicht einer Einflussnahme auf andere Gesellschaften verfolgt wird, die anderen werden ggf. nur vorübergehend als Liquiditätsreserve gehalten. Wechsel und Schecks gehören zu den Zahlungsmitteln. Ein Ausweis unter den Wertpapieren würde zu einer falschen Beurteilung der Liquiditätslage führen.

Ebenfalls von den Finanzanlagen erfasst sind bestimmte Ausleihungen, bei denen es sich eigentlich um Forderungen handelt. Die als Finanzanlagen erfassten Ausleihungen sind aber nur solche, die an verbundene Unternehmen oder Unternehmen in einem Beteiligungsverhältnis vorgenommen wurden. Die Berücksichtigung in der Gliederungsebene Finanzanlagen macht deutlich, dass es sich dabei nicht um einfache bzw. typische Forderungen handelt, wie sie etwa gegenüber Dritten bestehen.

bb) Ausweis der Forderungen

Ebenso wie für die Wertpapiere sieht das handelsrechtliche Gliederungsschema für Kapitalgesellschaften auch für die Forderungen eine Anzahl von Positionen vor.

Gliederung der Forderungen nach § 266 II HGB
Im Umlaufvermögen: – Forderungen aus Lieferungen und Leistungen; – Forderungen gegen verbundene Unternehmen; – Forderungen gegen Unternehmen, mit denen ein Beteiligungsverhältnis besteht; – sonstige Vermögensgegenstände

Im Rahmen des Anlagevermögens muss dabei allerdings kein getrennter Ausweis der Forderungen erfolgen. Diese sind nur im Rahmen der Finanzanlagen zu berücksichtigen, wenn es sich um Ausleihungen an verbundene Unternehmen oder Unternehmen in einem Beteiligungsverhältnis handelt, da diese typischerweise einen Anlagecharakter haben und nicht kurzfristig begründet und erfüllt werden.

Die *Forderungen des Umlaufvermögens* sind die Gruppe von Positionen, die am weitesten untergliedert ist. Allerdings fehlt es an einem eindeutigen Gliederungskriterium, da mit der Gliederung mehrere Zwecke erreicht werden sollen, so dass eine klare Zuordnung manchmal nicht möglich ist und folglich im Interesse der Bilanzklarheit die Mitzugehörigkeit einer Forderung zu einer anderen Position als der, unter der sie ausgewiesen wird, vermerkt werden muss.

So können z.B. Forderungen aus Lieferungen und Leistungen nicht nur in der dafür vorgesehenen Position erscheinen, sondern auch unter der Position Forderungen gegen verbundene Unternehmen und weiterhin unter der Position sonstige Vermögensgegenstände, wenn sie für längere Zeit gestundet worden sind. Hier kommen also drei verschiedene Einteilungskriterien zur Anwendung: die Art der Forderungen (z.B. Warenforderung), die besondere rechtliche und wirtschaftliche Verbindung mit dem Schuldner der Forderung (z.B. Konzernunternehmung) und die Bonität der Forderung.

Forderungen aus Lieferungen und Leistungen können auch durch *Wechsel* gesichert sein, so dass Wechsel wirtschaftlich oft eher zur Gruppe dieser Forderungen als nach rechtlichen Gesichtspunkten zu den Wertpapieren gehören. Die Ausgliederung der *Forderungen an verbundene Unternehmen* dient wie bei den Posten Anteile oder Ausleihungen an verbundene Unternehmen der Offenlegung der bestehenden Unternehmensverbindungen.

b) Einblicke in die Kapitalstruktur

Für die Kapitalstruktur lassen sich analoge Überlegungen wie für die Vermögensstruktur anstellen. Der Ausweis einer einzigen Position *Eigenkapital* (bei Personengesellschaften aufgeteilt auf die Gesellschafter entsprechend ihrem Anteil) ist nur in Bilanzen von Unternehmungen unbedenklich, bei denen – wie bei der Einzelunternehmung und den Personengesellschaften – das Eigentum am Betriebe und die Geschäftsführung in der Hand derselben Personen liegen. Die Veränderung des Eigenkapitals kann hier mittels Bilanzvergleich oder der Gewinn- und Verlustrechnung ermittelt werden. Eine Täuschung der Eigentümer ist nicht möglich, da sie selbst die Bilanz erstellen oder – falls sie nicht an der Geschäftsführung beteiligt sind – Kontrollrechte haben.

Nach § 118 I HGB kann ein Gesellschafter einer oHG, auch wenn er auf Grund des Gesellschaftsvertrages nicht an der Geschäftsführung teilnimmt, die Handelsbücher und die Papiere der Gesellschaft einsehen und sich aus ihnen eine Bilanz und einen Jahresabschluss anfertigen. Die Kommanditisten der KG haben nach § 166 I HGB das Recht, eine Abschrift des Jahresabschlusses zu verlangen und dessen Richtigkeit unter Einsicht der Bücher und Papiere zu prüfen.

Den Gläubigern haftet neben dem Eigenkapital das Privatvermögen wenigstens eines Gesellschafters.

Bei Kapitalgesellschaften dagegen muss wegen der Beschränkung der Haftung auf die Kapitaleinlagen im Interesse des Gläubigerschutzes das Haftungskapital in nomineller Höhe ausgewiesen werden. Änderungen in der Höhe des Eigenkapitals zeigen sich in *zusätzlichen Eigenkapitalpositionen.* Die Schutzwirkung des Nominalkapitals liegt vor allem darin, dass eine Verminderung durch Kapitalrückzahlungen bei Aktiengesellschaften nur im Wege der ordentlichen Kapitalherabsetzung (§§ 222 ff. AktG), für die strenge Gläubigerschutzbestimmungen (§ 225 AktG) gelten, erfolgen kann. Auch eine GmbH kann ihr Stammkapital nur unter Beachtung besonderer dem Schutz der Gläubiger dienenden Bestimmungen herabsetzen (§ 58 GmbHG).

Nach § 266 III bzw. § 268 I HGB sind gesondert auszuweisen:

1. Gezeichnetes Kapital, bei der AG mit Vermerk der verschiedenen Aktiengattungen
2. Kapitalrücklage
3. Gewinnrücklagen
   a) gesetzliche Rücklage
   b) Rücklage für eigene Anteile
   c) satzungsmäßige Rücklagen
   d) andere Gewinnrücklagen
4. Steuerfreie Rücklagen (Sonderposten mit Rücklageanteil, §§ 247 III, 273 HGB)
5. Gewinnvortrag/Verlustvortrag
6. Jahresüberschuss/Jahresfehlbetrag
7. Bilanzgewinn/Bilanzverlust

Die Trennung der Kapitalrücklage und der gesetzlichen Rücklage einerseits und der anderen Gewinnrücklagen andererseits hat rechtliche Gründe: erstere dürfen im Interesse des Gläubigerschutzes nur zur Tilgung von Verlusten, nicht dagegen zur Zahlung von Dividenden aufgelöst werden. Während die gesetzliche Rücklage nur aus Gewinnen dotiert werden darf, nimmt die Kapitalrücklage etwa das Emissionsagio bei der Aktienausgabe auf (§ 272 II Nr. 1 HGB).[169] Für die GmbH ist keine gesetzliche Rücklage vorgeschrieben. Etwas anderes gilt allerdings für die Unternehmergesellschaft, bei der eine gesetzliche Rücklage zu bilden ist (§ 5a III GmbHG), mit der das bei der Unternehmergesellschaft grundsätzlich fehlende Stammkapital *angespart* werden soll.

Die Struktur des Fremdkapitals wird durch eine weite Aufgliederung der Verbindlichkeiten und eine Unterteilung der Rückstellungen sichtbar gemacht. Wie bei den Forderungen werden mehrere Gliederungskriterien nebeneinander verwendet: die Fristigkeit (langfristig – kurzfristig), die Sicherheit (Verbindlichkeiten) oder Unsicherheit (Rückstellungen) über Höhe und Termin der Fälligkeit, die Art der Verbindlichkeit (z.B. Lieferantenschulden, erhaltene Anzahlungen, Bankschulden), die besondere rechtliche Sicherung (z.B. Akzepte, Sicherung durch Grundpfandrechte) und die besondere rechtliche und wirtschaftliche Verbindung mit dem Gläubiger (z.B. Verbindlichkeiten gegenüber verbundenen Unternehmen).

§ 266 III HGB enthält für die Verbindlichkeiten folgende Positionen:

1. Anleihen, davon konvertibel;
2. Verbindlichkeiten gegenüber Kreditinstituten;
3. erhaltene Anzahlungen auf Bestellungen;
4. Verbindlichkeiten aus Lieferungen und Leistungen;
5. Verbindlichkeiten aus der Annahme gezogener Wechsel und der Ausstellung eigener Wechsel;
6. Verbindlichkeiten gegenüber verbundenen Unternehmen;
7. Verbindlichkeiten gegenüber Unternehmen, mit denen ein Beteiligungsverhältnis besteht;
8. sonstige Verbindlichkeiten,
   davon aus Steuern,
   davon im Rahmen der sozialen Sicherheit.

Kleine Kapitalgesellschaften i.S. des § 267 I HGB können nach § 266 I 3 HGB alle Verbindlichkeiten *in einer Position* ausweisen. *Mittelgroße* Kapitalgesellschaften i.S. des § 267 II HGB müssen in der Bilanz zwar alle acht Positionen der Verbindlichkeiten beachten, brauchen aber nach § 327 Nr. 1 HGB nur vier Positionen (Anleihen, Verbindlichkeiten gegenüber Kreditinstituten, gegenüber verbundenen Unternehmen und gegenüber Unternehmen, mit denen ein Beteiligungsverhältnis besteht) offen zu legen.

c) Einblicke in die finanzielle Struktur

Erkenntnisse über die Finanzierung des Betriebes können aus der dargestellten Gliederung des Vermögens und des Kapitals gewonnen werden. In der Praxis sind gewisse Faustregeln für eine zweckmäßige Finanzierung entwickelt worden, die theoretischen Überlegungen nur bedingt standhalten. Die wichtigsten dieser Regeln sind die horizontale Kapital-Vermögensstrukturregel, die unter dem Namen *Goldene Bilanzregel* bekannt geworden ist, und die vertikale Kapitalstrukturregel.

---

[169] Siehe S. 99ff.

aa) Horizontale Kapital-Vermögensstrukturregel

Die goldene Bilanzregel besagt in ihrer engsten Fassung, dass das Anlagevermögen mit Eigenkapital zu finanzieren sei, in einer weiteren Fassung, dass das Anlagevermögen langfristig, also mit Eigenkapital und langfristigem Fremdkapital finanziert werden müsse.

$$\frac{\text{Langfristiges Kapital}}{\text{Anlagevermögen}} \times 100 = \text{Anlagendeckung}$$

Diese Faustregel kann noch dahin erweitert werden, dass alles langfristig gebundene Kapital auch langfristig zu finanzieren ist, d.h., dass zum Anlagevermögen auch die langfristig gebundenen Teile des Umlaufvermögens (sog. eiserne Bestände, d.h. das Minimum an Roh-, Hilfs- und Betriebsstoffen oder an Waren, das zur Aufrechterhaltung der Betriebsbereitschaft erforderlich ist) zu zählen sind. Die übrigen Teile des Umlaufvermögens können kurzfristig finanziert werden.

Die Finanzierungsgewohnheiten der Praxis zeigen, dass die goldene Bilanzregel in ihrer engen Fassung nicht beachtet wird, dass aber das Bestreben besteht, eine Deckung des langfristig gebundenen Kapitals durch langfristiges Kapital sicherzustellen. Die Dauer der Kapitalbindung in einem Investitionsobjekt (z.B. langfristige Bindung in einer maschinellen Anlage, kurzfristige Bindung in Vorräten) bestimmt in der Regel lediglich die *Dauer* der Finanzierung, aber nicht die *Art* der Finanzierung. Die Entscheidung, ob mit Eigen- oder Fremdkapital finanziert wird, hängt von einer Anzahl von Faktoren ab, z.B. von der Lage am Kapitalmarkt, von den Kapitalkosten, von der Selbstfinanzierungs- bzw. Ausschüttungspolitik des Betriebes, die durch steuerliche Vorschriften beeinflusst werden kann, von der unterschiedlichen steuerlichen Behandlung von Eigen- und Fremdkapital, von der Frage, ob durch Aufnahme von Eigenkapital eine Verschiebung der Herrschaftsverhältnisse eintreten kann u.a.

bb) Vertikale Kapitalstrukturregel

Die vertikale Kapitalstrukturregel hat die *Zusammensetzung des Kapitals* zum Inhalt und stellt keine Beziehungen zwischen Kapital und Vermögen her. Sie besagt, dass das Verhältnis von Eigen- zu Fremdkapital 1 : 1 entsprechen müsse. Dieses Verhältnis bezeichnet man als *Verschuldungskoeffizienten.* Diese Regel wird gewöhnlich damit begründet, dass die Eigentümer des Unternehmens mindestens ebenso viel zur Finanzierung beitragen müssen (durch Kapitaleinlagen und Selbstfinanzierung) wie die Gläubiger.

Der Verschuldungskoeffizient wird jedoch nicht von einer starren Regel, sondern von dem *Verhältnis von Kapitalkosten und Kapitalrentabilität* bestimmt. Solange die Fremdkapitalzinsen niedriger sind als die Gesamtkapitalrentabilität bringt jede Fremdkapitaleinheit einen höheren Ertrag als sie Kosten verursacht.

Betragen etwa die Fremdkapitalzinsen 6 % und die Gesamtkapitalrentabilität 10 %, so bringt jede Fremdkapitaleinheit 4 % mehr an Zinsen als sie kostet. Diese 4 % fließen dem Eigenkapital zu und erhöhen die Eigenkapitalrentabilität. Wird neues Kapital benötigt, so ist es folglich zweckmäßig, solange Fremdkapital aufzunehmen, wie die Fremdkapitalzinsen noch unter der Gesamtkapitalrentabilität liegen. Mit zunehmendem Verschuldungsgrad wird das Risiko der Kreditgeber größer. Folglich steigen die Fremdkapitalzinsen an und begrenzen damit die weitere Fremdkapitalaufnahme.

Die Erhöhung der Eigenkapitalrentabilität durch Fremdfinanzierung von Investitionen, deren Gesamtkapitalrentabilität über dem Fremdkapitalzins liegt, wird als *Leverage-Effekt* bezeichnet, d.h. als Hebelwirkung zunehmender Verschuldung auf die

Eigenkapitalrentabilität oder – anders formuliert – als Abhängigkeit der Eigenkapitalrentabilität von der Gesamtkapitalrentabilität, dem Fremdkapitalzinssatz und dem Verhältnis vom Fremdkapital zu Eigenkapital, d.h. dem Verschuldungsgrad.

Die folgenden Zahlenbeispiele zeigen den Zusammenhang:

Gesamtkapital	1 000 000 €	
Ertrag des Gesamtkapitals	150 000 €	(= Gewinn + als Aufwand verrechnete Fremdkapitalzinsen)
Fremdkapitalzins 6 %		

Fall 1:

Eigenkapital	800 000		Gesamtkapitalertrag	150 000	= 15%
Fremdkapital	200 000	–	Fremdkapitalzinsen	12 000	= 6%
Gesamtkapital	1 000 000		Eigenkapitalverzinsung	138 000	= 17,25%

Fall 2:

Eigenkapital	500 000		Gesamtkapitalertrag	150 000	= 15%
Fremdkapital	500 000	–	Fremdkapitalzinsen	30 000	= 6%
Gesamtkapital	1 000 000		Eigenkapitalverzinsung	120 000	= 24%

Fall 3:

Eigenkapital	200 000		Gesamtkapitalertrag	150 000	= 15%
Fremdkapital	800 000	–	Fremdkapitalzinsen	48 000	= 6%
Gesamtkapital	1 000 000		Eigenkapitalverzinsung	102 000	= 51%

Das Beispiel verdeutlicht, dass die Eigenkapitalrentabilität umso höher ist, je größer der Anteil des Fremdkapitals am Gesamtkapital ist. Das Ergebnis wird allerdings erheblich verändert, wenn die Kapitalverzinsung nach Abzug der Gewinnsteuern berechnet wird. Fremdkapitalzinsen sind eine vom steuerpflichtigen Gewinn abzugsfähige Betriebsausgabe, Eigenkapitalzinsen dagegen sind Bestandteil des steuerpflichtigen Gewinns.

Fall 1:

Eigenkapital	800 000		Gesamtkapitalertrag	30 000	= 3%
Fremdkapital	200 000	–	Fremdkapitalzinsen	12 000	= 6%
Gesamtkapital	1 000 000		Eigenkapitalverzinsung	18 000	= 2,25%

Fall 2:

Eigenkapital	500 000		Gesamtkapitalertrag	30 000	= 3%
Fremdkapital	500 000	–	Fremdkapitalzinsen	30 000	= 6%
Gesamtkapital	1 000 000		Eigenkapitalverzinsung	0	= 0%

Fall 3:

Eigenkapital	200 000		Gesamtkapitalertrag	30 000	= 3%
Fremdkapital	800 000	–	Fremdkapitalzinsen	48 000	= 6%
Gesamtkapital	1 000 000		Eigenkapitalverzinsung	18 000	= – 9%

Sinkt die Gesamtkapitalrentabilität unter den Fremdkapitalzins, so gehen nun die Zinszahlungen teilweise zu Lasten der Eigenkapitalverzinsung, ggf. sogar zu Lasten der Eigenkapitalsubstanz. Auch dieses Risiko begrenzt die weitere Fremdkapitalaufnahme.

Aus diesen Überlegungen folgt, dass die 1 : 1 Regel ohne Bedeutung ist. Der Eigenkapitalanteil der Betriebe liegt heute je nach Branche z.T. erheblich unter 50 %. Bei der Gegenüberstellung von Eigen- und Fremdkapital muss allerdings beachtet werden, dass durch steuerlich zulässige Unterbewertungen des Vermögens nicht nur weniger Vermögen, sondern automatisch entsprechend *weniger Eigenkapital ausgewiesen* wird, d.h., der Anteil des Eigenkapitals ist in der Regel größer als er sich aus der Bilanz ergibt.

d) Einblicke in die Liquiditätslage

Neben dem Finanzplan wird die Bilanz als ein wichtiges Instrument zur Durchführung von *Liquiditätsberechnungen* und zur Gewinnung von Liquiditätsaussagen angesehen. Ein weiteres wesentliches Anliegen der Bilanzgliederung ist es deshalb, einen Einblick in die Liquiditätsverhältnisse des Betriebes zu geben. Der Jahresabschluss als eine auf einen Stichtag aufgestellte Bilanz (Zeitpunkt-Bilanz) ist dazu nur bedingt geeignet, wenn man nicht nur eine *statische* (Liquiditätslage am Bilanzstichtag), sondern eine *dynamische* Liquiditätsanalyse (Liquiditätsentwicklung in späteren Perioden) durchführen will.

Ein handelsrechtliches Bilanzgliederungsschema, das der Forderung Rechnung tragen soll, dass eine für Liquiditätsaussagen geeignete Bilanz eine Gegenüberstellung von Zahlungsmittelbedarf und Zahlungsmitteldeckung ermöglichen soll, müsste im Prinzip eine Anordnung der Vermögenspositionen *in der Reihenfolge ihrer Liquidierbarkeit* (von den bebauten Grundstücken bis zum Bestand an Zahlungsmitteln) und eine Anordnung der Kapitalpositionen – getrennt nach Eigen- und Fremdkapital – nach der Fristigkeit vornehmen.

Das Bilanzrecht durchbricht die Reihung nach dem Grad der Liquidierbarkeit im Umlaufvermögen grundsätzlich nicht und lässt auf die Vorräte die Forderungen, die Wertpapiere und die Zahlungsmittel folgen. Im Anlagevermögen ist das Prinzip der Gliederung nach dem Grad der Liquidierbarkeit nicht konsequent verwirklicht worden, weil die immateriellen Vermögensgegenstände – im Gegensatz zum früheren aktienrechtlichen Gliederungsschema – vor den Sachanlagen und den Finanzanlagen auszuweisen sind (§ 266 II HGB), obwohl eine besonders schwierige Liquidierbarkeit nicht bei allen immateriellen Vermögensgegenständen (etwa bei Patenten) unterstellt werden kann.

Wichtiger noch als die Gliederung der Bilanz nach Liquiditätsgesichtspunkten, durch die die Klarheit und Übersichtlichkeit erhöht und Mehrarbeiten durch Umgliederungen vermieden werden, ist ein Aufbau der Bilanz, der die *Fristigkeiten und Fälligkeiten* der Vermögens- und Kapitalteile erkennen lässt.

Das wichtigste Hilfsmittel, um mit Hilfe der Bilanz zu Liquiditätsaussagen zu kommen, ist die Ermittlung von *Liquiditätskennzahlen,* die auch als *Liquiditätsgrade* bezeichnet werden. Sie werden durch Gegenüberstellung bestimmter Vermögenspositionen (kurzfristiger Deckungsmittel) und kurzfristiger Verbindlichkeiten gebildet und sollen Aussagen über die Zahlungsfähigkeit des Betriebes machen, d.h. Auskunft darüber geben, ob und inwieweit die kurzfristigen Verbindlichkeiten in ihrer Höhe und Fälligkeit mit den Zahlungsmittelbeständen und anderen kurzfristigen Deckungsmitteln übereinstimmen.

Die gebräuchlichsten Liquiditätskennzahlen sind:

$$\text{Liquidität ersten Grades (Barliquidität)} = \frac{\text{Zahlungsmittel}}{\text{kurzfristige Verbindlichkeiten}} \times 100$$

$$\text{Liquidität zweiten Grades (Liquidität auf kurze Sicht)} = \frac{\text{Zahlungsmittel + kurzfristige Forderungen}}{\text{kurzfristige Verbindlichkeiten}} \times 100$$

$$\text{Liquidität dritten Grades (Liquidität auf mittlere Sicht)} = \frac{\text{Zahlungsmittel + kurzfristige Forderungen + Vorräte}}{\text{kurzfristige Verbindlichkeiten}} \times 100$$

Die Liquiditätsgrade können als Prozentzahlen oder in Form absoluter Differenzen dargestellt werden. Im letzteren Fall zeigen sie die jeweiligen Über- und Unterdeckungen in der absoluten Höhe.

Die Einblicke in die Finanz- und Liquiditätslage bei Kapitalgesellschaften haben sich noch dadurch verbessert, dass im *Anhang* zu den in der Bilanz ausgewiesenen Verbindlichkeiten erstens der Gesamtbetrag der Verbindlichkeiten mit einer Restlaufzeit von mehr als fünf Jahren und zweitens der Gesamtbetrag der Verbindlichkeiten, die durch Pfandrechte oder ähnliche Rechte gesichert sind, unter Angabe von Art und Form der Sicherheiten, angegeben werden müssen (§ 285 Nr. 1 HGB). Große und mittelgroße Kapitalgesellschaften müssen diese Angaben entsprechend dem Gliederungsschema für jede Position machen (§ 285 Nr. 2 HGB). Für die Offenlegung können mittelgroße Kapitalgesellschaften allerdings auf die Aufgliederung verzichten (§ 327 HGB).

Der *Aussagewert* der Liquiditätskennzahlen ist beschränkt, weil sie lediglich die Deckungsverhältnisse am Bilanzstichtag zeigen. Das Risiko der Fehleinschätzung der Liquiditätslage ist aber noch nicht einmal am Bilanzstichtag genau einzuschätzen, da

- die Bilanzzahlen nichts über die genaue Fälligkeit kurzfristiger Forderungen und Verbindlichkeiten aussagen, so dass die Liquiditätskennzahlen nur das durchschnittliche Deckungsverhältnis angeben, das vom tatsächlichen Deckungsverhältnis um so mehr abweichen kann, je kleiner die Zahl der Gläubiger und Schuldner und je größer folglich der Anteil der einzelnen kurzfristigen Verbindlichkeiten bzw. Forderungen an der entsprechenden Bilanzposition ist. Infolgedessen bleibt es offen, ob die Zahlungsbereitschaft trotz günstiger Kennzahlen wirklich gewährleistet ist;
- neben den ausgewiesenen Verbindlichkeiten mit Auszahlungen verbundene Aufwendungen (Lohnzahlungen, Zinszahlungen, Steuernachzahlungen, außerordentliche Instandhaltungen, für die keine oder nicht ausreichende Rückstellungen gebildet worden sind) entstehen, die nicht aus der Bilanz zu ersehen sind;
- aus der Bilanz nicht zu erkennen ist, ob Teile des Vermögens zur Sicherheit übereignet, verpfändet oder abgetreten worden sind. Bei Kapitalgesellschaften müssen darüber Angaben unter der Bilanz (§ 251 HGB) bzw. im Anhang (§ 285 Nr. 1–3 HGB) gemacht werden;
- Bilanzpositionen unter Liquiditätsgesichtspunkten nicht richtig bewertet sein können. Unterbewertungen im Vermögen, die aus der Bilanz nicht zu erkennen sind und infolgedessen bei der Ermittlung von Liquiditätskennzahlen nicht aufgelöst werden können, führen zu Aussagen über die Liquidität, die ungünstiger sind, als es den tatsächlichen Verhältnissen entspricht;

- die Stichtagsliquidität mit Hilfe bilanzpolitischer Mittel beeinflusst werden kann, z.B. durch Wahl des Bilanzstichtages bei Saisonbetrieben, bei denen in der Regel am Ende der Saison geringe Bestände an Fertigfabrikaten und Waren, aber hohe Bestände an Zahlungsmitteln und Forderungen vorhanden sind, während zu Beginn der Saison das Verhältnis umgekehrt ist; ferner durch Wahl von Zahlungsterminen, durch Beschaffungspolitik, durch Bildung stiller Rücklagen oder im Rahmen von Konzernen durch Gewährung von Krediten durch Konzernmitglieder kurz vor dem Bilanzstichtag (und Rückzahlung oft wenige Tage nach dem Bilanzstichtag!) u.a.;
- die dem Betrieb zur Verfügung stehenden Möglichkeiten zur Beschaffung oder Prolongation kurzfristiger Kredite, mit denen die Zahlungsbereitschaft auf kurze Sicht verbessert werden kann, aus der Bilanz nicht zu ersehen sind.

e) Einblicke in die Ertragslage

Der externe Bilanzleser benötigt zur Analyse der gegenwärtigen und zukünftigen Ertragslage des Unternehmens in erster Linie Informationen über:

- die Höhe des erzielten Erfolges,
- das Zustandekommen des Erfolges und seine Verwendung zur Ausschüttung bzw. Entnahme einerseits und zur Thesaurierung andererseits.

Diese Informationen liefert die Erfolgsrechnung *nur bedingt,* weil die Höhe des Gewinns durch Bilanzierungs- und Bewertungswahlrechte entscheidend beeinflusst werden kann. Durch (zulässige) Nichtaktivierung von Vermögenswerten (z.B. derivativer Firmenwert, geringwertige Wirtschaftsgüter) erhöht sich der Aufwand um die Anschaffungskosten der beschafften Werte. Gleiches gilt bei zu niedriger Bewertung durch überhöhte Abschreibungen (z.B. steuerliche Sonderabschreibungen) oder durch Ansatz der Herstellungskosten auf Basis der Einzelkosten. Entsprechend kann der Gewinn durch zu niedrigen Ansatz eingetretener Wertminderungen oder durch (zulässiges) Unterlassen der Passivierung von Rückstellungen erhöht werden. Die Bildung stiller Rücklagen hat eine Unterschätzung, die Auflösung stiller Rücklagen eine zu positive Beurteilung der gegenwärtigen und zukünftigen Ertragslage durch den externen Bilanzleser zur Folge. Bei Kapitalgesellschaften werden diese Mängel des Erfolgsausweises teilweise durch Berichterstattungspflichten im Anhang beseitigt.

Das Mindestgliederungsschema der Bilanz der Kapitalgesellschaften sieht den Ausweis des *Jahresüberschusses* (Jahresfehlbetrages), jedoch nicht des *Bilanzgewinns* (Bilanzverlusts) vor. Der Ausweis des Bilanzgewinns, d.h. des Teils des Jahresüberschusses, der zur Ausschüttung freigegeben wird, ist jedoch erforderlich, damit eine besonders für die Anteilseigner wichtige Aussage über die Aufteilung des Jahresüberschusses auf *Ausschüttung und Rücklagendotierung* ersichtlich wird. Rechtlich ist der zur Ausschüttung gelangende Gewinn als Verbindlichkeit gegenüber den Anteilseignern anzusehen. Es ist jedoch zulässig, die Bilanz auch unter Berücksichtigung der teilweisen Verwendung des Jahresergebnisses aufzustellen und statt der Posten Jahresüberschuss (Jahresfehlbetrag) und Gewinnvortrag (Verlustvortrag) den Posten Bilanzgewinn (Bilanzverlust) auszuweisen. Ein vorhandener Gewinn- oder Verlustvortrag ist mit dem Bilanzgewinn bzw. Bilanzverlust zu verrechnen, jedoch in der Bilanz oder im Anhang anzugeben (§ 268 I HGB).

Für Aktiengesellschaften schreibt § 158 I AktG vor, dass die Gewinn- und Verlustrechnung nach dem Posten Jahresüberschuss/Jahresfehlbetrag in Fortführung der Nummerierung um die folgenden Posten *zu ergänzen* ist:

1. Gewinnvortrag/Verlustvortrag aus dem Vorjahr;
2. Entnahmen aus der Kapitalrücklage;
3. Entnahmen aus Gewinnrücklagen;
   a) aus der gesetzlichen Rücklage;
   b) aus der Rücklage für eigene Aktien;
   c) aus satzungsmäßigen Rücklagen;
   d) aus anderen Gewinnrücklagen;
4. Einstellungen in Gewinnrücklagen;
   a) in die gesetzliche Rücklage;
   b) in die Rücklage für eigene Aktien;
   c) in die satzungsmäßigen Rücklagen;
   d) in die anderen Gewinnrücklagen;
5. Bilanzgewinn/Bilanzverlust.

Der Bilanzgewinn ist der *verteilungsfähige Reingewinn,* d.h. einerseits der Teil des Jahresüberschusses, der vom Vorstand nicht in die Rücklagen überführt worden ist, bzw. aufgrund der Vorschriften des § 58 AktG den Rücklagen nicht zugeführt werden kann, andererseits der Teil, der aus einem Gewinnvortrag einer früheren Periode stammt oder aus Rücklagen, die in einer früheren Periode gebildet worden sind, entnommen wird. Ist der Bilanzgewinn größer als der Jahresüberschuss, so ist das ein Zeichen, dass Gewinne früherer Perioden mit zur Ausschüttung gelangen, ist er kleiner, so sind Verluste früherer Perioden getilgt oder Rücklagen gebildet worden.

Der Bilanzleser – insbesondere der Anteilseigner – möchte nicht nur wissen, wie viel Gewinn verwendet wird, sondern ihn interessiert auch, wie viel Gewinn entstanden ist. Eine Rentabilitätskennziffer aus der Relation von Eigenkapital und Bilanzgewinn ist ohne Aussagewert. Gleiches gilt für eine Kennziffer aus Eigenkapital und Jahresüberschuss. Dieser kann bereits gekürzt sein um die oben erwähnten Abführungen auf Grund von Gewinnabführungs- oder Gewinngemeinschaftsverträgen oder auf Grund von Verlustübernahmen. Die abgeführten Beträge sind aber von der Gesellschaft zunächst erwirtschaftet worden, auch wenn sie auf Grund bestehender Verträge abzuführen sind. Andererseits können bestehende Unternehmensverträge zur Folge haben, dass z.B. eine Konzernobergesellschaft durch Weisungen über Verrechnungspreise für Lieferungen zwischen Konzernunternehmen den Gewinn einer Gesellschaft über die Höhe der Umsatzerlöse bzw. der Zinserträge beeinflussen kann.

Außerdem sind im Jahresüberschuss Steuern vom Einkommen und vom Ertrag und die sonstigen Steuern nicht enthalten, da sie als gesonderte Aufwandsposition abgesetzt werden müssen. Selbst wenn man auch den Gewinnsteuern Aufwandscharakter zuschreibt, so dass sie nicht zur Gewinnverwendung zählen, wäre zur Ermittlung des Periodengewinns eine Abgrenzung der Steuern nach solchen Aufwendungen erforderlich, die die Abrechnungsperiode betreffen und nach solchen, die Abschlusszahlungen für die Vorperiode darstellen.

Es sind Überlegungen angestellt worden, inwieweit der externe Bilanzleser Rückschlüsse auf die Höhe der gebildeten oder aufgelösten stillen Rücklagen entweder durch Analyse der Informationen des Anhangs oder durch den Versuch, aus der Gewinn- und Verlustrechnung die Höhe des Steuerbilanzgewinns zu schätzen, ziehen kann.

Der Anhang muss nach § 284 II Nr. 1 und 3 HGB Angaben über die Bilanzierungs- und Bewertungsmethoden sowie über wesentliche Änderungen dieser Methoden enthalten. Diese Änderungen müssen begründet und ihr Einfluss auf die Vermögens-, Finanz- und Ertragslage muss gesondert dargestellt werden.

Der Bilanzleser erhält durch die Ausweispflichten im Anhang gewisse Anhaltspunkte über die Höhe neu gebildeter oder aufgelöster stiller Rücklagen. Nicht erkennbar sind jedoch jene stillen Rücklagen, die entweder durch Wertsteigerungen über die Anschaffungskosten bilanzierter Vermögenswerte entstehen und die zukünftigen Ertragserwartungen positiv beeinflussen können oder die sich im Rahmen planmäßiger degressiver Abschreibung in den ersten Jahren der Nutzung bilden und in späteren Jahren automatisch wieder auflösen.

§ 12. Zusatzangaben durch Anhang und Lagebericht

Kapitalgesellschaften und bestimmte Personengesellschaften i.S. d. § 264a HGB haben den Jahresabschluss um einen Anhang zu erweitern, der mit der Bilanz und der Gewinn- und Verlustrechnung eine Einheit bildet. Außerdem haben sie einen Lagebericht aufzustellen (§ 264 I 1 HGB). Die Aufgabe dieser beiden Berichte ist die Verbesserung des Erkenntniswertes des Jahresabschlusses mittels zusätzlicher Angaben, Begründungen, Aufgliederungen und Informationen über finanzielle Daten, die sich in der Bilanz oder der Gewinn- und Verlustrechnung nicht niedergeschlagen haben, insbesondere durch (§§ 284 und 289 HGB):

- die Darstellung der angewendeten Bilanzierungs- und Bewertungsmethoden;
- die Darstellung, Begründung und Erläuterung der Änderung dieser Methoden;
- die Darstellung, Begründung und Erläuterung der Durchbrechung der Gliederungs- und Bewertungskontinuität und
- die Berichterstattung über den Geschäftsverlauf, die Lage und die voraussichtliche Entwicklung der Gesellschaft.

Personengesellschaften und Einzelunternehmen brauchen auch dann, wenn sie unter das Publizitätsgesetz fallen, keinen Anhang und keinen Lagebericht aufzustellen (§ 5 II PublG).

Der Vorstand bzw. die Geschäftsführer ist bzw. sind verpflichtet, den Anhang und Lagebericht zusammen mit dem sonstigen Jahresabschluss in den ersten drei Monaten des Geschäftsjahrs für das vergangene Geschäftsjahr aufzustellen und den Abschlussprüfern unverzüglich nach der Aufstellung vorzulegen (§§ 264 I, 320 I HGB). Für kleine Kapitalgesellschaften kann sich diese Frist bis auf sechs Monate verlängern.

Der Anhang und der Lagebericht müssen *vollständig* sein, d.h., sie müssen alle Angaben enthalten, die für den Aufsichtsrat und die Hauptversammlung (Gesellschafterversammlung) bei der Beschlussfassung von Bedeutung sein können. Lagebericht und Anhang sollten klar voneinander abgegrenzt sein. Insbesondere muss der Leser erkennen können, was zum Anhang und damit zum Jahresabschluss gehört und demnach der uneingeschränkten Prüfung[170] durch die Abschlussprüfer unterliegt.

Die Entwicklung der Rechnungslegung der letzten Jahrzehnte hat zu einer immer größeren Bedeutung der Informationsinstrumente Anhang und Lagebericht geführt. Dieser Bedeutungszuwachs ist aber in zunächst einer gewissen Überfrachtung dieser Informationsinstrumente durch eine ganze Vielzahl von rechnungslegungsfremden Pflichtangaben geschuldet. So hat sich vor allem der Lagebericht gerade bei kapitalmarktorientierten Gesellschaften als eine der zentralen Informationsinstrumente für verschiedene Aspekte des Kapitalmarktrechts entwickelt.[171] Aber auch in der Funk-

---

[170] Siehe S. 241 ff.
[171] Siehe S. 178.

tion der Ergänzung von Bilanz und Gewinn- und Verlustrechnung hat sich inzwischen eine gewisse Überfrachtung eingestellt. So ist etwa die Anzahl der Pflichtangaben im Anhang im Rahmen von § 285 HGB auf nunmehr 29 angewachsen, während die Anzahl vor dem Bilanzrechtsmodernisierungsgesetz etwa nur 19 betrug. Diese Entwicklung ist vor allem auf die zunehmende Komplexität der Rechnungslegung zurückzuführen. Insbesondere vom historischen Anschaffungs- und Herstellungskostenprinzip abweichende Bewertungssysteme erfordern oftmals umfangreiche Erläuterungen über die genaue Vorgehensweise und die zugrunde gelegten Annahmen.

§ 13. Anhang

1. Inhalt und Aufbau

Der Anhang hat die Aufgabe, die einzelnen Positionen der Bilanz und der Gewinn- und Verlustrechnung zu erklären oder zu ergänzen. Eine Stellungnahme ist dann erforderlich, wenn die Positionen ohne Erläuterung nicht verständlich sind oder wenn im Gesetz ausdrücklich Angaben verlangt werden. Das Gesetz fordert auch eine Berichterstattung, wenn wesentliche Abweichungen gegenüber dem letzten Jahresabschluss bestehen, die die Vergleichbarkeit beeinträchtigen.

Hinsichtlich des Inhalts des Anhangs muss nach Unternehmensformen bzw. Unternehmensgrößen differenziert werden. Die §§ 284 und 285 HGB enthalten die Angaben, die von großen Kapitalgesellschaften gemacht werden müssen. § 288 HGB räumt für kleine und mittelgroße Kapitalgesellschaften größenabhängige Erleichterungen ein. Bei diesen Gesellschaften dürfen die in dieser Vorschrift aufgezählten Angaben unterbleiben.

a) Angaben zur Erläuterung der Bilanz und der Gewinn- und Verlustrechnung

Der Anhang muss zunächst Angaben zur Erläuterung der einzelnen Posten der Bilanz und der Gewinn- und Verlustrechnung enthalten, die aufgrund von Einzelvorschriften wahlweise in der Bilanz bzw. in der Gewinn- und Verlustrechnung oder im Anhang gemacht werden müssen (§ 284 I HGB). Darüber hinaus enthält § 284 II HGB eine Reihe von Pflichtangaben zur Erläuterung der einzelnen Posten der Bilanz und der Gewinn- und Verlustrechnung.

Dabei handelt es sich um Angaben:

- zu angewandten Bilanzierungs- und Bewertungsmethoden (§ 284 II Nr. 1 HGB);
- zu den Grundlagen für die Umrechnung fremder Währungen in Euro (§ 284 II Nr. 2 HGB);
- zu den Abweichungen von Bilanzierungs- und Bewertungsmethoden (§ 284 II Nr. 3 HGB);
- zur Anwendung von Bewertungsmethode nach §§ 240 IV, 256 Satz 1 HGB (§ 284 II Nr. 4 HGB);
- über die Einbeziehung von Zinsen für Fremdkapital in die Herstellungskosten gemacht werden (§ 284 II Nr. 5 HGB).

Von besonderer Bedeutung ist in diesem Zusammenhang die Erklärungspflicht zu den Abweichungen von Bilanzierungs- und Bewertungsmethoden (§ 284 II Nr. 3

HGB). Durch diese Vorschrift soll auch erreicht werden, dass die *Bildung oder Auflösung stiller Rücklagen,* die aus der Bilanz und der Gewinn- und Verlustrechnung nicht zu ersehen ist, erläutert wird und dass folglich dem Bilanzleser, der den in einer Gesellschaft tatsächlich erzielten Gewinn (und nicht nur den in der Erfolgsrechnung ausgewiesenen Gewinn) aus dem veröffentlichten Jahresabschluss errechnen will, weitere Informationen zur Verfügung gestellt werden. Ohne derartige Zahlenangaben würden auch die Berichtspflichten keinen Einblick darin ermöglichen, in welchem Umfange die angegebenen Änderungen der Bewertungs- und Abschreibungsmethoden das Ergebnis des Jahresabschlusses, insbesondere den Erfolg, beeinflusst haben.

Anhand dieser umfangreichen Berichtspflichten muss die Geschäftsleitung entscheiden, worüber sie denn nun tatsächlich berichten muss, und der Abschlussprüfer muss prüfen, ob der Anhang in diesem Bereich auch den gesetzlichen Vorschriften entspricht. Die Geschäftsleitung wird in der Regel bestrebt sein, nicht mehr Tatbestände offen zu legen, als das Gesetz es verlangt. Dabei muss sie sich von folgenden Fragen leiten lassen:

- Ist die Bekanntgabe einer Bilanzierungs- oder Bewertungsmaßnahme bzw. einer Bewertungs- und Abschreibungsmethode erforderlich, um ein den tatsächlichen Verhältnissen entsprechendes Bild der Vermögens-, Finanz- und Ertragslage der Gesellschaft zu vermitteln?
- Beruht die Änderung einer Bilanzierungs- oder Bewertungsmethode auf einer zwingenden gesetzlichen Vorschrift (z.B. außerplanmäßige Abschreibung aufgrund voraussichtlich dauernder Wertminderung), oder ist sie das Ergebnis einer bilanzpolitischen Entscheidung im Rahmen gesetzlicher Wahlrechte?
- Wie intensiv muss die Begründung der Änderung einer Bilanzierungs- oder Bewertungsmethode sowie die Berichterstattung über den Einfluss auf die Vermögens-, Finanz- und Ertragslage sein?

Zur Beantwortung dieser Fragen sind die Bilanzierungs-, Bewertungs- und Abschreibungsvorschriften des Handelsrechts nach verschiedenen Kategorien zu gliedern, wobei nicht alle Kategorien eine Berichtspflicht auslösen.

Keine Berichtspflichten entstehen in folgenden Fällen:

- Es besteht ein Bilanzierungsverbot.

Beispiele: § 255 II 6 HGB: Forschungs- und Vertriebskosten dürfen nicht in die Herstellungskosten einbezogen werden; § 248 I HGB: Aufwendungen für Gründung und Eigenkapitalbeschaffung.

- Der Wertansatz ist *zwingend* und eindeutig im Gesetz definiert; bei seiner Ermittlung gibt es keine Bewertungs- und Schätzungsprobleme. Es bestehen keine Wahlrechte.

Beispiele: § 272 HGB: das gezeichnete Kapital ist zum Nennbetrag anzusetzen; § 253 I 2 HGB: Verbindlichkeiten sind zu ihrem Erfüllungsbetrag zu bilanzieren.

- Es sind zwei oder mehrere Wertansätze möglich, die *Wahl* zwischen den Wertansätzen ist aber *zwingend vorgeschrieben.*

Beispiele: § 253 IV 1 HGB: strenges Niederstwertprinzip, entweder müssen die Anschaffungs- bzw. Herstellungskosten oder muss der Börsen- bzw. Marktpreis angesetzt werden. Im Falle der Anwendung des strengen Niederstwertprinzips wird eine Berichtspflicht in der Regel nur dann nicht entstehen können, wenn die beiden zur Wahl stehenden Werte eindeutig fixiert sind, z.B. Anschaffungskosten einerseits und Markt- und Börsenwert andererseits.

Berichtspflichten entstehen aber in folgenden Fällen:

- Der Wertansatz ist zwar *zwingend* im Gesetz vorgeschrieben, er muss aber *mit Hilfe bestimmter Rechenverfahren* ermittelt werden. Dabei sind verschiedene Verfahren möglich und zulässig. Folglich können die Methoden der Ermittlung des vorgeschriebenen Wertes geändert werden. So ist die Zusammensetzung der Herstellungskosten im Gesetz nicht zwingend geregelt. Werden z.B. nicht aktivierungspflichtige und bisher auch nicht aktivierte Gemeinkosten (z.B. anteilige Abschreibungen) bei der Berechnung der Herstellungskosten berücksichtigt, so liegt eine Änderung einer Bewertungsmethode vor. Auch die zwingend vorgeschriebenen planmäßigen Abschreibungen können nach verschiedenen Verfahren vorgenommen werden.

Beispiele: § 255 II HGB: Ermittlung der Herstellungskosten; § 253 I HGB: Ermittlung der um planmäßige Abschreibungen verminderten Anschaffungskosten. Zu berichten ist sowohl nach § 284 II Nr. 1 HGB (Angabe der Bilanzierungs- und Bewertungsmethoden) als auch nach § 284 II Nr. 3 HGB (Abweichung von Bilanzierungs- und Bewertungsmethoden).

Zu dieser Gruppe könnte man auch die außerplanmäßigen Abschreibungen zählen, die bei voraussichtlich dauernder Wertminderung nach § 253 III 3 HGB vorgenommen werden müssen. Infolge des gesetzlichen Zwangs zur Vornahme außerplanmäßiger Abschreibungen liegt zwar keine Methodenänderung vor, wohl aber kann die Vergleichbarkeit mit dem vorhergehenden Jahresabschluss beeinträchtigt werden.

- Es sind zwei oder mehrere Wertansätze möglich, die Wahl zwischen den Wertansätzen ist aber *zwingend* vorgeschrieben *(strenges Niederstwertprinzip).* Die verschiedenen Wertansätze sind nur durch besondere Rechenverfahren zu ermitteln, zwischen denen ein Wechsel möglich ist.

Beispiel: § 256 HGB: Ermittlung fiktiver Anschaffungskosten bei der Bewertung gleichartiger Güter des Vorratsvermögens nach der Lifo- oder Fifo-Methode. Auch hier muss sowohl nach § 284 II Nr. 1 HGB über die angewendete Methode als auch ggf. nach § 284 II Nr. 3 HGB über eine Änderung der Methode berichtet werden. Außerdem ist gemäß § 284 II Nr. 4 HGB bei Anwendung eines Verbrauchsfolgeverfahrens oder der Gruppenbewertung für jede Gruppe pauschal der Unterschiedsbetrag zum letzten vor dem Abschlussstichtag bekannten Börsenkurs oder Marktpreis anzugeben, wenn der Unterschied erheblich ist.

Es sind zwei oder mehrere Wertansätze möglich, der Betrieb hat aber ein *echtes Wahlrecht* zwischen den Werten, das er nach freiem Ermessen ausüben kann.

Beispiele: § 250 III HGB: Aktivierung oder sofortige Aufwandsverrechnung eines Anleihe-Disagios; § 253 III 4 HGB: freiwillige Abschreibungen von Finanzanlagen.

b) Sonstige Pflichtangaben

Neben den unmittelbar mit der Bilanz und der Gewinn- und Verlustrechnung in Zusammenhang stehenden Erläuterungen nach § 284 II HGB sieht § 285 HGB eine ganze Reihe von Pflichtangaben vor, die nicht konkret angewendete Methoden bei der Erstellung der Bilanz und der Gewinn- und Verlustrechnung erläutern sollen. Bei den Pflichtangaben nach § 285 HGB geht es vielmehr darum, Informationslücken, die trotz der Bilanz und der Gewinn- und Verlustrechnung noch bestehen zu schließen. Dabei handelt es sich etwa um detaillierte Angabe zu den ausgewiesenen Verbindlichkeiten (§ 285 Nr. 1 HGB) oder Gründe für die einen Zeitraum von fünf Jahren übersteigende Nutzungsdauer eines entgeltlich erworbenen Geschäfts- oder Firmenwertes (§ 285 Nr. 13 HGB).

2. Schutzklausel

Nach § 286 I HGB (und § 160 II AktG) muss die Geschäftsleitung die Berichterstattung insoweit unterlassen, als es für das Wohl der Bundesrepublik Deutschland oder eines ihrer Länder erforderlich ist.

Diese Vorschrift über die sog. Schutzklausel, die ihr Vorbild im § 128 III AktG 1937 hat und wörtlich aus § 160 IV AktG 1965 (a.f.) in das HGB übernommen wurde, war bei der Beratung des AktG 1965 umstritten. Der Regierungsentwurf des AktG 1965 sah sie nicht vor. In der Begründung wurde darauf hingewiesen, dass der Aktionär sein Stimmrecht bei Beschlüssen über die Gewinnverwendung und die Entlastung des Vorstandes nicht sachgemäß ausüben könne, wenn die Verwaltung im Geschäftsbericht Tatsachen, deren Angabe in § 160 (AktG 1965 a.f., d. Verf.) gefordert wird, unter Berufung auf überwiegende Belange der Gesellschaft oder eines verbundenen Unternehmens oder unter Berufung auf das Allgemeinwohl verschweigen könnte.

Die Entscheidung über die Anwendung der Schutzklausel *im Interesse des Staatswohls* muss die Geschäftsleitung treffen. Sie hat sich dabei auch an den Vorschriften des Strafrechts (§§ 99ff. StGB über den Staatsschutz) zu orientieren. Die Anwendung der Schutzklausel steht außer Zweifel, wenn sich die Geschäftsleitung sonst wegen Geheimnisverrats strafbar machen würde.[172] Sie kann auch vertraglich dazu verpflichtet sein, z.B. bei Bestehen von Beteiligungen der öffentlichen Hand an der Gesellschaft. Die Anwendung der Schutzklausel im Interesse des Staatswohls darf im Anhang nicht erwähnt werden, da sonst die Geheimhaltung nicht sichergestellt wäre.[173]

Der zweite Anwendungsbereich der Schutzklausel liegt *im Schutz der Gesellschaft* selbst oder eines anderen Unternehmens, von dem die Gesellschaft mindestens 20 % der Anteile besitzt. Nach § 286 III HGB können die unter § 285 Nr. 11 HGB genannten Angaben – d.h. Name, Sitz, Höhe des Anteils am Kapital, das Eigenkapital und das Ergebnis des letzten Geschäftsjahres der Unternehmen, von denen die Kapitalgesellschaft mindestens 20 % der Anteile besitzt – unterbleiben, soweit sie für die Darstellung der Vermögens-, Finanz- und Ertragslage der Kapitalgesellschaft *von untergeordneter Bedeutung* sind oder nach vernünftiger kaufmännischer Beurteilung mit der Veröffentlichung dieser Angaben der berichtenden Kapitalgesellschaft oder dem anderen Unternehmen *ein erheblicher Nachteil* zugefügt werden könnte. Die Anwendung der letztgenannten Ausnahmeregelung ist im Anhang anzugeben.

Weiterhin kann die Aufgliederung der Umsatzerlöse nach Tätigkeitsbereichen sowie nach geographisch bestimmten Märkten, die § 285 Nr. 4 HGB vorschreibt, unterbleiben, wenn durch eine derartige Aufgliederung der Gesellschaft oder einem Unternehmen, an dem sie mit mindestens 20 % beteiligt ist, ein erheblicher Nachteil entstehen kann (§ 286 II HGB).

3. Zusätzliche Berichtspflichten im Anhang der Aktiengesellschaft

Das AktG verlangt von Aktiengesellschaften im Anhang die Berichterstattung über eine Anzahl von Tatbeständen und Vorgängen, die entweder aus dem Jahresabschluss überhaupt nicht zu ersehen sind oder die für die Information der Bilanzadressaten von so großer Bedeutung sind, dass der Gesetzgeber die Entscheidung, ob über sie berichtet werden soll, oder nicht, nicht dem Vorstand und Aufsichtsrat überlassen will. Da-

---

[172] Vgl. *Hüffer*, AktG, 8. Aufl., 2008, § 160 Rdnr. 19.
[173] Vgl. *Lange*, in: Münchener Kommentar zum HGB, 2. Aufl., 2008, § 286 Rdnr. 22.

bei handelt es sich um Tatbestände und Vorgänge, die speziell in Aktiengesellschaften vorkommen können.

Zu berichten ist über folgende Positionen:

- Bestand und Zugang an *Vorratsaktien.* Das sind Aktien, die ein Dritter im eigenen Namen, aber für Rechnung der Gesellschaft oder eines abhängigen oder eines im Mehrheitsbesitz der Gesellschaft stehenden Unternehmens übernimmt und die er auf Abruf der Gesellschaft überlässt. Der Dritte haftet auf die volle Einlage und hat vor Übernahme der Aktien auf eigene Rechnung kein Stimmrecht (§ 160 I Nr. 1 AktG);
- *eigene Aktien* der Gesellschaft: Der Erwerb eigener Aktien durch die Gesellschaft ist grundsätzlich verboten, da er gegen das Prinzip des Schutzes der Gläubiger und der Aktionäre verstößt. § 71 I AktG lässt jedoch in einigen Ausnahmefällen zu, dass die Gesellschaft eigene Aktien erwerben kann. Der Grund für die Berichtspflicht ist darin zu suchen, dass der Erwerb eigener Aktien einer Rückzahlung von Grundkapital gleichkommt; der Ausweis des Grundkapitals in der Bilanz bleibt zwar unverändert, der vermögensmäßige Gegenwert in Höhe des Wertes der im Umlaufvermögen bilanzierten eigenen Aktien ist aber dann nicht vorhanden, wenn die eigenen Aktien nicht mehr oder nur noch zu einem unter dem Nennwert liegenden Wert verwertet werden können. Außerdem kann die Gesellschaft mit Hilfe des Erwerbs und der Wiederveräußerung von eigenen Aktien den Kurs manipulieren. Treten bei der Gesellschaft Verluste ein, die zu starken Kurssenkungen ihrer Aktien führen, so erhöhen sie sich automatisch durch den Kursverlust an den eigenen Aktien (§ 160 I Nr. 2 AktG).
- die *Zahl und den Nennbetrag der Aktien jeder Gattung;* dabei sind die Aktien, die bei bedingter Kapitalerhöhung oder einem genehmigten Kapital im Geschäftsjahr gezeichnet sind, gesondert anzugeben (§ 160 I Nr. 3 AktG);
- das *genehmigte Kapital* (§§ 202 ff. AktG). Das ist eine Form der Kapitalerhöhung, die nicht an einen bestimmten Finanzierungsanlass gebunden ist. Der Vorstand wird für längstens fünf Jahre von der Hauptversammlung ermächtigt, das Grundkapital bis zu einem bestimmten Nennbetrag, der die Hälfte des bisherigen Grundkapitals nicht überschreiten darf, durch Ausgabe neuer Aktien gegen Einlagen, zu der der Aufsichtsrat seine Zustimmung geben soll, zu erhöhen (§ 160 I Nr. 4 AktG).
- die Zahl der *Wandelschuldverschreibungen* und vergleichbarer Wertpapiere. Wandelschuldverschreibungen (*Convertible bonds*) enthalten das Recht, nach einer bestimmten Sperrfrist in Aktien umgetauscht werden zu können. Damit bietet man gegenüber den normalen Obligationen einen gewissen Anreiz durch die Möglichkeit, das Gläubigerverhältnis in ein Beteiligungsverhältnis umzuwandeln. Das Aktienbezugsrecht der Obligationäre wird durch eine bedingte Kapitalerhöhung (§ 192 II Nr. 1 AktG), die nur so weit durchgeführt werden soll, wie von einem Umtausch- oder Bezugsrecht Gebrauch gemacht wird, dass die Gesellschaft auf die neuen Aktien (Bezugsaktien) einräumt (§ 192 I AktG). Der Nennbetrag des bedingten Kapitals darf die Hälfte des Grundkapitals nicht überschreiten (§ 192 III AktG). Da die Erhöhung des Aktienkapitals durch Umtausch der Wandelschuldverschreibungen zu einer Veränderung des Aktienkurses und einer Verwässerung der Aktionärsrechte (z.B. Anteil an den stillen Rücklagen, Dividendenanteil, Anteil am Liquidationserlös) führen kann, haben die Aktionäre auf Wandelschuldverschreibungen ebenso ein Bezugsrecht wie auf neue Aktien (§ 221 IV AktG) (§ 160 I Nr. 5 AktG).
- *Genussrechte, Rechte aus Besserungsscheinen und ähnliche Rechte.* Diese Rechte sind keine Aktionärsrechte im Sinne von Mitgliedschaftsrechten, sondern gewähren Gläubigerrechte am Reingewinn und/oder am Liquidationserlös. Sie sind meist in

einer Urkunde verbrieft (Genussscheine, Besserungsscheine). Sie können, ebenso wie Rechte an Wandel- und Gewinnschuldverschreibungen, Aktionären zustehen. Gemäß § 221 IV AktG haben die Aktionäre auch auf Genussrechte ein Bezugsrecht. Besserungsscheine sind schriftlich verbriefte Schuldversprechen der Gesellschaft, den Gläubigern, die auf ihre Forderungen gegenüber der Gesellschaft verzichtet haben (z.B. im Rahmen von Sanierungsmaßnahmen), die erlassenen Schulden aus späteren Gewinnen oder dem Liquidationserlös zurückzuzahlen. Für derartige Rechte besteht in der Regel keine Passivierungspflicht.[174] Deshalb ist eine Berichterstattung im Anhang von besonderer Wichtigkeit, denn die Aktionäre haben einen Anspruch auf Informationen darüber, wer neben ihnen noch Rechte auf Gewinn- und Liquidationserlösteile geltend machen kann (§ 160 I Nr. 6 AktG).
- Das Bestehen einer *wechselseitigen Beteiligung.* Nach § 19 I AktG sind wechselseitig beteiligte Unternehmungen mit Sitz im Inland in der Rechtsform einer Kapitalgesellschaft, die dadurch verbunden sind, dass jeder Unternehmung mehr als 25 % der Anteile der anderen Unternehmung gehört. Zu berichten ist erstens über die Tatsache der wechselseitigen Beteiligung, und zweitens ist das andere Unternehmen namentlich anzugeben. Die besondere Bedeutung der Berichterstattung im Anhang ergibt sich vor allem aus der Beschränkung der Rechte aus der Beteiligung, die § 328 I AktG ausspricht, um die Gefahren derartiger Beteiligungen zu vermindern. Danach darf eine Gesellschaft die Rechte aus Anteilen, die ihr an dem anderen gehören, nur für höchstens den vierten Teil aller Anteile des anderen Unternehmens ausüben, sobald dem einen Unternehmen das Bestehen der wechselseitigen Beteiligung bekannt geworden ist oder ihm das andere Unternehmen eine Mitteilung nach § 20 III oder § 21 I AktG gemacht hat. Diese Vorschrift beschränkt nicht nur das Stimmrecht, sondern auch das Recht auf Gewinnanteile und Bezugsrechte. Nicht betroffen ist das Recht auf neue Aktien bei einer Kapitalerhöhung aus Gesellschaftsmitteln, weil diese den Wert der Anteile in der Regel nicht verändert, denn der Erhöhung der Nennwerte entspricht eine Verminderung des Kurses. Die prozentuale Beteiligung bleibt im Übrigen gleich (§ 160 I Nr. 7 AktG).
- *Mitteilung über das Bestehen einer Beteiligung* (§ 160 I Nr. 8 AktG). Neben der Berichterstattung über das Bestehen von Beteiligungen durch den Anhang besteht zudem auch eine Mitteilungspflicht nach §§ 20ff. AktG und §§ 21ff. WpHG.

§ 14. Lagebericht

1. Aufgaben und Aufbau

§ 264 I 1 HGB verpflichtet die gesetzlichen Vertreter von Kapitalgesellschaften, den Jahresabschluss um einen Anhang zu erweitern und einen Lagebericht aufzustellen. Gem. § 264 I 4 HGB gilt diese Vorschrift nicht für kleine Kapitalgesellschaften i.S. d. § 267 I HGB. Nach § 290 I HGB haben auch die gesetzlichen Vertreter von Kapitalgesellschaften, die zur Aufstellung eines Konzernabschlusses verpflichtet sind, einen Konzernlagebericht aufzustellen – soweit diese nicht von der Pflicht zur Aufstellung eines Konzernabschlusses befreit sind.

Kreditinstitute und Versicherungsunternehmen müssen unabhängig von ihrer Größe und ihrer Rechtsform zusätzlich zum Jahresabschluss stets einen Lagebericht nach den für große Kapital-

[174] Passiviert werden müssen nur solche Genussrechte, die einen Anspruch auf Zahlung unabhängig von Gewinn und Liquidationserlös gewähren.

gesellschaften geltenden Vorschriften aufstellen und dem Abschlussprüfer zur Durchführung der Prüfung vorlegen (§§ 340a I, 341a I HGB). Ferner wird die Aufstellung eines Lageberichts von Genossenschaften (§ 336 I, II HGB) und von Unternehmen – mit Ausnahme von Personenhandelsgesellschaften und Einzelunternehmen –, die nach dem PublG unterliegen (§ 5 II PublG), gefordert. Während der Anhang nach § 264 I 1 HGB mit der Bilanz und der Gewinn- und Verlustrechnung eine Einheit, nämlich den Jahresabschluss bildet, ist der Lagebericht neben dem Jahresabschluss ein selbständiges Instrument der Rechnungslegung von Kapitalgesellschaften und bestimmten Unternehmen anderer Rechtsform.

Mittelgroße und große Kapitalgesellschaften (§ 267 II, III HGB) – sowie zur Aufstellung eines Konzernabschlusses gem. § 290 I HGB verpflichtete Kapitalgesellschaften – müssen ihren Lagebericht bzw. ihren Konzernlagebericht durch einen Abschlussprüfer daraufhin prüfen lassen, ob er mit dem Jahresabschluss bzw. dem Konzernjahresabschluss in Einklang steht und ob die sonstigen Angaben im Lagebericht nicht eine falsche Vorstellung von der Lage des Unternehmens und im Konzernlagebericht von der Lage des Konzerns erwecken (§ 317 II HGB). Hat keine Abschlussprüfung stattgefunden, kann der Jahresabschluss nicht festgestellt werden (§ 316 I 2 HGB). Die genannten Kapitalgesellschaften sind auch zur *Offenlegung des Lageberichts* verpflichtet (§ 325 I HGB).[175]

Der Lagebericht ist ebenso wie der Anhang eine *ergänzende Informationsquelle* für die Jahresabschlussadressaten und an der Gesellschaft interessierten Personen und Institutionen und ist zugleich ein Hilfsmittel, nicht nur das in der Generalnorm des § 264 II HGB geforderte Bild der Vermögens-, Finanz- und Ertragslage des Unternehmens zu vermitteln, sondern über die Gesamtlage, also auch über Tatbestände, die sich aus dem Jahresabschluss nicht ersehen lassen, zu berichten. Der Lagebericht hat also eine Informations- und eine Rechenschaftslegungsfunktion. Da er im Gegensatz zum Jahresabschluss diese Funktionen nicht aufgrund von gesetzlich normierten Zahlenangaben erfüllen muss, besteht die Gefahr, dass trotz der Beachtung einer gewissenhaften und getreuen Rechenschaft (Wahrheit, Klarheit, Vollständigkeit, Wesentlichkeit) die Gesamtlage je nach den Zielen der Unternehmensleitung optimistischer oder pessimistischer dargestellt wird, als sie tatsächlich ist. Für den Abschlussprüfer entsteht dadurch ein gravierendes Problem.

Der Lagebericht ist Voraussetzungen dafür, dass sich aus dem Jahresabschluss ein relativ – im Rahmen der durch die Bilanzierungs- und Bewertungsvorschriften gesteckten Grenzen – umfassendes Bild über die wirtschaftliche Lage der Gesellschaft ergibt, denn die Positionen der Bilanz und der Gewinn- und Verlustrechnung sind allein – trotz der Erläuterungen im Anhang – nicht geeignet, den Außenstehenden (Anteilseignern, Gläubigern) dieses Bild in vollem Umfange zu vermitteln.

Neben dieser Funktion im Rahmen der Rechnungslegung ist der Lagebericht in den letzten Jahrzehnten aber zunehmend auch zu einer allgemeinen Informationsquelle für gesellschafts- und kapitalmarktrechtliche Aspekte von Gesellschaften geworden. So müssen kapitalmarktorientierte bzw. börsennotierte Gesellschaften in den Lageberichten inzwischen eine ganze Reihe von Informationen aufnehmen, die mit der Sicherstellung der Vermittlung eines den tatsächlichen Verhältnissen entsprechenden Bildes nur noch bedingt etwas zu tun hat.[176]

---

[175] Siehe S. 257.

[176] Siehe zu diesen Angaben unten S. 178.

2. Inhalt des Lageberichts

Welche Angaben der Lagebericht im Einzelnen zu enthalten hat, geht aus dem Gesetz nicht hervor. Insbesondere sollen hier *allgemeine Angaben über die Wirtschaftslage* der Gesellschaft (oder auch des gesamten Wirtschaftszweigs) gemacht werden, die aus der Bilanz und Gewinn- und Verlustrechnung (sowie dem Anhang) nicht zu ersehen sind (sog. *Wirtschaftsbericht*). So ist über alle wichtigen Ereignisse des abgelaufenen Geschäftsjahres zu berichten, die den Erfolg wesentlich beeinflussen und Auswirkungen auf spätere Geschäftsjahre haben, z.B. die Durchführung wesentlicher Erweiterungsinvestitionen, Änderungen im Produktionsprogramm oder in den Produktionsverfahren, die Gründung von Filialen, der Erwerb wesentlicher Beteiligungen, der Abschluss wichtiger Verträge, die Entwicklung des Beschäftigungsgrades und des Auftragsbestandes u.a. Die Geschäftsleitung ist nicht verpflichtet, genaue Zahlenangaben über die einzelnen Tatbestände vorzulegen; es genügt auch eine Angabe der *tendenziellen Entwicklung* gewisser betrieblicher Größen oder die Verwendung von Relativzahlen, die keine Rückschlüsse auf die Größenordnung der absoluten Zahlen zulassen, so insbesondere bei Angaben über die Entwicklung des Umsatzes, der Kosten, der Rentabilität, der Liquidität usw.

Der Lagebericht muss auch Aussagen über die in Zukunft erwartete Entwicklung des Betriebes, über die Preisentwicklung auf den Absatz- und Beschaffungsmärkten usw. enthalten (sog. *Prognosebericht*). Durch einen Vergleich mit entsprechenden Größen aus früheren Jahren wird die Aussagekraft des Lageberichts erhöht.

Im Lagebericht sind ferner alle wichtigen Vorgänge darzulegen, die nach Ablauf des Geschäftsjahres eingetreten sind (sog. *Nachtragsbericht*). Als wichtig sind solche Ereignisse anzusehen, die zu einer anderen Beurteilung der Gesamtlage führen können, als sie sich aus den Tatbeständen des abgelaufenen Geschäftsjahres ergibt, z.B. starke Preiseinbrüche auf den Absatzmärkten, Verlust von Exportmärkten, Begründung von Konzernverflechtungen, Erwerb wesentlicher Beteiligungen u.a.

Der Lagebericht eignet sich ausgezeichnet, um bestimmte im Jahresabschluss verfolgte bilanzpolitische Ziele zu unterstützen. So kann beispielsweise eine durch Bewertungsentscheidungen – im Rahmen der gesetzlich zulässigen Bewertungswahlrechte – beabsichtigte positive Beeinflussung des Erfolgsausweises durch eine entsprechende Interpretation der derzeitigen wirtschaftlichen Lage untermauert werden, und zugleich kann eine hohe Rücklagenbildung – folglich eine geringere Gewinnausschüttung – mit einer pessimistischen Interpretation der Zukunftserwartung begründet werden. Andererseits kann eine ungünstige Ertragslage durch betont optimistische Hinweise auf die zukünftige Ertragsentwicklung bagatellisiert werden. Der Lagebericht kann also insbesondere dort, wo die Zahlen des Jahresabschlusses infolge gesetzlicher Vorschriften für publizitätspolitische Ziele nicht mehr gestaltet werden können, als bilanzpolitisches Instrument eingesetzt werden.

Der Lagebericht kann durch einen *Sozialbericht* ergänzt werden, in dem der Vorstand über die sozialen Leistungen und Verhältnisse des Betriebes Rechenschaft gibt. Eine gesetzliche Berichtspflicht besteht nicht. Hierbei sind folgende Angaben von Interesse: Zahl der Belegschaftsmitglieder, Einzelheiten über die Zusammensetzung der Belegschaft, Veränderungen der Entlohnung und der Arbeitszeit, Urlaubsregelung, Freizeitgestaltung, Facharbeiter- und Nachwuchsschulung, Gewinnbeteiligung der Arbeitnehmer, Zuweisungen an Pensions- und Unterstützungskassen usw.

a) Angaben für alle Kapitalgesellschaften

Neben diesen allgemeinen Angaben im Lagebericht sieht § 289 II HGB noch eine Reihe besonderer Inhalte vor, die bei allen Kapitalgesellschaften zu machen sind. Nach § 289 HGB ist im Lagebericht auf folgende Bereiche einzugehen:

- auf den Geschäftsverlauf im Berichtsjahr (§ 289 I HGB);
- auf die Lage des Unternehmens (§ 289 I HGB);
- auf Vorgänge von besonderer Bedeutung, die nach Ende des Geschäftsjahres eingetreten sind (§ 289 II Nr. 1 HGB);
- auf die Risikomanagementziele und -methoden des Unternehmens (§ 289 II Nr. 2 HGB);
- auf die Forschungs- und Entwicklungstätigkeit (§ 289 II Nr. 3 HGB);
- auf bestehende Zweigniederlassungen der Gesellschaft (§ 289 II Nr. 4 HGB) und
- auf die Grundzüge des Vergütungssystems der Gesellschaft (§ 289 II Nr. 5 HGB).

b) Sonderangaben für bestimmte Gesellschaften

Darüber hinaus sieht § 289 IV HGB für die Aktiengesellschaft und die Kommanditgesellschaft auf Aktien zusätzliche Angaben vor, soweit diese durch von ihnen ausgegebene Aktien einen organisierten Kapitalmarkt (§ 2 VII WpÜG) in Anspruch nehmen. Diese Angaben haben meist – aber nicht zwingend ausschließlich – einen Bezug zum Kapitalmarkt und sollen sicherstellen, dass dieser über verschiedene Besonderheiten der jeweiligen Gesellschaft unterrichtet wird. Dabei handelt es sich im Einzelnen um Fragen

- der Zusammensetzung des gezeichneten Kapitals und verschiedener Aktiengattungen (§ 289 IV Nr. 1 HGB);
- der Stimmrechts- oder Übertragungsbeschränkungen (§ 289 IV Nr. 2 HGB);
- der Beteiligungsverhältnisse (§ 289 IV Nr. 3 HGB);
- des Bestehens von Sonderrechten (§ 289 IV Nr. 4 HGB);
- der Stimmrechtskontrolle bei Arbeitnehmernehmerbeteiligungen (§ 289 IV Nr. 5 HGB);
- der Ernennung und Abberufung der Mitglieder des Vorstands und über die Änderung der Satzung (§ 289 IV Nr. 6 HGB);
- der Befugnisse des Vorstands zur Ausgabe und Rückkauf von Aktien (§ 289 IV Nr. 7 HGB);
- des Bestehens von Vereinbarungen der Gesellschaft, die unter der Bedingung eines Kontrollwechsels infolge eines Übernahmeangebots stehen (§ 289 IV Nr. 8 HGB);
- der Entschädigungsvereinbarungen der Gesellschaft, die für den Fall eines Übernahmeangebots mit den Mitgliedern des Vorstands oder Arbeitnehmern getroffen sind (§ 289 IV Nr. 9 HGB).

Dabei stehen diese Angaben allerdings unter dem Vorbehalt einer bereits erfolgten Aufnahme in den Anhang (§ 289 IV 2 HGB). Weiterhin besteht für kapitalmarktorientierte Gesellschaften (§ 264d HGB) die Verpflichtung, im Lagebericht die wesentlichen Merkmale des internen Kontroll- und Risikomanagementsystems hinsichtlich der Rechnungslegung zu beschreiben (§ 289 V HGB).

Schließlich müssen börsennotierte Aktiengesellschaften eine Erklärung zur Unternehmensführung in den Lagebericht aufzunehmen, die aus der Erklärung zum Deutschen Corporate Governance Kodex (§ 161 AktG), relevanten Angaben zu Unternehmensführungspraktiken und einer Beschreibung der Arbeitsweise von Vorstand und Aufsichtsrat bestehen muss (§ 289a HGB).

4. Teil. Konzernabschluss

§ 15. Grundlagen

Der Konzernabschluss stellt heute insbesondere bei kapitalmarktorientierten Gesellschaften den eigentlich wichtigen Abschluss dar und ist für die Kapitalanleger meist deutlich wichtiger als der Jahresabschluss der jeweiligen Konzernobergesellschaft. Dabei ist der Konzernabschluss im Prinzip eine Art Fremdkörper, da er sich von den rechtlichen Vorgaben des klassischen Gesellschaftsrechts mit seiner Orientierung an der Selbständigkeit einer jeden Gesellschaft fast vollständig löst und vielmehr versucht, den Konzern oder die Unternehmensgruppe als wirtschaftliches Erscheinung einzufangen und über deren Vermögens-, Finanz- und Ertragslage zu berichten.[177]

1. Begriff des Konzernabschlusses

Der Konzernabschluss setzt sich dabei aus einer Konzernbilanz, einer Konzerngewinn- und Verlustrechnung, dem Konzernanhang, der Kapitalflussrechnung und einem Eigenkapitalspiegel zusammen (§ 297 I HGB). Zusätzlich kann auch eine Segmentberichterstattung erfolgen (§ 297 I 2 HGB).

Eine Konzernbilanz entsteht nicht durch Addition der Einzelbilanzen der Konzernunternehmen. Eine solche Zusammenfassung ergibt eine Gemeinschaftsbilanz, die nicht geeignet ist, Einblicke in die wirtschaftliche Lage eines Konzerns zu geben. Die Konzernbilanz ist eine konsolidierte Bilanz, d.h. eine Bilanz, die zwar ebenso wie die Gemeinschaftsbilanz aus den Einzelbilanzen der Konzernunternehmen zusammengesetzt wird, aber unter Aufrechnung der Positionen, die eine Folge der wirtschaftlichen Beziehungen zwischen den rechtlich selbständigen Konzernunternehmen sind. Gleiches gilt für die Konzerngewinn- und Verlustrechnung.

Ausgehend von der Fiktion, dass der Gesamtkonzern wie ein einziges Unternehmen abrechnet, müssen zur Vermeidung von Doppelzählungen folgende Aufrechnungen (Konsolidierungen) erfolgen:

- Aufrechnung der Beteiligungen des Mutterunternehmens gegen den entsprechenden Anteil des Kapitals der Tochterunternehmen (Kapitalkonsolidierung);
- Aufrechnung von Forderungen und Verbindlichkeiten zwischen Konzernunternehmen (Forderungs- und Schuldenkonsolidierung);
- Eliminierung von Gewinnen und Verlusten aus Lieferungen und Leistungen zwischen Konzernunternehmen (Erfolgskonsolidierung);
- Eliminierung von Umsatzerlösen aus Lieferungen und Leistungen zwischen Konzernunternehmen in der Konzern-Gewinn- und Verlustrechnung (Konsolidierung der Innenumsatzerlöse).

Die Konzernbilanz muss nur von Unternehmen aufgestellt werden, die Mutterunternehmen eines Konzerns sind, wobei in diesem Zusammenhang trotz der sprachlichen Identität nicht der Konzernbegriff des § 18 AktG gilt. Voraussetzung ist vielmehr, dass

---

[177] Siehe zu den historischen Ursprüngen der Konzernrechnungslegung oben S. 51 f.

dieses (Mutter)Unternehmen einen mittelbaren oder unmittelbaren beherrschenden Einfluss auf eine andere Gesellschaft ausüben kann. Zur Pflicht zur Aufstellung eines Konzernabschlusses siehe ausführlich oben S. 69 ff.

2. Konzernsteuerrecht

Es gibt bis heute allerdings noch *kein Konzernsteuerrecht,* das den handelsrechtlichen Konzernrechnungslegungsvorschriften folgt, also den Konzern, dessen rechtlich selbständige Mitglieder eine wirtschaftliche Einheit bilden, auch steuerrechtlich in vollem Umfang als Einheit behandelt. Die im handelsrechtlichen Konzernabschluss eliminierten und somit nicht im Konzerngewinn enthaltenen *Zwischengewinne* (konzerninternen Gewinne)[178] *unterliegen* bei dem jeweiligen Konzernunternehmen *voll der Besteuerung.* Grundlage der Besteuerung ist die aus der Einzel-Handelsbilanz jedes Konzernunternehmens abgeleitete Steuerbilanz. Für Gewinne aus Beteiligungen und für die Beteiligungen selbst hat das Steuerrecht, um eine offensichtliche steuerliche Diskriminierung von Unterordnungskonzernen zu vermeiden, mehrere Rechtsinstitute geschaffen oder von der Rechtsprechung übernommen, die von der normalen Regelung, dass jedes Unternehmen, das in der Rechtsform der Kapitalgesellschaft geführt wird, in vollem Umfang selbständig steuerpflichtig ist, abweichen und unter bestimmten Voraussetzungen in einem Konzern zusammengeschlossene Unternehmen entweder generell oder bei einzelnen Steuerarten in gewissem Umfang als wirtschaftliche Einheit behandeln, damit die gleichen steuerlichen Vorteile, die sich durch eine Fusion erreichen lassen, auch ohne Aufgabe der rechtlichen Selbständigkeit zu erzielen sind.

Bei den Rechtsinstituten, die steuerliche Sonderregelungen für Unternehmenszusammenschlüsse auf der Grundlage von Kapitalbeteiligungen enthalten, handelt es sich um das *Schachtelprivileg, die Organschaft* und den *Gewinnabführungsvertrag.* Diese Rechtsinstitute sollen vor allem die Zwei- oder Mehrfachbelastung von Vermögenswerten vermeiden, die in einem Konzernunternehmen eingesetzt werden, die aber bei einem anderen Konzernunternehmen ebenfalls, und zwar als Beteiligungen, in der Bilanz erscheinen.

3. Theoretische Grundlagen des Konzernabschlusses

Über den Umfang der bei der Zusammenfassung der Einzelbilanzen zur Konzernbilanz erforderlichen Aufrechnungen gibt es unterschiedliche Auffassungen. In der Literatur haben sich mehrere Theorien über den konsolidierten Jahresabschluss gebildet, von denen heute vor allem zwei von praktischer Bedeutung sind: die Einheitstheorie und die Interessentheorie.[179]

a) Einheitstheorie

Die Einheitstheorie geht von der Vorstellung aus, dass die in einem Konzern zusammengefassten rechtlich selbständigen Unternehmen eine *wirtschaftliche Einheit* bilden und dass es folglich die Aufgabe des Konzernabschlusses ist, ein den tatsächlichen

---

[178] Vgl. S. 193 f.

[179] Für einen Überblick vgl. *Kindler,* in: Großkommentar zum HGB, 4. Aufl., 1995 ff., Vor § 290 Rdnr. 26 ff.

Verhältnissen entsprechendes Bild der Vermögens-, Finanz- und Ertragslage des Konzerns zu vermitteln (§ 297 II 2 HGB). Betrachtet man die Konzernunternehmen wirtschaftlich als Betriebsabteilungen eines einheitlichen Unternehmens, d.h. vernachlässigt man die rechtliche Selbständigkeit der unter einheitlicher Leitung stehenden Unternehmen, so folgt daraus, dass sowohl die Gesellschafter des herrschenden Unternehmens als auch die außenstehenden Gesellschafter (Minderheiten) des abhängigen Unternehmens als Anteilseigner der wirtschaftlichen Einheit angesehen werden. Alle Fragen der Gliederung, Bewertung sowie der Aufrechnung konzerninterner Positionen werden unter diesem Gesichtspunkt behandelt.

Die in den Einzeljahresabschlüssen der Konzernunternehmen ausgewiesenen Bestands- und Erfolgspositionen müssen in *konzerninterne* und *konzernexterne* aufgeteilt werden, d.h. einerseits in solche, die eine Folge von wirtschaftlichen Vorgängen sind, die sich zwischen Konzernunternehmen wie zwischen Abteilungen eines einheitlichen Unternehmens vollziehen und die nur deshalb den Charakter von buchungs- und bilanzierungspflichtigen Geschäftsvorfällen bekommen, weil sie Vorgänge zwischen rechtlich selbständigen Teilen wirtschaftlicher Einheiten sind, und andererseits in solche Positionen, die eine Folge von Beziehungen von Konzernunternehmen mit außerhalb des Konzerns stehenden Wirtschaftseinheiten sind. Die konzerninternen Vorgänge (Positionen) *müssen aufgerechnet werden,* da sich sonst im Konzernabschluss Doppelzählungen ergeben würden, die ein falsches Bild über die Vermögens-, Finanz- und Ertragslage des Konzerns zur Folge hätten.

Die Einheitstheorie kann heute als die herrschende angesehen werden. Sie bildet auch im wesentlichen die Grundlage der Vorschriften über die Konzernrechnungslegung im HGB, allerdings mit der Einschränkung, dass für Beziehungen zu Dritten, also zu Gesellschaftern, Gläubigern und den Finanzbehörden die Einzelbilanzen maßgeblich bleiben, d.h. die Verrechnung innerkonzernlicher Beziehungen im Konzernabschluss für sie keine rechtlichen Wirkungen hat. So richten sich die Gewinnansprüche der Gesellschafter jedes Konzernunternehmens nach dessen Einzelbilanz. Das gilt gleichermaßen für das Mutterunternehmen wie auch für die Tochterunternehmen. Allerdings schließt das nicht aus, dass von der Konzernleitung zur Beurteilung einzelner Fragen, z.B. der Angemessenheit einer Gewinnausschüttung, aus dem Konzernabschluss gewonnene Erkenntnisse mit zu berücksichtigen sind, das heißt, dass etwa konzerninterne Gewinne, also Gewinne, die zwar vom Standpunkt eines Konzernunternehmens realisiert und in seiner Einzelbilanz ausgewiesen, vom Standpunkt des Konzerns als wirtschaftliche Einheit aber noch nicht durch Umsatz mit konzernexternen Wirtschaftseinheiten verwirklicht worden sind, nicht zur Ausschüttung freigegeben werden.

Infolge der Maßgeblichkeit der Einzelbilanzen für die Besteuerung kann allerdings eine Besteuerung konzerninterner Gewinne nicht vermieden werden.

Verpflichtet sich eine inländische Kapitalgesellschaft (Organgesellschaft) durch einen Gewinnabführungsvertrag ihren ganzen Gewinn an ein anderes inländisches Unternehmen (Organträger) abzuführen, so ist dieser dem Organträger zuzurechnen, wenn die Organgesellschaft finanziell, wirtschaftlich und organisatorisch in das andere Unternehmen eingegliedert ist. Der Organträger muss einen Verlust der Organgesellschaft übernehmen (Einzelheiten vgl. §§ 14 ff. KStG).

Die körperschaftsteuerliche Organschaft verhindert lediglich, dass bereits um die Körperschaftsteuer gekürzte Gewinne, die abhängige Gesellschaften an die Obergesellschaft als Dividende zahlen bzw. auf Grund von Ergebnisabführungsverträgen abführen, zwei- oder mehrmals der Körperschaftsteuer unterliegen. Die in den Steuerbilanzen der abhängigen Unternehmen ermittelten Gewinne enthalten jedoch die konzerninternen Gewinne.

Die Einführung einer *Konzernsteuerbilanz*, die auf den Ausweis konzerninterner Gewinne verzichten würde, hätte zwar den Vorteil, dass Gewinne der wirtschaftlichen Einheit erst nach ihrer Realisierung besteuert würden, würde aber die insgesamt der Besteuerung zu unterwerfenden Gewinne nicht reduzieren. Die Verschiebung der Besteuerung auf die Periode der Realisierung würde in der Periode der erstmaligen Aufstellung einer Konzernsteuerbilanz die Liquidität des Konzerns verbessern; auf lange Sicht gesehen würden aber in jeder Periode einerseits konzerninterne Gewinne der Vorperiode realisiert und damit steuerpflichtig, andererseits neue konzerninterne Gewinne zunächst der Besteuerung entzogen.

b) Interessentheorie

Die Interessentheorie betrachtet den Konzernabschluss zwar auch als Abschluss einer aus mehreren selbständigen Unternehmen bestehenden wirtschaftlichen Einheit, fasst die wirtschaftliche Einheit aber enger als die Einheitstheorie. Nach der Interessentheorie wird die handels- und steuerrechtliche Selbständigkeit der Konzernunternehmen in den Vordergrund gestellt. Der Konzernabschluss wird lediglich als ein erweiterter Abschluss der Obergesellschaft aufgefasst. Er kann folglich keinen Einblick in das von der wirtschaftlichen Einheit insgesamt erzielte Ergebnis geben wie ein nach der Einheitstheorie aufgestellter Konzernabschluss. Anders formuliert: der nach der Interessentheorie aufgestellte Konzernabschluss dient in erster Linie den Interessen der Obergesellschaft und der an der Obergesellschaft interessierten Personengruppen.

Die Anteile der außenstehenden Gesellschafter (Minderheiten) werden nach der Interessentheorie wie Fremdkapital behandelt. Entsprechend werden die ihnen zustehenden Gewinnanteile in der Konzern-Gewinn- und Verlustrechnung nicht als Gewinn, sondern als Aufwand ausgewiesen. Die auf die Minderheiten entfallenden Zwischengewinne aus konzerninternen Lieferungen und Leistungen werden als realisiert angesehen, d.h. nur die auf die Gesellschafter der Obergesellschaft entfallenden Teile der Zwischengewinne werden eliminiert.

Ein auf diese Weise aufgestellter Konzernabschluss ist nicht geeignet, einen sicheren Einblick in die Vermögens-, Finanz- und Ertragslage eines Konzerns zu geben und dadurch der Konzernleitung als Instrument der Information und der Planung, Lenkung und Kontrolle zu dienen, weil die Konsolidierung – insbesondere die Erfolgskonsolidierung – unvollständig ist. Er ist deshalb vom betriebswirtschaftlichen Standpunkt aus als unzweckmäßig anzusehen.

4. Aufgaben des Konzernabschlusses

Aufgrund der bisherigen Ausführungen lassen sich die Aufgaben des Konzernabschlusses und sein Verhältnis zu den Einzelbilanzen der Konzernunternehmen bei Anwendung des Gedankens der Einheitstheorie zusammenfassend folgendermaßen charakterisieren:

Der Konzernabschluss soll ein den tatsächlichen Verhältnissen entsprechendes Bild der Vermögens-, Finanz- und Ertragslage des Konzerns als wirtschaftliche Einheit vermitteln (§ 297 II 2 HGB). Der Einblick in die Vermögenslage wird erreicht durch eine Aufrechnung der konzerninternen Beteiligungen (Kapitalkonsolidierung) und der konzerninternen Forderungen und Verbindlichkeiten (Forderungs- und Schuldenkonsolidierung). Durch diese Aufrechnungen werden Doppelzählungen von Vermögenswerten und die Erfassung von Schulden, die vom Standpunkt des Konzerns als

Einheit nicht existieren, vermieden, und es wird einerseits das Gesamtvermögen aller im Konsolidierungskreis zusammengefassten Unternehmen und andererseits der Gesamtbetrag aller Verbindlichkeiten gegenüber Dritten ausgewiesen.

Der Einblick in die *Ertragslage* wird durch eine Eliminierung konzerninterner Gewinne und Verluste erreicht, d.h. durch die Reduzierung des in den Einzelbilanzen ausgewiesenen Erfolgs auf einen durch den Konzern als wirtschaftliche Einheit realisierten Erfolg und durch eine Eliminierung der Innenumsatzerlöse und der auf sie entfallenden Aufwendungen. Die Einblicke in die *Finanzlage* werden vor allem dadurch verbessert, dass im Rahmen der Schuldenkonsolidierung finanzielle Transaktionen zwischen Konzerngesellschaften, die die Liquiditätslage optisch verbessern sollen, neutralisiert werden. So könnte z.B. durch Verlagerung von flüssigen Mitteln von einer nicht publizitätspflichtigen auf eine publizitätspflichtige Konzerngesellschaft die Liquiditätslage in der veröffentlichten Einzelbilanz verbessert werden.

Die *Interessenten am Konzernabschluss* sind die Konzernleitung, der Aufsichtsrat und die Anteilseigner des Mutterunternehmens, die Vorstände, Aufsichtsräte und Minderheitsaktionäre der Tochterunternehmen, ferner die Gläubiger, die potentiellen Anteilseigner, die Belegschaften, die Konkurrenten und der Staat.

Die *Konzernleitung* benötigt den Konzernabschluss als Unterlage für ihre Führungsentscheidungen, insbesondere ihre Weisungen an die Tochterunternehmen, die sie ohne exakte Informationen über die wirtschaftliche Lage des Konzerns sinnvoll nicht erteilen kann. Das Informationsinteresse der *übrigen Gruppen* richtet sich zwar in erster Linie auf die Situation derjenigen Konzerngesellschaft, an der sie beteiligt sind oder an die sie Ansprüche – sei es als Gläubiger, als Arbeitnehmer oder als Fiskus – zu stellen haben, also auf den Einzeljahresabschluss; durch den Konzernabschluss können aber die durch die einheitliche Konzernleitung im Interesse des Gesamtkonzerns vorgenommenen Beeinträchtigungen der Aussagefähigkeit der Einzelbilanzen zum Teil aufgedeckt werden.

So kann die Konzernleitung die *Vermögens- und Liquiditätslage* einer Einzelgesellschaft *beeinflussen,* indem sie sie veranlasst, Forderungen an andere Konzernunternehmen abzutreten, Schulden zu übernehmen oder Darlehen zu gewähren oder indem sie Kapitalerhöhungen mittels wechselseitiger Beteiligungen veranlasst, durch die keine neuen Mittel zufließen, sondern nur das Haftungskapital und als Gegenposten die Beteiligungen erhöht werden.

Durch Bilanzierungs-, Bewertungs- und Abschreibungspolitik sowie durch den Ansatz von Verrechnungspreisen für Lieferungen und Leistungen zwischen Konzernunternehmen kann die Konzernleitung den *Erfolgsausweis* in den Einzelbilanzen *beeinflussen,* so dass die dort ausgewiesene Ertragslage weder der tatsächlichen Ertragslage des einzelnen Unternehmens, noch des Konzerns als wirtschaftliche Einheit entspricht.

Im Hinblick auf den in den Einzelbilanzen und der Konzernbilanz ausgewiesenen Gewinn lässt sich folgendes feststellen:

In der *Handelsbilanz eines einzelnen Konzernunternehmens* setzt sich der Jahresüberschuss zusammen:

- aus Gewinnen, die durch Umsatz mit konzernfremden Wirtschaftseinheiten erzielt worden sind,
- aus neutralen Gewinnen (Beteiligungsgewinne, Zinsgewinne u.a.), die mit konzernfremden Wirtschaftseinheiten erzielt worden sind,
- aus konzerninternen Verrechnungsgewinnen (Umsatzgewinne, Zinsgewinne u.a.),
- aus erhaltenen Gewinnanteilen anderer Konzernunternehmen.

Der Jahresüberschuss ist gekürzt um Gewinnabführungen an andere Konzernunternehmen.

In der *Steuerbilanz eines einzelnen Konzernunternehmens* ergibt sich der steuerpflichtige Gewinn:

- aus Gewinnen, die durch Umsatz mit konzernfremden Wirtschaftseinheiten erzielt worden sind,
- aus neutralen Gewinnen, die mit konzernfremden Wirtschaftseinheiten erzielt worden sind,
- aus konzerninternen Verrechnungsgewinnen,
- aus erhaltenen Gewinnanteilen anderer Konzernunternehmen.

Durch die Anwendung der körperschaftsteuerlichen Organschaft wird allerdings sichergestellt, dass die von einem Konzernunternehmen an ein anderes ausgeschütteten bzw. abgeführten Gewinne nur einmal besteuert werden.

In der *Konzernbilanz* setzt sich der Jahresüberschuss zusammen:

- aus Gewinnen, die durch Umsatz mit konzernfremden Wirtschaftseinheiten erzielt worden sind,
- aus neutralen Gewinnen, die mit konzernfremden Wirtschaftseinheiten erzielt worden sind.

Konzerninterne Gewinne bleiben außer Ansatz. Konzernexterne Gewinne werden nur einmal berücksichtigt, auch wenn sie auf Grund von Verschachtelungen durch Weitergabe an andere Konzerngesellschaften mehrfach in den (Einzel-)Handelsbilanzen erscheinen.

5. Konsolidierungskreis

Der Konsolidierungskreis bestimmt, welche Unternehmen einbezogen werden sollen. Davon ist die Frage zu unterscheiden, in welcher Form die Konsolidierung dann vorzunehmen ist.[180] Dabei geht die gesetzliche Regelung zunächst von einem Konsolidierungsgebot aus, das durch Konsolidierungsverbote und -wahlrechte eingeschränkt wird.

a) Konsolidierungsgebote

Nach § 294 I HGB sind grundsätzlich das Mutterunternehmen und alle Tochterunternehmen ohne Rücksicht auf den Sitz der Tochterunternehmen einzubeziehen. Nach dieser Vorschrift ist also ein Weltabschluss zu erstellen. Sind die in § 290 HGB aufgezählten Kriterien erfüllt, erfolgt grundsätzlich eine Einbeziehung. Dies gilt gerade auch für ausländische Konzernunternehmen, da nur durch deren Einbeziehung ein den tatsächlichen Verhältnissen entsprechendes Bild der Vermögens-, Finanz- und Ertragslage des Konzerns vermittelt werden kann (§ 297 II HGB).

b) Konsolidierungsverbote

Verboten war zudem bis zum Bilanzrechtsmodernisierungsgesetz die Einbeziehung, wenn die Tätigkeit des Tochterunternehmens sich von der aller anderen einbezogenen Unternehmen so wesentlich unterscheidet, dass durch die Einbeziehung die Aufgabe des Konzernabschlusses, ein

---

[180] Siehe dazu S. 189ff.

den tatsächlichen Verhältnissen entsprechendes Bild der Vermögens-, Finanz- und Ertragslage des Konzerns zu vermitteln, nicht realisiert werden konnte (§ 295 HGB a.F.). § 295 II HGB wies jedoch ausdrücklich darauf hin, dass der Verzicht auf die Einbeziehung nicht allein damit begründet werden konnte, dass die in den Konzernabschluss einbezogenen Unternehmen teils Industrie- teils Handels- und teils Dienstleistungsunternehmen waren oder dass diese Unternehmen unterschiedliche Erzeugnisse herstellten, mit unterschiedlichen Erzeugnissen Handel trieben oder Dienstleistungen unterschiedlicher Art erbrachten. Soweit ein Tochterunternehmen nach § 295 I, II HGB nicht in den Konzernabschluss einbezogen werden konnte, waren die Gründe dafür im *Konzernanhang* anzugeben.

c) Konsolidierungswahlrechte

§ 296 HGB zählt erschöpfend die Konsolidierungswahlrechte auf. Danach braucht ein Tochterunternehmen nicht in den Konzernabschluss einbezogen zu werden, wenn erhebliche und andauernde Beschränkungen die Ausübung der Rechte des Mutterunternehmens in Bezug auf das Vermögen oder die Geschäftsführung dieses Unternehmens nachhaltig beeinträchtigen (§ 296 I Nr. 1 HGB). Damit der Spielraum für die Nichteinbeziehung in den Konsolidierungskreis nicht zu groß wird, muss eine erhebliche und andauernde Beschränkung der Geschäftsführungs- und/oder der Vermögensrechte bestehen. Diese Beschränkung kann auf wirtschaftspolitischen oder allgemein politischen Gründen (z.B. bei ausländischen Tochterunternehmen) oder auf gesellschaftsrechtlicher oder vertraglicher Grundlage beruhen.[181] Im Interesse des Aussagewertes des Konzernabschlusses müssen bei Inanspruchnahme dieses Konsolidierungswahlrechts strenge Maßstäbe angelegt werden.

Ein weiteres Konsolidierungswahlrecht besteht dann, wenn die für die Aufstellung des Konzernabschlusses erforderlichen Angaben nicht ohne *unverhältnismäßig hohe Kosten* oder Verzögerungen zu erhalten sind (§ 296 I Nr. 2 HGB). Auch diese Vorschrift ist eng auszulegen, da die unbestimmten Rechtsbegriffe unverhältnismäßig hohe Kosten und unverhältnismäßige Verzögerungen ebenso wenig zu quantifizieren sind wie der Begriff der erheblichen Beschränkungen bei der Ausübung von Geschäftsführungs- und Vermögensrechten. Als Beispiele für zeitliche Verzögerungen, die einen Verzicht auf die Konsolidierung rechtfertigen, lassen sich etwa außergewöhnliche Ereignisse oder Katastrophenfälle oder etwa der Zusammenbruch der Datenverarbeitung, Streiks, die Vernichtung von Unterlagen oder Anlagen durch Naturkatastrophen oder politische Behinderungen nennen.[182]

Weitere Konsolidierungswahlrechte bestehen dann, wenn die Anteile des Tochterunternehmens ausschließlich *zum Zwecke ihrer Weiterveräußerung* gehalten werden (§ 296 I Nr. 3 HGB), ferner wenn die Einbeziehung eines grundsätzlich konsolidierungspflichtigen Tochterunternehmens für die Verpflichtung, ein den tatsächlichen Verhältnissen entsprechendes Bild der Vermögens-, Finanz- und Ertragslage des Konzerns zu vermitteln, von untergeordneter Bedeutung ist (§ 296 II HGB). Wird auf die Einbeziehung von Tochterunternehmen in den Konzernabschluss verzichtet, so ist das im Konzernanhang zu begründen (§ 296 III HGB).

---

[181] Vgl. dazu etwa *Pfaff*, in: Münchener Kommentar zum HGB, 2. Aufl., 2008, § 296 Rdnr. 8ff.

[182] *Pfaff*, in: Münchener Kommentar zum HGB, 2. Aufl., 2008, § 296 Rdnr. 30ff. mit umfangreichen Beispielen.

d) Schematische Übersicht über den Konsolidierungskreis

Die Einbeziehung in den Konzernabschluss ist zwingend unter folgenden Voraussetzungen:

- Das Mutterunternehmen ist eine inländische Kapitalgesellschaft (§ 290 I HGB) oder
- das Mutterunternehmen wird in einer beliebigen Rechtsform außer der einer Kapitalgesellschaft geführt, und für drei aufeinander folgende Konzernabschlussstichtage sind bestimmte Größenmerkmale erfüllt (§ 11 I, V PublG);
- es kann ein mittelbarer oder unmittelbarer beherrschender Einfluss ausgeübt werden (§ 290 I, II HGB);
- das Tochterunternehmen ist ein in- oder ausländisches Unternehmen beliebiger Rechtsform (§ 294 I HGB).

Die Einbeziehung eines Tochterunternehmens in den Konzernabschluss ist freiwillig unter folgenden Voraussetzungen:

- Die Ausübung der Rechte des Mutterunternehmens in Bezug auf das Vermögen oder die Geschäftsführung des Tochterunternehmens wird durch erhebliche und andauernde Beschränkungen nachhaltig beeinträchtigt (§ 296 I Nr. 1 HGB);
- die für die Aufstellung des Konzernabschlusses erforderlichen Angaben sind nicht ohne unverhältnismäßig hohe Kosten oder Verzögerungen zu erhalten (§ 296 I Nr. 2 HGB);
- die Anteile des Tochterunternehmens werden ausschließlich zum Zwecke ihrer Weiterveräußerung gehalten (§ 296 I Nr. 3 HGB);
- das Tochterunternehmen ist für die Vermittlung eines den tatsächlichen Verhältnissen entsprechenden Bildes der Vermögens-, Finanz- und Ertragslage des Konzerns von untergeordneter Bedeutung (§ 296 II HGB).

Nach § 296 III HGB muss das Mutterunternehmen im Konzernanhang die Gründe dafür angeben, dass Tochterunternehmen aufgrund des Konsolidierungsverbots oder aufgrund von Konsolidierungswahlrechten nicht in den Konzernabschluss einbezogen worden sind.

§ 16. Konzernbilanz

1. Voraussetzungen für die Konsolidierung

a) Gliederung

Für die Aufstellung einer Konzernbilanz muss eine Anzahl technischer Voraussetzungen erfüllt sein. In *formaler* Hinsicht sind zu fordern: ein einheitliches Buchhaltungs- und Kontierungssystem und ein einheitliches Gliederungsschema der Einzelbilanzen der Konzernunternehmen. Letzteres macht besonders dann Schwierigkeiten, wenn in einem Konzern Unternehmen zusammengefasst sind, die auf Grund gesetzlicher Vorschriften unterschiedliche Gliederungsschemata für ihre Einzelbilanzen anwenden müssen (z.B. Industriebetriebe, Banken, Versicherungen).

Das HGB schreibt für die Konzernbilanz *kein besonderes Gliederungsschema* vor, sondern grundsätzlich sind die für die Einzelbilanzen geltenden Gliederungsvorschriften der §§ 265 und 266 HGB anzuwenden, soweit die Eigenart der Konzernbilanz keine Abweichungen bedingt (§ 298 I HGB). Eine solche Abweichung ergibt sich beispielsweise bei den Positionen Roh-, Hilfs- und Betriebsstoffe, unfertige und fertige Erzeugnisse sowie Waren, die nach § 298 II HGB in einer Position zusammengefasst werden dürfen, wenn deren Aufgliederung wegen besonderer Umstände mit einem unverhältnismäßigen Aufwand verbunden wäre. So können etwa in einem vertikalen Konzern die Fertigfabrikate eines vorgelagerten Konzernunternehmens für das nachgelagerte Konzernunternehmen Rohstoffe oder Halbfabrikate sein; folglich können Schwierigkeiten bei der Zurechnung in der Konzernbilanz entstehen, die durch die Zusammenfassung in einer Position Vorräte umgangen werden.

Besondere Schwierigkeiten bei der Aufstellung einer Konzernbilanz können dann auftreten, wenn einzelne Konzernunternehmen entweder, weil sie keine Kapitalgesellschaften sind oder weil sie ausländische Unternehmen sind, ihre Einzelbilanzen nach anderen Prinzipien gliedern als dem für das Mutterunternehmen vorgeschriebenen Schema. In solchen Fällen müssen Umgliederungen erfolgen, die besonders dann kompliziert sind, wenn die abweichenden Gliederungen weniger ausführlich sind, so dass etwa Vermögensgegenstände in einer Position zusammengefasst sind, die nach § 266 II, III HGB grundsätzlich getrennt ausgewiesen werden müssen. Diese Schwierigkeiten könnten – wenigstens bei inländischen Konzernunternehmen – vermieden werden, wenn die Konzernleitung für alle Konzernunternehmen Richtlinien für die Anwendung eines einheitlichen, den gesetzlichen Vorschriften genügenden Gliederungsschemas erlässt. Derartige Gliederungsprobleme können sich etwa bei der Konsolidierung von Tochterunternehmen ergeben, die als kleine Kapitalgesellschaften (§ 267 I HGB) nach § 266 I 3 HGB nur eine verkürzte Bilanz aufzustellen brauchen.

Über die im gesetzlichen Gliederungsschema für die Einzelbilanz vorgesehenen Bilanzpositionen hinaus sieht das HGB für die Konzernbilanz zwei spezifische Posten vor. Für die Anteile anderer Gesellschafter an den übrigen in den Konzernabschluss einbezogenen Unternehmen – also nicht am Mutterunternehmen – muss nach § 307 I HGB in Höhe ihres Anteils am Kapital, den offenen Rücklagen sowie dem Gewinn und Verlust ein Posten unter der Bezeichnung Ausgleichsposten für die Anteile der anderen Gesellschafter oder einer ähnlichen dem § 307 I HGB entsprechenden Bezeichnung ausgewiesen werden. Das HGB verlangt den Ausweis dieses Postens innerhalb des Eigenkapitals des Konzerns.

Ferner müssen die sich bei der Kapitalkonsolidierung bildenden *Kapitalaufrechnungsdifferenzen* in einer Position bilanziert werden. Derartige Differenzen ergeben sich, wenn die Wertansätze der Anteile an den in den Konzernabschluss einbezogenen Unternehmen höher oder niedriger sind als der auf die Anteile entfallende Betrag des Kapitals und der offenen Rücklagen dieser Unternehmen. Ein bei der Kapitalkonsolidierung entstehender Unterschiedsbetrag ist in der Konzernbilanz, wenn er auf der Aktivseite entsteht, als Unterschiedsbetrag aus der Kapitalkonsolidierung auszuweisen.[183] § 301 III HGB verlangt, dass dieser Posten und wesentliche Änderungen gegenüber dem Vorjahr im Anhang erläutert werden müssen.

b) Bewertung

In materieller Hinsicht ist eine einheitliche Anwendung und Auslegung der Bewertungsvorschriften und -grundsätze zu fordern, insbesondere in den Fällen, in denen die gesetzlichen Vorschriften einen Ermessensspielraum einräumen (Abschreibungspolitik, Politik der stillen Rücklagen, Aktivierungs- und Passivierungspolitik).

[183] Vgl. S. 189f.

Der Gesetzgeber hat keine besonderen Bewertungsvorschriften für die Konzernbilanz erlassen. Nach § 308 I HGB gilt der *Grundsatz der Einheitlichkeit der Bewertung*, d.h., die in den Konzernabschluss übernommenen Vermögensgegenstände und Schulden sind nach den auf den Jahresabschluss des *Mutterunternehmens* anwendbaren Bewertungsmethoden einheitlich zu bewerten. Bewertungswahlrechte, die nach dem Recht des Mutterunternehmens zulässig sind, können unabhängig von ihrer Ausübung in den einzelnen Abschlüssen der in den Konzernabschluss einbezogenen Tochterunternehmen ausgeübt werden. Gleiches gilt nach § 300 II 2 HGB auch für die nach dem Recht des Mutterunternehmens zulässigen Wahlrechte bezüglich der Bilanzierung dem Grunde nach (Ansatzwahlrechte).

Der Grundsatz der Einheitlichkeit der Bewertung in der Konzernbilanz besagt nicht, dass die für die Konzernbilanz angewendeten Bewertungsgrundsätze des Mutterunternehmens auch in den Einzelbilanzen der Tochterunternehmen beachtet werden müssen, sondern verlangt, dass dann, wenn die im Einzelabschluss eines Konzernunternehmens angewendeten Bewertungsmethoden von denen des Mutterunternehmens abweichen, eine sog. *Handelsbilanz II* aufgestellt werden muss, in der der Einzelabschluss nach den Bewertungsmethoden des Mutterunternehmens korrigiert wird (Neubewertung). Es ist also zwischen dem Einzelabschluss eines Unternehmens *(Handelsbilanz I)*, der die Grundlage für die Ansprüche der Gesellschafter und der Gläubiger dieses Unternehmens und für die Ableitung der Steuerbilanz bildet, und der Handelsbilanz II zu unterscheiden, die in den Konzernabschluss eingeht.

Die Korrektur einer Handelsbilanz I zu einer Handelsbilanz II wird in der Regel zur Folge haben, dass das Jahresergebnis in beiden Bilanzen unterschiedlich hoch ausgewiesen wird. Folglich muss eine entsprechende *Ertragsteuerabgrenzung* erfolgen, d.h. es müssen sog. *latente Steuern* berücksichtigt werden. § 306 HGB bestimmt deshalb, dass dann, wenn das im Konzernabschluss ausgewiesene Jahresergebnis aufgrund der Aufstellung von Handelsbilanzen II niedriger oder höher als die Summe der Einzelergebnisse der in den Konzernabschluss einbezogenen Unternehmen ist, bei einer sich daraus ergebenden Steuerentlastung entsprechende aktive latente Steuern und bei einer sich ergebenden Steuerbelastung entsprechende passive latente Steuern anzusetzen sind.

c) Bilanzstichtag

In zeitlicher Hinsicht ist ein einheitlicher Bilanzstichtag zu fordern, da anderenfalls eine zuverlässige Eliminierung von konzerninternen Beziehungen, insbesondere von Zwischengewinnen nicht möglich ist. Nach § 299 I HGB ist der Konzernabschluss grundsätzlich auf den Stichtag des Jahresabschlusses des Mutterunternehmens aufzustellen; jedoch konnte bis zur Novellierung dieser Vorschrift durch das TransPuG im Interesse der Klarheit und Übersichtlichkeit des Konzernabschlusses der hiervon abweichende Stichtag der Jahresabschlüsse der bedeutendsten oder der Mehrzahl der in den Konzernabschluss einbezogenen Unternehmen gewählt werden. Liegt der Stichtag des Jahresabschlusses eines Tochterunternehmens um mehr als 3 Monate vor dem Stichtag des Konzernabschlusses, so ist dieses Unternehmen mit einem auf den Stichtag und den Zeitraum des Konzernabschlusses aufgestellten Zwischenabschluss in den Konzernabschluss einzubeziehen (§ 299 II HGB).

Eine Vereinheitlichung abweichender Bilanzstichtage kann sowohl vom betriebswirtschaftlichen als auch vom rechtlichen Standpunkt aus problematisch sein. Bei *Saisonbetrieben* ist es oft zweckmäßig, einen vom Ende des Kalenderjahres abweichenden Bilanzstichtag zu wählen, der auf einen Zeitpunkt fällt, an dem die Saisonspitze vorbei ist. Dann sind in der Regel die Lagerbestände weitgehend abgebaut, so dass die Inventurarbeiten und die Aufstellung des Inventars erleichtert werden, außerdem steht Personal zur Durchführung der Abschlussarbeiten zur Verfügung.

2. Konsolidierung des Kapitals

a) Aufgabe der Kapitalkonsolidierung

Würde man bei der Aufstellung einer Konzernbilanz die Eigenkapitalkonten der Mutter- und der Tochtergesellschaften addieren, so käme es aus der Sicht der Einheitstheorie des Konzerns in dem Umfange zu Doppelzählungen, in dem das Mutterunternehmen an den Tochterunternehmen beteiligt ist. Die beim Mutterunternehmen ausgewiesene Beteiligung muss folglich gegen das entsprechende Kapital des Tochterunternehmens aufgerechnet werden.

Beispiel: Muttergesellschaft A ist zu 100 % an Gesellschaft B beteiligt.

A	Bilanz A (in T€)		P
Beteiligung	350	Kapital	900
versch. Aktiva	650	Rücklagen	100
	1 000		1 000

A	Bilanz B (in T€)		P
versch. Aktiva	350	Kapital	300
		Rücklagen	50
	350		350

A	Konzernbilanz (in T€)		P
versch. Aktiva	1 000	Kapital	900
		Rücklagen	100
	1 000		1 000

Eine Addition des Kapitals der beiden Gesellschaften ergibt ein Eigenkapital von 1 350 000 €, bestehend aus Grundkapital von 1 200 000 € und Rücklagen von 150 000 €. Im Konzern als wirtschaftliche Einheit sind aber nur 1 000 000 € an Eigenkapital wirksam. Die Differenz von 350 000 € ist eine Folge der durch die rechtliche Selbständigkeit und der dadurch bedingten Rechtsbeziehungen zwischen den beiden Gesellschaften eintretenden Doppelzählungen.

Beispiel: Muttergesellschaft A ist zu 80 % an der Gesellschaft B beteiligt.

Im Rahmen der Kapitalkonsolidierung wird im vorangegangenen Beispiel die 80 %ige Beteiligung von A an B in Höhe von 280 000 € gegen das Kapital und die Rücklagen von B aufgerechnet. Die verbleibenden 20 % des Kapitals (60 000 €) und der Rücklagen (10 000 €) von B hat eine außerhalb des Konzerns stehende Minderheit zur Verfügung gestellt. Eine nach den Grundsätzen der Einheitstheorie aufgestellte Konzernbilanz weist wie im Beispiel die Anteile der Minderheit gesondert aus.

Bestehen mehrfache Abhängigkeiten, so müssen weitere Aufrechnungen erfolgen. In der Konzernbilanz darf nur das Kapital erscheinen, das dem Konzern als wirtschaftliche Einheit tatsächlich zur Verfügung steht. Infolge der rechtlichen Selbständigkeit werden Teile des Kapitals der wirtschaftlichen Einheit mehrfach ausgewiesen.

b) Durchführung der Kapitalkonsolidierung nach § 301 HGB

Nach § 301 I HGB wird bei der Kapitalkonsolidierung der Wertansatz der dem Mutterunternehmen gehörenden Anteile an einem in den Konzernabschluss einbezogenen Tochterunternehmen mit dem auf diese Anteile entfallenden Betrag des Eigenkapitals des Tochterunternehmens verrechnet. Das Eigenkapital ist dabei zwingend mit den Werten anzusetzen, die den genannten Positionen im Zeitpunkt der Verrechnung beizulegen sind (§ 301 I 2 HGB), so dass insofern eine Neubewertung erforderlich ist.

Die *Neubewertungsmethode* unterscheidet sich von der bis zum Bilanzrechtsmodernisierungsgesetz alternativ zulässigen Buchwertmethode (§ 301 I 2 Nr. 1 HGB a.F.) dadurch, dass die Auflösung der stillen Rücklagen und die Zuordnung zu den einzelnen Vermögensgegenständen des Tochterunternehmens nicht erst bei der Aufstellung der Konzernbilanz, sondern bereits vom Tochterunternehmen in einer Handelsbilanz II vorgenommen wird.

Als *Zeitpunkt* der Konsolidierung sieht § 301 II HGB die Durchführung des Erwerbs des Tochterunternehmens vor.

3. Forderungs- und Schuldenkonsolidierung

Die in einem Konzern bestehenden Schuldverhältnisse sind für die Aufstellung des Konzernabschlusses in zwei Gruppen einzuteilen:
- in Schuldverhältnisse zwischen den einzelnen Konzernunternehmen und
- in Schuldverhältnisse zwischen Konzernunternehmen und Konzernfremden (Drittschuldverhältnisse).

§ 303 I HGB bestimmt, dass Ausleihungen und andere Forderungen, Rückstellungen und Verbindlichkeiten zwischen den in den Konzernabschluss einbezogenen Unternehmen sowie entsprechende Rechnungsabgrenzungsposten wegzulassen sind. Die gesetzliche Regelung entspricht also der *Einheitstheorie* des Konzerns, nach der Forderungen und Verbindlichkeiten zwischen Konzernunternehmen des Konsolidierungskreises nur *interne Verrechnungsposten* sind, wie sie zwischen rechtlich nicht selbständigen Betriebsabteilungen entstehen. Die in der Konzernbilanz ausgewiesenen Forderungen und Verbindlichkeiten sind folglich immer Forderungen und Verbindlichkeiten gegenüber konzernfremden Unternehmen oder gegenüber Konzernunternehmen, die nicht in den Konzernabschluss einbezogen worden sind.

Die gesetzlichen Vorschriften enthalten trotz der Präzisierung im § 303 I HGB keinen erschöpfenden Hinweis darauf, welche Forderungen und Verbindlichkeiten aufzurechnen sind. Es handelt sich zwar in erster Linie um die Forderungen und Verbindlichkeiten, die in den Einzelbilanzen der Konzernunternehmen als Forderungen und Verbindlichkeiten gegenüber verbundenen Unternehmen auszuweisen sind, jedoch beschränkt sich die Konsolidierung nicht allein auf diese Positionen.

Auch andere Positionen können Verrechnungsbeträge enthalten, so etwa ausstehende Einlagen auf das gezeichnete Kapital und Einlageverpflichtungen. Hat etwa eine einbezogene Gesellschaft eine Forderung aus ausstehenden Einlagen an eine andere Konzerngesellschaft, so kann eine Forderungs- und Schuldenkonsolidierung allerdings nur erfolgen, wenn letztere eine entsprechende Einzahlungsverpflichtung passiviert hat. Eine derartige Passivierung erfolgt in der Regel erst, wenn die Einlagen eingefordert worden sind. Ist noch keine Passivierung vorgenommen worden, so hat die Forderung aus ausstehenden Einlagen den Charakter einer Wertberichtigung auf das Nominalkapital; bei der Kapitalkonsolidierung muss die ausstehende Einlage vom Nominalkapital abgesetzt werden.

Das Gesetz enthält keine Regelung der Frage, ob Forderungen eines Konzernunternehmens gegen einen Konzernfremden und Verbindlichkeiten eines anderen Konzernunternehmens gegenüber dem gleichen Konzernfremden aufgerechnet werden dürfen. Die Auffassungen in der Literatur sind unterschiedlich. Vom Standpunkt der Einheitstheorie wäre eine solche Aufrechnung konsequent in allen Fällen, in denen die Aufrechnung rechtlich zulässig wäre, wenn die Konzerngesellschaften zu einer rechtlichen Einheit zusammengeschlossen werden könnten.

4. Konsolidierung des Erfolges

a) Grundsatz der Eliminierung konzerninterner Ergebnisse

Die Notwendigkeit zur Ausschaltung von Zwischenergebnissen ergibt sich aus der Tatsache, dass ein Konzern eine wirtschaftliche Einheit bildet, so dass Gewinne und Verluste aus Lieferungen und Leistungen zwischen rechtlich selbständigen Konzerngesellschaften vom betriebswirtschaftlichen Standpunkt aus ebenso wenig als realisiert angesehen werden können, wie Gewinne und Verluste, die als Folge von Lieferungen und Leistungen zwischen mehreren Betriebsstätten eines Unternehmens entstehen können. In beiden Fällen sind die Gewinne oder Verluste das Ergebnis von Verrechnungspreisen, die die Konzern- bzw. Unternehmensleitung nach eigenem Ermessen festsetzen kann. Ein Konzern als wirtschaftliche Einheit kann im betriebswirtschaftlichen Sinne einen Gewinn oder Verlust erst erzielen, wenn er Umsätze mit außerhalb des Konzerns stehenden Wirtschaftseinheiten tätigt.

Die Bedeutung der Ausschaltung von Zwischengewinnen liegt vor allem darin, dass die Konzernleitung bei ihrer *Dividendenpolitik* davor bewahrt wird, Gewinne der einzelnen Konzernunternehmen zur Ausschüttung an außenstehende Aktionäre freizugeben, die nicht durch Umsatz mit Konzernfremden, sondern durch konzerninterne Gewinne entstanden, also vom Standpunkt des Konzerns noch gar nicht realisiert sind. Eine Ausschüttung solcher Gewinne käme einer *Substanzverminderung* gleich und wäre vom Standpunkt der Einheitstheorie nicht zu vertreten.

b) Schematisches Beispiel zur Technik der Ausschaltung konzerninterner Gewinne

Angenommen, das Mutterunternehmen A liefert an das Tochterunternehmen B Fabrikate zu 100 000 €, die B als Vorräte zunächst auf Lager behält. Die Herstellungskosten, die der Einfachheit halber genauso hoch wie die Konzernherstellungskosten sein sollen, betragen 80 000 €.
In der Konzernbilanz werden die Beteiligung A gegen das Kapital B und die Forderung A gegen die Verbindlichkeit B (aus der Lieferung der Fabrikate) gegeneinander aufgerechnet. Die Vorräte werden ohne Zwischengewinn mit 80 000 € bilanziert, der Konzern hat noch keinen Gewinn erzielt, da der Gewinn von 20 000 € in der Bilanz von A noch nicht realisiert ist.

A	Bilanz A (in T€)		P
Forderungen	100	Kapital	400
Beteiligung	150	Rücklagen	50
sonst. Aktiva	220	Gewinn	20
	470		470

A	Bilanz B (in T€)		P
Vorräte	100	Kapital	150
sonst. Aktiva	150	Verbindl.	100
	250		250

A	Konzernbilanz (in T€)		P
Vorräte	80	Kapital	400
sonst. Aktiva	370	Rücklagen	50
	450		450

Besser als die kontenmäßige Darstellung der Bilanzen zeigt die folgende Übersicht die Konsolidierungsvorgänge:

Bilanzpositionen (in T€)	Gesellschaft A		Gesellschaft B		Kapitalkonsolidierung		Schuldenkonsolidierung		Erfolgskonsolidierung		Konzernbilanz	
	S	H	S	H	S	H	S	H	S	H	S	H
Aktiva:												
Beteiligungen	150		–			150					–	
Vorräte	–		100							20	80	
Forderungen	100		–					100			–	
sonst. Aktiva	220		150								370	
	470		250								450	
Passiva:												
Kapital		400		150	150							400
Rücklagen		50		–								50
Verbindlichkeiten				100			100					–
Gewinn		20		–					20			–
		470		250	150	150	100	100	20	20		450

In der folgenden Periode veräußert B die Vorräte an einen konzernexternen Abnehmer zu 130 000 € (es wird unterstellt, dass kein weiterer Aufwand dabei entsteht), außerdem begleicht B die Forderung von A, A schüttet den (unrealisierten) Gewinn der Vorperiode von 20 000 € an die Anteilseigner bzw. das Finanzamt aus.

Bilanzpositionen (in T€)	Gesellschaft A		Gesellschaft B		Kapitalkonsolidierung		Schuldenkonsolidierung		Erfolgskonsolidierung		Konzernbilanz	
	S	H	S	H	S	H	S	H	S	H	S	H
Aktiva:												
Beteiligungen	150					150					–	
sonst. Aktiva	300		50								350	
Bank			130								130	
	450		180								480	
Passiva:												
Kapital		400		150	150							400
Rücklagen		50		–								50
Gewinn		–		30								30
		450		180	150	150	–	–	–	–		480

Diese Konzernbilanz ist falsch, denn der Konzern als wirtschaftliche Einheit hat einen Gewinn von 50 000 € und nicht von 30 000 € erzielt: die Herstellungskosten bei A betrugen 80 000 €, der Absatzpreis bei B 130 000 €, es wurde unterstellt, dass keine weiteren Aufwendungen eingetreten sind. Das falsche Ergebnis der Konsolidierung ist entstanden, weil der in der Vorperiode bei der Konsolidierung ausgeschaltete Zwischengewinn in dieser Periode nach erfolgtem Umsatz in der Konzernbilanz nicht hinzugerechnet wurde. Der Konzerngewinn in dieser Periode ist also größer als die Summe der Gewinne der Einzelbilanzen.

Sobald Bestände, deren Wertansätze bei der Konsolidierung um konzerninterne Gewinne gekürzt worden sind, an Konzernfremde veräußert werden, ist der Konzerngewinn um den gleichen Betrag zu erhöhen, um den er in einer früheren Periode gekürzt wurde. Die Summe aller Konzerngewinne muss mit der Summe aller Gewinne der Konzernmitglieder übereinstimmen, da es nach Abschluss der Totalperiode keine unrealisierten Gewinne mehr geben kann. Diese Übereinstimmung kann nur erzielt werden, wenn jeder Kürzung der Einzelgewinne im Konzernabschluss um die vom Standpunkt des Konzerns unrealisierten Gewinne eine entsprechende Erhöhung des Konzerngewinns nach erfolgter Realisierung entspricht.

c) Die Behandlung von Zwischenergebnissen nach dem HGB

Das Konzernrechnungslegungsrecht des HGB schreibt in § 304 I HGB in konsequenter Anwendung der Einheitstheorie die Eliminierung von Zwischenergebnissen vor, also nicht nur von Zwischengewinnen, sondern auch von Zwischenverlusten. Die Zwischenergebniseliminierung braucht nach § 304 II HGB ausnahmsweise nicht vorgenommen zu werden, wenn die Lieferung oder Leistung zu üblichen Marktbedingungen vorgenommen worden ist und die Ermittlung des Zwischenergebnisses einen unverhältnismäßig hohen Aufwand erfordern würde. In diesem Falle besteht eine Berichtspflicht im Konzernanhang, wenn die Unterlassung der Zwischenergebniseliminierung einen wesentlichen Einfluss auf die Vermögens-, Finanz- und Ertragslage des Konzerns hat.

Der Grundsatz der Einheitlichkeit der Bewertung, nach dem Bewertungsspielräume, die beim Mutterunternehmen für Wertansätze zwischen einer Wertobergrenze und einer Wertuntergrenze bestehen, auch im Konzernabschluss genutzt werden können, hat zur Folge, dass zum Zwecke der Zwischengewinneliminierung dem Wertansatz in der Einzelbilanz zwar die Konzernherstellungskosten gegenüberzustellen sind, diese aber durch die Möglichkeit zur Neubewertung einen *Spielraum zwischen aktivierungspflichtigen und aktivierungsfähigen Komponenten* und somit zwischen einem Mindest- und einem Höchstwert zulassen. Konsolidierungstechnisch bedeutet dieser auch für den Konzernabschluss geltende Ermessensspielraum bei der Bestimmung der Höhe der zu aktivierenden Herstellungskosten, dass entweder der Mindestwert, der Höchstwert oder ein Zwischenwert der Konzernherstellungskosten den in der Handelsbilanz II für Konzernbestände angesetzten Werten gegenüberzustellen ist.

Beispiel: A liefert an B Fabrikate, die B am Bilanzstichtag noch auf Lager hat, zu einem Verrechnungspreis, der einen Zwischengewinn enthält.

Selbstkosten bei A	100 000
Verrechnungspreis (Lieferung A an B)	130 000
aktivierungspflichtige Teile der Konzernherstellungskosten (Wertuntergrenze)	90 000
aktivierungsfähige Teile der Konzernherstellungskosten	+ 20 000
gesamte Konzernherstellungskosten (Wertobergrenze)	= 110 000

Da nach § 304 I HGB Vermögensgegenstände, die Zwischengewinne enthalten, in der Konzernbilanz mit dem Betrag anzusetzen sind, zu dem sie in der auf den Stichtag des Konzernabschlusses aufgestellten Jahresbilanz dieses Unternehmens angesetzt werden könnten, wenn die in den Konzernabschluss einbezogenen Unternehmen auch rechtlich ein einziges Unternehmen bilden würden, besteht ein Wahlrecht, ob die positive Differenz zwischen dem Einzelabschlusswert und entweder dem Höchstwert (Wertobergrenze) oder dem Mindestwert (Wertuntergrenze) oder einem Zwischenwert der Konzernherstellungskosten als Zwischengewinn eliminiert wird. Im obigen Beispiel müssten mindestens 20 000 € (130 000 ./. 110 000 €) und dürften höchstens 40 000 € (130 000 ./. 90 000 €) als Zwischengewinn eliminiert werden.

Ein Zwischenverlust ergibt sich, wenn die Konzernherstellungskosten größer sind als der entsprechende Einzelabschlusswert. Geht man von den Zahlen des obigen Beispiels aus, unterstellt man aber, dass der Verrechnungspreis bei A nur 80 000 € beträgt, so ist die Differenz zwischen dem Mindestwert der Konzernherstellungskosten (90 000 €) und dem Einzelabschlusswert (80 000 €) bei B als Zwischenverlust eliminierungspflichtig, während die Differenz zwischen dem Mindest- und dem Höchstwert der Konzernherstellungskosten (20 000 €) zusätzlich eliminierungsfähig ist, der Zwischenverlust bei Ansatz des Höchstwertes der Konzernherstellungskosten also 30 000 € beträgt (80 000 ./. 110 000 €).

Die Zusammenstellung zeigt noch einmal die besprochenen Beispiele zur Zwischenergebniseliminierung.

Verrechnungspreis (Lieferung A an B) aktivierungspflichtige und aktivierungsfähige Konzernherstellungskosten (Wertobergrenze)	130 000 € ./. 110 000 €
eliminierungspflichtiger Zwischengewinn	= 120 000 €
Verrechnungspreis (Lieferung A an B)	130 000 €
aktivierungspflichtige Konzernherstellungskosten (Wertuntergrenze)	./. 190 000 €
maximal eliminierungsfähiger Zwischengewinn	= 140 000 €
Verrechnungspreis (Lieferung A an B)	180 000 €
aktivierungspflichtige Konzernherstellungskosten (Wertuntergrenze)	./. 190 000 €
eliminierungspflichtiger Zwischenverlust	= ./. 110 000 €
Verrechnungspreis (Lieferung A an B)	180 000 €
aktivierungspflichtige und aktivierungsfähige Konzernherstellungskosten (Wertobergrenze)	./. 110 000 €
maximal eliminierungsfähiger Zwischenverlust	= ./. 130 000 €

§ 17. Konzern-Gewinn- und Verlustrechnung

1. Problem der Eliminierung und Umgliederung der Innenumsatzerlöse

Wie jede Erfolgsrechnung, so hat auch die Konzern-Gewinn- und Verlustrechnung die Aufgabe, die Erträge und die Aufwendungen einer Periode gegenüberzustellen, um einen Einblick in das Zustandekommen des Erfolges zu geben. Fasst man den Konzern als wirtschaftliche Einheit auf, so wird dieses Ziel der Gewinn- und Verlustrechnung nicht durch Addition der Erfolgsrechnungen der einzelnen Konzernunternehmen erreicht, sondern ebenso wie bei der Erstellung der Konzernbilanz müssen alle Positionen heraus gerechnet werden, die zu Doppelzählungen führen und folglich ein falsches Bild von der Ertragslage des Konzerns geben.

In einer nach § 275 II HGB nach dem Gesamtkostenverfahren gegliederten Gewinn- und Verlustrechnung enthält das Ergebnis der gewöhnlichen Geschäftstätigkeit folgende Ertragskomponenten:

- die Umsatzerlöse,
- die Erhöhung oder Verminderung des Bestandes an fertigen und unfertigen Erzeugnissen,
- die anderen aktivierten Eigenleistungen (z.B. selbsterstellte Anlagen),
- die sonstigen betrieblichen Erträge und
- die Erträge aus Finanzvermögen (§ 275 II Nr. 9, 10 und 11 HGB).

Für den Konzern als wirtschaftliche Einheit liegen Umsatzerlöse nur vor, wenn sie mit konzernfremden Wirtschaftseinheiten getätigt worden sind *(Außenumsatzerlöse)*, d.h., dass alle konzerninternen Lieferungen und Leistungen *(Innenumsatzerlöse)*, die erfolgt sind, bis der Umsatz nach außen stattfinden kann, eliminiert werden müssen. Sie sind bei der liefernden Gesellschaft Umsatzerlöse, bei der empfangenden Gesellschaft Aufwendungen und sind folglich ebenso wie konzerninterne Forderungen und Verbindlichkeiten aufzurechnen.

Beispiel: Gesellschaft A produziert aus dem Rohstoff X Halbfabrikate Y und liefert sie an die Gesellschaft B. Diese bearbeitet die Halbfabrikate, die bei ihr als Materialkauf (Y) verbucht werden, zu Fertigfabrikaten Z und verkauft diese nach außen. Es entsteht kein Zwischengewinn.

Gewinn- und Verlustrechnung (in T€)

A	Gesellschaft A		E
Rohstoff X	300	Umsatz Y	550
Löhne	250		
	550		550

Gewinn- und Verlustrechnung (in T€)

A	Gesellschaft B		E
Material Y	550	Umsatz Z	820
Löhne	150		
Gewinn	120		
	820		820

Konzern- Gewinn- und Verlustrechnung

A	(in T€)		E
Rohstoff X	300	Umsatz Z	820
Löhne	400		
Gewinn	120		
	820		820

Der Innenumsatzerlös der Gesellschaft A aus den an Gesellschaft B verkauften Halbfabrikaten (Y) von 550 000 € wird aufgerechnet gegen den Materialaufwand (Y) bei B. Der Konzern erzielt bei einem Außenumsatz von 820 000 € einen (externen) Gewinn von 120 000 € und hat dafür Rohstoffe von 300 000 € und Löhne von 400 000 € eingesetzt. Würde man die Umsatzerlöse und Aufwendungen bei A und B zusammenzählen, so ergäbe sich ein Umsatz von 1 370 000 €, dem Aufwendungen von 1 250 000 € gegenüberstehen. Der Außenumsatz beträgt aber nur 820 000 €.

Sind Innenumsätze erfolgt, die nicht oder noch nicht zu Außenumsätzen führen, so muss in der Konzern-Gewinn- und Verlustrechnung eine *Umgliederung von Umsatzerlösen in Bestandsänderungen* oder andere aktivierten Eigenleistungen erfolgen. Liegen die von einem Konzernunternehmen an ein anderes Konzernunternehmen gelieferten Güter bei der empfangenden Gesellschaft noch unverarbeitet auf Lager oder sind sie zwar verarbeitet und an ein drittes Konzernunternehmen weitergeliefert worden, hält diese Gesellschaft die Güter aber noch auf Lager, so ist vom Standpunkt des Konzerns noch kein Umsatz, wohl aber eine Bestandsänderung eingetreten.

Beispiel: Es gelten die gleichen Angaben wie oben, jedoch wird noch eine Bearbeitungsstufe C eingeschaltet; B liefert Halbfabrikate Z an das Konzernunternehmen C weiter, das diese nach Bearbeitung als Fertigfabrikate auf Lager nimmt.

Gewinn- und Verlustrechnung (in T€)			
A	Gesellschaft A		E
Rohstoff X	300	Umsatz Y	550
Löhne	250		
	550		550

Gewinn- und Verlustrechnung (in T€)			
A	Gesellschaft B		E
Material Y	550	Umsatz Z	700
Löhne	150		
	700		700

Gewinn- und Verlustrechnung (in T€)			
A	Gesellschaft C		E
Material Z	700	Bestands-veränderung	750
Löhne	50		
	750		750

Konzern-Gewinn- und Verlustrechnung (in T€)			
A			E
Rohstoff X	300	Bestands-veränderung	750
Löhne	450		
	750		750

Der Konzern als Einheit hat noch keinen Umsatzerlös erzielt, wohl aber eine Mehrung der Bestände an Fertigfabrikaten um 750 000 €. Würde man die drei Gewinn- und Verlustrechnungen der Konzernunternehmen addieren, so ergäbe sich ein Gesamtergebnis von 2 000 000 €, bestehend aus (Innen-) Umsatzerlösen von 1 250 000 € und Bestandsmehrungen von 750 000 €, der Aufwand würde ebenfalls 2 000 000 € betragen. Die tatsächlich eingesetzten Rohstoffe von 300 000 € wären *dreimal* gezählt worden (je einmal bei A, B und C), die Löhne von A ebenfalls *dreimal,* die von B *zweimal.* Der Aufwand enthielte also 600 000 € Material und 650 000 € Löhne zu viel. Die Leistung des Konzerns als wirtschaftliche Einheit beträgt 750 000 €, der Aufwand ebenfalls.

2. Konzern-Gewinn- und Verlustrechnung nach dem HGB

§ 305 HGB sieht die Vollkonsolidierung vor, d.h., die Konzern-Gewinn- und Verlustrechnung ist so aufzustellen, als ob alle im Konzern zusammengefassten Unternehmen ein einheitliches Unternehmen bilden würden. Die Vollkonsolidierung erfordert die Ausschaltung aller Innenumsatzerlöse. Nach § 305 I Nr. 1 HGB sind die Erlöse aus Lieferungen und Leistungen zwischen den in den Konzernabschluss einbezogenen Unternehmen mit den auf sie entfallenden Aufwendungen zu verrechnen, vorausgesetzt, dass sie nicht als Erhöhung des Bestandes an Halb- und Fertigfabrikaten oder als andere aktivierte Eigenleistungen auszuweisen sind. Die Probleme sind hier im Wesentlichen die gleichen, wie bei den dargestellten Beispielen.

Auch für die Aufwands- und Ertragskonsolidierung gilt das Prinzip der Wesentlichkeit, d.h. Innenumsätze betreffende Aufwendungen und Erträge brauchen nach § 305 II HGB dann nicht weggelassen zu werden, wenn sie für die Vermittlung eines den tatsächlichen Verhältnissen entsprechenden Bildes der Vermögens-, Finanz- und Ertragslage des Konzerns nur von untergeordneter Bedeutung sind.

Das Konzernrechnungslegungsrecht sieht keine besondere Gliederung der Konzern-Gewinn- und Verlustrechnung vor, sondern verweist in § 298 I HGB auf die entsprechenden Gliederungsvorschriften für die Einzel-Gewinn- und Verlustrechnung. Ein gesonderter Ausweis wird jedoch für die auf Minderheitsgesellschafter und assoziierte Beteiligungen entfallenden Gewinne oder Verluste vorgeschrieben (§ 307 II bzw. § 312 IV 2 HGB).

Aufgrund des Verweises von § 298 I HGB auf § 275 HGB setzt sich das Wahlrecht hinsichtlich des Gesamtkosten- oder des Umsatzkostenverfahrens für die Einzel-Gewinn- und Verlustrechnung auch für die Konzern-Gewinn- und Verlustrechnung fort. Da der Konzernabschluss grundsätzlich nach den vom Mutterunternehmen angewendeten Bilanzierungs- und Bewertungsgrundsätzen aufzustellen ist, können erhebliche Umgliederungen erforderlich werden, wenn z.B. das Mutterunternehmen für die Gewinn- und Verlustrechnung das Gesamtkostenverfahren und einzelne Tochterunternehmen das Umsatzkostenverfahren anwenden und dadurch die Aufwendungen in der Einzel-Gewinn- und Verlustrechnung teils nach Kostenarten, teils nach Kostenstellen gegliedert sind.

Umgliederungsprobleme können auch dann auftreten, wenn *kleine* und *mittelgroße* Kapitalgesellschaften i.S. des § 267 I, II HGB die ihnen in § 276 HGB eingeräumten größenabhängigen Erleichterungen in Anspruch nehmen und eine *verkürzte Gewinn- und Verlustrechnung* aufstellen. Derartige Gewinn- und Verlustrechnungen müssen vor ihrer Konsolidierung in die ausführliche Form des § 275 HGB umgegliedert werden, weil in der in § 298 I HGB enthaltenen Aufzählung der auf den Konzernabschluss anzuwendenden Vorschriften für den Einzelabschluss die Erleichterungsvorschrift des § 276 HGB nicht genannt wird.

§ 18. Konzernanhang und der Konzernlagebericht

Analog zu der Vorschrift des § 264 I HGB, nach der Kapitalgesellschaften den Jahresabschluss um einen Anhang zu erweitern haben, der mit der Bilanz und der Gewinn- und Verlustrechnung eine Einheit bildet, und außerdem einen Lagebericht aufzustellen haben, bestimmt § 297 I HGB, dass zum Konzernabschluss *als dritter Bestandteil der Konzernanhang* gehört, und § 290 I HGB verlangt, dass neben dem Konzernabschluss ein gesonderter *Konzernlagebericht* aufzustellen ist. Die Vorschriften über den Konzernanhang und den Konzernlagebericht sind entsprechend den Vorschriften der §§ 284 bis 288 HGB über den (Einzel-)Anhang und des § 289 HGB über den (Einzel-) Lagebericht aufgebaut. § 313 HGB regelt die erforderlichen Erläuterungen der Konzernbilanz und Konzern-Gewinn- und Verlustrechnung, § 314 HGB zählt eine Anzahl sonstiger Pflichtangaben auf und § 315 HGB enthält die Bestimmungen über den Konzernlagebericht.

1. Konzernanhang

a) Begriff und Aufgaben

Die Einheit der drei Bestandteile des Konzernabschlusses ist gem. § 313 I HGB die Voraussetzung dafür, dass bestimmte Positionen entweder in der Konzernbilanz bzw. der Konzern-Gewinn- und -Verlustrechnung oder im Konzernanhang ausgewiesen werden dürfen. Nach § 298 III HGB dürfen der Konzernanhang und der Anhang des Mutterunternehmens zusammengefasst werden, damit Wiederholungen in den Angaben des Konzernabschlusses und des Einzelabschlusses des Mutterunternehmens vermieden werden. Erfolgt eine Zusammenfassung, so sind der Konzernanhang und der Anhang des Mutterunternehmens gemeinsam offen zu legen. Auch die Prüfungsberichte und Bestätigungsvermerke dürfen in solchen Fällen zusammengefasst werden.

Die Aufgabe des Konzernanhangs besteht wie beim Anhang eines Einzeljahresabschlusses in erster Linie in der Vermittlung von Informationen neben und zusätzlich zur Konzernbilanz und zur Konzerngewinn- und Verlustrechnung, der Entlastung von Konzernbilanz und Konzerngewinn- und Verlustrechnung von Details sowie der Vermittlung von zusätzlichen Informationen. Neben dieser Erläuterungs- und Ergänzungsfunktion hat der Konzernanhang eine dritte Funktion in Form der Entlastungsfunktion. Durch Verlagerung von Einzelangaben aus der Konzernbilanz und der Konzern-Gewinn- und Verlustrechnung in den Anhang kann der aus den beiden letztgenannten Teilen bestehende Konzernjahresabschluss um eine Anzahl von Informationen entlastet werden und damit einfacher lesbar gemacht werden, die dann von den Bilanzadressaten aus dem Anhang entnommen werden können. Allerdings müssen sie absolut gleichwertig sein. Das ist etwa nicht der Fall, wenn für die Konzernbilanz und Konzern-Gewinn und Verlustrechnung vorgeschriebene Zahlenangaben durch eine verbale Erläuterung im Konzernanhang ersetzt werden.

Für den Konzernanhang schreibt das Gesetz keine bestimmte Gliederung oder Reihenfolge der Angaben vor. Es müssen jedoch sämtliche im Gesetz geforderten und zur Realisierung der Generalnorm erforderlichen Angaben gemacht werden, damit der Konzernanhang seine Aufgabe, die einzelnen Positionen der Konzernbilanz und der Konzern-Gewinn- und Verlustrechnung zu erläutern und zu ergänzen, erfüllen kann.

Die in § 265 I HGB fixierten *Grundsätze für die Bilanzgliederung,* nach denen die Form der Darstellung, insbesondere die Gliederung der aufeinander folgenden Bilanzen und Gewinn- und Verlustrechnungen beizubehalten ist, soweit nicht in Ausnahmefällen wegen besonderer Umstände Abweichungen erforderlich sind, sind auch auf Konzernabschlüsse anzuwenden (§ 298 I HGB). Abweichungen von diesen Grundsätzen müssen im Konzernanhang angegeben und begründet werden.

Da auch *ausländische Unternehmen* in den Konzernabschluss einzubeziehen sind *(Weltabschluss),* gewinnt die Vorschrift des § 313 I Nr. 2 HGB besondere Bedeutung, nach der die Grundlagen für die Umrechnung in Euro angegeben werden müssen, sofern der Konzernabschluss Posten enthält, denen Beträge zugrunde liegen, die auf fremde Währung lauten oder ursprünglich auf fremde Währung lauteten.

b) Angaben über den Konsolidierungskreis

Umfangreiche Angaben über den *Konsolidierungskreis* werden in § 313 II HGB gefordert. Hier sind Name und Sitz der in den Konzernabschluss einbezogenen Unternehmen sowie der Anteil am Kapital der Tochterunternehmen, der dem Mutterunternehmen und den in den Konzernabschluss einbezogenen Tochterunternehmen gehört, anzugeben. Entsprechende Angaben sind über assoziierte Unternehmen zu machen. Ferner ist über Gemeinschaftsunternehmen sowie über andere Unternehmen zu berichten, an denen das Mutterunternehmen oder ein Tochterunternehmen mit wenigstens 20 % beteiligt ist. Bei der letztgenannten Gruppe von Unternehmen ist auch die Höhe des Eigenkapitals und des Ergebnisses des letzten Geschäftsjahres anzugeben (§ 313 II Nr. 4 HGB). Für diese Angaben gilt das *Prinzip der Wesentlichkeit.* Sie können unterbleiben, wenn sie für die Vermittlung eines den tatsächlichen Verhältnissen entsprechenden Bildes der Vermögens-, Finanz- und Ertragslage des Konzerns von untergeordneter Bedeutung sind (§ 313 II Nr. 4 Satz 3 HGB). Auf die Angabe des Eigenkapitals und des Ergebnisses kann verzichtet werden, wenn das in Anteilsbesitz stehende Unternehmen seinen Jahresabschluss nicht offen zu legen hat und die Beteiligung unter 50 % liegt (§ 313 II Nr. 4 letzter Satz HGB).

c) Weitere Pflichtangaben gem. § 314 HGB

§ 314 HGB enthält einen umfangreichen Katalog weiterer Pflichtangaben im Anhang. Diese Angaben entsprechen im wesentlichen wörtlich den in § 285 HGB für den Einzelanhang aufgeführten Tatbeständen, die oben bereits ausführlich für den Einzelanhang besprochen wurden.[184]

Da nicht alle 29 in § 285 HGB aufgeführten Angabepflichten auch für den Konzernanhang zutreffend sind, verlangt § 314 I HGB lediglich die Beachtung von 21 für den Konzernanhang relevanten Erläuterungspflichten.

2. Konzernlagebericht

Die Vorschrift des § 315 HGB, die den Konzernlagebericht regelt, ist der Vorschrift des § 289 HGB über den (Einzel-)Lagebericht nachgebildet. Nach § 315 I HGB sind im Konzernlagebericht zumindest der Geschäftsverlauf und die Lage des Konzerns so darzustellen, dass ein den tatsächlichen Verhältnissen entsprechendes Bild vermittelt wird. In den Konzernlageberichten ist auch auf die Risiken der künftigen Entwicklung einzugehen (§ 315 I 5 HGB).

Wie der (Einzel-)Lagebericht für eine Kapitalgesellschaft oder eine Personengesellschaft i.S. d. § 264a HGB besteht der Konzernlagebericht einerseits aus Angaben über den Geschäftsverlauf und die Lage des Konzerns sowie aus Angaben über die Risiken der künftigen Entwicklung, die Inhalt des sog. *Wirtschaftsberichts* bzw. *Risikoberichts* sind, und andererseits aus einem *Nachtragsbericht* (§ 315 II Nr. 1 HGB), in dem auf Vorgänge von besonderer Bedeutung, die nach Schluss des Konzerngeschäftsjahres eingetreten sind und die die Beurteilung des Konzernabschlusses erheblich beeinflussen können, ferner aus einem *Prognosebericht* (§ 315 II Nr. 2 HGB) in dem auf die voraussichtliche Entwicklung des Konzerns einzugehen ist, und außerdem einem *Forschungsbericht* (§ 315 II Nr. 3 HGB), in dem über Grundlagenforschung, angewandte

---

[184] Vgl. S. 170.

Forschungs- und Entwicklungsvorhaben sowie über die Zahl der in der Forschung und Entwicklung tätigen Mitarbeiter und über besondere Einrichtungen, die speziell für Forschungs- und Entwicklungszwecke unterhalten werden, auch dann zu berichten ist, wenn der Konzern als Einheit keine Forschung und Entwicklung betreibt, sondern diese auf einzelne Konzerunternehmen begrenzt ist.[185]

Der Konzernlagebericht ist einerseits ein Informationsinstrument; er soll zusätzliche Informationen liefern, die bisher nicht in den Konzernabschluss eingegangen sind. Dadurch unterscheidet er sich vom Konzernanhang, der zwar ebenfalls zusätzliche Informationen zur Verfügung stellt, wobei sich diese aber direkt auf bereits in der Konzernbilanz oder der Konzern-Gewinn- und Verlustrechnung ausgewiesene bzw. ausweisbare Sachverhalte beziehen.

Andererseits ist er ein Instrument der *Rechenschaftslegung* und stellt ein eigenständiges, von der Lageberichterstattung der dem Konzern angehörenden Unternehmen grundsätzlich losgelöstes Rechnungslegungsinstrument für den Konzern als wirtschaftliche Einheit dar. Die Berichterstattung muss vom Gesamtkonzern ausgehen, d.h. nicht etwa nur eine Zusammenfassung der Lagebericht der einzelnen Konzernunternehmen sein, sondern *aus der Sicht des Konzerns als wirtschaftliche Einheit* erfolgen. Auch dann, wenn – um Doppelangaben zu vermeiden – von der Möglichkeit Gebrauch gemacht wird, nach § 315 III i.V.m. § 298 III HGB den Konzernlagebericht mit dem Lagebericht des Mutterunternehmens zusammenzufassen, muss dieser zusammengefasste Lagebericht alle Informationen enthalten, die notwendig sind, um sowohl die Lage des Mutterunternehmens als auch die Lage des Konzerns abzubilden. Der Abschlussprüfer hat hier besonders darauf zu achten, dass durch die Zusammenfassung kein Informationsverlust eintritt. Im Falle der Zusammenfassung des Konzernlageberichts mit dem Lagebericht des Mutterunternehmens, ist eine gemeinsame Offenlegung beider vorzunehmen (§ 298 III HGB).

Da der Konzern eine Einheit bildet, ist auch über den Geschäftsverlauf, die Lage und die Risiken der künftigen Entwicklung von Tochterunternehmen im Konzernlagebericht zu berichten, die nicht in den Konzernabschluss einbezogen worden sind bzw. quotal konsolidierte (§ 310 HGB) oder assoziierte Unternehmen (§§ 311 f. HGB) sind, sofern diese für die Lage des Konzerns von wesentlicher Bedeutung sind.

Der Konzernlagebericht besteht aus einem Pflichtinhalt, einem Sollinhalt und einem freiwilligen Inhalt. Während die Angaben im Wirtschafts- und im Risikobericht nach § 315 I HGB zwingend sind, handelt es sich bei der Berichterstattung im Nachtrags-, Prognose- und Forschungsbericht um Soll-Vorschriften, d.h. die Berichterstattung ist nur zwingend, wenn sie für die Informationsfunktion des Konzernlageberichts von wesentlicher Bedeutung ist.

Da gem. § 315 I HGB gleichlautend wie in § 289 I HGB *zumindest* der Geschäftsverlauf und die Lage des Konzerns bzw. der Einzelgesellschaft so darzustellen sind, dass sie der Generalnorm entsprechen, können über die Vorschrift des § 315 HGB hinaus *zusätzlich freiwillige Informationen* im Konzernlagebericht gegeben werden. Sie dürfen allerdings die vorgeschriebenen Pflichtangaben nicht verwässern, sondern müssen die Erfüllung der Generalnorm unterstützen. Derartige freiwillige Angaben sind im Rahmen der Jahresabschlussprüfung zu prüfen und sind offen zu legen.

Die freiwillige Ausdehnung der Berichterstattung unterscheidet sich in den Themen nicht von der eines Einzel-Lageberichts. Sie geht – wie die Pflichtangaben – stets *vom*

---

[185] Zum Inhalt der einzelnen Berichtsteile vgl. *Fülbier/Pellens*, in: Münchener Kommentar zum HGB, 2. Aufl., 2008, § 315 Rdnr. 49ff.

Konzern als wirtschaftliche Einheit aus, d.h. berichtet wird nur über Vorgänge und Tätigkeiten, die für den gesamten Konzern von Bedeutung sind. Beispiele für eine freiwillige Berichterstattung sind etwa Konzern-Sozialberichte, Konzern-Umweltberichte, Konzern-Substanzerhaltungsrechnungen oder Wertschöpfungsrechnungen.

Der Konzernanhang und der Konzernlagebericht dürfen nach §§ 298 III und 315 III HGB mit dem Anhang und dem Lagebericht des Mutterunternehmens zusammengefasst werden. Diese Unterlagen müssen dann gemeinsam offen gelegt werden. Auch die Prüfungsberichte und Bestätigungsvermerke dürfen jeweils zusammengefasst werden.

§ 19. Konzernkapitalflussrechnung

Weiterer Bestandteil des Konzernabschlusses ist zudem die Konzernkapitalflussrechnung. Diese hat ebenso wie beim Einzelabschluss die Funktion, die Adressaten der Rechnungslegung über die Fähigkeit des Unternehmens zur Generierung von Zahlungsströmen zu informieren. Die Konzernkapitalflussrechnung ist aber trotz ihrer Erwähnung in § 297 I HGB darüber hinaus nicht näher geregelt, so dass sich deren Gestaltung im Wesentlichen nach dem entsprechenden Standard des Deutschen Rechnungslegungs Standards Committee e.V. (DRS 2) richtet. Zur Funktion und Arbeitsweise der Kapitalflussrechnung siehe ausführlich S. 228 ff.

§ 20. Segmentberichterstattung

Schließlich kann der Konzernabschluss auch um einen Segmentbericht erweitert werden (§ 297 I 2 HGB). Dabei handelt es sich um ein Wahlrecht des Unternehmens. Hintergrund der Segmentberichterstattung ist die oftmals fehlende Vergleichbarkeit von Unternehmen, wenn diese in einer Vielzahl von Märkten aktiv sind. Durch die Segmentberichterstattung soll eine Vergleichbarkeit eben dieser einzelnen Marktsegmente des jeweiligen Unternehmens erreicht werden. Als Abgrenzungskriterium kommen dabei entweder objektive Kriterien wie etwa Wirtschafszweige oder aber Risiko- und Chancenklassen in Betracht.[186] Die IAS/IFRS folgen diesem Ansatz allerdings nicht, sondern stellen vielmehr auf den so genannten *management approach* ab (IFRS 8), der auf die jeweiligen operativen Einheiten abstellt und diese wie eigenständige Unternehmen betrachtet. Inhaltlich ist die Segmentberichterstattung darauf ausgerichtet, dass folgende Angaben gemacht werden:[187]

- Segmentumsatzerlöse;
- Segmentergebnisse;
- Abschreibungen;
- außerordentlich Aufwendungen;
- Segmentvermögen;
- Segmentinvestitionen;
- Segmentschulden.

---

[186] Für eine Übersicht vgl. *Kraft*, in: Großkommentar zum HGB, 4. Aufl., 1995 ff., § 297 Rdnr. 18 ff.

[187] Für eine Übersicht vgl. *Busse von Colbe*, in: Münchener Kommentar zum HGB, 2. Aufl., 2008, § 297 Rdnr. 32.

5. Teil. Internationales Rechnungslegungsrecht

Rechnungslegungsrecht ist als Teil des Handels- bzw. Gesellschaftsrechts zunächst nationales Recht und ist in seinem internationalen Anwendungsbereich daher entsprechend beschränkt. Die Entwicklung der internationalen Kapitalmärkte der letzten Jahrzehnte hat jedoch gezeigt, dass die nationalen Regelungsansätze – trotz ihrer oftmals großen Ähnlichkeit – langfristig kein geeignetes Regelungskonzept darstellen, da eine tatsächliche Vergleichbarkeit der Unternehmensabschlüsse auf diese Weise nicht gewährleistet ist. Aus diesem Grund ist neben das nationale Rechnungslegungsrecht zunehmend das internationale Rechnungslegungsrecht getreten, das die Entwicklung eines weltweit einheitlichen Rechnungslegungsrecht zum Gegenstand hat.

Der Begriff des internationalen Rechnungslegungsrechts ist dabei terminologisch allerdings nicht ganz richtig. Der allgemeinen juristischen Terminologie folgende müsste es sich beim internationalen Rechnungslegungsrecht eigentlich um das Recht handelt, das bestimmt, welches Rechnungslegungsrecht auf einen bestimmten Sachverhalt Anwendung findet. Der derartiges internationales Rechnungslegungsrecht im eigentlichen Sinne existiert normativ aber nicht und findet auch in der Wissenschaft erst in jüngster Zeit zunehmend Beachtung.[188]

§ 21. Grundlagen

Im Mittelpunkt stehen dabei neben dem dominierenden Rechnungslegungsrecht der Vereinigten Staaten von Amerika in Form der *Generally Accepted Accounting Principles* (US-GAAP) vor allem die so genannten *International Accounting Standards/International Financial Reporting Standards* (IAS/IFRS). Die IAS/IFRS werden vom *International Accounting Standards Board* (IASB) in London geschaffen. Ziel des IASB ist es, eine weltweite Anerkennung der nach den IAS/IFRS aufgestellten Unternehmensabschlüsse als Voraussetzung für eine Börsenzulassung zu erreichen.

1. Historische Entwicklung

Das heutige IASB wurde 1973 als das *International Accounting Standards Committee (IASC)* zur Harmonisierung von Rechnungslegungsnormen gegründet. Es handelt sich dabei um eine lediglich privatrechtliche Organisation, die aus Personen unterschiedlicher geographischer und beruflicher Herkunft zusammengesetzt ist.[189] Zentrales Organ des IASB ist das *board*, dass aus insgesamt vierzehn Mitgliedern besteht und neben der inhaltlichen Ausarbeitung der IAS/IFRS auch vor allem für die Verabschiedung der Standards und der *SIC Interpretations* zuständig ist. Aufgrund des privatrechtlichen Charakters des IASB kommt allen veröffentlichten Verlautbarungen aber kein Rechtscharakter zu.

---

[188] Vgl. etwa *Westhoff*, in: Hirte/Bücker, Grenzüberschreitende Gesellschaften, 2. Aufl., 2007, § 18.

[189] Für einen Überblick siehe *Achleitner/Behr*, International Accounting Standards, 3. Aufl., 2003, S. 33ff.

Auch wenn eine Reihe von Staaten die IAS/IFRS bereits für anwendbar erklärt haben, wurden die IAS/IFRS bisher vor kurzem von den Vereinigten Staaten noch nicht anerkannt. Unternehmen, die den US-amerikanischen Kapitalmarkt in Anspruch nehmen wollten, mussten daher ihre Unternehmensabschlüsse noch nach US-GAAP aufstellen, was in der Regel hohe zusätzliche Kosten verursachte. Zwischenzeitlich haben aber die für die Rechnungslegung kapitalmarktorientierter Unternehmen zuständige *U.S. Securities and Exchange Commission* und die Europäische Kommission im Rahmen eines langjährigen Dialogs eine gegenseitige Anerkennung der Rechnungslegungsgrundsätze vereinbart, so dass die Aufstellung verschiedener Unternehmensabschlüsse für Unternehmen entfällt, die sowohl einen europäischen als auch den US-amerikanischen Kapitalmarkt in Anspruch nehmen.[190]

Zusätzlich zur gegenseitigen Anerkennung der verwendeten Rechnungslegungsstandard besteht auch eine umfangreiche Kooperation zwischen dem für die Ausarbeitung der Rechnungslegungsgrundsätze in den USA zuständigen Financial Accounting Standards Board (FASB) und dem IASB. Ziel dieser Kooperation ist es, Rechnungslegungsstandards langfristig gemeinsam auszuarbeiten und damit nahezu vollständig anzugleichen.

2. Systematik der IAS/IFRS

Die IAS/IFRS sind von einem privaten Gremium entwickelt worden und stellen somit kein gesetzliches Regelungswerk dar. Dieser Aspekt und die Notwendigkeit einer Berücksichtigung von Rechnungslegungstraditionen verschiedener Rechtskulturen prägen die Systematik der IAS/IFRS nachhaltig. Hinzu kommt, dass es sich bei den IAS/IFRS um ein *moving target* handelt. Zwar gibt das Rahmenkonzept Grundsätze für die Erstellung neuer Standards vor, aber weder das Rahmenkonzept noch die Standards in ihrer Gesamtheit stellen ein geschlossenes System dar oder werden mit dem Anspruch auf Schaffung eines solchen fortentwickelt. Einziger gemeinsamer Ausgangspunkt ist die Zielsetzung der Bereitstellung nützlicher Informationen als Grundlage wirtschaftlicher Entscheidungen (Rahmenkonzept Vorwort VI). Eine stringente Systematik der IAS/IFRS kann der Sache nach somit nicht bestehen.

Die IAS/IFRS werden vom IASB unter Beachtung des Rahmenkonzeptes entwickelt. Somit stellt das Rahmenkonzept eine allgemeine Basis für die IAS/IFRS dar.[191] Es enthält daher eine auch eine Reihe von Grundsätzen und Definitionen allgemeiner Bilanzbegriffe. Auch wenn damit auch bei den IAS/IFRS eine abstrakte Regelungstechnik dem Prinzip nach besteht, kommt diese nicht direkt zur Anwendung. Das Rahmenkonzept ist selbst kein Standard (Rahmenkonzept § 2), ist somit grundsätzlich nicht verbindlich (IAS 1.14) und wurde daher auch nicht von der Kommission im Rahmen des Komitologieverfahrens übernommen. Maßgeblich in der Anwendung der IAS/IFRS sind daher nur die Standards selbst (IAS 1.14). Bei der Betrachtung der IAS/IFRS kann daher nur eingeschränkt auf das Rahmenkonzept abgestellt werden, da dieses zum einen nicht verbindlich ist und zum anderen eine Vielzahl neuerer Standards Vorschriften enthalten, die in einem klaren Gegensatz zum Rahmenkonzept stehen. So nennt etwa das Rahmenkonzept als Regelungskonzept ein auf historischen Anschaffungs- oder Herstellungskosten basierendes Rechnungslegungsmodell (Vorwort Rahmenkonzept), obwohl die einzelnen Standards in zunehmender Weise von einer *Fair-value*-Bilanzierung bestimmt werden.

---

190 Entscheidung der Kommission vom 12. 12. 2008 über die Verwendung der nationalen Rechnungslegungsgrundsätze bestimmter Drittländer und der International Financial Reporting Standards durch Wertpapieremittenten aus Drittländern bei der Erstellung ihrer konsolidierten Abschlüsse (2008/961/EG), ABl. L 340 vom 19. 12. 2008, S. 112.

191 Dazu ausführlich *Achleitner/Behr*, International Accounting Standards, 3. Aufl., 2003, S. 87 f.; *Ballwieser*, Der Konzern 2003, 337 ff.

a) Grundannahmen der IAS/IFRS

Die IAS/IFRS unterstehen im Wesentlichen nur zwei zentralen Annahmen – dem Periodisierungsprinzip und der Fortführungsprämisse. Der Gläubigerschutz ist keine grundsätzliche Annahme der IAS/IFRS, sondern wird lediglich im Rahmen der Informationserteilung im selben Umfang wie gegenüber allen übrigen Adressaten gewährleistet.

Die IAS/IFRS folgen – mit Ausnahme der Kapitalflussrechnung – ebenso wie die Rechnungslegung nach HGB dem Grundsatz der Periodenabgrenzung (§ 22 Rahmenkonzept, IAS 1.25). Aufwendungen und Erträge müssen daher für die Aufstellung des Abschlusses periodengerecht abgegrenzt werden. Der Grundsatz der Periodenabgrenzung als allgemeines Abgrenzungskonzept ist in mehrere Rechnungslegungsprinzipien zu unterteilen. Dazu gehören das Realisationsprinzip *(realisation principle)*, der Grundsatz der sachlichen Abgrenzung *(matching principle)* und die Ansätze zur Verteilung zeitraumbezogener Aufwendungen und Erträge *(deferrals)*.

Im Vordergrund steht dabei das Realisationsprinzip, das den Grundsatz der Periodenabgrenzung konkretisiert, indem es den Zeitpunkt der Erfassung von Erträgen bestimmt. Auch wenn die IAS/IFRS somit dem Realisationsprinzip folgen, unterscheidet sich dieses grundsätzlich von dem Realisationsprinzip im deutschen Bilanzrecht.[192]

Insbesondere bei der erfolgswirksamen *Fair-value*-Bewertung werden bereits Erträge berücksichtigt, die sich aus einer bloßen Wertveränderung der Vermögenswerte oder Verbindlichkeiten ergeben. Einen weiteren wichtigen Unterschied gibt es zudem bei der Bilanzierung langfristiger Fertigungsaufträge (IAS 11). Im Mittelpunkt der IAS/IFRS steht daher nicht die Realisation sondern lediglich die Realisierbarkeit. In diesen Fällen kommt es somit zu einem gegenüber dem HGB vorgezogenen Gewinnausweis.

Weiter gehen die IAS/IFRS von einer Unternehmensfortführung aus, soweit die Geschäftsleitung nicht zur Einstellung des Geschäftsbetriebes gezwungen ist (IAS 1.23). Für die Beurteilung der Unternehmensfortführung sind alle Umstände zu berücksichtigen, die voraussichtlich in einem Zeithorizont von zwölf Monaten eintreten werden (IAS 1.24).

Somit unterscheidet sich der Grundsatz der Unternehmensfortführung nach den IAS/IFRS weitgehend von dem Grundsatz der Unternehmensfortführung nach deutschem Handelsbilanzrecht. Während das deutsche Handelsbilanzrecht von einer Unternehmensfortführung ausgeht, obliegt dem Bilanzierenden nach IAS/IFRS ein weitgehender Begründungsaufwand für die Annahme der Unternehmensfortführung.

b) Zentrale Grundsätze

Die IAS/IFRS enthalten eine Reihe allgemeiner Grundsätze über die Darstellung des Abschlusses. Diese entsprechen teilweise den Regelungen des Rahmenkonzeptes, haben allerdings aufgrund der Niederlegung auch in den Standards eine höhere Verbindlichkeit.

Aufgrund ihrer angelsächsischen Tradition folgen auch die IAS/IFRS dem Grundsatz des *true and fair view* bzw. *der fair representation* (IAS 1.13 ff.). Die IAS/IFRS gehen dabei davon aus, dass die Anwendung der einzelnen Standards zur Vermittlung eines solchen, den tatsächlichen Verhältnissen entsprechenden Bildes führt. Aus diesem Grund geht IAS 1.17 auch davon aus, dass die Notwendigkeit zur Abweichung von

---

[192] Siehe dazu oben S. 111 ff.

den Standards zur Vermittlung eines den tatsächlichen Verhältnissen entsprechenden Bildes nur in äußerst seltenen Umständen auftritt und somit grundsätzlich unzulässig ist. Ebenso wie die angelsächsischen Vorbilder treffen auch die IAS/IFRS keine umfassende Aussage darüber, wann ein den tatsächlichen Verhältnissen entsprechendes Bild von der Vermögens-, Finanz- und Ertragslage des Unternehmens gezeichnet wird.

Die IAS/IFRS begegnen den Unsicherheiten, die bei der Aufstellung von Unternehmensabschlüssen auftreten, ebenso wie die Rechnungslegung nach HGB mit dem Vorsichtsprinzip (Rahmenkonzept § 37; IAS 8.10 (b)(iv)). Die mit der Aufstellung des Abschlusses befassten Personen müssen danach bei der Ermessensausübung ein gewisses Maß an Sorgfalt anwenden. Es handelt sich der Sache nach aber vom Vorsichtsprinzip nach § 252 I Nr. 4 HGB weitgehend unterschiedliches Konzept.[193]

Das Vorsichtsprinzips bei den IAS/IFRS kommt zudem nur dann zur Anwendung, wenn es an einer expliziten Regelung fehlt. Aber selbst in diesem Fall kann das Vorsichtsprinzip nur eingeschränkt verwendet werden. § 37 Rahmenkonzept verweist ausdrücklich auf die Unzulässigkeit einer Anwendung des Vorsichtsprinzips zur Bildung stiller Reserven. Interessanterweise erfolgt in den IAS/IFRS kein Hinweis auf die Gefahr stiller Lasten durch eine Überbewertung von Vermögensgegenständen bzw. einer zu niedrigen Bewertung von Verbindlichkeiten. Diese einseitige Ausrichtung des Vorsichtsprinzips belegt noch einmal den eingeschränkten Anwendungsbereich des Vorsichtsprinzips nach deutschem Verständnis. Das Vorsichtsprinzip definiert daher lediglich den Sorgfaltsmaßstab der zur Erstellung der Rechnungslegung Verpflichteten und hat als Bilanzierungsgrundsatz nur subsidiäre Bedeutung.

Die IAS/IFRS verfolgen ebenso wie die Rechnungslegung nach HGB eine Beurteilung der zu bilanzierenden Sachverhalte anhand abstrakter Regelungen, die in einer Vielzahl von Einzelfällen zur Anwendung kommen sollen. Dennoch unterscheiden sich die IAS/IFRS hierbei – zumindest systematisch – grundlegend von der normorientierten Rechnungslegung des HGB. Für die IAS/IFRS gilt der Grundsatz der *substance over form*, so dass für die Anwendung der IAS/IFRS nicht allein auf die vorliegende rechtliche Form des zu bilanzierenden Sachverhalts abgestellt werden darf (Rahmenkonzept § 35). Dies erklärt sich nicht zuletzt anhand der fehlenden Integration der IAS/IFRS in eine bestimmte Rechtsordnung. Ein Verweis bzw. Aufbau auf bestimmte rechtliche Formen ist daher von vornherein kaum möglich. Es kommt vielmehr auf den ökonomischen Gehalt, den praktischen Sinn und den Zweck des Vorganges an.[194] Anhand dieser Betrachtung ist eine Anwendung der IAS/IFRS vorzunehmen.

Der Grundsatz der Wesentlichkeit regelt die Frage, ob eine Information im Jahresabschluss gesondert auszuweisen ist (IAS 1.29). Als wesentlich wird dabei jede Information betrachtet, deren Fehlen oder fehlerhafte Darstellung die ökonomischen Entscheidungen der Adressaten beeinflussen kann (Rahmenkonzept § 30). Die Wesentlichkeit einer Information wird somit durch die relative Größe des zugrunde liegenden Sachverhaltes bestimmt, da die Bedeutung einer Information für den Adressaten von der Gesamtgröße des zugrunde liegenden Sachverhaltes abhängt.

c) Adressaten

Der Adressatenkreis der Rechnungslegung der IAS/IFRS ist wesentlich umfangreicher als nach der handelsrechtlichen Rechnungslegung.[195] Nach § 9 des Rahmenkon-

---

[193] Zum Vorsichtsprinzip im deutschen Bilanzrecht siehe S. 110ff.
[194] *Großfeld/Luttermann*, Bilanzrecht, 4. Aufl., 2004, Rdnr. 913.
[195] Zum Adressatenkreis der Rechnungslegung nach HGB siehe S. 59f.

zeptes zählen zu den Abschlussadressaten derzeitige und potenzielle Investoren, Arbeitnehmer, Kreditgeber, Lieferanten und weitere Kreditoren, Kunden, Regierungen, sowie deren Institutionen und die Öffentlichkeit. Der Adressatenkreis ist daher äußerst weit gefasst, was zur Folge hat, dass die Rechnungslegung nach IAS/IFRS fast ausschließlich das Ziel der Informationsvermittlung verfolgt (§ 12 Rahmenkonzept). Dies ist für einen verhältnismäßig großen Adressatenkreis letztlich auch zwingend, da der kleinste gemeinsame Nenner aller Rechnungslegungsadressaten gefunden werden muss. Ebenso wie die handelsrechtliche Rechnungslegung richten sich die IAS/IFRS dabei auch an die Gläubiger, jedoch beschränkt sich deren Schutz auf eine Information über die wirtschaftliche Lage des Unternehmens.

d) Zielsetzung der IAS/IFRS

Die IAS/IFRS definieren den vorrangigen Zweck der Rechnungslegung als die Vermittlung entscheidungsrelevanter Informationen für die Adressaten der Rechnungslegung (Rahmenkonzept § 12). Trotz dieser eindeutigen Ausrichtung am Informationszweck verfolgen die IAS/IFRS noch weitere Zwecke.

Der Gewinn wird in den IAS/IFRS ebenso wie bei der Rechnungslegung nach HGB durch eine Gegenüberstellung von Vermögen und Verbindlichkeiten ermittelt. Im Unterschied zur Rechnungslegung nach HGB (erzielter Gewinn = ausschüttbarer Gewinn) handelt es sich aber bei dem ermittelten Gewinn nicht gleichzeitig um den verteilungsfähigen oder zu verteilenden Gewinn des Unternehmens. Gewinnermittlung und Gewinnverwendung werden bei den IAS/IFRS somit nicht miteinander verbunden. Die Ermittlung des Gewinns soll zentraler Informationsträger der *performance* des Unternehmens sein.[196]

Diese Beschränkung findet ihre Grundlage zunächst in der Tatsache, dass nicht alle Adressaten der Rechnungslegung nach IAS/IFRS in gleichem Maße an einer Bestimmung des ausschüttbaren Gewinns interessiert sind. Während die bereits bestehenden Gläubiger sicherlich an einer Begrenzung der Ausschüttung zur Sicherung ihrer eigenen Ansprüche interessiert sind, ist ein solches Interesse insbesondere bei den potentiellen oder künftigen Gläubigern/Investoren nicht vorhanden. Da durch einen Ausweis des lediglich ausschüttbaren Gewinns die Interessen der potentiellen oder künftigen Gläubiger/Investoren beeinträchtigt, umgekehrt aber bei einem Ausweis des erzielten Gewinns die bestehenden Gläubiger noch nicht beeinträchtigt werden, verfolgen die IAS/IFRS hier eine Art *kleinsten gemeinsamen Nenner.*

Eine Schuldendeckungskontrolle wird durch die IAS/IFRS vor allem aufgrund der zunehmenden *Fair-value*-Bilanzierung weitgehend erreicht. Problematisch ist allerdings die Schuldendeckungskontrolle bei Annahme einer negativen Unternehmensfortführungsprognose. Bei einer möglichen Einstellung des Geschäftsbetriebes muss eine entsprechende Anpassung der Bewertung der Vermögensgegenstände und Schulden vorgenommen werden muss (IAS 1.23).[197] Allerdings enthalten die IAS/IFRS kaum Regelungen, wie bei einem Nichtvorliegen der Annahme der Unternehmensfortführung zu verfahren ist.

Die IAS/IFRS verfolgen – der angloamerikanischen Rechnungslegungsphilosophie folgend – primär die Aufgabe der Information eines umfangreichen Adressatenkreises der Rechnungslegung. Adressat der Rechnungslegung sind Investoren, Arbeitnehmer, Darlehensgeber, Lieferanten, Kunden, der Staat und auch die Öffentlichkeit (Rahmenkonzept § 9). Dabei ist kein Adressat vorrangig zu informieren. Die IAS/IRFS gehen

---

[196] Kritisch hierzu *Moxter*, ZVerglRWiss 103 (2004), 268, 274ff.
[197] Siehe zum Grundsatz der Unternehmensfortführung S. 110f.

davon aus, dass alle genannten Adressaten in gleichem Umfang über die Leistungsfähigkeit und die Veränderungen der finanziellen Lage des Unternehmens informiert werden müssen und wollen, damit diese die für sie notwendigen Entscheidungen treffen können.

Der Abschluss nach IAS/IFRS verfügt somit nicht wie der Jahresabschluss nach HGB über einen *Zielpluralismus* sondern vielmehr über einen *Adressatenpluralismus*. Die IAS/IFRS haben das allgemeine Ziel der Informationserteilung, um damit den Erwartungen eines möglichst großen Adressatenkreis zu entsprechen. Sie stehen somit in einem systematischen Gegensatz zu der Rechnungslegung nach HGB, die über die Rangordnung von Rechnungslegungszielen und damit auch über eine Rangordnung bezüglich der Adressaten verfügt.[198] Die Erfüllung dieser weitgehenden Informationsfunktion der IAS/IFRS ist aber einigen Bedenken ausgesetzt. Der Hauptkritikpunkt richtet sich dabei gegen die Einräumung zahl- und umfangreicher Beurteilungsspielräume und Wahlrechte[199], die nur teilweise durch entsprechende Anhangsangaben ausgeglichen werden können.
Ein besonderes Problem stellen bei den IAS/IFRS – neben dem grundsätzlichen Problem eines jeden Rechnungslegungssystems in Form der stillen Reserven – vor allem die stillen Lasten dar. Die IAS/IFRS sind sich dieses Grundproblems einer jeden Rechnungslegung durchaus bewusst, lösen dieses aber durch ein einseitiges Verbot der Bildung stillen Reserven (Rahmenkonzept § 37). Diese größere Akzeptanz der Bildung stiller Lasten als stiller Reserven erklärt sich aus dem breiten Adressatenkreis der IAS/IFRS und der sich daraus ergebenden Informationsfunktion. Die Informationsfunktion eines Rechnungslegungssystems wird durch die Bildung stiller Reserven eher beeinträchtigt als durch die Bildung stiller Lasten. Bei den IAS/IFRS wird die Bildung möglicher stiller Lasten durch eine Pflicht zu umfangreichen Angaben im Anhang – insbesondere zur Art und Weise der Ermittlung des *fair value* – wieder relativiert. Der Adressat des IAS/IFRS-Abschluss kann durch diese Anhangsangaben die übrigen Angaben zumindest teilweise in einem differenzierenden Rahmen einordnen, während er bei der Bildung stiller Reserven meist keine Anhaltspunkte zur Aufdeckung dieser Reserven hat.
Der Informationsgehalt der Bewertung von Vermögensgegenständen oder Verbindlichkeiten zum *fair value* wird durch den Ausweis anderer Vermögensgegenstände oder Verbindlichkeiten zu Anschaffungs- oder Herstellungskosten (so genanntes *mixed-attribute accounting model*) aber deutlich herabgesetzt. Hinzu kommt, dass die IAS/IFRS nach ihrem jetzigen Stand Wertveränderungen bei einer *Fair-value*-Bilanzierung teilweise erfolgswirksam und teilweise erfolgsneutral erfassen. Den Adressaten werden die Wertveränderungen zwar auch bei einer erfolgsneutralen Erfassung über die Eigenkapitalveränderungsrechnung deutlich gemacht, diese stellt jedoch nur ein zusätzliches Informationsinstrument dar und kann daher nicht die fehlende Angabe in der Bilanz ausgleichen.
Schließlich wird der Schutz der Gläubiger in den IAS/IFRS – gemessen an der deutschen Rechnungslegung – kaum als Regelungszweck angesehen. Diese fehlende Bezugnahme zu dieser gesellschaftsrechtlichen Problematik erklärt sich aus der gesellschaftsrechtsneutralen Ausgestaltung der IAS/IFRS. Dabei ist allerdings zu beachten, dass die IAS/IFRS die Gläubiger neben den übrigen Adressaten der Rechnungslegung als gleichwertig ansehen (§ 9 (c), (d) Rahmenkonzept) und diese somit durch eine umfangreiche Informationsvermittlung ebenso schützen wollen wie die anderen Adressaten. Die Zielsetzung der Schaffung eines Gläubigerschutzes besteht daher auch bei den IAS/IFRS. Der Unterschied zur Rechnungslegung nach HGB ist lediglich die Art und Weise, wie dieser Gläubigerschutzgedanke verwirklicht werden soll.

3. Aufbau des IAS/IFRS-Unternehmensabschlusses

Die IAS/IFRS stellen ein umfassendes Rechnungslegungsregelungswerk dar, das sich an alle kapitalmarktorientierte Unternehmen richtet. Dabei tragen auch die IAS/IFRS dem Umstand Rechnung, dass kapitalmarktorientierte Unternehmen eine Vielzahl

---

[198] Siehe S. 60f.
[199] Dazu ausführlich *Euler*, BB 2002, 875, 878; *Küting/Reuter*, BB 2005, 706, 711; *Schulze-Osterloh*, ZIP 2003, 93, 97.

verschiedener Unternehmensabschlüsse aufstellen und zu veröffentlichen müssen. Dennoch gehen auch die IAS/IFRS im Grundsatz zunächst von einem jährlichen (Einzel)Abschluss aus (IAS 1.1 – siehe zugleich § 21). Darüber hinaus kennen die IAS/IFRS zudem eine Reihe von Modifikationen der Standards für die Aufstellung eines Konzernabschlusses (IAS 27 – siehe zugleich § 22) oder der Zwischenberichterstattung (IAS 1.4, IAS 34).

§ 22. Anwendbarkeit der IAS/IFRS

Da es sich bei den IAS/IFRS um von einer privaten Einrichtung entwickelte Regeln handelt, können diese ohne Weiteres keine Verbindlichkeit im Rechtsverkehr beanspruchen. Voraussetzung dafür ist vielmehr eine Anwendungsanordnung. In Deutschland bzw. im europäischen Binnenmarkt ergibt sich aus der IAS-VO[200], die allerdings keine generelle Anwendbarkeit der IAS/IFRS innerhalb der Gemeinschaft anordnet. Die Anwendung der IAS/IFRS gliedert sich in der IAS-VO vielmehr in einen Teil mit einer verbindlichen Anwendung und einem Teil mit Wahlrechten für die Mitgliedstaaten. Die IAS-VO unterscheidet dabei zwischen kapitalmarktorientierten und nicht kapitalmarktorientierten sowie zwischen dem Jahresabschluss und dem konsolidiertem Abschluss (Konzernabschluss).

Der sachliche Anwendungsbereich der IAS-VO orientiert sich in seiner Struktur an dem bereits geltenden sekundären Europarecht. So unterscheidet die IAS-VO zwischen kapitalmarktorientierten und nicht kapitalmarktorientierten Gesellschaften und zwischen dem Jahres- und dem Konzernabschluss. Die Systematik der IAS/IFRS wurde diesbezüglich nicht übernommen.[201]

Die IAS-Verordnung verfolgt einen kapitalmarktorientierten Ansatz. Art. 4 der Verordnung stellt nur auf Gesellschaften ab, deren Wertpapiere in einem beliebigen Mitgliedstaat zum Handel in einem geregelten Markt im Sinne des Artikels 1 XIII der Wertpapierdienstleistungsrichtlinie[202] zugelassen sind. Art. 1 XIII Wertpapierdienstleistungsrichtlinie gibt selbst keine abschließende Definition für einen geregelten Markt. Es bleibt größtenteils den Mitgliedstaaten selbst überlassen, einzelne Märkte als geregelte Märkte anzuerkennen (Art. 16 Wertpapierdienstleistungsrichtlinie). Der deutsche Gesetzgeber hat bei der Umsetzung der Wertpapierdienstleistungsrichtlinie den organisierten Markt in § 2 V WpHG definiert, wonach es sich bei organisierten Märkte um solche handelt, die von staatlich anerkannten Stellen geregelt und überwacht werden, regelmäßig stattfinden und für das Publikum unmittelbar oder mittelbar zugänglich sind.

Weiterhin müssen die Wertpapiere der Gesellschaften an diesen Märkten zum Handel zugelassen sein.

Der Begriff des Wertpapiers ist dabei anhand der Kapitalmarktorientierung der Papiere zu bestimmen. Voraussetzung ist somit deren Fungibilität und Zirkulationsfähigkeit.[203] Die Wertpapiere müssen marktmäßig handelbar sein.[204] Somit sind neben Aktien vor allem auch Schuld-

---

[200] Verordnung (EG) Nr. 1606/2002 des Europäischen Parlaments und des Rates vom 19. 7. 2002 betreffend die Anwendung internationaler Rechnungslegungsstandards, ABl. EG Nr. L 243 vom 11. 9. 2002, S. 1 ff.

[201] Zu dieser Problematik siehe S. 207 f.

[202] Richtlinie 93/22/EWG des Rates vom 10. 5. 1993 über Wertpapierdienstleistungen, ABl. EG L 141 vom 11.6. 1993, S. 27. Zuletzt geändert durch die Richtlinie 2 000/64/EG des Europäischen Parlaments und des Rates (ABl. EG Nr. L 290 vom 17. 11. 2 000, S. 27).

[203] *Lenenbach,* Kapitalmarkt und Börsenrecht, 2. Aufl., 2006, Rdnr. 2.2 ff.

[204] Art. 1 Nr. 4 Wertpapierdienstleistungsrichtlinie.

verschreibungen erfasst. Geschäftsanteile an einer GmbH oder Beteiligungen an einer Kommanditgesellschaft als Kommanditist erfüllen diese Voraussetzungen nicht. Somit sind vom sachlichen Anwendungsbereich der Verordnung nur die Aktiengesellschaft und die Kommanditgesellschaft auf Aktien umfasst. Publikumspersonengesellschaften sind ausgenommen.

Vorteil dieser vollständig einheitlichen Anwendung der IAS/IFRS auf kapitalmarktorientierte Unternehmen ist vor allem der damit erleichterte Zugang zu den Kapitalmärkten der anderen Mitgliedstaaten. Hier ergibt sich eine Kostenersparnis und eine größere Transparenz der Unternehmen.[205]

1. Konsolidierter Abschluss

Art. 5 I IAS-VO ordnet eine Anwendung der IAS/IFRS nur für den konsolidierten Abschluss kapitalmarktorientierter Unternehmen an. Die Aufstellung des Konzernabschlusses nach den IAS/IFRS war in Deutschland bereits durch § 292a HGB a.F. möglich. Durch das KonTraG wurde 1998 diese Norm in das HGB eingefügt, um die Wettbewerbsfähigkeit deutscher Unternehmen im internationalen Vergleich zu gewährleisten. Auch wenn deutsche Unternehmen ihren Konzernabschluss somit schon bisher nach IAS/IFRS aufstellten konnten, bilanzierte die Mehrzahl der Unternehmen unter dem Regime des § 292a HGB nach US-GAAP um dadurch auch gleichzeitig den Anforderungen für eine Zulassung an US-amerikanischen Börsen zu genügen. § 292a HGB eröffnete deutschen Unternehmen dabei allerdings ein Wahlrecht zwischen der Rechnungslegung nach HGB und international anerkannten Rechnungslegungsgrundsätzen (§ 292a II Nr. 2 HGB a.F.). Durch die IAS-VO wird dieses Wahlrecht nun durch die Verpflichtung der Aufstellung nach IAS/IFRS ersetzt. Die durch § 292a HGB geschaffene Flexibilität geht somit verloren. Zu den historischen Hintergründen siehe oben S. 49.

2. Jahresabschluss

Die Anwendung der IAS/IFRS auf den Jahresabschluss wird von der Verordnung weder für kapitalmarktorientierte noch für nicht kapitalmarktorientierte Gesellschaften angeordnet. Hier besteht für die Mitgliedstaaten bisher lediglich ein Wahlrecht (Art. 5 II IAS-VO). Dabei ist zu beachten, dass bei einer positiven Ausübung des Wahlrechts der Mitgliedstaaten eine zwingende, aber auch eine lediglich fakultative Anwendung der IAS/IFRS sich immer nur auf die im Komitologieverfahren übernommenen IAS/IFRS beziehen darf. Die Mitgliedstaaten haben daher auch insoweit keine Möglichkeit mehr die Anwendung der IAS/IFRS in ihrer Ursprungsform für den Jahresabschluss oder den Konzernabschluss anzuordnen.

3. Vorschriften über das Eigenkapital

Keine Anwendung finden die IAS/IFRS bezüglich der gesellschaftsrechtlichen Vorschriften über das Eigenkapital.

In ihrem materiellem Anwendungsbereich sind die IAS/IFRS wesentlich enger als das deutsche Rechnungslegungsrecht. Da die IAS/IFRS als weltweite Standards entwickelt wurden, nehmen sie keinen Bezug auf gesellschaftsrechtliche Vorschriften, so dass die Vorschriften zum Eigenkapital weitestgehend dem jeweiligen nationalen Recht zu entnehmen sind. Die IAS/IFRS machen

---

[205] *Hoffmann/Lüdenbach*, DStR 2002, 871, 878.

aber umfangreiche Vorschriften zur Abgrenzung von Eigen- und Fremdkapital. Bezüglich des Ausweises von Eigenkapital enthalten die IAS/IFRS allerdings kaum Vorschriften. Somit bleiben für diese Regelungsbereiche die nationalen Vorschriften und insbesondere auch die nationalen Umsetzungsvorschriften der gesellschaftsrechtlichen Richtlinien anwendbar. Die IAS-VO verdrängt diese nicht in ihrem Anwendungsbereich. Somit sind vor allem die Vorschriften über das gezeichnete Kapital und die Bildung von Rücklagen weiter anwendbar.[206]

4. Umsetzung in Deutschland

Der deutsche Gesetzgeber hat die in der IAS-VO eingeräumten Wahlrechte durch das Bilanzrechtsreformgesetz[207] dahingehend ausgeübt, dass eine zwingende Anwendung der IAS/IFRS über Art. 4 IAS-VO hinaus kaum stattfindet.

Lediglich Unternehmen, die bis zum jeweiligen Bilanzstichtag die Zulassung eines Wertpapiers zum Handel an einem organisierten Markt beantragen, müssen bereits ihren Konzernabschluss nach IAS/IFRS aufstellen, obwohl sie noch nicht börsennotiert sind (§ 3 II AktG, § 315a II HGB). Diese Vorverlagerung betrifft aber nur die Konzernmuttergesellschaft. Die Börsennotierung einer Tochtergesellschaft führt nicht zu einer Anwendung der IAS/IFRS auf den Konzernabschluss.

Neben dieser einzigen zwingenden Anwendung der IAS/IFRS hat sich der deutsche Gesetzgeber noch zu einer Reihe fakultativer Anwendungsmöglichkeiten für die IAS/IFRS entschieden. So können auch nicht börsennotierte Gesellschaften ihren Konzernabschluss nach IAS/IFRS aufstellen und sich damit von einer Aufstellung nach HGB befreien (§ 315a III HGB). Ebenso können große Kapitalgesellschaften (§ 267 III HGB) ihrer Offenlegungspflicht des Jahresabschlusses im Bundesanzeiger nach § 325 HGB auch durch einen Einzelabschluss[208] nach IAS/IFRS nachkommen (§ 325 IIa HGB).

Durch die Änderungen des Bilanzrechtsreformgesetzes kann eine große Kapitalgesellschaft zum Zwecke der Offenlegung des Jahresabschlusses im Bundesanzeiger diesen auch nach IAS/IFRS aufstellen (§ 325 IIa HGB). Damit kann eine große Kapitalgesellschaft über zwei unterschiedliche Jahresabschlüsse verfügen. Der Gesetzgeber hat daher zur Klarstellung den Abschluss nach § 325 IIa HGB als *Einzelabschluss* in Abgrenzung zum Jahresabschluss bezeichnet. Die Begrifflichkeit des Jahresabschlusses bleibt dem nach deutschem Handelsbilanzrecht (§ 264 I HGB) aufzustellenden Abschluss vorbehalten

Dadurch werden sie allerdings nicht von einer Aufstellung des Jahresabschlusses nach HGB befreit, da der Einzelabschluss nach IAS/IFRS lediglich Informationszwecken dienen soll. Anknüpfungspunkt für alle gesellschaftsrechtlichen Fragen bleibt der Jahresabschluss nach HGB.[209] Die freiwillige Aufstellung der Unternehmensabschlüsse in den genannten Fällen ist allerdings an die IAS/IFRS gebunden, die das Komitologieverfahren durchlaufen haben (§ 315a I, III HGB).

Die fehlende Anwendung der IAS/IFRS auf den Jahresabschluss als Grundlage gesellschaftsrechtlicher Vorschriften wurde hingegen weitestgehend abgelehnt.[210] Hier wurde neben inhaltlichen Bedenken gegenüber den IAS/IFRS vor allem auch auf die ohnehin anstehende Reform

---

[206] Siehe S. 98ff.

[207] Gesetz zur Einführung internationaler Rechnungslegungsstandards und zur Sicherung der Qualität der Abschlussprüfung (Bilanzrechtsreformgesetz-BilReG) vom 4. 12. 2004, BGBl. I, 3166.

[208] RegBegr. zum Bilanzrechtsreformgesetz zu § 325 HGB, BT-Drucks. 15/3419, S. 46.

[209] So ausdrücklich Regierungsbegründung zum Bilanzrechtsreformgesetz, BT-Drucks. 15/3419, S. 46.

[210] So vor allem *Arbeitskreis Bilanzrecht der Hochschullehrer Rechtswissenschaften*, BB 2004, 546; *Zabel*, WPg 2002, 919, 923f.

des Kapitalschutzsystems auf europäischer Ebene verwiesen. Eine Anwendung der IAS/IFRS auf den Jahresabschluss zum Zwecke der Ausschüttungsbemessung wurde daher als verfrüht angesehen. Hier soll zunächst die Entwicklung im Gesellschaftsrecht abgewartet werden. Diese haben sich freilich nicht verwirklicht, da die Kommission die Reform des Kapitalschutzsystems der Kapitalschutzrichtlinie weitgehend aufgegeben hat.

Die Ausübung der Wahlrechte in den anderen Mitgliedstaaten ist dem gegenüber weitgehender zugunsten der IAS/IFRS ausgefallen.[211] Auch wenn die meisten Mitgliedstaaten eine zwingende Anwendung der IAS/IFRS für die Jahresabschlüsse nicht vorsehen, so gestatten sie zumindest eine befreiende Aufstellung der Jahresabschlüsse nach IAS/IFRS. Diese Jahresabschlüsse beschränken sich dabei nicht wie in § 325 IIa HGB auf reine Informationszwecke.

§ 23. European (International) Accounting Standards

Die *International Accounting Standards* stellen aufgrund ihrer Ausarbeitung durch ein lediglich privates Gremium allerdings kein geltendes Recht dar, so dass es für ihre Anwendung daher einer Anwendungsanordnung durch den europäischen Gesetzgeber bedarf. Von einer dynamischer Verweisung hat der europäische Gesetzgeber dabei aber aus unionsverfassungsrechtlichen Gesichtspunkten abgesehen. Aber auch eine Übernahme von Standards privater Gremien durch den europäischen Gesetzgeber in Form der schlichten Verabschiedung der Standards als Rechtsakte ist unionsverfassungsrechtlich begrenzt (Art. 202 EG). Auf der prozessualen Ebene muss zunächst eine Einflussmöglichkeit von Rat und Parlament bestehen bleiben.

Dies wird durch das so genannte Komitologieverfahren gewährleistet. Materiell-rechtlich muss der Wesentlichkeitstheorie – wonach alle wesentlichen Fragen durch den parlamentarischen Gesetzgeber selbst geregelt werden müssen – ausreichend Rechnung getragen werden.[212] Der EuGH hat in seiner bisherigen Rechtsprechung ein eher weites Verständnis der Wesentlichkeitstheorie in Bezug auf das Komitologieverfahren vertreten[213], so dass insofern keine unionsverfassungsrechtlicher Einschränkungen bestehen.

1. Komitologieverfahren

Der Begriff Komitologie (von franz. *comité*) bezeichnet die Verfahren, nach denen die Kommission die ihr durch die Legislative übertragenen Durchführungsbefugnisse mit Hilfe der so genannten Komitologie-Ausschüsse ausübt (Art. 202, 211 EG). Um den Anforderungen von Art. 202 EG zu entsprechen, schreibt Art. 6 II IAS-VO daher ein Verfahren vor, in dem die einzelnen Standards zunächst überprüft werden. Die Kommission wird in diesem Verfahren durch den Regelungsausschuss für Rechnungslegung unterstützt (Art. 6 IAS-VO). Die Standards können dabei nur übernommen werden, wenn sie dem in den Jahresabschlussrichtlinie zugrundeliegenden Prinzip des *true and fair view*[214] entsprechen, nicht im Widerspruch zu den europäischen öffent-

---

[211] Eine zwingende Anwendung sieht bisher kein Mitgliedstaat vor. Für eine Übersicht siehe http://europa.eu.int/comm/internal_market/accounting/docs/ias/ias-use-of-options_en.pdf.

[212] *Hellermann*, NZG 2 000, 1097, 1101 f.

[213] *EuGH* Rs. 23/75 *(Rey-Soda)*, Slg. 1975, 1301; *EuGH* Rs. C-240/90 *(Deutschland/Kommission)*, Slg. 1992, I-5383, 5435; zu den verfassungsrechtlichen Anforderungen an das Komitologieverfahren *Haibach*, VerwArch 90 (1999), 98, 103 f.

[214] Zum Konzept des *true and fair view* siehe S. 83 ff.

lichen Interessen stehen und den Kriterien der Verständlichkeit, Erheblichkeit, Verlässlichkeit und Vergleichbarkeit genügen, die Finanzinformationen erfüllen müssen, um wirtschaftliche Entscheidungen und die Bewertung der Leistung einer Unternehmensleitung zu ermöglichen (Art. 3 II IAS-VO). Die Entscheidung über die Akzeptanz oder Ablehnung einzelner Standards wird dabei nicht von der Kommission allein getroffen. Es werden vielmehr auch die *European Financial Reporting Advisory Group* (EFRAG) das *Accounting Regulatory Committee* (ARC) und unter Umständen auch der Rat der Europäischen Union in dem Abstimmungsprozess einbezogen.[215] Die *European Financial Reporting Advisory Group* gibt dazu nach Verabschiedung eines neuen Standards durch das IASB der Kommission eine Empfehlung hinsichtlich der Übernahme des Standards ab. Die Entscheidung der *European Financial Reporting Advisory Group* wird dann von der Kommission an das *Accounting Regulatory Committee* als Entwurf weitergeleitet. Soweit das *Accounting Regulatory Committee* dem Vorschlag der Kommission mit einer qualifizierten Mehrheit zustimmt, gibt die Kommission den Standard frei und dieser wird anschließend im Amtsblatt veröffentlicht. Falls das *Accounting Regulatory Committee* den Vorschlag ablehnt, legt die Kommission den Vorschlag dem Rat der Europäischen Union vor, der dann mit einer qualifizierten Mehrheit über diesen zu befinden hat.

2. Rechtsnatur übernommener IAS/IFRS

Am Ende des Komitologieverfahrens kann zunächst die Anerkennung des Standards durch die Kommission stehen. In einem solchen Fall wird der Standard zum geltenden europäischen *Sekundär*recht (Art. 249 EG i.V.m. Art. 3 IAS-VO) und hat somit auch Anwendungsvorrang vor dem nationalen Recht.[216] Die im Komitologieverfahren übernommenen IAS/IFRS sind daher in jedem Fall anzuwenden und zwar auch dann, wenn bezüglich ihrer Vereinbarkeit mit den Anforderungen der IAS-VO Zweifel bestehen. Derartige Zweifel an der Europarechtmäßigkeit der IAS/IFRS können abschließend nur durch den EuGH geklärt werden. Dabei können die Übernahmeverordnungen nur im Rahmen eines Nichtigkeitsverfahren einer vollständigen Überprüfung unterzogen werden (Art. 230 EG).

3. Anwendbarkeit außerhalb des Komitologie-Verfahrens

Schwieriger zu beurteilen ist die Situation, wenn die Kommission den Standard nicht oder nicht vollständig übernimmt, weil er den genannten Maßstäben nicht entspricht. Die Nichtübernahme eines Standards durch die Kommission gerät in einen Widerspruch zu IAS 1.14, wonach ein Abschluss nur dann als nach IAS/IFRS vollständig aufgestellt gilt, wenn alle zum jeweiligen Zeitpunkt geltenden IAS/IFRS angewendet wurden. IAS 1.14 bezieht sich dabei auf alle vom IASB verabschiedeten und nicht nur auf die von der Kommission im Komitologieverfahren übernommenen Standards. Für die zur Rechnungslegung verpflichteten Organe stellt sich in einem solchen Fall die Frage, wie die durch den nicht übernommenen Standard geregelten Fragen der Rechnungslegung zu lösen sind. Hier kommen grundsätzlich zwei Fallgruppen in Betracht.

---

[215] Zu den genauen Verfahrensabläufen siehe *Becker*, Der Konzern 2005, 286, 288 ff.; *Buchheim/Gröner/Kühne*, BB 2004, 1783 ff.; vgl. auch *Großfeld/Luttermann*, Bilanzrecht, 4. Aufl., 2004, Rdnr. 157 f.

[216] Vgl. etwa *Schulze-Osterloh*, BB 2004, 2567, 2570; *Küting/Raker*, BB 2004, 2510 f.; *Schön*, BB 2004, 763, 764.

Die Kommission kann einen Standard im Komitologieverfahren zunächst einfach ignorieren und nicht übernehmen. In einem solchen Fall ist die vorhandene Lücke nach IAS 8.10 zu schließen. Das Management muss dann die Lücken nach eigenem Urteil durch Bilanzierungs- und Bewertungsmethoden schließen, die den Abschlussadressaten (Rahmenkonzept § 9) die jeweils nützlichsten Informationen zur Verfügung stellen. Die Lückenfüllung muss dabei dazu führen, dass den Grundsätzen des *true and fair view*, dem Grundsatz der *substance over form*, dem Vorsichtsprinzip und dem Vollständigkeitsgebot entsprochen wird und diese schließlich frei von verzerrenden Einflüssen ist (IAS 8.10 (b)). Ausgangspunkt sind dabei bereits in anderen Standards ähnlich geregelte Fragen (IAS 8.11 (a)). Ist den bereits exisistierenden Standards keine Regelung zu entnehmen, kann auf die Bilanzierungsgrundsätze des Rahmenkonzepts zurückgegriffen werden (IAS 8.11 (b)). Eine Nichtanwendung des nicht übernommenen Standards müsste pardoxerweise damit begründet werden, dass dieser nicht dem Rahmenkonzept bzw. den Grundsätzen der IAS/IFRS entspricht. Dadurch kommt es zu einer *doppelten* Verweisung auf die nicht übernommenen Standards im Falle einer Lückenfüllung. Zunächst beschränkt sich der Verweis von IAS 8.11 (a) nicht nur auf die von der Kommission im Komitologieverfahren übernommenen Standards. Hinzu kommt, dass auch im Falle eines Abstellens auf das Rahmenkonzept auf die nicht übernommenen Standards verwiesen wird. Da das IASB für die Erstellung von Standards das Rahmenkonzept heranzieht, kann davon ausgegangen werden, dass die vom IASB entwickelten Standards den Adressaten die nützlichsten Informationen zur Verfügung stellen (IAS 8.10 a) und b)). Dies bedeutet also letzlich, dass der jeweilige Standard zur Aufstellung der Unternehmensabschlüsse herangezogen wird, obwohl dieser nicht übernommen wurde.
Weitaus schwieriger zu beurteilen ist die Situation, in der die Kommission einen Standard ausdrücklich vollständig oder teilweise ablehnt. Auch in einem solchen Fall ist die vorhandene Lücke durch IAS 8.10 zu schließen. Hier stellt sich aber die Frage, ob die Ablehnung des Standards dessen Verwendung sperrt. Die zur Aufstellung der Unternehmensabschlüsse Verpflichteten müssen sich nach IAS 1.22 wieder an den Adressaten der Rechnungslegung ausrichten. Unter denen sich dabei stellenden Optionen ist auch die Verwendung des eigentlich abgelehnten Standards, soweit dieser nicht gegen bereits übernommene Standards verstößt. Aufgrund der fehlenden Kompetenz der Kommission zur Setzung eigener Rechnungslegungsstandards[217] kann sie damit auch nicht die Verwendung dieses Standards ausschließen. Die Kommission kann lediglich über das Komitologieverfahren anordnen, dass Standards anzuwenden sind. Eine *negative Rechtsetzung* durch Ablehnung von Standards kommt ihr nicht zu, da sie die IAS/IFRS nur übernehmen oder eben nicht übernehmen kann. Eine Kompetenz zur Schaffung eigener Standards hat die Kommission nicht. In einem solchen Fall wird der Standard dann nicht aufgrund der Anerkennung durch die Kommission nach Art. 4 IAS-VO verwendet, sondern findet seine Grundlage in IAS 8.10. Die zur Aufstellung der Rechnungslegung Verpflichteten müssen allerdings den Standard nicht benutzen, da er aufgrund mangelnder Übernahme im Komitoligieverfahren kein geltendes Europarecht ist. Er stellt sich für sie nur als Option im Rahmen von IAS 8.10 dar. Somit führt die Nichtübernahme eines Standards zu einem sehr weitgehenden Interpretationsspielraum der Bilanzierenden im Rahmen von IAS 8.10.

4. Auslegung

Die Rechnungslegung ist ein Tatbestand des Gesellschaftsrechts, so dass vor allem die mit der Anwendung von Gesellschaftsrecht betroffenen Gerichte mit der Auslegung der IAS/IFRS betraut sind.[218]

Darüber ist auch die Prüfstelle für Rechnungslegung bzw. die Bundesanstalt für Finanzdienstleistungsaufsicht im Rahmen des Enforcement-Verfahrens und die Gerichte in den sich möglicherweise anschließendem Beschwerdeverfahren (§§ 342b ff. HGB, § 37n ff. WpHG)[219] zur Auslegung der IAS/IFRS berufen sein. Während die Ausle-

[217] So aber wohl *Buchheim/Gröner/Kühne*, BB 2004, 1783, 1787.
[218] Einen Überblick für Deutschland gibt *Schön*, BB 2004, 763, 763 f.; vgl. auch *Hauck/Prinz*, Der Konzern 2005, 635 ff.
[219] Siehe dazu S. 248 f.

gung durch diese Institutionen im Enforcement-Verfahren keine bindende Wirkung für das materielle Rechnungslegungsrecht hat, ist die Auslegung der IAS/IFRS durch die im Beschwerdeverfahren angerufenen Gerichte bindend.[220] Die nationalen Gerichte können dabei allerdings keine abschließende Auslegung treffen, da es sich bei den IAS/IFRS um Europarecht handelt. Aus diesem Grund ist der EuGH abschließend für die Auslegung im Rahmen des Vorabentscheidungsverfahrens zuständig (Art. 234 EG).

Auslegungsmaßstab für den EuGH ist dabei auch für die IAS/IFRS eine autonome Interpretation.[221] Der EuGH muss daher vor allem den Wortlaut und die Entstehungsgeschichte der jeweiligen Übernahmeverordnung bzw. der IAS-VO berücksichtigen. Theoretischer Ansatzpunkt für eine Auslegung sind daher nur die europarechtlichen Quellen und nicht die Vorarbeiten des IASB, da es sich bei diesen nicht um Dokumente des europäischen Rechtsetungsprozesses handelt. Somit dürfte vor allem den *Basis for Conclusion* des IASB keine Bedeutung zukommen. Diese sind noch immer lediglich Verlautbarungen eines privaten Gremiums und somit nicht bindend für den EuGH. Ebenso kann das Rahmenkonzept bei der Auslegung keine Rolle spielen. Das Rahmenkonzept stellt zunächst selbst keinen Standard dar (Rahmenkonzept § 2) und ist aufgrund mangelnder Übernahme durch die Kommission im Komitologieverfahren kein Bestandteil des Europarechts. Aufgrund des *abgekürzten* Normsetzungsprozesses im Komitologieverfahren wird der EuGH aber zwangsläufig auch die Vorarbeiten des IASB für eine Auslegung der IAS/IFRS heranziehen müssen, da durch die Massenübernahme der gesamten IAS/IFRS kaum Gesetzgebungsmaterialien vorhanden sind.

§ 24. Jahresabschluss

Der Abschluss *(financial statements)* nach den IAS/IFRS besteht neben einer Bilanz, einer Gesamtergebnisrechnung und einem Anhang zusätzlich auch aus einer Eigenkapitalveränderungsrechnung und einer Kapitalflussrechnung (IAS 1.10). Daneben empfehlen die IAS/IFRS die Aufstellung eines Lageberichtes (IAS 1.13). Der *soft information* im Lagebericht wird lediglich fakultativer Charakter eingeräumt, wenngleich die Praxis eine Aufstellung dieses Bestandteiles meist vornimmt.

1. Bilanz

Im Gegensatz zur Rechnungslegung nach HGB enthalten die IAS/IFRS keine vollständigen allgemeinen Grundsätze zur Aufstellung der Bilanz. Die einzelnen Prinzipien leiten sich vielmehr sowohl aus dem Rahmenkonzept als auch aus den einzelnen Standards selbst her und stellen somit nur bedingt ein geschlossenes Konzept dar. Ebenso wenig geben die IAS/IFRS ein konkretes Gliederungsschema für die Bilanz vor. IAS 1.54 macht lediglich Vorgaben, welche Informationen in jedem Fall in der Bilanz darzustellen sind.

---

[220] *Hirte/Mock*, in: Kölner Kommentar zum WpHG, 2007, § 37q Rdn. 51 ff.; *Mock*, DB 2005, 987, 988 f.

[221] Zum Auslegungsmaßstab *EuGH* Rs. 29/69 *(Stauder/Ulm)*, Slg. 1969, 419, 425; *EuGH* Rs. 70/74, Slg. 1975, 795, 807 ff.; eingehend zur Auslegung der gesellschaftsrechtlichen Richtlinien *Lutter*, JZ 1992, 593, 599 f.

a) Aktiva

Die Definition der Vermögensgegenstände *(assets)* bzw. Verbindlichkeiten *(liabilities)* ist abschließend, so dass bei einem Vorliegen der Voraussetzungen eine Aktivierung bzw. Passivierung zu erfolgen hat. Die IAS kennen somit keine (echten)[222] Bilanzierungswahlrechte. Ausgangspunkt für die Aktiva ist nach den IAS/IFRS der Vermögensgegenstand *(asset)*. Dieser wird als Ressource definiert, die unter der Kontrolle des Unternehmens aufgrund von Ereignisse in der Vergangenheit steht und von der ein künftiger wirtschaftlicher Nutzen für das Unternehmen erwartet wird (Rahmenkonzept § 49(a)).

Die Bilanzierung der einzelnen Vermögensgegenstände wird durch die Standards und durch das Rahmenkonzept geregelt. Die Definition der *assets* dient vor allem dem IASB selbst als Leitlinie zur Entwicklung der Standards. Die konkrete Ausgestaltung des Begriffs *asset* ist daher vielmehr den einzelnen Standards zu entnehmen.

Zentrales Kennzeichen eines Vermögensgegenstandes ist daher die *Erwartung* eines künftigen wirtschaftlichen Nutzens; es reicht daher eine lediglich potentielle Mehrung des unternehmerischen Vermögens aus. Dies bezieht sich aber nicht nur auf körperliche Gegenstände. Die IAS/IFRS erfassen als Vermögensgegenstände im großen Umfang auch immaterielle Werte (Rahmenkonzept § 56). Die praktischen Unterschiede sind somit trotz der gegenläufigen Konzeption des Begriffes Vermögensgegenstand nach den IAS/IFRS und dem HGB aber eher gering.[223]

aa) Sachanlagen

Sachanlagen sind alle materiellen Vermögenswerte, die zum Zweck der Herstellung oder Lieferung von Gütern oder Dienstleistungen, zur Vermietung an Dritte oder für Verwaltungszwecke länger gehalten und erwartungsgemäß länger als eine Periode genutzt werden (IAS 16.6). Ein Ansatz ist aber nur dann vorzunehmen, wenn dem Unternehmen ein künftiger wirtschaftlicher Nutzen durch die Sachanlage zufließen wird und eine verlässliche Bewertung der Anschaffungs- oder Herstellungskosten möglich ist (IAS 16.7).

Die Bewertung von Sachanlagen erfolgt bei Zugang zunächst auf Basis der Anschaffungs- oder Herstellungskosten (IAS 16.15). Bei der Folgebewertung gestattet IAS 16 ein Wahlrecht zwischen einer Beibehaltung der Anschaffungs- oder Herstellungskosten und einer Neubewertung zum *fair value* (IAS 16.29). Die Einräumung der Möglichkeit einer Neubewertung zum *fair value* wurde vor allem geschaffen, da insbesondere bei kapitalintensiven Wirtschaftszweigen eine Abschreibung von Sachanlagen ausgehend von den Anschaffungs- oder Herstellungskosten in keinem Verhältnis zu den Wiederbeschaffungskosten stand, so dass eine Aufrechterhaltung der Produktionskapazität nur durch neues Eigen- oder Fremdkapital möglich war.

Die Bestimmung des *fair value* ist durch eine marktbasierte Begutachtung oder mittels Schätzung durch das Ertragswertverfahren zu bestimmen (IAS 16.32 f.). Die Neubewertung wirkt sich allerdings nur beschränkt aus, da der Neubewertungsertrag in die Neubewertungsrücklage einzustellen ist, sofern er nicht aufwandswirksame Wertminderungen aus Vorperioden ausgleicht (IAS 16.39 ff.). Wertminderungen werden hingegen direkt erfolgswirksam erfasst, soweit sie eine gegebenenfalls zuvor gebildete Neubewertungsrücklage übersteigen (IAS 16.40).

---

[222] Siehe dazu oben S. 78 f.

[223] *Bohl*, in: Beck'sches IFRS-Handbuch, 3. Aufl., 2009, 3. Aufl. 2009, § 1 Rdnr. 46; a.A. *Arbeitskreis Bilanzrecht der Hochschullehrer Rechtswissenschaft*, BB 2002, 2372, 2374.

bb) Immaterielle Vermögenswerte (außer Geschäfts- oder Firmenwert)

Die immateriellen Vermögenswerte spielen in den IAS/IFRS aufgrund ihrer zunehmenden wirtschaftlichen Bedeutung (*knowledge based society*) eine wichtige Rolle. IAS 38.8 definiert einen immateriellen Vermögenswert als einen identifizierbaren, nicht monetären Vermögenswert ohne physische Substanz.

Die Identifizierbarkeit grenzt die immateriellen Vermögenswerte insbesondere vom Geschäfts- oder Firmenwert ab. Der Geschäfts- oder Firmenwert wird daher nicht als immaterieller Vermögenswert angesehen. Bei der Bilanzierung des Geschäfts- oder Firmenwert können aber immaterielle Vermögenswerte ebenfalls eine Rolle spielen.[224] Ferner muss das Unternehmen Verfügungsmacht über die immaterielle Ressource haben (IAS 38.13). Dies ist dann der Fall, wenn das Unternehmen die Macht hat, sich den wirtschaftlichen Nutzen der Ressource zu verschaffen. Für eine Aktivierung ist zudem notwendig, dass ein Zufluss wirtschaftlichen Nutzens wahrscheinlich ist und die Anschaffungs- oder Herstellungskosten verlässlich bewertet werden können (IAS 38.21). Dies wird für den Erwerbsfall unterstellt (IAS 38.25, 33, 35).

Ebenso wie § 248 II HGB kennen die IAS kein generelles Verbot der Aktivierung selbst erstellter erworbener immaterieller Vermögensgegenstände. Dennoch berücksichtigen auch die IAS 38 die Unsicherheiten, die regelmäßig bei der Erfassung selbst erstellter immaterieller Vermögensgegenstände entstehen. Bei selbst erstellten immateriellen Vermögensgegenständen muss für eine Aktivierbarkeit daher zunächst zwischen einer Forschungsphase und einer Entwicklungsphase unterschieden werden (IAS 38.52). Die in der Forschungsphase entwickelten immateriellen Vermögenswerte können nicht aktiviert werden, sind jedoch als Aufwand in der jeweiligen Periode zu erfassen (IAS 38.54). Hingegen sind die in der Entwicklungsphase erstellten immateriellen Vermögenswerte zu aktivieren, wenn der immaterielle Vermögenswert technisch realisierbar ist, eine Fertigstellungsabsicht besteht, der immaterielle Vermögenswert nutzbar ist, einen künftigen wirtschaftlichen Nutzen erzielen wird, adäquate technische, finanzielle und sonstige Ressourcen zur Nutzung oder zum Verkauf zur Verfügung stehen und die zur Entwicklung notwendigen Ausgaben verlässlich bewertet werden können (IAS 38.57).

Die Erstbewertung immaterieller Vermögenswerte erfolgt ausschließlich zu Anschaffungs- oder Herstellungskosten (IAS 38.24). Bei der Folgebewertung besteht ein Wahlrecht zwischen einer Bilanzierung zu fortgeführten Anschaffungs- oder Herstellungskosten und einer Neubewertung auf Grundlage des *fair value* (IAS 38.72). Dabei ist eine Neubewertung zum *fair value* aber nur dann zulässig, wenn für den immateriellen Vermögensgegenstand ein aktiver Markt besteht. Ohne einen solchen muss der immaterielle Vermögensgegenstand auch in der Neubewertung zu Anschaffungs- oder Herstellungskosten abzüglich aller kumulierten Abschreibungen und Wertminderungen fortgeführt werden (IAS 38.81). Beim Neubewertungsmodell zum *fair value* sind Wertsteigerungen erfolgsneutral durch die Bildung einer Neubewertungsrücklage zu erfassen, sofern nicht aufwandswirksame Wertminderungen aus Vorperioden ausgeglichen werden (IAS 38.85). Wertminderungen werden hingegen direkt erfolgswirksam erfasst, soweit sie eine gegebenenfalls zuvor gebildete Neubewertungsrücklage übersteigen (IAS 38.86).
Unabhängig von der Ausübung des Wahlrechtes bei der Folgebewertung unterscheidet IAS 38 zwischen immateriellen Vermögensgütern mit einer beschränkten und einer unbeschränkten Nutzungsdauer (IAS 38.88 ff.). Lediglich immaterielle Vermögensgüter mit einer beschränkten Nutzungsdauer sind über diesen Zeitraum abzuschreiben (IAS 38.97), wobei die Abschreibungsperiode und die Abschreibungsmethode jährlich überprüft werden müssen (IAS 38.104). Immaterielle Vermögensgüter mit einer unbeschränkten Nutzungsdauer dürfen nicht abgeschrieben werden (IAS 38.107). Hier ist jährlich eine Neubewertung unter Anwendung von IAS 36 vorzunehmen, solange die Nutzungsdauer unbegrenzt ist. Ist eine Nutzung des immateriellen Vermögensgegenstandes hingegen zu einem späteren Zeitpunkt nicht mehr unbegrenzt, muss eine Änderung auf eine Abschreibung unter Beachtung von IAS 8 vorgenommen werden (IAS 38.109).

---

[224] Siehe dazu S. 217.

cc) Geschäfts- oder Firmenwert

Die IAS/IFRS treffen beim Geschäfts- oder Firmenwert ebenso wie die Rechnungslegung nach HGB eine Unterscheidung zwischen einem derivativen und einem originären Geschäfts- oder Firmenwert. Der originäre Geschäfts- oder Firmenwert darf dabei nicht als Vermögensgegenstand aktiviert werden, da es sich hierbei nicht um eine durch das Unternehmen kontrollierte identifizierbare Ressource handelt (IAS 38.48).

Der derivative Geschäfts- oder Firmenwert stellt hingegen einen Vermögensgegenstand dar (IFRS 3.51), der als Vermögenswert mit unbeschränkter Nutzungsdauer angesehen wird und insofern nicht einer planmäßigen Abschreibung unterliegt. Der derivative Geschäfts- oder Firmenwert wird auf Basis eines *Impairment-only*-Ansatzes einzig im Fall einer Wertminderung durch eine außerplanmäßige Abschreibung bewertet (IFRS 3.54 f.). Wertaufholungen sind dabei ausnahmslos unzulässig (IFRS 3.55 i.V.m. IAS 36.124). Gegenstand des Werthaltigkeitstests ist nicht der bilanziell ausgewiesene Geschäfts- oder Firmenwert der jeweiligen Gesamtunternehmung, sondern die den untergeordneten zahlungsmittelgenerierender Einheiten *(cash generating units)* zugeordneten Teilgeschäfts- oder Firmenwerte. Für den Fall, dass dabei ein negativer Unterschiedsbetrag ermittelt wird, erfolgt kein bilanzieller Ausweis als negativer Geschäfts- oder Firmenwert, sondern lediglich eine Überprüfung der Richtigkeit der für die Berechnung zugrunde gelegten Vermögenswerte, Schulden und Eventualschulden (IFRS 3.56). Der dann möglicherweise noch bestehende Betrag muss erfolgswirksam in der Gewinn- und Verlustrechnung erfasst werden (IFRS 3.56(b)).

Für die Bilanzierung des derivativen Geschäfts- oder Firmenwertes wird also zumindest aus Sicht der Muttergesellschaft (Erwerbers) eine vollständige *Fair-value*-Bilanzierung der Tochtergesellschaft (Erwerbsobjekt) durchgeführt (IFRS 3.36). Der derivative Geschäfts- oder Firmenwert stellt sich dann als Differenz dieser *Fair-value*-Bilanzierung aller identifizierbaren Vermögensgegenstände, Schulden und Eventualschulden und der ursprünglichen Anschaffungskosten dar (IFRS 3.51(b)).

dd) Finanzielle Vermögenswerte

Die Bilanzierung von Finanzinstrumenten stellte und stellt eines der umstrittensten Probleme der europäischen IAS/IFRS dar und wurde zum Prüfstein für die Abstimmung der Entwicklung der IAS/IFRS durch das IASB und der Europäischen Kommission im Rahmen des Komitologieverfahrens.

Mit den IAS 32 und IAS 39 existiert zwar eine detaillierte Regelung zu dieser Problematik, diese hat jedoch eine traurige Berühmtheit durch ihre Behandlung im Komitologieverfahren erhalten. IAS 39 gilt daher nunmehr in einer vereinfachten Fassung. In seinem ersten Diskussionsentwurf ging das damalige IASC 1997 noch von einer generellen *Fair-value*-Bilanzierung aller Finanzinstrumente (finanzieller Vermögenswerte und finanzieller Verbindlichkeiten) aus. Dieser Ansatz wurde erst im Laufe der Zeit und durch politischen Druck im Rahmen des Komitologieverfahrens zugunsten eines differenzierteren Ansatzes aufgegeben.

Die finanziellen Vermögenswerte als Untergruppe der Finanzinstrumente[225] umfassen neben flüssigen Mitteln vor allem Eigenkapitalinstrumente anderer Unternehmen, vertragliche Rechte gegenüber anderen Unternehmen und Derivate (IAS 32.11).

---

[225] Ein Finanzinstrument wird als Vertrag definiert, der gleichzeitig bei dem einen Unternehmen zu einem finanziellen Vermögenswert und bei dem anderen Unternehmen zu einer finanziellen Verbindlichkeit oder zu einem Eigenkapitalinstrument führt (IAS 32.11). Dazu zählen finanzielle Vermögenswerte, finanzielle Verbindlichkeiten und Eigenkapitalinstrumente.

Die finanziellen Vermögenswerte werden nach IAS 39.9 dabei in vier unterschiedliche Kategorien eingeteilt (zu Handelszwecken gehaltene finanzielle Vermögenswerte, bis zur Endfälligkeit gehaltene Finanzinvestitionen, Kredite und Forderungen und zur Veräußerung verfügbare finanzielle Vermögenswerte). Die Unterscheidung ist aber hauptsächlich für die Bewertung von Bedeutung (IAS 39.45). Eine Unterscheidung in Kurz- oder Langfristigkeit mit der Folge einer unterschiedlichen Behandlung von Wertminderungen wie nach § 253 II, III HGB wird durch IAS 39 nicht vorgenommen. Unterschiede ergeben sich hier nur in der Darstellung.

(1) Erstbewertung

Der erstmalige Ansatz eines finanziellen Vermögenswertes erfolgt grundsätzlich zum *fair value* (IAS 39.43), der regelmäßig den Anschaffungskosten entspricht.[226]

(2) Folgebewertung

Für die Folgebewertung muss nach den jeweiligen Kategorien unterschieden werden. Finanzielle Vermögenswerte, die zu Handelszwecken gehalten werden, sind bei der Folgebewertung erfolgswirksam über die Gewinn- und Verlustrechnung mit ihrem *fair value* zu bewerten (IAS 39.55). Die bis zur Endfälligkeit gehaltenen Finanzinvestitionen sowie Kredite und Forderungen werden zu fortgeführten Anschaffungskosten angesetzt (IAS 39.46).

Die zur Veräußerung verfügbaren finanziellen Vermögenswerte werden hingegen ebenfalls zum *fair value* angesetzt. Bei dieser Kategorie erfolgt jedoch lediglich eine erfolgsneutrale Behandlung über das Eigenkapital ohne Berührung der Gewinn- und Verlustrechnung. Auch hier wird eine Zeitwertrücklage gebildet, wenn der bei der Folgebewertung ermittelte Betrag über dem Buchwert liegt (IAS 39.55). Eine erfolgswirksame Erfassung geschieht nur, wenn der Vermögenswert veräußert oder aus anderen Gründen ausgebucht wird (IAS 39.56).[227]

(3) Wertminderungen

IAS 39 sieht für finanzielle Vermögenswerte, die zu Anschaffungskosten bzw. zu fortgeführten Anschaffungskosten bewertet werden (bis zur Endfälligkeit gehaltene Finanzinvestitionen sowie Kredite und Forderungen), einen gesonderten Wertminderungstest vor. Liegt ein substantieller Wertminderungshinweis vor, sind die noch zu erwartenden *cash flows* zu schätzen und zu kapitalisieren. Der sich dabei in Abweichung zum Buchwert ergebende Betrag ist in der Gewinn- und Verlustrechnung als Aufwand zu buchen (IAS 39.63). Eine spätere Wertaufholung ist bis zur Höhe des ursprünglichen Buchwertes erfolgswirksam zu erfassen (IAS 39.65).

ee) Als Finanzinvestition gehaltene Immobilien (Investment Property)

Die als Finanzinvestition gehaltenen Immobilien werden in Abgrenzung zu den Sachanlagen definiert. Es handelt sich daher um Immobilien, die nicht zur Herstellung oder Lieferung von Gütern bzw. Erbringung von Dienstleistungen oder für Verwaltungszwecke und nicht im Rahmen der gewöhnlichen Geschäftstätigkeit der Unternehmen gehalten werden. Für die als Finanzinvestition gehaltenen Immobilien steht

[226] *Bohl/Steinpflug*, in: Beck'sches IFRS-Handbuch, 3., Aufl. 2009, 3. Aufl., 2009, § 3 Rdnr. 50.

[227] Vgl. dazu *Bohl/Steinpflug*, in: Beck'sches IFRS-Handbuch, 3. Aufl., 2009, 3. Aufl. 2009, § 3 Rdnr. 78ff.

vielmehr die Erzielung von Mieteinnahmen oder das Halten zum Zwecke der Wertsteigerung im Vordergrund (IAS 40.5).

Als Finanzinvestition gehaltene Immobilien sind bei ihrem Zugang ebenfalls zu den Anschaffungs- oder Herstellungskosten unter Einbeziehung der Transaktionskosten zu bewerten (IAS 40.17). Die Folgebewertung erfolgt hier wieder entweder anhand der Anschaffungs- oder Herstellungskosten oder zum *fair value* (IAS 40.27ff.). Das Unternehmen kann dieses Wahlrecht allerdings nur für die Gesamtheit der als Finanzinvestition gehaltenen Immobilien ausüben (IAS 40.24).

Die *Fair-value*-Bewertung geht dabei von einer jährlichen Neubewertung der als Finanzinvestition gehaltenen Immobilie aus, so dass insbesondere keine laufenden Abschreibungen verrechnet werden. Die *Fair-value*-Bewertung muss in erster Linie anhand aktueller Preise ähnlicher Immobilien ermitteln werden, die sich am gleichen Ort und im gleichen Zustand befinden. Ist eine Ermittlung des *fair value* aufgrund fehlender derartiger Informationen nicht möglich, soll ein fiktiver Marktwert ermittelt werden, bei dem vor allem auf die diskontierte *Cash-flow*-Prognose zurückgegriffen werden soll.[228]

Der durch die jährliche Neubewertung entstehende Gewinn oder Verlust wird in dem jeweiligen Geschäftsjahr erfolgswirksam erfasst (IAS 40.28). Insofern wird für die *Fair-value*-Bewertung keine Neubewertungsrücklage gebildet. Dies ist nur dann der Fall, wenn eine ursprünglich als eigentümergenutzte Immobilie – und damit ein als Sachanlage einzustufender Vermögensgegenstand – zu einer als Finanzinvestition gehaltenen Immobilie umqualifiziert wird. Die Differenz zwischen Buchwert und dem *fair value* am Tag des Bestimmungswechsels ist dann in die Neubewertungsrücklage einzustellen.[229]

ff) Wertminderung und -aufholung von Vermögenswerten (impairment)

IAS 36 stellt allgemeine Regelungen über die Behandlung von Wertminderungen *(impairment)* auf. Danach ist der Buchwert eines Vermögenswertes in der Bilanz um den Differenzbetrag zwischen Buchwert und erzielbarem Betrag zu reduzieren (IAS 36.58). Ziel dieser Regelung ist es – ebenso wie in der Rechnungslegung nach HGB – sicherzustellen, dass der Buchwert eines Vermögensgegenstandes nicht über dem erzielbaren Betrag liegt. Die Vorschriften von IAS 36 sind in ihrem Anwendungsbereich allerdings beschränkt. Zunächst nimmt IAS 36 selbst einige Vermögensgegenstände von seinem Anwendungsbereich aus (IAS 36.2). Darüber hinaus enthalten eine Reihe von Standards eigene Vorschriften zur Bilanzierung von Wertminderungen, die IAS 36 vorgehen.[230]

(1) Wertminderungen

Die Berücksichtigung einer Wertminderung geschieht erfolgswirksam und ist daher auch in der Gewinn- und Verlustrechnung als Aufwand zu erfassen (IAS 36.60). Ist dieser Differenzbetrag negativ, kann eine Pflicht zur Erfassung als Verbindlichkeit be-

---

[228] Ausführlich zur *Fair-value*-Bewertung von Immobilien vgl. *Bohl*, in: Beck'sches IFRS-Handbuch, 3. Aufl., 2009, 3. Aufl., 2009, § 4 Rdnr. 478ff.

[229] *Hebestreit/Clemens*, in: Beck'sches IFRS-Handbuch, 3. Aufl., 2009, 3. Aufl., 2009, § 5 Rdnr. 50.

[230] Für eine Übersicht vgl. *Scheinpflug*, in: Beck'sches IFRS-Handbuch, 3. Aufl., 2009, 3. Aufl. 2009, § 4 Rdnr. 351.

stehen, soweit die Voraussetzungen von IAS 37.14 erfüllt sind (IAS 36.62). Ansonsten erfolgt eine Reduzierung des Buchwertes auf null.[231]

(2) Wertaufholungen

Die Wertminderung eines Vermögensgegenstandes kann in den folgenden Jahren durch eine Wertaufholung wieder ausgeglichen werden. In diesen Fällen besteht eine Wertaufholungspflicht (IAS 36.110). Die Wertaufholung darf dabei aber nicht den Buchwert übersteigen, der ohne eine Erfassung des Wertminderungsaufwandes in den vergangenen Perioden ermittelt worden wäre (IAS 36.117).

Bei Vermögensgegenständen, die nach der Neubewertungsmethode bilanziert wurden, erfolgt eine Erfassung analog den Regelungen zur Erfassung von Neubewertungserträgen in der Neubewertungsrücklage.[232] Wurde eine solche gebildet und in Vorperioden herabgesetzt, erfolgt eine ergebnisneutrale Erfassung in der Rücklage. Bestand keine Neubewertungsrücklage, wird die Wertaufholung ergebniswirksam in der Gewinn- und Verlustrechnung erfasst. In den Fällen einer Erfassung zu Anschaffungs- oder Herstellungskosten wird eine Wertaufholung als Ertrag in der Gewinn- und Verlustrechnung berücksichtigt (IAS 36.114).

gg) Aktive latente Steuern

Die Bilanzierung aktiver und passiver latenter Steuern spielt bei den IAS/IFRS aufgrund der fehlenden Anwendung im Steuerbilanzrecht eine wichtige Rolle (keine (umgekehrte) Maßgeblichkeit). Aktive latente Steuern treten dann auf, wenn das handelsrechtliche Ergebnis kleiner ist als das steuerrechtliche Ergebnis. Es kommt dann gegebenenfalls zu einer verfrühten Besteuerung, wenn sich der Ergebnisunterschied zwischen Handels- und Steuerbilanzrecht später wieder ausgleicht.

Die Bilanzierung aktiver latenter Steuern erfolgt nach IAS 12 auf Grundlage des *Temporary*-Konzepts (IAS 12.22). Danach muss jede Bilanzierungs- und Bewertungsdifferenz zwischen Handels- und Steuerbilanz in die latente Steuerabgrenzung einbezogen werden. Dies gilt auch dann, wenn die Differenz erfolgsneutral über die Neubewertungsrücklage verbucht wird. Ein Ansatz aktiver latenter Steuern erfolgt, wenn ein Zufluss eines wirtschaftlichen Nutzens in Form verminderter Steuerzahlungen wahrscheinlich ist (IAS 12.24). Der Betrag ist in den Folgeperioden sowohl dem Grunde als auch der Höhe nach zu überprüfen (IAS 12.56). Latente aktive Steuern sind schließlich als Ertrag in der Gewinn- und Verlustrechnung auszuweisen (IAS 12.58).

b) Passiva

Die IAS/IFRS folgen für die Darstellung der Passiva ebenso der Trennung von Fremd- und Eigenkapital (Rahmenkonzept 49). Die Schulden *(liabilities)* sind daher getrennt vom Eigenkapital *(equity)* auszuweisen.

aa) Abgrenzung von Fremd- und Eigenkapital

Nach den IAS/IFRS sind alle Finanzinstrumente, die einen Rückzahlungsanspruch gegen das Unternehmen begründen oder begründen können, Verbindlichkeiten und damit Fremdkapital. Dies soll dann der Fall sein, wenn sich das Unternehmen der vertraglichen Verpflichtung zur Abgabe der flüssigen Mittel oder anderer finanzieller Vermögenswerte nicht entziehen kann (IAS 32. 19(b).

---

[231] *Scheinpflug*, in: Beck'sches IFRS-Handbuch, 3. Aufl., 2009, 3. Aufl., 2009, § 4 Rdnr. 396.
[232] *Scheinpflug*, in: Beck'sches IFRS-Handbuch, 3. Aufl., 2009, 3. Aufl., 2009, § 4 Rdnr. 429.

Unter Geltung von IAS 32 (1998) unterschieden die IAS/IFRS nur zwischen Eigenkapital und Schulden, wobei das Eigenkapital eine Residualgröße der bilanzierten Vermögensgegenstände abzüglich der Schulden darstellte (Rahmenkonzept § 49, IAS 32.11). Die Definition des Eigenkapitals ergab sich also aus der Negativabgrenzung zu den Schulden, so dass deren Definition von entscheidender Bedeutung war. Eigenkapital wurde danach also durch einen Eigentümer- bzw. Residualanspruch an einem Unternehmen charakterisiert. Die Revision von IAS 32 im Jahr 2003 hat diesen Leitgedanken teilweise aufgegeben, indem lediglich auf die Dauerhaftigkeit des Verbleibs einer Ressource im Unternehmen abzustellen ist. Nur wenn ein dauerhafter Verbleib einer Ressource im Unternehmen vorliegt, kann diese als Eigenkapital ausgewiesen werden. Ressourcenabflüsse führen daher zu einer Erfassung eines Finanzinstruments als Verbindlichkeit.[233] Somit hat sich hier ein Perspektivenwandel ergeben. Die Perspektive des Investors tritt zugunsten der Perspektive des bilanzierenden Unternehmens in den Hintergrund.
Diese Umstellung hat aber vor allem für die deutschen Personenhandelsgesellschaften und Genossenschaft dazu geführt, dass auch die Auseinandersetzungsansprüche der Gesellschafter bzw. Mitglieder der Genossenschaft als Fremdkapital auszuweisen waren, womit sich der Eigenkapitalausweis deutlich reduzierte. Dies war letztlich für die Personenhandelsgesellschaften und Genossenschaften äußerst nachteilhaft, die internationale Finanzmärkte in Anspruch nahmen und somit auf eine Bilanzierung nach den IAS/IFRS zwingend angewiesen waren. Jedenfalls für die Genossenschaften hat der deutsche Gesetzgeber reagiert und die Möglichkeit der Vereinbarung eines Mindestkapitals bei Genossenschaften geschaffen, womit die Auseinandersetzungsansprüche der Mitglieder der Genossenschaft nicht mehr als Fremdkapital ausgewiesen werden müssen.[234]

Bei den dabei entstehenden Abgrenzungsfragen ist dabei vor allem auf den wirtschaftlichen Gehalt und nicht auf die rechtliche Form abzustellen (IAS 32.15; Grundsatz des *substance over form* (Rahmenkonzept § 51)).

bb) Schulden (liabilities)

Als Schulden sind in der IAS/IFRS-Bilanz neben den Rückstellungen und den Steuerschulden Verbindlichkeiten aus Lieferung und Leistung, sonstige Verbindlichkeiten und finanzielle Verbindlichkeiten auszuweisen (Rahmenkonzept 49(b)).

Der Begriff der Schuld wird in den IAS/IFRS durch ein in der Vergangenheit liegendes Ereignis und einen voraussichtlichen Abfluss von wirtschaftlichen Nutzen beinhaltenden Ressourcen bestimmt (Rahmenkonzept 49(b)). Das Kriterium des Abflusses wirtschaftlichen Nutzens entspricht spiegelbildlich dem des Zuflusses wirtschaftlichen Nutzens bei den Vermögensgegenständen.[235]

Der Begriff der Schuld geht dabei deutlich weiter als bei der Rechnungslegung nach HGB bzw. ist durch die Verwendung als Oberbegriff wesensverschieden. Die IAS/IFRS erfassen auch künftige Vermögensabflüsse, die nur voraussichtlich entstehen werden. So können insbesondere auch voraussichtliche Belastungen aus künftigen Haftungsfällen bereits berücksichtigt werden. Nicht unter Schulden fallen hingegen Verpflichtungen, die das Unternehmen erst begründen wird *(future commitments)*, da es sich hierbei nicht um einen zurückliegenden Tatbestand handelt.[236]

Der Begriff der Schuld *(liability)* wird von den IAS/IFRS lediglich als Oberbegriff für das Fremdkapital verwendet. Die in der Bilanz letztlich auszuweisenden Schulden werden daher in Abgrenzung zu dem Oberbegriff der Schuld als sonstige Schulden

---

233 Zum Leitgedanken von IAS 32 (rev. 2003) vgl. *Isert/Schaber*, KoR 2005, 299, 301.
234 Vgl. zum Ganzen ausführlich *Mock*, in: *Hiez*, Droit comparé des coopératives européennes, 2009, S. 6ff.
235 Siehe zur Definition der Vermögensgegenstände S. 215.
236 Ausführlich *Großfeld/Luttermann*, Bilanzrecht, 4. Aufl., 2004, Rdnr. 906f.

bezeichnet.[237] Schulden im Sinne der IAS/IFRS sind daher nur Rückstellungen und so genannte sonstige Schulden.

(1) Rückstellungen (provisions)

Rückstellungen sind Schulden, deren Fälligkeit und Höhe unbestimmt ist (IAS 37.10).

Da Rückstellungen Schulden darstellen, müssen auch diese ebenso wie die sonstigen Verbindlichkeiten zunächst auf einem in der Vergangenheit liegenden Ereignis basieren (IAS 37.14 (a)). Weitere Voraussetzung für einen Ansatz einer Rückstellung ist die überwiegende Wahrscheinlichkeit eines Mittelabflusses (IAS 37.14 (b), 37.23).

IAS 37.23 nimmt die Wahrscheinlichkeit eines Mittelabflusses dann an, wenn mehr für als gegen den Abfluss von Ressourcen spricht. Insofern ist von einer Wahrscheinlichkeit von mehr als 50 % auszugehen.

Schließlich muss die Höhe der Verpflichtung verlässlich geschätzt werden können (IAS 37.14 (c)). Ist dies nicht der Fall, kann keine Rückstellung gebildet werden (IAS 37.14). Rückstellungen müssen daher für alle überwiegend wahrscheinlichen Vermögensabflüsse in der Zukunft – gleich welcher Art diese auch sein mögen – gebildet werden.

Die Höhe der Rückstellung bestimmt sich anhand einer bestmöglichen Schätzung (IAS 37.36). Dabei handelt es sich um den Betrag, den das Unternehmen bei vernünftiger Betrachtung zur Erfüllung der Verpflichtung oder zur Übertragung der Verpflichtung auf einen Dritten am Bilanzstichtag zahlen müsste. Die Bewertung ist an jedem Bilanzstichtag neu zu überprüfen. Der Zugangswert kann daher in den nachfolgenden Berichtsperioden sowohl über- als auch unterschritten werden und ist dann entsprechend erfolgswirksam zu erfassen.[238]

Eine gesonderte Regelung haben die Rückstellungen für Pensionsverpflichtungen in IAS 19 *(Leistungen an Arbeitnehmer)* erfahren. Ein Unternehmen kann die Finanzierung der Pensionsverpflichtungen zunächst innerhalb des eigenen Unternehmens und damit auch *innerhalb* der eigenen Bilanz vornehmen. Die Pensionsverpflichtungen werden dabei als künftige Verbindlichkeiten durch eine Rückstellung berücksichtigt. Der jeweilige Gegenwert besteht dann in den Aktiva. Eine Besonderheit stellen hier allerdings Unternehmen dar, die – wie vor allem in der angloamerikanischen Praxis – lediglich eine mittelbare Pensionsverpflichtung gegenüber ihren Arbeitnehmern eingegangen sind, indem die Pensionsverpflichtung durch eine externe Versorgungseinrichtung geleistet wird.[239] Vorteil dieser Finanzierungsmethode war bisher eine Unabhängigkeit des Unternehmens von Wertschwankungen im Vermögen der Versorgungseinrichtung. Lediglich im Fall einer Zahlungsunfähigkeit musste dass Unternehmen zusätzliche Zahlungen an die Versorgungseinrichtung leisten. Bilanziell mussten daher bei mittelbaren Pensionsverpflichtungen lediglich die aktuellen Zahlungen an die externe Versorgungseinrichtung als Verbindlichkeit erfasst werden.[240] Die IAS/IFRS richten sich nun nicht nach den formellen Rechtsverhältnissesn zwischen Arbeitgeber, Arbeitnehmer und Versorgungseinrichtung. Entscheidend ist vielmehr nur noch, ob es sich um einen beitragsorientierten oder leistungsorientierten Pensionsplan handelt (IAS 19.25). Bei beitragsorientierten Pensionsplänen hat sich der Arbeitgeber lediglich zur Zahlung eines festgelegten Beitrages an eine rechtlich vom Arbeitgebervermögen getrennten Einheit verpflichtet, so dass keine Nachschusspflicht besteht. Bei leistungsorientierten Pensionsplänen

---

[237] Eine Übersicht zu den Begrifflichkeiten gibt *Schulze Osthoff*, in: Beck'sches IFRS-Handbuch, 3. Aufl., 2009, § 5 Rdnr. 302).

[238] *Ernsting/Keitz*, DB 1998, 2477, 2483; *Hebestreit/Dörges*, in: Beck'sches IFRS-Handbuch, 3. Aufl., 2009, § 5 Rdnr. 172

[239] Zum unterschied zwischen mittelbaren und unmittelbaren Pensionsverpflichtungen vgl. *Ellrott/Rhiel*, in: Beck'scher Bilanzkommentar, 7. Aufl., 2009, § 249 Rdnr. 164 f.

[240] *Kleindiek*, in: Großkommentar zum HGB, 4. Aufl., 1995 ff., § 249 Rdnr. 48.

hat der Abeitgeber eine Leistungszusage abgegeben, bei der er entweder direkt leistungsverpflichtet ist oder zumindest einer Subsidiärhaftung unterliegt. Durch die – am britischen FRS 17 orientierte – Überarbeitung von IAS 19 müssen Unternehmen daher auch das Defizit oder den Überschuss der externen Versorgungseinrichtung berücksichtigen (IAS 19.102 i.V.m. IAS 19.54). Der Effekt wird also ein sofortiger Ausweis eines Defizits, aber auch eines Überschusses im Pensionsplan sein, obwohl sich die daraus ergebende Verpflichtung erst später realisieren kann, wenn die externe Versorgungseinrichtung ihren Zahlungsverpflichtungen nicht mehr nachkommen kann. Dies kann bei einer zwischenzeitlichen Aufwertung der Vermögenswerte der Versorgungseinrichtung aber nicht mehr notwendig sein. Das Unternehmen kann in einem solchen Fall die Rückstellungen zwar wieder auflösen, für den Zeitraum des Bestehens des Defizits muss es aber die Rückstellung ausweisen. Dies ist insbesondere dann schwierig, wenn mehrere Unternehmen einen Pensionsfonds gemeinsam betreiben. In diesen Fällen kann es für das einzelne Unternehmen nahezu unmöglich sein, *seinen Anteil* am Defizit bzw. am Überschuss zu berechnen.[241] Bilanziell werden also Unternehmen, die ihre Finanzierung von Pensionsfonds über externe Fonds organisieren, denjenigen Unternehmen gleichgestellt, die eine Finanzierung innerhalb des Unternehmens sicherstellen.[242] Eine *Auslagerung* des Risikos der Volatilität der den Pensionsverpflichtungen zugrunde liegenden Vermögensgegenstände durch das Unternehmen ist somit nicht mehr möglich. Die Bilanzierung von Pensions- und pensionsähnlichen Verpflichtungen nach IAS 19 berücksicht im Gegensatz zur Rechnungslegung nach HGB im verstärkten Maße auch künftige Entwicklungen und Veränderungen. Bei der Bewertung der Verpflichtungen sind auch künftige Gehaltssteigerungen, Karrierechancen und andere Anpassungen der Verpflichtung zu berücksichtigen, auch wenn deren Höhe und Zeitpunkt nicht feststeht (IAS 19.83). Dabei sind diese Entwicklungen zu schätzen.[243] Durch die Gleichstellung mittelbarer und unmittelbarer Pensionsverpflichtungen und die stärkere Berücksichtigung zukünftiger Entwicklungen wirken sich die Pensionsverpflichtungen bilanziell wesentlich umfangreicher aus.[244] Der aktuelle Verschuldungsgrad des Unternehmens nimmt somit zu.

(2) Sonstige Schulden

Die sonstigen Schulden werden in Abgrenzung zu den Rückstellungen definiert. Während die Rückstellungen nach Grund, Höhe oder Fälligkeit unbestimmt sind, ist von einer Verbindlichkeit auszugehen, wenn diese Punkte sicher sind (IAS 37.10, Rahmenkonzept § 49 (b)). Weiterhin abzugrenzen sind hier die Eventualverbindlichkeiten *(contingent liabilities)*, die nach den IAS/IFRS keine sonstigen Schulden darstellen, da ihr Eintreten bzw. Nichteintreten von einem oder mehreren künftigen Ereignissen abhängt (IAS 37.10). Ein Ausweis der Eventualverbindlichkeiten in der Bilanz erfolgt nicht, da hier ein ausdrückliches Passivierungsverbot besteht (IAS 37.27). Die Abgrenzung von Eventualverbindlichkeiten und Schulden erfolgt anhand der Wahrscheinlichkeit eines Abflusses wirtschaftlichen Nutzens. Die sonstigen Schulden werden in finanzielle und sonstige Verbindlichkeiten unterteilt.

Finanzielle Verbindlichkeiten sind Verbindlichkeiten aus Verträgen, die bei dem einen Unternehmen zu einem finanziellen Vermögenswert und dem anderen Unternehmen zu einer finanziellen Verbindlichkeit führen oder dort ein Eigenkapitalinstrument darstellen (IAS 32.11, 39.8 (rev. 2003)).[245]

Die Behandlung der finanziellen Verbindlichkeiten erfolgt in unterschiedlichen Kategorien: zu Handelszwecken gehaltene Vermögenswerte, bis zur Endfälligkeit gehal-

---

[241] Kritisch dazu *Rickford*, EBLR 2004, 919, 964.

[242] Dazu ausführlich *Schmidbauer*, DStR 2003, 795, 796 f.; *Seemann*, in: Beck'sches IFRS-Handbuch, 3. Aufl., 2009, § 20 Rdnr. 37 ff.

[243] Vgl. hierzu *Schmidbauer*, DStR 2003, 795, 798 f.; *Seemann*, in: Beck'sches IFRS-Handbuch, 3. Aufl., 2009, § 20 Rdnr. 64 ff.

[244] So auch *Rickford*, EBLR 2004, 919, 964.

[245] IAS 39.9 unterscheidet dabei zwischen vier unterschiedlichen Kategorien. Zu den Einzelheiten siehe *Schulze Osthoff*, in: Beck'sches IFRS-Handbuch, 3. Aufl., 2009, § 5 Rdnr. 309.

tene Finanzinvestitionen, Forderungen mit festen Zahlungszeitpunkten und zur Veräußerung gehaltene verfügbare finanzielle Vermögenswerte (IAS 39.9 (rev. 2003)).[246]

In seiner ursprünglichen Fassung normierte IAS 39 eine Bilanzierung von finanziellen Verbindlichkeiten fast ausschließlich zu fortgeführten Anschaffungskosten, während die finanziellen Vermögenswerte bereits weitgehend zum *fair value* bilanziert wurden. Dieses *mixed measurement model* wurde vom IASB aber zunehmend als unsachgemäß betrachtet (IAS 39.BC71 (rev. 2003), so dass insbesondere die Bilanzierung von finanziellen Verbindlichkeiten im Jahr 2003 einer grundlegenden Überarbeitung unterzogen wurde.[247]

Die Bewertung dieser Finanzinstrumente erfolgt bei der Erstbewertung nunmehr nicht auf der Basis des Rückzahlungsbetrages sondern auf Basis des *fair value* (IAS 39.43, 39.47(a) (rev. 2003)). Die Unterschiede sind hier jedoch nur sehr gering, da Anschaffungs- oder Herstellungskosten und der *fair value* bei finanziellen Verbindlichkeiten im Zeitpunkt der erstmaligen Erfassung meist identisch sind (IAS 39.AG64 (rev. 2003)).[248] Die Folgebewertung erfolgt dann zu fortgeführten Anschaffungskosten, so dass eine Wertsteigerung erst im Zeitpunkt der Ausbuchung der Verbindlichkeit aus der Bilanz erfasst wird. Eine Ausnahme besteht allerdings für finanzielle Verbindlichkeiten, die zu Handelszwecken gehalten werden. In diesem Fall erfolgt auch bei der Folgebewertung ein Ansatz zum *fair value* (IAS 39.47(a) (rev. 2003)).

Auch wenn das Anwendungsfeld der Bewertung zum *fair value* somit lediglich auf objektiv zu Handelszwecken gehaltene finanzielle Verbindlichkeiten beschränkt ist, kann eine jede Verbindlichkeit durch eine entsprechende Widmung im Zugangszeitpunkt als Handelsverbindlichkeit qualifiziert werden und damit einer erfolgswirksamen *Fair-value*-Bewertung zugeführt werden (IAS 39.9).[249] Bei der Bewertung zum *fair value* handelt es sich daher um ein Bewertungswahlrecht *(fair value option)*, das allerdings nur eingeschränkt ausgeübt werden kann. Die *fair value option* kann nur bei der Einbuchung ausgeübt werden; eine spätere Umqualifizierung ist nicht möglich (IAS 39.50 (rev. 2003)). Das IASB wollte durch die Schaffung der *fair value* option die Beseitigung der Nachteile des *mixed measurement model* den Unternehmen selbst überlassen und eine Anwendung von IAS 39 erleichtern (IAS 39.BC71 (rev. 2003). Die Möglichkeit der *Fair-value*-Bewertung der finanziellen Verbindlichkeiten führt aber dazu, dass das Unternehmen bei dem Absinken der eigenen Bonität in der Regel auch den Wert der Verbindlichkeit reduzieren muss, die gegenüber dem Unternehmen bestehen. Die Bewertung erfolgt zwar in der Bilanz des Schuldners, dort aber aus der Sicht des Gläubigers. Der Schuldner zeigt in der Bilanz also nicht mehr, wieviel er schuldet, sondern lediglich in welcher Höhe ein Gläubiger eine Erfüllung der Verbindlichkeit durch den Schuldner erwarten kann. Sinkt daher die Bonität des Schuldners, führt dies zu einer Reduzierung der Verbindlichkeit und somit zu einem Ertrag. Somit besteht die theoretische Möglichkeit, dass ein Unternehmen mit schlechter Bonität durch die Aufnahme neuer Verbindlichkeiten fortlaufende Gewinne erzielen kann.[250] Trotz umfangreicher Kritik hieran hielt das IASB aber an der einheitlichen Behandlung der Finanzinstrumente fest.

Im Rahmen des Komitologieverfahrens hat die Kommission eine vollständige Übernahme von IAS 39 für die Bilanzierung finanzieller Verbindlichkeiten aus diesen Gründen abgelehnt.[251] Das IASB war sich der Kritik an einer vollständigen *Fair-va-*

---

[246] Für eine Übersicht vgl. *Schulze Osthoff*, Beck'sches IFRS-Handbuch, 3. Aufl., 2009, § 5 Rdnr. 309 ff.

[247] Zu den Hintergründen siehe *Barckow*, WPg 2004, 793, 793 f.

[248] *Schulze Osthoff*, in: Beck'sches IFRS-Handbuch, 3. Aufl., 2009, § 5 Rdnr. 350.

[249] Dazu *Kehm/Lüdenbach*, in: Lüdenbach/Hoffmann, IFRS, 5. Aufl., 2007, § 28 Rdnr. 168 ff.

[250] Kritisch daher gegen diese Bewertungsmethode für Verbindlichkeiten etwa *Kley*, DB 2001, 2257, 2259.

[251] Erklärung der Kommission hinsichtlich der Annahme von IAS 39 in der Sitzung des Regelungsausschusses für Rechnungslegung am 1. 10. 2004, abrufbar unter www.europa.eu.int/comm/internal_market/accounting/; dazu *Thiele*, DStR 2004, 2162, 2167.

lue-Bewertung finanzieller Verbindlichkeiten durchaus bewusst, sah jedoch aufgrund des bestehenden Bewertungswahlrechtes hier keine grundsätzlichen Schwierigkeiten.[252] Von europäischer Seite kritisierte vor allem die Europäische Zentralbank den überarbeiteten IAS 39, da dieser zu einer sehr hohen Ergebnis- bzw. Eigenkapitalvolatilität führen würde.

Eine vollständige Bewertung finanzieller Verbindlichkeiten auf Basis des *fair value* wurde somit abgelehnt, so dass IAS 39 innerhalb der Gemeinschaft zunächst in einem eingeschränkten Umfang galt. Die Anwendung der *fair value option* wurde insgesamt für finanzielle Verbindlichkeiten ausgenommen. IAS 39.9 in der im Rahmen des Komitologieverfahrens übernommenen Version beschränkte die *fair value option* daher auf finanzielle Vermögenswerte.[253] Nach diesen Einschränkungen im Komitologieverfahren verabschiedete das IASB am 16. 6. 2005 eine Ergänzung zu IAS 39, die eine Einschränkung der *fair value option* beinhaltet. Danach kann die *fair value option* nur noch dann ausgeübt werden, wenn dies zu einer Erhöhung der Relevanz der Abschlussinformationen oder der Zuverlässigkeit der Bewertung führt.[254] Diese Überarbeitungen von IAS 39 wurden bereits vom EU-Regelungsausschuss für Rechnungslegung begrüßt, so dass der neue IAS 39 von der Kommission letztlich auch übernommen wurde.[255]

cc) Passive latente Steuern

Passive latente Steuern entstehen, wenn das handelsrechtliche größer als das steuerliche Ergebnis ausfällt, Erträge etwa in der Handelsbilanz früher als in der Steuerbilanz gebildet werden.[256] Sie stellen eine Schuld dar und werden spiegelbildlich zu den aktiven latenten Steuern angesetzt.[257] Sie sind daher dann anzusetzen, wenn der Abfluss eines wirtschaftlichen Nutzens in Form einer erhöhten Steuerzahlung wahrscheinlich ist (IAS 12.15). Die Bewertung erfolgt anhand der aktuellen Steuersätze, soweit keine sicheren Informationen über die zukünftigen Steuersätze vorliegen. In der Gewinn- und Verlustrechnung sind passive latente Steuern als Aufwand zu erfassen (IAS 12.58).

dd) Übrige Verbindlichkeiten

Alle Verbindlichkeiten, die nicht auf einer vertraglichen Grundlage oder nicht durch flüssige Mittel bzw. finanzielle Vermögenswerte beglichen werden, stellen sonstige Verbindlichkeiten dar. Diese ergeben sich daher als Residualgröße gegenüber den finanziellen Verbindlichkeiten.[258] Für die sonstigen Verbindlichkeiten existiert kein gesonderte Bilanzierungs- und Bewertungskonzeption. Daher ist hier das Rahmenkonzept i.V.m. IAS 1 anzuwenden (IAS 1.20).[259] Hier erfolgt die Bewertung anhand des Umfanges des voraussichtlichen Vermögensabflusses.[260]

---

[252] So ausdrücklich IAS 39.BC 79; vgl. auch *Barckow*, WPg 2004, 793, 794.

[253] So auch noch einmal ausdrücklich Art. 1 I Verordnung (EG) Nr. 2086/2004 der Kommission vom 19. 11. 2004 zur Änderung der Verordnung (EG) Nr. 1725/2003 betreffend die Übernahme bestimmter internationaler Rechnungslegungsstandards in Übereinstimmung mit der Verordnung (EG) Nr. 1606/2002 des Europäischen Parlaments und des Rates und im Hinblick auf die Einführung von IAS 39, ABl. EG L 363 vom 9. 12. 2004, S. 1 ff.

[254] Zu den Kriterien ausführlich *Kuhn*, DB 2005, 1341, 1342 ff.

[255] Verordnung (EG) Nr. 108/2006 der Kommission vom 11. 1. 2006 zur Änderung der Verordnung (EG) Nr. 1725/2003 der Kommission betreffend die Übernahme bestimmter internationaler Rechnungslegungsstandards in Übereinstimmung mit der Verordnung (EG) Nr. 1606/2002 des Europäischen Parlaments und des Rates im Hinblick auf IFRS 1, 4, 6 und 7, IAS 1, 14, 17, 32, 33 und 39 sowie IFRIC 6, ABl. EG Nr. L 24 vom 27. 1. 2006, S. 1 ff.

[256] Zur Definition passiver latenter Steuern vgl. *Klein*, DStR 2001, 1450, 1451 f.

[257] Zur Bilanzierung aktiver latenter Steuern siehe S. 220 f.

[258] *Schulze Osthoff*, in: Beck'sches IFRS-Handbuch, 3. Aufl., 2009, § 5 Rdnr. 313.

[259] Zu Behandlung von Regelungslücken siehe *Bohl*, in: IFRS-Handbuch, § 1 Rdnr. 122 ff.

[260] *Schulze Osthoff*, in: Beck'sches IFRS-Handbuch, 3. Aufl., 2009, § 5 Rdnr. 351.

ee) Eigenkapital (equity)

Die IAS/IFRS enthalten keine grundsätzlichen Aussagen über die inhaltlichen Vorgaben zum Eigenkapital. Dies ergibt sich aus der Tatsache, das die Vorschriften über das Eigenkapital meist gesellschaftsrechtlicher Natur sind. Allerdings sind nach IAS 1.54(r) zumindest das gezeichnete Kapital sowie etwaige Rücklagen getrennt auszuweisen.

(1) Ausweis des gezeichneten Kapitals

Nach IAS 1.79 sind in der Bilanz oder im Anhang detaillierte Angaben über die Bestandteile des gezeichneten Kapitals zu machen. Die Höhe des gezeichneten Kapitals wird durch die IAS/IFRS nicht vorgegeben, womit es bei der Anwendung von § 272 HGB i.V.m. § 5 I GmbHG, § 7 AktG bleibt.

(2) Rücklagen

Die Bildung von Rücklagen ist ursprünglich Teil des Gesellschaftsrecht und dabei insbesondere des Kapitalschutzsystems. Das Rechnungslegungsrecht selbst kennt die Bildung von Rücklagen daher auch nur zur Verfolgung gesellschaftsrechtlicher Zwecke. Da die IAS/IFRS aber für Abschlüsse aller Unternehmen mit der Pflicht zur Berichterstattung aus verschiedenen Rechtsordnungen Anwendung finden soll (Rahmenkonzept § 8), enthalten die IAS/IFRS keine Vorschriften zu gesellschaftsrechtsspezifischen Rücklagen.

Für die – von einem bestimmten Gesellschaftsrecht losgelöste – Rechnungslegung war die Bildung von Rücklagen auch nicht notwendig. Im historischen Ausgangpunkt behandelte die Rechnungslegung im Wesentlichen körperliche Gegenstände, die durch die Rechtsordnung in ihren Eigentumsverhältnissen klar zugeordnet waren und zu historischen Anschaffungs- oder Herstellungskosten angesetzt worden. Das Recht der Rechnungslegung wurde jedoch in den letzten Jahrzehnten zunehmend mit einer Reihe von Bilanzierungsfragen konfrontiert, die auf wesentlich komplexeren wirtschaftlichen Sachverhalten aufbauen. Insbesondere die *Fair-value*-Bilanzierung trat hierbei in den Vordergrund.

Da sich hierbei aber oftmals nur eine *erfolgsneutrale* Erfassung des *fair value* durchsetzen ließ, wurde die Schaffung einer *ausgleichenden* Rücklage notwendig.

Die Gründe für die lediglich erfolgsneutrale Erfassung von Wertveränderungen sind unterschiedlich. Der wohl wichtigste Grund wird in der Tatsache gesehen, dass die meisten Unternehmen bezüglich der zum *fair value* zu bilanzierenden Vermögensgegenstände keine Spekulationsabsicht besitzen. Diese Vermögensgegenstände werden von den Unternehmen im Rahmen ihres gewöhnlichen Geschäftsbetriebes gehalten und dienen dabei der Aufrechterhaltung oder der Unterstützung des Geschäftsbetriebes. Eine Veräußerung dieser Vermögensgegenstände geschieht meist nur außerhalb des gewöhnlichen Geschäftsbetriebes, so dass eine erfolgswirksame Erfassung von Wertänderungen nicht notwendig ist. Dies trifft vor allem auf Sachanlagen aber umgekehrt auch auf Finanzinstrumente zu. Durch die erfolgsneutrale Erfassung von Wertveränderungen durch Bildung einer Neubewertungsrücklage wird vor allem der Bildung *stiller* Reserven durch deren Ausweis vorgebeugt, ohne dass dabei das Unternehmensergebnis beeinträchtigt wird. Es handelt sich dabei somit um einen Kompromiss, der dem Informationsgedanken der IAS/IFRS Rechnung trägt, ohne dabei jede Wertveränderung erfolgswirksam auszuweisen.

Bisher ist die Bildung einer solchen Neubewertungsrücklage daher für die immateriellen Vermögenswerte (IAS 38) und die Sachanlagen (IAS 16) vorgeschrieben, wenn das Bewertungswahlrecht in der Folgebewertung entsprechend ausgeübt wurde. Darüber hinaus kann sich auf bei den als Finanzinvestition gehaltenen Immobilien (IAS 40) trotz der grundsätzlich erfolgswirksamen Erfassung eine Neubewertungsrücklage ergeben, wenn eine eigentümergenutzte Immobilie zu einer als Finanzinvestition gehaltenen Immobilie umqualifiziert wird. In diesen Fällen sind Erhöhungen des Buchwertes in eine Neubewertungsrücklage einzustellen. Eine spätere Wertminderung ist dabei in der Neubewertungsrücklage zu verrechnen. Überschreitet die Wertminderung die Höhe der Neubewertungsrücklage ist diese aufzulösen und die entsprechende Differenz als Aufwand zu erfassen. Spätere Wertsteigerungen stellen wiederum einen Ertrag dar, soweit sie eine erfolgswirksame Abwertung wieder rückgängig machen.

Für finanzielle Vermögenswerte der Kategorie «zur Veräußerung verfügbare finanzielle Vermögenswerte» werden Änderungen des *fair value* in der Zeitbewertungsrücklage erfasst (IAS 39.55 b)). Im Gegensatz zur Neubewertungsrücklage ist die Bewertung der für die Zeitwertrücklage zugrunde liegenden Vermögenswerte an jedem Bilanzstichtag zu prüfen.[261]

Die IAS/IFRS unterscheiden grundsätzlich nicht zwischen einer Neubewertungs- und einer Zeitwertrücklage, sondern erfordern lediglich eine Erfassung im Eigenkapital. Da aber die Jahresabschlussrichtlinie zwischen einer Neubewertungsrücklage *(revaluation reserve)* und einer Zeitbewertungsrücklage *(fair value reserve)* unterscheidet, sind beide Rücklagen getrennt voneinander auszuweisen.

Schließlich kennen die IAS/IFRS noch die Rücklage aufgrund aktienbasierter Vergütung (IFRS 2 § 7) und noch eine Reihe weiterer Rücklagen, die sich aus der erfolgsneutralen Berücksichtigung ohne Berührung der Gewinn- und Verlustrechnung ergeben.

Aufgrund ihres unterschiedlichen Regelungsgehaltes erfolgt die Auflösung der Rücklagen auf unterschiedliche Weise. Die Neubewertungsrücklagen können bei Ausbuchung zum Beispiel durch Stilllegung oder Veräußerung des Vermögensgegenstandes realisiert werden (IAS 16.67, IAS 38.87). Einschränkungen bezüglich der Verwendung dieser aufgelösten Rücklagen werden von den IAS/IFRS nicht gemacht. Die jeweiligen Standards verweisen lediglich darauf, dass der Betrag der Neubewertungsrücklage direkt in die Gewinnrücklagen umgebucht wird oder aber vollständig realisiert werden kann.[262] Die Zeitwertrücklage kann hingegen sofort aufgelöst werden, wenn der finanzielle Vermögenswert ausgebucht wird (IAS 39.35 b)).

2. Gewinn- und Verlustrechnung

Die Gewinn- und Verlustrechnung ist obligatorischer Teil eines Abschlusses nach den IAS/IFRS (IAS 1.10(b)). Dabei soll ebenso wie nach bei der Rechnungslegung nach HGB das Periodenergebnis – also das Ergebnis anhand einer Gegenüberstellung von Aufwendungen *(expenses)* und Erträgen *(income)* – zeigen (IAS 1.81).

a) Erträge (income)

Erträge werden als Zunahme des wirtschaftlichen Nutzens in der Berichtsperiode in Form von Zuflüssen oder Erhöhungen von Vermögenswerten oder einer Abnahme von Schulden definiert (Rahmenkonzept § 70(a)).

Die Erträge umfassen sowohl Erlöse *(revenue)* als auch andere Erträge *(gains)* (Rahmenkonzept § 74). Erlöse sind allgemeine Einkommenszuwächse aus der gewöhnlichen Geschäftstätigkeit, wie etwa Umsätze, Gebühren/Honorare, Zinsen, Dividenden und Nutzungsentgelte (IAS 18.1). Die anderen Erträge ergeben sich in Abgrenzung hierzu bei Wertzuwächsen aus einzelnen sonstigen gewöhnlichen oder ungewöhnlichen Vorgängen (Rahmenkonzept § 75). Davon umfasst sind vor allem auch erfolgswirksame Wertsteigerungen bei Neubewertungen (Rahmenkonzept § 76), nicht jedoch die lediglich erfolgsneutralen Wertveränderungen.[263] Die Abgrenzung erfolgt

---

[261] *Hebestreit/Clemens*, in: Beck'sches IFRS-Handbuch, 3. Aufl., 2009, § 5 Rdnr. 54.
[262] *Hebestreit/Clemens*, in: Beck'sches IFRS-Handbuch, 3. Aufl., 2009, § 5 Rdnr. 50.
[263] *Großfeld/Luttermann*, Bilanzrecht, 4. Aufl., 2004, Rdnr. 1088.

dabei in den einzelnen Standards selbst und ist dabei recht willkürlich, so dass Wertsteigerungen nicht pauschal zu den Erträgen gezählt werden können.

b) Aufwendungen (expenses)

Aufwendungen werden spiegelbildlich zu den Erträgen als Abnahme des wirtschaftlichen Nutzens in der Berichtsperiode in Form von Abflüssen oder Verminderungen von Vermögenswerten oder einer Erhöhung von Schulden definiert (Rahmenkonzept § 70(b)). Ebenso wie bei den Erträgen wird auch hier zwischen Aufwendungen aus gewöhnlicher Geschäftstätigkeit und sonstigen Aufwendungen unterschieden.[264] Auch hier werden Wertminderungen nur erfasst, wenn es sich nicht um eine erfolgsneutrale *Fair-value*-Bewertung handelt und die zuvor gebildete Rücklage bereits aufgelöst wurde.

c) Darstellungsmethoden

Die Gewinn- und Verlustrechnung soll die Ertragskraft des Unternehmens zeigen. Die IAS/IFRS überlassen es dem Bilanzierenden dabei zwischen dem Gesamtkostenverfahren und dem Umsatzkostenverfahren zu wählen (IAS 1.102 f.).

3. Eigenkapitalveränderungsrechnung

Im Gegensatz zur Rechnungslegung nach HGB ist die Eigenkapitalveränderungsrechnung zwingender Bestandteil des (Jahres)Abschlusses nach IAS/IFRS (IAS 1.10(c)). Die Eigenkapitalveränderungsrechnung informiert über die Veränderung des Eigenkapitals zwischen zwei Bilanzstichtagen, bereinigt um Transaktionen mit den Anteilseignern. Sie weist somit die Zu- oder Abnahme des Reinvermögens des Unternehmens aus. Eine besondere Aufgabe kommt der Eigenkapitalveränderungsrechnung vor dem Hintergrund der erfolgsneutralen Erfassung von Wertveränderungen zu. Bei Sachanlagen, immateriellen Vermögenswerten, Währungsumrechnungen und teilweise bei Finanzinstrumenten korrespondiert eine Wertveränderung mit der Bildung bzw. Änderung einer entsprechenden Rücklage. Da diese Wertveränderungen nicht in der Gewinn- und Verlustrechnung erfasst werden, kommt der Eigenkapitalveränderungsrechnung hier primär die Aufgabe zu, die Rechnungslegungsadressaten über derartige Wertänderungen zu informieren.

4. Kapitalflussrechnung (Cash Flow Statement)

Die Liquidität eines Unternehmens kann nicht durch die Bilanz oder die Gewinn- und Verlustrechnung bestimmt bzw. ausgewiesen werden. Die Bilanz ist lediglich eine Momentaufnahme der Mittelbindung und der Finanzierung. Zwar kann aus der Gliederung der Bilanz ein Rückschluss auf die Realisierbarkeit der Vermögenswerte vorgenommen werden. Diese Gliederung kann jedoch keine Aussage darüber treffen, ob die ausgewiesenen Vermögensgegenstände auch kurz- oder langfristig in liquide Mittel umgesetzt werden können. Auch die Gewinn- und Verlustrechnung kann keine Aussage über die Liquidität eines Unternehmens liefern. Bei dieser steht lediglich die Ertragskraft des Unternehmens im Vordergrund.

---

[264] Dazu *Großfeld/Luttermann*, Bilanzrecht, 4. Aufl., 2004, Rdnr. 1090 f.

Bei der Gewinn- und Verlustrechnung erfolgt eine Gegenüberstellung von Aufwendungen und Erträgen im Geschäftsjahr. Aufwendungen und Erträge unterscheiden sich von Ausgaben und Einzahlungen dadurch, dass sie nicht nur die Minderung bzw. Vermehrung des Geld-, sondern auch des Sachvermögens betreffen.

Die Liquidität kann jedoch kurzfristig oft wesentlich wichtiger für ein Unternehmen als die Ertragskraft sein, da ein Unternehmen mit fehlender Liquidität keine Überlebenschancen hat. Aus diesem Grund muss ein IAS-Jahresabschluss auch eine Kapitalflussrechnung (*cash flow statement*) enthalten (IAS 1.10 (d), IAS 7).

Bei der Kapitalflussrechnung handelt es sich um eine liquiditätsbezogene Zeitraumrechnung, in der nicht wie bei der Bilanz der Bestand an Vermögen und Verbindlichkeiten berücksichtigt wird, sondern Bestandsveränderungen und deren zugrundeliegende finanzielle Bewegungen wiedergegeben werden. Es erfolgt eine Gegenüberstellung aller in einer Periode angefallenen Ein- und Auszahlungen, die zum Zwecke der Steigerung des Informationswertes der Kapitalflussrechnung nach verschiedenen Bereichen gegliedert werden (IAS 7.6 ff.). Durch die Kapitalflussrechnung wird dem Jahresabschluss somit neben den aufwands- und ertragsorientierten Informationsinstrumenten der Bilanz und Gewinn- und Verlustrechnung auch eine zahlungsstromorientierte Größe beigefügt. Die Kapitalflussrechnung steht somit konzeptionell außerhalb der traditionellen Rechnungslegung und findet ihre Ursprünge mehr in finanzwirtschaftlichen Konzepten.[265]

a) Klassifizierungen der Kapitalflussrechnung

Die Kapitalflussrechnung wird traditionell in drei unterschiedliche Bereiche unterteilt, um die Aussagekraft bzw. die Analysemöglichkeit der Kapitalflussrechnung zu erhöhen bzw. zu erleichtern. Dabei handelt es sich um den *Cashflow* aus betrieblicher Tätigkeit *(operative activities)*, den *Cashflow* aus Investitionstätigkeit *(investing activities)* und den *Cashflow* aus Finanzierungstätigkeit *(financing activities)*.

aa) Cashflow aus betrieblicher Tätigkeit (operative activities)

Der *Cashflow* aus Geschäftstätigkeit umfasst alle ertragsbringenden Aktivitäten eines Unternehmens, die außerhalb der Bereiche Investitionen und Finanzierung liegen (IAS 7.14). Eine Zu- oder Abnahme des *Cashflow* kann dabei auf die Absatzentwicklung, die Struktur der Stückerlöse oder zahlungswirksame Einsparungen beim Materialeinsatz zurückzuführen sein.[266]

Die Berechnung des *Cashflow* aus betrieblicher Tätigkeit kann dabei durch die direkte oder die indirekte Methode erfolgen. Während bei der direkten Methode eine Saldierung von Geldzuflüssen und -abflüssen vorgenommen wird, geht die indirekte Methode vom Nettogewinn aus und korrigiert diesen um nicht liquiditätswirksame Transaktionen und um Veränderungen des Nettoumlaufvermögens.[267]

bb) Cashflow aus Investitionstätigkeit (investing activities)

Der *Cashflow* aus Investitionstätigkeit beschreibt den Erwerb und die Verfügung über Anlagevermögen und andere Investitionen, die nicht unter geldnahe Mittel und somit zu dem *Cashflow* aus Geschäftstätigkeit fallen (IAS 7.16). Dadurch können insoweit

[265] Vgl. zu den Ursprüngen der Kapitalflussrechnung *Achleitner/Behr*, International Accounting Standards, 3. Aufl., 2004, S. 248; *Kraft*, in: Großkommentar zum HGB, 4. Aufl., 1995 ff., § 297 Rdnr. 27 f.

[266] IAS 7.14 nennt hiefür eine nicht abschließende Aufzählung. Für weitere Beispiele siehe auch *Scheffler*, BB 2002, 295, 297 ff.

[267] Zur Anwendung der beiden Methoden vgl. *Scheffler*, BB 2002, 295, 297; *Gebhardt*, FS Moxter, S. 551, 560 ff.

Rückschlüsse über die Liquidität des Unternehmens gezogen werden, als Auskunft darüber erteilt wird, ob aufgrund von Investitionen künftig Einzahlungen als Rückflüsse aus der Investition erfolgen oder Auszahlungen durch weitere notwendige Investitionen zukünftig nicht vorgenommen werden.

cc) Cashflow aus Finanzierungstätigkeit (financing activities)

Der *Cashflow* aus Finanzierungstätigkeit erfasst schließlich die Veränderungen in der Höhe als auch in dem Bestand des Eigen- und des Fremdkapitals des Unternehmens (IAS 7.17). Somit können vor allem zukünftige Ansprüche von Kapitalgebern besser abgeschätzt werden.[268]

b) Bedeutung der Kapitalflussrechnung

Die Bedeutung der Kapitalflussrechnung liegt vor allem in ihrer Aussagekraft über die Liquidität eines Unternehmens. Darüber hinaus kann aus ihr aber auch eine Aussage über Wachstumsmöglichkeiten und die Wahrscheinlichkeit eines Unternehmenszusammenbruches abgelesen werden.[269]

Der Vorteil der Kapitalflussrechnung gegenüber der Bilanz und der Gewinn- und Verlustrechnung ist neben der Aussagekraft über die Liquidität eines Unternehmens vor allem in der grunsätzlich höheren Objektivität zu suchen.[270] Bei der Erstellung der Kapitalflussrechnung sind keine Bewertungsmaßnahmen und weniger Abgrenzungsprobleme vorhanden als bei der Aufstellung der Bilanz oder der Gewinn- und Verlustrechnung.[271] Unterschiedliche Rechnungslegungsstandards spielen daher für die Kapitalflussrechnung keine Rolle *(„Profits are someone's opinion ... whereas cash is a fact"[272])*.

Die Aussagekraft der Kapitalflussrechnung kann jedoch ebenfalls durch das Unternehmen beeinflusst werden. Die Kapitalflussrechnung folgt im Gegensatz zu den anderen Bestandteilen des IAS-Jahresabschlusses nicht dem Grundsatz der Periodenabgrenzung (§ 25 IAS 1). Ausschlaggebend für die Kapitalflussrechnung sind der Zu- oder Abgang von Zahlungsmitteln oder von Zahlungsmitteläquivalenten und nicht das Auftreten von Geschäftsvorfällen oder Ereignissen. Somit kann in der Gewinn- und Verlustrechnung und in der Bilanz bereits ein Geschäftsvorfall erfasst sein, der die wirtschaftliche Situation des Unternehmens deutlich verbessern kann. In der Kapitalflussrechnung würde dieser Geschäftsvorfall allerdings erst dann berücksichtigt, wenn Zahlungsmittel oder Zahlungsmitteläquivalente wirklich zu- oder abgegangen sind. Die Kapitalflussrechnung kann daher allein genommen kein vollständiges Bild über die wirtschaftliche Situation der Gesellschaft abgeben.[273]

5. Anhang

Der Anhang ist zwingender Bestandteil des IAS/IFRS-Abschlusses (IAS 1.10(e)). Er hat die Aufgabe, erläuternde Angaben zu den Bilanzierungs- und Bewertungsmetho-

---

[268] *Achleitner/Behr*, International Accounting Standards, 3. Aufl., 2004, S. 254f.

[269] Zur Funktion der Kapitalflussrechnung siehe *Förschle/Kroner*, in: Beck'scher Bilanzkommentar, § 297 Rdnr. 53; *Moxter*, ZVerglRWiss 103 (2004), 268, 271; *Rudolph*, in: Beck'sches IFRS-Handbuch, 3. Aufl. 2009, § 11 Rdnr. 2.

[270] Kritisch hierzu aber *Großfeld/Luttermann*, Bilanzrecht, 4. Aufl. 2004, Rdnr. 1149 mit dem Hinweis auf die auch bestehenden Manipulationsmöglichkeiten.

[271] *Achleitner/Behr*, International Accounting Standards, 3. Aufl., 2004, S. 260.

[272] *Smith*, Accounting for growth. Stripping the camouflage from company accounts, 1992, S. 200.

[273] *Scheffler*, BB 2002, 295, 300.

den zu machen (IAS 1.112), ohne dabei aber die Angaben in den übrigen Bestandteilen des Abschlusses zu relativieren.

Die IAS/IFRS enthalten keine allgemeinen Angabepflichten in IAS 1 oder im Framework.[274] Diese ergeben sich vielmehr aus den einzelnen Standards und Interpretationen. Dies unterstreicht die bloße Erläuterungsfunktion des Anhanges.

Durch den Anhang sollen die Adressaten der Rechnungslegung angemessen über die signifikanten Verfahrensweisen bei der Aufstellung des Abschlusses informiert werden. Daher sind zunächst die Bewertungsgrundlagen als einführende Ausführungen darzustellen. Danach schließt sich eine detaillierte Darstellung der angewandten Bilanzierungs- und Bewertungsmethoden an, soweit diese zum Verständnis des Abschlusses relevant sind (IAS 1.114(b). Diesen Angaben kommt vor allem im Rahmen des schrittweisen Übergangs zu einer *Fair-value*-Bilanzierung immer größere Bedeutung zu. Das IASB ist sich der mit einer *Fair-value*-Bilanzierung einhergehenden Entobjektivierung der Bilanz durchaus bewusst und versucht daher, durch weitgehende Angaben zur Art und Weise der Ermittlung des *fair value* diese Defizite wieder auszugleichen.[275]

Dem Anhang kommt damit vor allem eher eine Erläuterungsfunktion und nicht wie nach der Rechnungslegung nach HGB eine zunehmend primäre Informationsfunktion zu. Hierbei kann daher nicht von einem *information overflow* durch den Anhang gesprochen werden.[276] Gerade im Vergleich zur Entwicklung der Rechnungslegung nach HGB im Bezug auf die Anhangsangaben erscheint eine solche Kritik zweifelhaft, da doch gerade der Anhang bei der Rechnungslegung nach HGB die Defizite der Bilanz zunehmend ausgleichen soll und muss.

6. Lagebericht (Financial Review by Management)

Der Lagebericht ist für den IAS/IFRS-Abschluss nicht zwingend vorgesehen (IAS 1.13), jedoch wird ein solcher empfohlen.[277] Inhaltlich soll der Lagebericht die für die Ertragskraft des Unternehmens maßgeblichen Hauptfaktoren und Einflüsse, die Finanzierungsquellen und den Zielverschuldungsgrad sowie die nicht in der Bilanz ausgewiesenen Ressourcen des Unternehmens darstellen (IAS 1.13 (a)-(c)).

---

[274] Hier bestehen lediglich Vorgaben zur Gestaltung des Anhanges (IAS 1.103 ff.).

[275] Zur Bedeutung der *notes* im Rahmen der *Fair-value*-Bilanzierung vgl. *Lorson*, in: Bieg/Heyd, Fair Value, 2005, S. 3, 18 f.

[276] So aber *Freisleben/Leibfried*, KoR 2004, 101 ff.; *Küting/Reuter*, BB 2005, 706, 712.

[277] Mit dem Hinweis der Aufstellung eines Lageberichtes als Ausdruck einer *sound practice* vgl. *Großfeld/Luttermann*, Bilanzrecht, 4. Aufl., 2004, Rdnr. 1223.

6. Teil. Prüfung der Rechnungslegung

§ 25. Prüfung der Unternehmensabschlüsse als Rechtsproblem

Ziel der Unternehmensabschlüsse ist es, dass den Anteilseignern, den Gläubigern und der an einem Unternehmen interessierten Öffentlichkeit Abschlüsse vorgelegt werden, die klar und übersichtlich ist (§§ 243 II, 297 II 1 HGB) und ein den tatsächlichen Verhältnissen entsprechendes Bild der Vermögens-, Finanz- und Ertragslage vermittelt (§§ 264 II, 297 II 2 HGB). Ein solches Bild ist insbesondere bei Unternehmen von Bedeutung, deren externe Adressaten (z.B. im Aufsichtsrat nicht vertretene Aktionäre, Gläubiger, Arbeitnehmer, öffentliche Institutionen) ihre Informationen über die wirtschaftliche Lage des Unternehmens vorwiegend aus dem veröffentlichten Unternehmensabschlüsse beziehen. Deshalb ist es erforderlich und folglich gesetzlich vorgeschrieben, dass Unternehmensabschlüsse einer Prüfung unterzogen werden. Dabei besteht das grundsätzliche Problem, dass die Adressaten der Unternehmensabschlüsse zwar einerseits über dessen Richtigkeit informiert werden sollen, diesen aber andererseits selbst kein Einblick in die dem Jahresabschluss zugrunde liegenden Sachverhalten aus Gründen des Unternehmensschutzes gewährt werden soll. Insofern muss eine Überprüfung der Unternehmensabschlüsse sicherstellen, dass diese sorgfältig und gründlich durchgeführt wird, dadurch aber nicht die Geheimhaltungsinteressen der Gesellschaft verletzt werden. Darüber hinaus stellt sich als weiteres Problem die unterschiedliche Bedeutung der Richtigkeit der Unternehmensabschlüsse für die Adressaten. Zwar sind grundsätzlich alle Adressaten an einer vollumfänglichen Richtigkeit der Unternehmensabschlüsse interessiert, allerdings kann die Richtigkeit bzw. die Fehlerhaftigkeit durchaus unterschiedliche Auswirkungen für die Adressaten haben, so dass insofern eine Unterscheidung vorgenommen werden muss.

Das deutsche Recht hat auf diese Herausforderung der Überprüfung der Unternehmensabschlüsse mit einer Prüfungstrias reagiert, die einerseits eine unabhängige und gründliche Prüfung und andererseits eine adressatenorientierte Prüfung vorsieht. Dabei handelt es sich zunächst um die Prüfung der Unternehmensabschlüsse durch gesellschaftsrechtliche Prüfungsverfahren (§ 26), die Abschlussprüfung (§ 27) und das so genannten Enforcement-Verfahren bei kapitalmarkorientierten Gesellschaften (§ 28). Diese Prüfungsinstrumente können je nach Gesellschaftsform alle zur Anwendung kommen, ohne dass dabei zwischen ihnen ein Subsidiaritätsverhältnis besteht.

§ 26. Gesellschaftsrechtliche Prüfungsverfahren

Die Kontrolle der Rechnungslegung stellt sich zunächst als gesellschaftsrechtliches Problem dar, da die geschäftsführenden Organe der Gesellschaft mit der Rechnungslegung gegenüber den Gesellschaftern als Eigentümer Rechenschaft ablegen und die Rechnungslegung zugleich für die Vermögensrechte der Gesellschafter determinierend sein kann. Dabei muss die Erstellung der Unternehmensabschlüsse zwangsläufig aber den geschäftsführenden Organen der Gesellschaft als Geschäftsführungsmaßnahme überlassen bleiben.

1. Auf- und Feststellung der Unternehmensabschlüsse

Um dennoch eine ausreichende Mitwirkung bzw. Einflussnahme der Gesellschafter bei der Erstellung der Unternehmensabschlüsse zu gewährleisten sieht das deutsche Gesellschaftsrecht für deren Erstellung ein zweistufiges Verfahren vor, das einen entsprechenden Ausgleich herbeiführen soll. Dabei handelt es sich zunächst um die *Aufstellung* der Unternehmensabschlüsse durch die geschäftsführenden Organe der Gesellschaft. Die Aufstellung stellt sich dabei als rein faktisches Geschehen dar, an das noch keine unmittelbaren rechtlichen Folgen geknüpft werden. Mit der Aufstellung entsteht zunächst nur ein insoweit unverbindliches Zahlenwerk, mit dem die zuständigen Organe insbesondere noch nicht ihre Verpflichtung zur Rechnungslegung erfüllt haben. Dies gilt dabei für alle Arten von Unternehmensabschlüssen.

Eine rechtliche Verbindlichkeit – sowohl im Innen- als auch im Außenverhältnis – erlangt der aufgestellte Unternehmensabschluss erst mit der so genannten *Feststellung*, wobei lediglich für den Jahresabschluss ein (formalisiertes) Feststellungsverfahren vorgesehen ist bzw. der Begriff der Feststellung verwendet wird (vgl. § 172 I 1 AktG). Die Feststellung erfolgt bei allen Gesellschaftsformen – mit Ausnahme der Aktiengesellschaft (§ 172 I AktG) – durch die Gesellschafterversammlung im Beschlusswege.[278] Mit der Feststellung billigen die zuständigen Organe den Jahresabschluss und erklären diesen für verbindlich[279], so dass auch erst dann die insbesondere für die Vermögensrechte der Gesellschafter entsprechende tatbestandliche Wirkung entfalten kann. Für den Konzernabschluss kennt das deutsche Bilanzrecht allerdings kein formelles Feststellungsverfahren durch die Gesellschafterversammlung. Der Konzernabschluss wird vielmehr lediglich vom Aufsichtsrat (§ 171 II 4 AktG) gebilligt, was ebenfalls im Beschlusswege erfolgt. Soweit bei einer Gesellschaft kein Aufsichtsrat besteht, erfolgt die Billigung des Konzernabschlusses durch das geschäftsführende Organ. Der Grund für die fehlende Feststellungskompetenz der Gesellschafterversammlung hinsichtlich des Konzernabschlusses ist in dessen tatbestandlicher Unverbindlichkeit zu suchen.[280] Der Konzernabschluss stellt zwar insbesondere bei größeren Gesellschaften den wichtigeren Unternehmensabschluss dar, ist aber weder für das Verhältnis der Gesellschafter zur Gesellschaft noch für das Verhältnis der Konzerngesellschaften untereinander von Bedeutung.[281] Keiner Feststellung oder Billigung durch ein anderes Gesellschaftsorgan unterliegen der Lagebericht und der Konzernlagebericht, da diese keine Bestandteile des Jahres- oder des Konzernabschlusses sind (arg. § 264 I 1 HGB) und zudem an diese keine unmittelbaren (gesellschaftsrechtlichen) Rechtsfolgen geknüpft werden.[282] Die Pflicht zur Erstellung des Lageberichts und des Konzernlageberichts ist aber dennoch mit der Feststellung der jeweils in Bezug genommenen Unternehmensabschlüsse als erfüllt anzusehen. Keiner Feststellung- oder Billigung bedarf schließlich der befreiende Einzelabschluss nach § 325 IIa HGB, da dieser lediglich anstelle des (regulären) Jah-

---

[278] Vgl. § 42a GmbHG. Ebenso – trotz fehlender ausdrücklicher gesetzlicher Regelung – bei den Personenhandelsgesellschaften (vgl. dazu *von Gerkan/Haas*, in: Röhricht/Graf von Westphalen, HGB, 3. Aufl., 2008, § 120 Rdnr. 7 für die oHG und § 167 Rdnr. 3 für die KG).

[279] *BGH* v. 29.3.1996 – II ZR 263/94, BGHZ 132, 263, 266; vgl. zur umstrittenen Rechtsnatur der Feststellung *Winnefeld*, Bilanzhandbuch, 4. Aufl., 2006, Rdnr. H 140 ff.

[280] Vgl. zu den Aufgaben des Konzernabschlusses siehe S. 182 ff.

[281] Zur Bedeutung des Konzernabschlusses siehe oben S. 180 f.

[282] Vgl. *Hommelhoff*, in: Großkommentar zum HGB, 4. Aufl., 1995 ff., § 289 Rdnr. 12, 58; *Lange*, in: Münchener Kommentar zum HGB, 2. Aufl., 2008, § 289 Rdnr. 46.

resabschlusses offen gelegt wird und insofern keinerlei tatbestandliche Wirkung entfaltet.

Nach der Feststellung des Unternehmensabschlüsse sind diese von den jeweils vertretungsberechtigten Organen der Gesellschaft zu unterzeichnen (§§ 245 S. 1, 298, 325 IIa 3 HGB).

2. Prüfung durch die Gesellschafter

Die Kompetenz zur Feststellung bzw. Billigung der Unternehmensabschlüsse stellt die zentrale Prüfungsmöglichkeit der Rechnungslegung für die Gesellschafter dar. Damit diese auch entsprechend ausgefüllt werden kann, müssen der aufgestellte Unternehmensabschlüsse in der Regel den Gesellschaftern vor der Gesellschafterversammlung zugänglich gemacht werden (§ 175 II AktG, § 42a I, IV GmbHG).[283] Die Überprüfung der aufgestellten Unternehmensabschlüsse ist für die Gesellschafter dann jederzeit durch die Ausübung ihrer Einsichtsrechte möglich (§ 118 HGB, § 51a GmbHG). Lediglich bei der Aktiengesellschaft besteht ein solches Einsichtsrecht nicht, was durch eine zwingende Prüfung des Jahresabschlusses durch den Aufsichtsrat kompensiert wird.[284]

Neben der Prüfung der Unternehmensabschlüsse vor deren Feststellung bzw. Billigung durch die Gesellschafterversammlung können die Gesellschafter die Unternehmensabschlüsse grundsätzlich auch nach der Feststellung noch einer eingehenden Prüfung unterziehen. Soweit der Gesellschafter dabei die Fehlerhaftigkeit der Unternehmensabschlüsse feststellt, stellt sich das Problem, inwieweit diese Fehlerhaftigkeit noch geltend gemacht werden kann. Dabei muss zwischen den verschiedenen Unternehmensabschlüssen unterschieden werden. Beim Jahresabschluss sind die Möglichkeiten der Geltendmachung einer Fehlerhaftigkeit durch die Gesellschafter im Recht der Kapitalgesellschaften weit gehend begrenzt. Zunächst ist eine Anfechtung der Feststellung des Jahresabschlusses wegen dessen inhaltlicher Fehlerhaftigkeit sogar ausdrücklich ausgeschlossen (§ 257 S. 2 AktG[285]). Lediglich die Nichtigkeit des festgestellten Jahresabschlusses kann noch geltend gemacht werden, wobei als Nichtigkeitsgründe nur die in § 256 AktG genannten Gründe in Betracht kommen (arg. § 256 III AktG). Darüber hinaus können die in § 256 AktG genannten Nichtigkeitsgründe durch Zeitablauf auch geheilt werden (§ 256 VI AktG), so dass danach die Geltendmachung der Nichtigkeit auch ausgeschlossen ist. Bei den Personenhandelsgesellschaften fehlt es hingegen an einer entsprechenden Regelung, so dass grundsätzlich jede Fehlerhaftigkeit des Jahresabschlusses durch die Gesellschafter geltend gemacht werden können.[286] Statthafte Klageart ist dafür die Feststellungsklage.

Für die übrigen Unternehmensabschlüsse in Form des Konzernabschlusses und des befreienden Einzelabschlusses nach § 325 IIa HGB sowie für den Lagebericht und den Konzernlagebericht bestehen für die Gesellschafter grundsätzlich keine Möglichkei-

---

[283] Für die Personenhandelsgesellschaften findet sich die Verpflichtung der geschäftsführenden Organe zur Übersendung der aufgestellten Unternehmensabschlüsse zwar nicht im Gesetz, ist in der Regel aber im Gesellschaftsvertrag enthalten und ergibt sich zudem auch aus dem Einsichtsrecht des § 118 HGB.

[284] Siehe S. 235 f.

[285] Die Vorschriften der §§ 256 f. AktG finden auf die GmbH entsprechende Anwendung (*Hüffer*, in: Münchener Kommentar zum Aktiengesetz, 2. Aufl., 2001, § 256 Rdnr. 83).

[286] Vgl. dazu *Weitemeyer*, in: Oetker, Handelsgesetzbuch, 2009, § 120 Rdnr. 30 ff.

ten deren Fehlerhaftigkeit nachträglich geltend zu machen, da für diese Rechnungslegungsinstrumente schon kein formalisiertes Feststellungs- oder Billigungsverfahren besteht, dass dann Ansatzpunkt für einen Rechtsschutz sein könnte.[287] Den Gesellschaftern verbleibt nur die Möglichkeit, von ihrem – wenn überhaupt bestehenden – Weisungsrecht Gebrauch zu machen und eine Korrektur der Unternehmensabschlüsse zu verlangen.

3. Prüfung durch den Aufsichtsrat

Für die Aktiengesellschaft und ggf. bei der GmbH (§ 52 I GmbHG) ist neben der Prüfungsmöglichkeit durch die Gesellschafter – die aufgrund des fehlenden Einsichtsrechts der Aktionäre allerdings äußerst beschränkt ist – eine zwingende Prüfung der Unternehmensabschlüsse durch den Aufsichtsrat vorgesehen (§ 171 I, IV AktG). Dieser muss außer den Jahresabschluss und den Lagebericht – und ggf. den Konzernabschluss, den Konzernlagebericht und den befreienden Einzelabschluss nach § 325 IIa HGB – insbesondere auch den Vorschlag über die Verwendung des Bilanzgewinns überprüfen. Damit der Aufsichtsrat eine entsprechende Prüfung vornehmen kann, ist der Vorstand verpflichtet, diese Unternehmensabschlüsse bzw. Unterlagen unmittelbar nach der Aufstellung an den Aufsichtsrat zu übermitteln (§ 170 I AktG). Soweit der Jahresabschluss der Aktiengesellschaft aber der Abschlussprüfung unterliegt, muss diese durchgeführt werden, bevor der Abschluss dem Aufsichtsrat vorgelegt wird (arg. § 171 II 3 AktG). Diese Bestimmung darf allerdings nicht zu eng ausgelegt werden. In der Praxis können vom Aufsichtsrat vor oder während der Prüfung Änderungen angeregt werden, die beachtet werden müssen. Verlangt der Aufsichtsrat nach der Prüfung Änderungen, so ist der Vorstand nicht verpflichtet, sie zu berücksichtigen. Er kann die Feststellung des Jahresabschlusses auch der Hauptversammlung überlassen. Werden die Änderungswünsche akzeptiert, so muss der Jahresabschluss erneut geprüft werden (§ 316 III 1 HGB).[288]

Die Prüfung durch den Aufsichtsrat ist dabei eine vollumfängliche Prüfung, so dass sowohl auf die Rechtmäßigkeit als auch die Zweckmäßigkeit der Unternehmensabschlüsse, der Lageberichte und des Vorschlags über die Verwendung des Bilanzgewinns zu überprüfen ist.[289]

Die Möglichkeiten des Aufsichtsrats zur effektiven Überprüfung sind allerdings durch die tatsächlichen bilanzrechtlichen Kenntnisse der Aufsichtsratsmitglieder entsprechend beschränkt, wobei die Aufsichtsratsmitglieder für die Wahrnehmung ihrer Prüfungstätigkeit auch sachverständige Dritte hinzuziehen können.[290] Eine Ausnahme besteht insofern nur bei kapitalmarktorientierten Gesellschaften (§ 264d HGB), da bei diesen mindestens ein unabhängiges Aufsichtsratsmitglied bzw. Prüfungsausschussmitglied über Sachverstand auf den Gebieten Rechnungslegung oder Abschlussprüfung verfügen muss (§§ 100 V, 107 IV AktG). Sofern ein solches Aufsichtsratsmitglied nicht vorhanden ist, muss jedenfalls der Jahresabschluss aufgrund fehlender ordnungsgemäßer Mitwirkung des Aufsichtsrates trotz § 108 II 4 AktG als nichtig angesehen werden (§ 256 II AktG).

---

[287] Zur fehlenden Anwendbarkeit von §§ 256 f. AktG vgl. *Hüffer*, in: Münchener Kommentar zum AktG, 2. Aufl., 2001, § 256 Rdnr. 10.

[288] Zur Abschlussprüfung siehe S. 237 ff.

[289] Vgl. *Hüffer*, AktG, 8. Aufl., 2008, § 171 Rdnr. 4 ff.

[290] Zur Zulässigkeit der Einschaltung von sachverständigen Dritten für die Aufgabenwahrnehmung durch Aufsichtsratsmitglieder vgl. *Habersack*, in: Münchener Kommentar zum AktG, 3. Aufl., 2008, § 111 Rdnr. 134 ff.

Die Prüfung durch den Aufsichtsrat überschneidet sich mit der Abschlussprüfung[291] und stellt neben dieser eine zweite unabhängige Kontrollinstanz dar. Soweit die Unternehmensabschlüsse auch der Abschlussprüfung unterliegen, muss der Abschlussprüfer bei den Verhandlungen des Aufsichtsrates bzw. des entsprechenden Ausschusses teilnehmen und über die wesentlichen Ergebnisses einer Prüfung berichten (§ 171 I 2 AktG).

Der Aufsichtsrat hat sodann gegenüber der Hauptversammlung sowohl hinsichtlich der eigenen Prüfung als auch hinsichtlich der Prüfungsergebnisse durch den Abschlussprüfer zu berichten (§ 171 II 1 und 3 AktG). In seiner Berichterstattung gegenüber der Hauptversammlung muss der Aufsichtsrat abschließend erklären, ob Einwendungen gegen die Unternehmensabschlüsse zu erheben sind und ob er die vom Vorstand aufgestellten Unternehmensabschlüsse billigt (§ 171 II 4 AktG).

4. Sonderprüfung

Schließlich kann insbesondere bei der Aktiengesellschaft eine Prüfung der Rechnungslegung auch im Rahmen einer Sonderprüfung erfolgen. Das Aktienrecht sieht dabei vor allem die Sonderprüfung wegen unzulässiger Unterbewertung vor (§§ 258 ff. AktG). Dabei können Aktionäre, die zusammen den hundertsten Teil des Grundkapitals oder einen anteiligen Betrag von 100 000 Euro erreichen, die gerichtliche Bestellung eines Sonderprüfers beantragen, wenn Grund für die Annahme besteht, dass in bestimmte Positionen im Jahresabschluss nicht unwesentlich unterbewertet sind (§ 258 I Nr. 1 AktG) oder der Anhang unvollständig ist und auf der Hauptversammlung auch keine entsprechende Vervollständigung durch den Vorstand vorgenommen wurde (§ 258 I Nr. 2 AktG). Der Sonderprüfer hält die Ergebnisse seiner Prüfung in einem Prüfungsbericht fest, der bei einer entsprechenden positiven Prüfung dem Vorstand vorzulegen und beim Handelsregister einzureichen ist. Auf Verlangen muss der Vorstand dann jedem Aktionär eine Abschrift des Prüfungsberichts aushändigen (§§ 259 I, 145 VI AktG). Die Feststellungen des Sonderprüfers können dabei aber auf Antrag der Gesellschaft oder einer qualifizierten Aktionärsminderheit einer gerichtlichen Überprüfung unterzogen werden (§ 260 AktG). Bei einer tatsächlichen Unterbewertung muss ein entsprechender Posten im nächsten Jahresabschluss berücksichtigt werden, ohne dass dieser dann zwingend den ausschüttbaren Gewinn oder die freien Rücklagen erhöht. Diese Entscheidung bleibt auch bei einer positiven Sonderprüfung bei der Hauptversammlung (§ 261 III AktG). Falls eine Berücksichtigung im folgenden Jahresabschluss unterbleibt, kann die Hauptversammlung dennoch über eine entsprechend höhere Ausschüttung bzw. Rücklagenbildung entscheiden, da für die Beschlussfassung der tatsächliche und nicht der von der Verwaltung im Rahmen der Aufstellung des Jahresabschluss ermittelte Bilanzgewinn ist. Eine Sonderprüfung wegen unzulässigen Unterbewertungen im Konzernabschluss oder im befreienden Einzelabschluss nach § 325 IIa HGB ist aufgrund der fehlenden gesellschaftsrechtlichen Relevanz dieser Abschlüsse nicht möglich.[292]

Neben der Sonderprüfung wegen unzulässiger Unterbewertung kennt das Aktienrecht noch die (reguläre) Sonderprüfung nach §§ 142 ff. AktG. Diese kann sich zwar nicht auf Prüfungsgegenstände beziehen, die Gegenstand einer Sonderprüfung wegen unzulässiger Unterbewertung sein könnten (§ 142 III AktG). Allerdings kann im Rahmen der Sonderprüfung nach §§ 142 ff. AktG die Aufstellung der Unternehmensabschlüsse als Geschäftsführungsmaßnahme einer Überprü-

---

291 Siehe S. 237 ff.

292 *Rölike*, in: Spindler/Stilz, AktG, 2007, § 256 Rdnr. 4.

fung unterzogen werden.[293] Im Gegensatz zur Sonderprüfung wegen unzulässiger Unterbewertung führt die Sonderprüfung nach §§ 142 ff. AktG lediglich zur Unterrichtung der Gesellschaftsorgane und nicht zu einer unmittelbaren Berücksichtigung im Jahresabschluss.

§ 27. Abschlussprüfung

1. Charakteristik und Aufgabe der Abschlussprüfung

Zentrales Instrument der Prüfung der Richtigkeit von Unternehmensabschlüssen ist die Abschlussprüfung (§§ 316 ff. HGB). § 316 I HGB schreibt vor, dass der Jahresabschluss und Lagebericht von nicht kleinen Kapitalgesellschaften i.S. v. § 267 I HGB und von Personenhandelsgesellschaften ohne eine natürliche Person als persönlich haftenden Gesellschafter bzw. einer Personenhandelsgesellschaft mit einer natürlichen Person als persönlich haftendem Gesellschafter (§ 264a HGB) einer *Ordnungsmäßigkeits-, Gesetzmäßigkeits- und Satzungsmäßigkeitsprüfung* zu unterwerfen sind. Einer Prüfung unterliegen auch der Konzernabschluss und der Konzernlagebericht (§ 316 II HGB) sowie die handelsrechtliche Rechnungslegung von Unternehmen, die unter das Publizitätsgesetz (§ 6 PublG), das Genossenschaftsgesetz (§§ 53 ff. GenG), das Kreditwesengesetz und andere Spezialgesetze fallen. Der gesetzlich bestimmte Umfang der Abschlussprüfung kann durch vertragliche Vereinbarungen zwischen dem Abschlussprüfer und der Gesellschaft weder eingeschränkt noch ausgedehnt werden.[294]

Die Abschlussprüfung muss sich wegen des großen Umfangs des zu prüfenden Stoffes auf eine *stichprobenweise Auswahl* der Prüfungsobjekte beschränken, deren Bestimmung dem berufsüblichen Ermessen des Abschlussprüfers entspricht. Die Prüfung ist jedoch so anzulegen, dass Unrichtigkeiten oder Verstöße gegen gesetzliche Vorschriften (z.B. über die Bewertung und Gliederung von Bilanzpositionen) bei gewissenhafter Berufsausübung erkannt werden (§ 317 I HGB). Durch die Abschlussprüfung soll die Verlässlichkeit der in den Unternehmensabschlüssen und Lageberichten enthaltenen Informationen bestätigt und somit deren Glaubwürdigkeit erhöht werden.

Die Bedeutung der Jahresabschlussprüfung liegt in Folgendem:

- Sie ist die Voraussetzung, dass die Rechnungslegungsvorschriften ihre vom Gesetzgeber gewollte Publizitätswirkung voll entfalten können.
- Sie ist bei prüfungspflichtigen Unternehmen, also bei Kapitalgesellschaften, die nicht kleine i.S. v. § 267 I HGB sind, gem. § 316 I 2 HGB die Voraussetzung für die Feststellung des Jahresabschlusses, so dass dieser nicht festgestellt werden kann, wenn keine Prüfung stattgefunden hat. Daher können ohne eine Abschlussprüfung auch nicht die gesellschaftsrechtlichen Folgewirkungen eintreten.
- Sie ist auf zwei Ergebnisse ausgerichtet:
  - *Erstens* auf die Erstattung des *nicht öffentlichen Prüfungsbericht*[295] des Abschlussprüfers für den Aufsichtsrat und den Vorstand *(internes Ziel).* Nach § 321 I 2 HGB hat der Abschlussprüfer in seinem Bericht vorweg zu der Beurteilung der Lage des Unternehmens oder Konzerns durch die gesetzlichen Vertreter Stellung

---

[293] Vgl. zur Zulässigkeit der Überprüfung von Unternehmensabschlüssen *Mock*, in: Spindler/Stilz, AktG, § 142 Rdnr. 50 f.

[294] Vgl. *Adler/Düring/Schmaltz*, Rechnungslegung und Prüfung der Unternehmen, 6. Aufl., 1994 ff., § 316 AktG Rdnr. 35.

[295] Einzelheiten zum Prüfungsbericht vgl. S. 246 f.

zu nehmen und auf die Beurteilung des Fortbestandes und der künftigen Entwicklung des Unternehmens einzugehen.

- *Zweitens* auf die *Erteilung des Bestätigungsvermerks*[296] bzw. Bestätigungsberichts, der sich an die Öffentlichkeit richtet *(externes Ziel).* Dabei handelt es nicht um ein standardisiertes gesetzliches vorformuliertes Formeltestat, sondern um einen frei formulierten *Bestätigungsbericht,* der neben einer Beschreibung von Gegenstand und Umfang der Prüfung auch eine Beurteilung des Prüfungsergebnisses zu enthalten hat (§ 322 I HGB).

2. Bestellung des Abschlussprüfers

Der Abschlussprüfer ist für jede (meist jährliche) Abschlussprüfung gesondert zu bestellen. Es handelt sich bei ihm um einen gesellschaftsexternen, unabhängigen und sachverständigen Vertragspartner der prüfungspflichtigen Gesellschaft mit gesetzlich umrissenen Kontroll-, Informations- und Beglaubigungsaufgaben, so dass er insbesondere auch nicht Organ der Gesellschaft ist.[297] Zur Sicherstellung dieser Stellung des Abschlussprüfers sieht das Gesetz ein besonderes Verfahren zur Bestellung des Abschlussprüfers vor. Dabei ist zwischen der Wahl des Abschlussprüfers als korporativem Akt (siehe 238f.) und dem Abschluss des Prüfungsauftrags (siehe 240) zu unterscheiden.

a) Wahl des Abschlussprüfers

Zunächst erfolgt die Wahl des Abschlussprüfers durch die Gesellschafter (§ 316 I HGB), wobei bei der Aktiengesellschaft lediglich dem Aufsichtsrat das Vorschlagsrecht zukommt (§ 124 III 1 AktG), die Einflussmöglichkeit der Aktionäre insofern beschränkt ist. Bei der GmbH und bei bestimmten Personenhandelsgesellschaften (§ 264a HGB) besteht insoweit allerdings mehr Gestaltungsspielraum, da im Gesellschaftsvertrag aber eine abweichende Regelung getroffen werden kann (§ 318 I 2 HGB). Die Wahl des Abschlussprüfers muss sich auf Unternehmensabschlüsse eines Geschäftsjahres beziehen, die der Abschlussprüfer prüfen soll, so dass insbesondere eine Wahl für mehrere Abschlussprüfungen bzw. Jahre unzulässig ist (§ 316 I 3 HGB). In der Auswahl des Abschlussprüfers unterliegen die Gesellschafter bzw. der Aufsichtsrat weit gehenden Schranken, da nur ein tatsächlich unabhängiger und fachkundiger Abschlussprüfer die Funktion der Abschlussprüfung tatsächlich wahrnehmen kann. Zunächst kann als Abschlussprüfer nur ein Wirtschaftsprüfer oder eine Wirtschaftsprüfungsgesellschaft bestellt werden (§ 319 I 1 HGB). Bei mittelgroßen GmbHs (§ 267 II HGB) und mittelgroßen Personenhandelsgesellschaften (§§ 264a, 267 II HGB) kommen als Abschlussprüfer zudem auch vereidigte Buchprüfer und Buchprüfungsgesellschaften in Betracht (§ 319 I 2 HGB). Die Zugehörigkeit zu diesen Berufsgruppen ist aber allein noch nicht ausreichend. Vielmehr müssen diese Personen regelmäßig an einer Qualitätskontrolle nach § 57a WPO teilnehmen, womit eine fortwährende Sicherung eines hohen Qualitätsstandards gewährleistet werden soll. Neben diesen Vorgaben dürfen die als Abschlussprüfer zu bestellenden Personen keine geschäftlichen, finanziellen oder persönlichen Beziehungen zu dem zu prüfenden Unternehmen unterhalten, soweit dadurch die Besorgnis der Befangenheit besteht (§ 319 II HGB). Diese Generalklausel wird durch eine Reihe von absoluten Aus-

---

[296] Einzelheiten zum Bestätigungsvermerk vgl. S. 247f.

[297] Ausführlich *Ebke*, in: Münchener Kommentar zum HGB, 2. Aufl., 2008, § 316 Rdnr. 32f.

schlussgründen in § 319 III HGB konkretisiert. Wichtigster Fall ist dabei die Erbringung von nicht unerheblichen Buchführungs- und Beratungsleistungen für das zu prüfende Unternehmen (§ 319 III Nr. 3 HGB). Bei kapitalmarktorientierten Unternehmen gelten dabei noch strengere Ausschlussgründe (§ 319a HGB), die insbesondere der größeren Bedeutung der Abschlussprüfung für die Kapitalmärkte Rechnung tragen soll. Schließlich kann sich ein Ausschlussgrund auch bei einer Zugehörigkeit zu einem so genannten Netzwerk ergeben (§ 319b HGB). Ein Netzwerk liegt nach § 319b I Satz 3 HGB vor, wenn Personen bei ihrer Berufsausübung zur Verfolgung gemeinsamer wirtschaftlicher Interessen für eine gewisse Dauer zusammenwirken. Wichtigstes Kriterium ist dabei die Dauerhaftigkeit des Zusammenwirkens, wodurch insbesondere die Durchführung von Gemeinschaftsprüfungen, die gemeinsame Erstellung von betriebswirtschaftlichen Gutachten oder gemeinsame Fortbildungsveranstaltungen ausgeschlossen sind.[298] Für ein Netzwerk ist es zudem nicht ausreichend, in einem Berufsverband zusammengeschlossen zu sein, da diese Mitgliedschaften die Berufsausübung lediglich flankieren.[299]

Die Wahl der Abschlussprüfer hat für die Gesellschafter insbesondere bei Publikumsgesellschaften meist zentrale Bedeutung, da die Abschlussprüfung von den bestehenden Prüfungsinstrumenten der Rechnungslegung die umfangreichste und aufgrund der vorgegebenen Bestellungsanforderungen und –verbote der §§ 319ff. HGB die wohl auch – vor allem im Vergleich zur Prüfung durch den Aufsichtsrat – unabhängigste Prüfung ist. Insofern stellt sich zwangsläufig für die (Minderheits)Gesellschafter die Problematik der Sicherstellung der Befolgung dieser Bestellungsanforderungen und –verbote der §§ 319f. HGB. In Betracht kommt dabei zunächst das so genannte Ersetzungsverfahren, wonach durch den Aufsichtsrat, den gesetzlichen Vertretern und einer qualifizierten Gesellschafterminderheit ein Antrag auf Bestellung eines anderen Abschlussprüfers gestellt werden kann, wenn dies hinsichtlich des von der Gesellschafterversammlung bestellten Abschlussprüfers geboten erscheint, insbesondere ein Ausschlussgrund nach §§ 319 II-V, 319a, 319b HGB vorliegt (§ 318 III HGB). Daneben bliebe grundsätzlich auch die Möglichkeit, den Bestellungsbeschluss anzufechten, da dieser bei Bestehen eines Ausschlussgrundes rechtswidrig zustande gekommen wäre. Die Anfechtung des Bestellungsbeschlusses ist allerdings spezialgesetzlich ausgeschlossen (§ 243 III Nr. 3 AktG), wodurch ein Vorrang des Ersetzungsverfahrens des § 318 III HGB garantiert werden soll.

Auch wenn die Anfechtungsklage somit hinsichtlich des Bestellungsbeschlusses ausgeschlossen ist, bleibt die Nichtigkeitsklage aufgrund von § 241 Nr. 3 AktG i.V.m. § 319 II HGB noch denkbar, da § 249 I AktG nicht auf § 243 III Nr. 3 AktG verweist.[300] Dafür müsste ein Bestellungsbeschluss unter Missachtung von § 318 II HGB aber tatsächlich den Anforderungen von § 241 Nr. 3 AktG genügen, was äußerst zweifelhaft ist.

Neben der Anfechtungs- bzw. Nichtigkeitsklage hinsichtlich des Bestellungsbeschlusses stellt sich zudem die Frage nach der Wirksamkeit des Unternehmensabschlusses selbst, der durch eine Person geprüft wurde, die einem Bestellungsverbot unterlegen hat. Insofern ordnet § 256 I Nr. 3 AktG an, dass eine Nichtigkeit des Jahresabschlusses nur dann in Betracht kommt, wenn gegen die Voraussetzungen von § 319 I HGB und Art. 25 EGHGB verstoßen wurde. Eine Missachtung der Bestellungsverbote des §§ 319 II-IV, 319a I, 319b I HGB führt kraft ausdrücklicher gesetzlicher Anordnung gerade nicht zu einer Nichtigkeit des Jahresabschlusses.

---

298 Begr. RegE Bilanzrechtsmodernisierungsgesetz BT-Drucks. 16/10067, S. 90.
299 Begr. RegE Bilanzrechtsmodernisierungsgesetz BT-Drucks. 16/10067, S. 91.
300 Dazu *Ebke*, in: Münchener Kommentar zum HGB, 2. Aufl., 2008, § 316 Rdnr. 33.

b) Prüfungsauftrag

Da vor allem bei Publikumsgesellschaften die Gesellschafterversammlung die Einzelheiten des Prüfungsvertrages in der Regel nicht aushandeln kann, obliegt es den gesetzlichen Vertretern den Prüfungsauftrag zu erteilen, also einen entsprechenden Prüfungsvertrag mit dem Abschlussprüfer abzuschließen (§ 316 I 4 HGB). Für die Aktiengesellschaft muss die Erteilung des Prüfungsauftrags allerdings durch den Aufsichtsrat erfolgen (§ 111 II 3 AktG), womit der Eindruck einer Nähe des Abschlussprüfers zum für die Aufstellung der Unternehmensabschlüsse verantwortlichen Vorstand vermieden werden soll. Soweit es sich um eine börsennotierte Aktiengesellschaft handelt, muss bei dieser nicht der Aufsichtsrat insgesamt, sondern nur der Prüfungsausschuss den Auftrag erteilen (Ziffer 5.3.2. Deutscher Corporate Governance Kodex) bzw. eine entsprechende Abweichung von dieser Regelung in der jährlich abzugebenden Entsprechenserklärung nach § 161 AktG angeben.

Bei dem dann zwischen der Gesellschaft und dem Abschlussprüfer zustande kommenden Vertrag handelt es sich um einen Werkvertrag, da der Abschlussprüfer die Herbeiführung eines konkreten Erfolgs in Form der Erteilung oder Versagung eines Bestätigungsvermerks schuldet.[301] Der vertraglichen Ausgestaltung sind allerdings eine Reihe von Aspekten der Abschlussprüfung entzogen, da diese gesetzlich zwingen vorgegeben sind. Dabei handelt es sich neben dem geschuldeten Mindestumfang der Prüfung vor allem auch um die Vorgaben für die Erteilung des Bestätigungsvermerks. Zur Haftung des Abschlussprüfers siehe S. 253 ff.

c) Gerichtliche Bestellung

Zur Sicherstellung der Durchführung der Abschlussprüfung sieht § 318 IV HGB die gerichtliche Bestellung eines Abschlussprüfers vor. Zwar kann ohne eine Abschlussprüfung keine Feststellung der Unternehmensabschlüsse erfolgen (§ 316 I 2 HGB), so dass damit ebenfalls ein Druck auf die Gesellschafter zur Bestellung eines Abschlussprüfers ausgeübt wird. Allerdings kann es insbesondere bei internen Streitigkeiten bzw. Pattsituationen zwischen den Gesellschaftern notwendig sein, einen Abschlussprüfer gerichtlich zu bestellen. Die gerichtliche Bestellung kommt zudem in Betracht, wenn ein Abschlussprüfer die Annahme des Auftrags abgelehnt hat, dieser weggefallen ist oder der Abschlussprüfer eine rechtzeitige Durchführung der Prüfung nicht gewährleisten kann (§ 318 IV 2 HGB). Das Antragsrecht für die gerichtliche Bestellung haben neben den gesetzlichen Vertretern und ggf. dem Aufsichtsrat vor allem auch die Gesellschafter, ohne dass diese dabei ein bestimmtes Quorum erfüllen müssen (§ 318 IV 1 HGB).

d) Beendigung der Bestellung und des Prüfungsvertrages

Die Bestellung des Abschlussprüfers endet mit der Durchführung der Abschlussprüfung und der Erteilung oder Versagung des Bestätigungsvermerks. Darüber hinaus besteht für die Gesellschaft keine Möglichkeit, die Abschlussprüfung vorzeitig zu beenden. In Betracht kommt insofern nur die gerichtliche Bestellung eines anderen Abschlussprüfers im Rahmen des Ersetzungsverfahrens (§ 318 III HGB), da sich die Gesellschaft anderenfalls eines unliebsamen Abschlussprüfers ohne weiteres entledigen

---

[301] Vgl. zur umstrittenen Rechtsnatur des Prüfungsvertrages *Ebke*, in: Münchener Kommentar zum HGB, 2. Aufl., 2008, § 318 Rdnr. 23.

könnte. Die Bindung des Abschlussprüfers an die Gesellschaft gilt aber auch für den Abschlussprüfer. Dieser kann seinen Prüfungsvertrag nur aus wichtigem Grund kündigen (§ 318 VI 1 HGB), wobei Meinungsverschiedenheiten über den Bestätigungsvermerk ausdrücklich keinen wichtigen Grund darstellen sollen (§ 318 VI 2 HGB).

3. Gegenstand der Abschlussprüfung

Nach § 317 I HGB hat sich die Abschlussprüfung auf die Einhaltung der Gesetzes-, Satzungs- und Gesellschaftsvertragsbestimmungen über den Jahresabschluss zu erstrecken. Diese *Kontrollfunktion* ist so anzulegen, dass Unrichtigkeiten und Verstöße gegen die genannten Bestimmungen, die sich auf das den tatsächlichen Verhältnissen entsprechende Bild der Vermögens-, Finanz- und Ertragslage wesentlich auswirken, bei gewissenhafter Berufsausübung erkannt werden. Der einschränkende Hinweis auf die gewissenhafte Berufsausübung macht deutlich, dass die Prüfungshandlungen zur Aufdeckung von Unregelmäßigkeiten und Verstößen im Rahmen der Jahresabschlussprüfung hinter einer Sonderprüfung zurückbleiben muss.[302] Die Kontrollfunktion erfüllt zugleich eine *Schutzfunktion* für die Bilanzadressaten, die durch die Ausgestaltung der Prüfungsvorschriften als zwingendes Recht betont wird.

Gegenstand der Jahresabschlussprüfung sind der aus Bilanz-, Gewinn- und Verlustrechnung und Anhang bestehende Jahresabschluss und der Lagebericht (§ 316 I HGB), ggf. der Konzernabschluss und der Konzernlagebericht (§ 316 II HGB) sowie der befreiende Einzelabschluss nach § 325 IIa HGB (§ 324a HGB). In die Prüfung des Jahresabschlusses ist nach § 317 I 1 HGB auch die Buchführung einzubeziehen. Bei kapitalmarktorientierten Gesellschaften (§ 264d HGB) gehören zu den Prüfungsgegenständen außerdem eine Kapitalflussrechnung, ein Eigenkapitalspiegel und ggf. eine Segmentberichterstattung (§§ 264 I 2, 316 I HGB). Daraus ergibt sich folgende Aufteilung des Prüfungsstoffes:

- die Prüfung der Buchführung;
- die Prüfung der Bilanz;
- die Prüfung der Gewinn- und Verlustrechnung;
- die Prüfung des Anhangs;
- die Prüfung des Lageberichts,

und bei kapitalmarktorientierten Gesellschaften:

- die Prüfung der Kapitalflussrechnung;
- die Prüfung der soweit vorhandenen Segmentberichterstattung und
- die Prüfung des Eigenkapitalspiegels.

Somit unterliegt die gesamte Rechnungs- und Rechenschaftslegung prüfungspflichtiger Kapitalgesellschaften und prüfungspflichtiger Personenhandelsgesellschaften (§ 264a HGB) der gesetzlichen Jahresabschlussprüfung. Die einzelnen Prüfungsgebiete stehen *gleichwertig nebeneinander* und sind als eine Einheit anzusehen.

Bei börsennotierten Aktiengesellschaften muss der Abschlussprüfer im Rahmen der Prüfung des Jahresabschlusses schließlich auch ein Urteil abgeben, ob der Vorstand seiner Verpflichtung gem. § 91 II AktG nachgekommen ist, geeignete Maßnahmen zu treffen, insbesondere ein Überwachungssystem einzurichten, damit den Fortbestand der Gesellschaft gefährdende Entwicklungen früh erkannt werden und ob das danach einzurichtende Überwachungssystem seine Aufgaben erfüllen kann (§ 317 IV HGB).

---

[302] Vgl. zum Verhältnis zur Sonderprüfung siehe S. 236 f.

Durch die Verpflichtung des Abschlussprüfers, sich kritisch zur Angemessenheit des von den gesetzlichen Vertretern einzurichtenden Risikomanagements und zur Funktionsfähigkeit der internen Revision zu äußern, ergibt sich eine verbesserte Unterrichtung des Aufsichtsrats. Keine Prüfung erfolgt allerdings hinsichtlich der von börsennotierten Aktiengesellschaften im Lagebericht aufzunehmenden Erklärung zur Unternehmensführung (§§ 289a, 317 II 3 HGB).

4. Art und Weise der Prüfung

Während sich der Gegenstand der Abschlussprüfung aus den gesetzlichen Vorschriften ableiten lässt, enthielt das HGB bisher kaum Bestimmungen über die Durchführung der Prüfung. Diese musste vielmehr nur gewissenhaft (§ 317 I 3 HGB), unparteiisch (§ 323 I 1 HGB) und sorgfältig (§ 320 II 1 HGB) erfolgen. Durch das Bilanzrechtsmodernisierungsgesetz wurden allerdings die internationalen Prüfungsstandards (*International Standards on Auditing*) für anwendbar erklärt (§ 317 V HGB), die von der Europäischen Kommission im Rahmen des so genannten Komitologieverfahrens angenommen wurden, was bisher allerdings noch nicht geschehen ist. Diese Standards sind aufgrund der Anordnung von § 317 V HGB für den Abschlussprüfer verbindlich, da es sich bei diesen aufgrund der Übernahme durch das Komitologieverfahren um vorrangig anzuwendendes Europarecht handelt. Neben den insofern verbindlichen internationalen Prüfungsstandards gibt es in Deutschland noch die vom IDW ausgearbeiteten Prüfungsstandards, bei denen es sich allerdings um bloße Empfehlungen handelt, die keine Gesetzesqualität haben.[303]

a) Prüfung der Buchführung

Da die Bilanz, die Gewinn- und Verlustrechnung und der Anhang aus der Buchführung entwickelt werden, ist diese zunächst einer Prüfung zu unterziehen. Das kann selbstverständlich nicht bedeuten, dass sämtliche Buchungen des abgelaufenen Geschäftsjahres überprüft werden müssen. Nur eine ordnungsmäßig organisierte Buchführung bietet die Gewähr dafür, dass alle Vermögensveränderungen zwischen zwei Abschlussstichtagen ordnungsmäßig erfasst werden. Welche Voraussetzungen im einzelnen erfüllt sein müssen, damit eine Buchführung als ordnungsmäßig angesehen werden kann, bestimmt sich mangels eindeutiger gesetzlicher Vorschriften im wesentlichen nach der Verkehrsanschauung, der kaufmännischen Übung und den Erkenntnissen der Betriebswirtschaftslehre. Auch die steuerliche Rechtsprechung und die Verwaltungsanweisungen der Finanzbehörden können entsprechende Hinweise geben.

Die Prüfung der Ordnungsmäßigkeit der Buchführung erstreckt sich im Allgemeinen auf die Ordnungsmäßigkeit der organisatorischen Gestaltung der Buchführung, auf die Ordnungsmäßigkeit der Führung der Handelsbücher und auf die Ordnungsmäßigkeit der Aufstellung des Inventars.

Als ordnungsmäßig kann eine Buchführung dann bezeichnet werden, wenn *folgende Voraussetzungen* erfüllt sind:

- die Eintragungen werden fortlaufend, vollständig und richtig vorgenommen;
- die Eintragungen sind klar und übersichtlich;

---

[303] Für eine Übersicht siehe *Ebke*, in: Münchener Kommentar zum HGB, 2. Aufl., 2008, § 317 Rdnr. 21 ff.

- für alle Eintragungen sind Belege vorhanden und werden ordnungsgemäß aufbewahrt;
- aus den Büchern kann ein Fachkundiger jederzeit die Lage des Unternehmens und das Ergebnis feststellen.

Die Prüfungsrichtung kann progressiv oder retrograd sein. Beginnt die Prüfung eines Geschäftsvorfalles beim Beleg und wird seine buchtechnische Behandlung über Grundbücher, Journale und Hauptbuch bis zum Jahresabschluss verfolgt, so liegt eine progressive Prüfung vor; verfolgt man einen Tatbestand von seinem Ausweis in der Bilanz zurück bis zum Beleg, so handelt es sich um eine retrograde Prüfung. Führen dieselben Abschlussprüfer die Prüfung eines Unternehmens Jahr für Jahr durch, so ist es zweckmäßig, dass sie ihren Prüfungsplan jeweils nach anderen Gesichtspunkten aufbauen, damit die von ihnen verwendeten Prüfungsmethoden nicht von vornherein durchschaut werden können.[304]

b) Prüfung der Bilanz

Die Prüfung der Bilanz betrifft einerseits die Einhaltung der Gliederungsvorschriften und andererseits die Beachtung der Bewertungsvorschriften. Soweit der Geschäftszweig keine abweichende Gliederung bedingt, die gleichwertig sein muss, ist die gesetzliche Mindestgliederung des § 266 HGB für Kapitalgesellschaften einzuhalten. Eine weitere freiwillige Aufgliederung der Positionen ist zulässig. In einem solchen Fall ist insbesondere die Beachtung der formalen Bilanzkontinuität zu prüfen. Durch häufigen Wechsel der Aufgliederung von Bilanzpositionen kann die Vergleichbarkeit mit Bilanzen früherer Abrechnungsperioden erheblich erschwert werden.

Soweit in Ausnahmefällen die Gliederung in der Bilanz oder in der Gewinn- und Verlustrechnung geändert wurde, sind die Änderungen *im Anhang* anzugeben und zu begründen. Der Abschlussprüfer hat in diesen Fällen zu prüfen, ob die entsprechenden Angaben im Anhang gemacht wurden und ihre Begründung zutreffend ist. Gehört ein Vermögensgegenstand zu mehreren Bilanzpositionen, so ist bei der Position, unter der er ausgewiesen ist, die *Mitzugehörigkeit* zu den anderen Positionen zu vermerken, wenn das zur Aufstellung einer klaren und übersichtlichen Jahresbilanz erforderlich ist (§ 265 III HGB).

Bei der Prüfung der Wertansätze hat der Prüfer einerseits darauf zu achten, dass das *Prinzip des Gläubigerschutzes* nicht verletzt worden ist, d.h. ob die Wertansätze der Vermögenspositionen nicht zu hoch sind und ob Abschreibungen, Wertberichtigungen und Rückstellungen reichlich genug bemessen worden sind; andererseits muss er im Interesse der Anteilseigner prüfen, dass deren Gewinnansprüche nicht durch zu niedrige Bewertung (Bildung stiller Rücklagen) oder durch zu hohe Einstellung von Gewinnen in die offenen Rücklagen gekürzt werden.

Soweit die gesetzlichen Bewertungsvorschriften dem Unternehmen *Ermessensspielräume* bei der Fixierung der Wertansätze einräumen, genügt nicht die Feststellung, dass die Wertansätze im Rahmen der gesetzlichen Grenzen liegen. Vielmehr erfordert die *Generalklausel* des § 264 II 1 HGB, nach der der Jahresabschluss ein den tatsächlichen Verhältnisses entsprechendes Bild der Vermögens-, Finanz- und Ertragslage geben soll, dass die Ausübung des Ermessens daraufhin geprüft wird, ob dieser Grundsatz beachtet worden ist. So gibt es beispielsweise für die Handelsbilanz keine gesetzliche Vorschrift über das anzuwendende Abschreibungsverfahren (vgl. § 253 III-V

[304] *Wöhe,* Einführung in die allgemeine Betriebswirtschaftlehre, 23. Aufl., 2008, S. 814.

HGB). Deshalb muss sich der Prüfer ein eigenes Urteil darüber bilden, ob z.B. eine stark degressive Abschreibung in den ersten Jahren einer längeren wirtschaftlichen Nutzungsdauer zu Periodenabschreibungen führt, die nicht ein den tatsächlichen Verhältnissen entsprechendes Bild der wirtschaftlichen Lage des Unternehmens geben. Es liegt dann zwar kein nachweisbarer Verstoß gegen eine spezielle Bewertungsvorschrift vor, es ist aber möglich, dass die gewählte Abschreibung nicht den Grundsätzen ordnungsmäßiger Buchführung und Bilanzierung entspricht.

Besonders kritisch sind die mit den Herstellungskosten[305] bewerteten Positionen zu überprüfen, da durch zu hohe Bemessung der Herstellungskosten (z.B. durch Ansatz überhöhter Gemeinkostenzuschläge) die Gesellschaft ihre Lage günstiger darstellen kann als sie tatsächlich ist. Die Nachprüfung der Herstellungskosten erfordert eine Einsichtnahme in die Unterlagen der Kostenrechnung und damit in gewissem Umfange auch eine Prüfung der Kostenrechnung.

Zusätzlich zur Einhaltung gesetzlicher Vorschriften ist ggf. auch die Einhaltung von Bestimmungen des Gesellschaftsvertrages oder der Satzung, die sich auf den Jahresabschluss auswirken, zu überprüfen (§ 317 I 2 HGB). Als Bestimmungen der Satzung über den Jahresabschluss kommen in erster Linie Bestimmungen über die Einstellung von Beträgen in die Kapitalrücklagen oder in andere Gewinnrücklagen in Betracht. Da sich jedoch auch andere Satzungsbestimmungen auf den Jahresabschluss auswirken können, hat sich der Abschlussprüfer über die gesamte Satzung zu unterrichten und sie zu berücksichtigen.[306]

Die gesetzlichen Vorschriften über die Prüfung der Rechnungslegung – insbesondere der Bilanz – werden ergänzt durch kodifizierte und nicht kodifizierte *Grundsätze ordnungsmäßiger Buchführung*. Die Abschlussprüfung hat sich daher auch auf die Einhaltung dieser Grundsätze zu erstrecken. Der Abschlussprüfer hat sich über die Entwicklung dieser Grundsätze auf dem Laufenden zu halten.

c) Prüfung der Gewinn- und Verlustrechnung

Die Prüfung der Gewinn- und Verlustrechnung hat einerseits eine Vollständigkeitsprüfung und andererseits eine Gliederungsprüfung zum Gegenstand. Im Rahmen der Vollständigkeitsprüfung hat der Prüfer festzustellen, ob sämtliche Aufwendungen und Erträge vollständig und periodengerecht ausgewiesen sind. Im Rahmen der Gliederungsprüfung hat er ein Urteil abzugeben, ob die Gliederungsvorschriften eingehalten worden sind und sämtliche Aufwendungen und Erträge unter der richtigen Bezeichnung ausgewiesen sind.

Zusätzliche Bewertungsfragen treten in der Regel nicht auf, wenn die Positionen, bei denen eine Bewertung erforderlich ist (z.B. Abschreibungen, Bestandsveränderungen bei Vorräten, Wertberichtigungen auf Forderungen, Rückstellungen u.a.) bereits in der Bilanz geprüft worden sind. Auch die Prüfung der Zuführungen und Entnahmen zu bzw. aus den Rücklagen wird in der Regel bereits bei der Prüfung der Rücklagen und des Ausweises ihrer Bewegung in der Bilanz vorgenommen.

---

305 Einzelheiten zu den Herstellungskosten vgl. S. 121 ff.

306 Vgl. *Ebke*, in: Münchener Kommentar zum HGB, 2. Aufl., 2008, § 317 Rdnr. 64 f.

d) Prüfung des Anhangs und des Lageberichts

Der Anhang und der Lagebericht sind zusätzliche Informationsquellen für alle Bilanzadressaten.[307] Beide Rechnungslegungsinstrumente dienen der Realisierung der Generalnorm des § 264 II HGB, nach der der Jahresabschluss ein den tatsächlichen Verhältnissen entsprechendes Bild der Vermögens-, Finanz- und Ertragslage des Unternehmens vermitteln soll.

Den Schwerpunkt der Prüfung bilden die Angaben zu den einzelnen Positionen der Bilanz und der Gewinn- und Verlustrechnung, die entweder für den Anhang zwingend vorgeschrieben sind, oder für die das Gesetz ein *Wahlrecht* vorsieht, entweder im Anhang oder in der Bilanz bzw. der Gewinn- und Verlustrechnung ausgewiesen zu werden. Von besonderer Bedeutung ist die Berichterstattung über die angewandten *Bilanzierungs- und Bewertungsmethoden* und über Änderungen dieser Methoden. Da derartige Änderungen eine Durchbrechung der Bilanzkontinuität bedeuten können, ist die Begründung im Anhang darauf zu prüfen, ob die Berichterstattung klar, übersichtlich, vollständig und richtig erfolgt ist.

Da auch eine Berichterstattung über bestimmte, aus dem Jahresabschluss nicht oder nicht hinreichend erkennbare Tatbestände im Anhang verlangt wird, z.B. über aus der Bilanz nicht zu ersehende finanzielle Verpflichtungen oder rechtliche und geschäftliche Beziehungen zu verbundenen Unternehmen u.a., muss der Abschlussprüfer auch diese Tatbestände einer Beurteilung unterziehen und sich von den gesetzlichen Vertretern die dazu erforderlichen Unterlagen und Auskünfte beschaffen.

Die Prüfung des Lageberichts beschränkt sich auf die Feststellung, dass er mit dem Jahresabschluss in Einklang steht, die allgemeine wirtschaftliche Lage des Unternehmens richtig darstellt und dass er nicht geeignet ist, dem Leser eine falsche Vorstellung von der Lage des Unternehmens zu vermitteln. Können die vergangenheitsbezogenen Angaben in der Regel noch relativ einfach nachvollzogen werden, so ergibt sich die besondere Schwierigkeit des Prüfungsbereichs aus seinen zukunftsorientierten Aussagen, die normalerweise eine subjektive Wertung enthalten.

e) Zeitliche Vorgaben

Für die Durchführung der Abschlussprüfung gibt es keine direkten zeitlichen Vorgaben. Entsprechende Vorgaben bestehen aber für die Offenlegung der Unternehmensabschlüsse, da diese spätestens vor Ablauf des zwölften Monats des dem Abschlussstichtags nachfolgenden Geschäftsjahres erfolgen muss (§ 325 I 2 HGB). Darüber hinaus bestehen für bestimmte kapitalmarktorientierte Unternehmen weitergehende zeitliche Vorgaben (§§ 37v ff. WpHG), die damit implizit auch Vorgaben für die Durchführung der Abschlussprüfung machen.[308]

5. Ergebnis der Prüfung

Das Ergebnis der Abschlussprüfung soll sowohl den Gesellschaftsorganen als auch Dritten gegenüber bekannt gemacht werden. Um die berechtigten Interessen des jeweiligen Unternehmens dabei zu schützen, hat der Abschlussprüfer einerseits einen an die Gesellschaftsorgane gerichteten Prüfungsbericht (§ 321 HGB) und einen an die

---

[307] Vgl. S. 170ff. und 175ff.
[308] Zur Finanzberichterstattung siehe S. 259ff.

Öffentlichkeit gerichteten Bestätigungsvermerk (§ 322 HGB) zu erstellen bzw. abzugeben.

a) Prüfungsbericht

Nach § 321 HGB muss der Abschlussprüfer über das Ergebnis seiner Prüfung in seinem *Prüfungsbericht* informieren und den Unternehmensabschlüssen gegenüber dem Unternehmen Stellung nehmen sowie das Ergebnis seiner Prüfung im einzelnen darlegen *(Informationsfunktion).* Nach § 321 II 3 HGB ist im Hauptteil des Prüfungsberichts auch darauf einzugehen, ob der Abschluss insgesamt unter Beachtung der Grundsätze ordnungsmäßiger Buchführung ein den tatsächlichen Verhältnissen entsprechendes Bild der Vermögens-, Finanz- und Ertragslage vermittelt. Der Abschlussprüfer hat schriftlich und mit der gebotenen Klarheit über Art, Umfang und Ergebnis seiner Prüfung zu berichten (§ 321 I 1 HGB). In seinem Bericht muss er vorweg Gegenstand und Umfang, Feststellungen und Ergebnisse seiner Prüfung insbesondere jener Organe des Unternehmens zusammenfassen, denen die Aufsicht obliegt (§ 321 I 2 HGB). Der Prüfungsbericht hat dabei die Aufgabe, durch die Dokumentation wesentlicher Prüfungsfeststellungen und -ergebnisse die Überwachung des Unternehmens zu unterstützen.[309] Der Abschlussprüfer muss seinen Prüfungsbericht den gesetzlichen Vertretern vorlegen (§ 321 V 1). Bei der Aktiengesellschaft hat der Abschlussprüfer den Prüfungsbericht *dem Aufsichtsrat* als seinem Auftraggeber (§ 111 II 3 AktG) vorzulegen, zuvor jedoch dem Vorstand Gelegenheit zur Stellungnahme zu geben (§ 321 V 2 HGB).

Die Erstattung des Prüfungsberichts gehört ebenso wie die Erteilung des Bestätigungsvermerks zu den *Vertragspflichten des Abschlussprüfers*[310] und ist Bestandteil der Abschlussprüfung von prüfungspflichtigen Kapitalgesellschaften und prüfungspflichtigen Personenhandelsgesellschaften im Sinne des § 264a HGB. Solange der Bericht also dem Aufsichtsrat und den gesetzlichen Vertretern nicht vorgelegt worden ist, ist die Prüfung noch nicht beendet, hat also im Rechtssinne noch nicht stattgefunden. Das hat zur Folge, dass der Jahresabschluss (noch) nicht festgestellt werden kann (§ 316 I 2 HGB).

Der Prüfungsbericht ist ein interner und vertraulicher Rechenschaftsbericht des Abschlussprüfers über die Durchführung seines Prüfungsauftrages, d.h. über den Ablauf und das Ergebnis seiner Abschlussprüfung. Der Prüfungsbericht richtet sich nur an den gesetzlich bezeichneten Personenkreis. Die Beschränkung des Kreises der Adressaten ist erforderlich, weil der Bericht ggf. Ausführungen über Betriebsgeheimnisse und vertrauliche Vorgänge enthält, deren Veröffentlichung dem geprüften Unternehmen Schaden zufügen könnte.

Nach § 321 HGB muss nicht nur über das Ergebnis der Prüfung, sondern auch über Art und Umfang der Prüfung berichtet werden. Dabei ist vorweg zu der Beurteilung der Lage des Unternehmens oder Konzerns durch die gesetzlichen Vertreter Stellung zu nehmen (§ 321 I 2 HGB). Insofern ist auch insbesondere auf die Beurteilung des Fortbestandes und der künftigen Entwicklung des Unternehmens unter Berücksichtigung des Lageberichts und bei der Prüfung des Konzernabschlusses von Mutterunternehmen auch des Konzerns einzugehen. Der Prüfungsbericht gliedert sich dann weiter in einen Hauptteil (§ 321 II HGB), einen besonderen Abschnitt (§ 321 III HGB) und

---

[309] Vgl. *Zimmer*, in: Großkommentar zum HGB, 4. Aufl., 1995ff., § 321 Rdnr. 1.

[310] Vgl. *Adler/Düring/Schmaltz*, Rechnungslegung und Prüfung der Unternehmen, 6. Aufl., 1994ff., § 321 HGB Rdnr. 19.

ggf. in einen besonderen Teil (§ 321 IV HGB). Schließlich muss der Abschlussprüfer in dem Prüfungsbericht seine Unabhängigkeit bestätigen (§ 321 IVa HGB).

b) Bestätigungsvermerk

Neben dem Prüfungsbericht muss der Abschlussprüfer einen so genannten Bestätigungsvermerk abgeben, um damit externen Adressaten der Unternehmensabschlüsse von dem Ergebnis der Abschlussprüfung zu unterrichten. In seinem Bestätigungsvermerk muss der Abschlussprüfer der Ergebnis seiner Prüfung zusammenfassen (§ 322 I 1 HGB). Zudem muss er Gegenstand, Art und Umfang der durchgeführten Prüfung beschreiben und die angewandten Rechnungslegungs- und Prüfungsgrundsätze angeben. Zudem muss eine Beurteilung des Prüfungsergebnisses enthalten sein (§ 322 I 2 HGB).

Der Bestätigungsvermerk enthält allerdings keine unmittelbare Aussage über die wirtschaftliche Lage der Gesellschaft. Er bestätigt lediglich, dass die wirtschaftliche Lage – ob sie gut oder schlecht ist – den gesetzlichen Vorschriften und der Generalnorm entsprechend dargestellt wurde und dass sich folglich die Leser des Jahresabschlusses bei ihrer eigenen Urteilsbildung auf die Zahlen des vorgelegten Jahresabschlusses und Lageberichts verlassen können. Aus einem uneingeschränkten Bestätigungsvermerk kann demnach – im Gegensatz zur vielfach in der Öffentlichkeit anzutreffenden Vorstellung – nicht die Folgerung gezogen werden, er garantiere, dass das Unternehmen gesund sei. Daher ist der Abschlussprüfer verpflichtet, den Bestätigungsvermerk grundsätzlich auch dann uneingeschränkt zu erteilen, wenn die Lage des Unternehmens zu ernsten Besorgnissen Anlass gibt oder wenn der Zusammenbruch des Unternehmens droht – sofern der Jahresabschluss unter Berücksichtigung der zutreffenden Annahme über die Unternehmensfortführung gemäß § 252 Nr. 2 HGB ordnungsgemäß erstellt ist und im Lagebericht in dem gesetzlich gebotenen Umfange auf die Lage des Unternehmens, d.h. insbesondere auf die Bestandsrisiken (§ 289 I HGB) eingegangen ist.[311] Allerdings ist der Abschlussprüfer verpflichtet, nicht nur in seinem internen Prüfungsbericht, sondern auch in seinem externen Bestätigungsvermerk auch bei uneingeschränkter positiver Gesamtaussage zum Jahresabschluss und Lagebericht auf Risiken gesondert hinzuweisen, die den Fortbestand des Unternehmens gefährden (§ 322 II 3 HGB). Nach IDW PS 400 reicht es aus, wenn der Abschlussprüfer in einem gesonderten Abschnitt des Bestätigungsvermerks im Anschluss an sein Prüfungsurteil auf die Art des bestehenden Risikos und dessen Darstellung im Lagebericht hinweist.[7]

Der Bestätigungsvermerk ist schließlich auch kein unmittelbares Urteil über die Geschäftsführung der Gesellschaft. Er enthält keine Stellungnahme zur Bilanzpolitik der Geschäftsführung. Sofern die Bilanzpolitik im Einklang mit Gesetz und Satzung steht, ist der Bestätigungsvermerk ohne Rücksicht auf die Ansicht des Abschlussprüfers über die Zweckmäßigkeit bilanzpolitischer Entscheidungen uneingeschränkt zu erteilen.

Je nach dem Ergebnis der Prüfung kommt eine der vier Formen des Prüfungsurteils in Betracht:

- eine uneingeschränkt positive Gesamtaussage (*uneingeschränkter Bestätigungsvermerk* – § 322 II Nr. 1 HGB),
- eine eingeschränkt positive Gesamtaussage (*eingeschränkter Bestätigungsvermerk* – § 322 II Nr. 2 HGB),

---

[311] *Ebke*, in: Münchener Kommentar zum HGB, 2. Aufl., 2008, § 322 Rdnr. 40.

- eine nicht positive Gesamtaussage *(Versagungsvermerk)* (§ 322 II Nr. 3 HGB) oder
- die fehlende Möglichkeit für den Abschlussprüfer, einen Bestätigungsvermerk abzugeben (§ 322 II Nr. 4 HGB).

Die Formulierung einer uneingeschränkten Gesamtaussage beinhaltet eine doppelte Feststellung, da sie neben der Erklärung des Abschlussprüfers, dass die von ihm nach § 317 HGB durchgeführte Prüfung zu keinen Einwendungen geführt hat, einen ausdrücklichen Hinweis auf die Einhaltung der Generalnorm des § 264 II 1 HGB und damit auf die besondere Bedeutung der Generalnorm gibt (§ 322 III HGB). Eine uneingeschränkte positive Gesamtaussage im Bestätigungsvermerk setzt somit zwingend die Einhaltung der Generalnorm voraus.

Bei einer *eingeschränkt positiven Gesamtaussage* könnte der erste Satz lauten: *Meine / Unsere Prüfung hat mit Ausnahme der folgenden Einschränkungen zu keinen Einwendungen geführt.*[312]

Ergibt sich aus der Prüfung zwar die allgemeine Ordnungsmäßigkeit des Jahresabschlusses, des Lageberichts und der Buchführung, ist also ein Positivbefund möglich, sind aber wesentliche Einwendungen gegen diese Rechnungslegung in einzelnen abgrenzbaren und übersehbaren Teilgebieten oder Tatbeständen zu erheben, so ist nach der Berufsauffassung der Wirtschaftsprüfer der *Bestätigungsvermerk einzuschränken.*[313] Eine *Versagung* des Bestätigungsvermerks ist nur dann erforderlich, wenn ein Positivbefund nicht mehr möglich ist.

Die Einschränkung und Versagung des Bestätigungsvermerks ist als die *ultima ratio* des Prüfers zu begreifen. Hat er Einwendungen zu erheben, so ist er aufgrund seiner vertraglichen Pflichten gehalten, den Mandanten zunächst aufzufordern, den Grund der Einwendungen durch Änderung des Entwurfs des Jahresabschlusses zu beseitigen.[314]

Schließlich kann der Abschlussprüfer den Bestätigungsvermerk auch dann versagen, wenn er nicht in der Lage ist, ein Prüfungsurteil abzugeben (§ 322 II Nr. 4 HGB). Dies ist insbesondere dann der Fall, wenn die Auskunft- und Nachweispflichten des § 320 HGB gegenüber dem Abschlussprüfer nicht erfüllt werden. Im Unterschied zum Abbruch der Abschlussprüfung kann der Jahresabschluss dann noch festgestellt werden (§ 316 I 2 HGB).

§ 28. Kapitalmarktrechtliches Enforcement-Verfahren

Eine besondere Prüfung der Unternehmensabschlüsse erfolgt schließlich im Rahmen des so genannten Enforcement-Verfahrens nach §§ 342b ff. HGB, § 37n ff. WpHG. Ansatzpunkt dieses Prüfungsverfahrens ist die stichprobenartige oder anlassbezogene Prüfung der zuletzt festgestellten bzw. gebilligten Unternehmensabschlüsse kapitalmarktorientierter Unternehmen, um eine vollständige und ordnungsgemäße Unterrichtung der Kapitalmärkte über die Vermögens-, Bilanz- und Ertragslage der jeweiligen Gesellschaften zu erreichen. Die Beschränkung auf kapitalmarktorientierte Gesellschaften begründet sich aus dem auf Kapitalmärkten notwendigen höheren Schutzniveaus von elementaren Kapitalmarktinformationen wie der Rechnungsle-

[312] IDW PS 400.59.
[313] IDW PS 400.55.
[314] IDW PS 400.77.

gung.[315] Das deutsche Recht ist bei der Schaffung des Enforcement-Verfahrens gegenüber den Regelungsinstrumenten anderer Staaten einen Sonderweg gegangen, indem es weder eine rein staatliche noch eine rein privatrechtlich organisierte Prüfungsstruktur verwendet, sondern beide Ansätze in einem Zweistufenmodell kombiniert hat.[316]

Auf der ersten Stufe erfolgt die Prüfung von Unternehmensabschlüssen kapitalmarktorientierter Unternehmen auf freiwilliger Basis in Form einer Vereinbarung zwischen dem zu prüfenden Unternehmen und der *Prüfstelle für Rechnungslegung e.V.* (§ 342b HGB). Eine solche Prüfung kann als stichprobenartigen oder als anlassbezogene Prüfung erfolgen (§ 342b II HGB). Soweit die Prüfung durchgeführt und eine Fehlerhaftigkeit der Rechnungslegung festgestellt wurde, kann das betroffene Unternehmen diese Fehlerhaftigkeit bekannt machen und eine entsprechende Korrektur der Unternehmensabschlüsse vornehmen. Falls sich das betroffene Unternehmen weigert, mit der *Prüfstelle für Rechnungslegung e.V.* zusammenzuarbeiten oder den Fehler bekannt zu machen, kann die *Prüfstelle für Rechnungslegung e.V.* die Bundesanstalt für Finanzdienstleistungsaufsicht hinzuziehen und somit die zweite Stufe des Enforcement-Verfahrens einleiten. Soweit die Bundesanstalt für Finanzdienstleistungsaufsicht der Auffassung ist, dass ein Anlass für eine Prüfung der Unternehmensabschlüsse oder Zweifel an der Richtigkeit der Prüfung durch die Prüfstelle für Rechnungslegung e.V. bestehen, kann diese eine eigenständige Prüfung durchführen (§ 37p I WpHG). In diesem Fall ist das betroffenen Unternehmen verpflichtet, mit der Bundesanstalt für Finanzdienstleistungsaufsicht zusammenzuarbeiten und kann im Rahmen des Verwaltungszwanges hierzu angehalten werden (§ 4 III WpHG). Soweit im Rahmen der Prüfung die Fehlerhaftigkeit der Rechnungslegung festgestellt wird, muss das Unternehmen den festgestellten Fehler mit der Begründung der Bundesanstalt für Finanzdienstleistungsaufsicht bekannt machen, soweit keine berechtigten Interessen des Unternehmens entgegenstehen (§ 37q I WpHG). Ebenso wie bei der Prüfung durch die *Prüfstelle für Rechnungslegung e.V.* ist auch bei einer Prüfung durch die Bundesanstalt für Finanzdienstleitungsaufsicht der eigentliche Sanktionsmechanismus die negative Publizität und die damit ausgelöste Reaktion der Kapitalmärkte.

Die Feststellung der Fehlerhaftigkeit der Unternehmensabschlüsse durch die Bundesanstalt für Finanzdienstleistungsaufsicht zwingt das betroffene Unternehmen allerdings nicht, bei dem Folgeabschluss den Fehler zu korrigieren, da die Bundesanstalt für Finanzdienstleistungsaufsicht nur die Fehlerhaftigkeit feststellen, nicht aber die Erstellung einer bestimmten Art der Rechnungslegung verlangen kann.[317]

Das Enforcement-Verfahren ist schließlich gegenüber etwaigen Nichtigkeitsklagen oder Sonderprüfungen subsidiär (§ 37o II WpHG), da im Rahmen dieser Regelungsinstrumente die Fehlerhaftigkeit ebenfalls festgestellt und eine entsprechende negative Publizität ausgelöst wird.

---

[315] Vgl. zu den Hintergründen und der historischen Entwicklung ausführlich *Hirte/Mock*, in: Kölner Kommentar zum WpHG, 2007, § 37n Rdnr. 1 ff.

[316] Vgl. dazu ausführlich *Hirte/Mock*, in: Kölner Kommentar zum WpHG, 2007, § 37n Rdnr. 42 ff.

[317] Vgl. dazu *Hirte/Mock*, in: Kölner Kommentar zum WpHG, 2007, § 37q Rdnr. 26 ff.

7. Teil. Verantwortlichkeit für die Rechnungslegung

Die Rechnungslegung ist für deren Adressaten von großer Bedeutung, da diese oftmals ihre Entscheidungen an dieser ausrichten. Da die Rechnungslegung trotz der vielseitigen Kontrollmechanismen des Gesellschafts-, Kapitalmarkt- und Handelsbilanzrechts nicht immer fehlerfrei sein, stellt sich zwangsläufig die Frage, inwiefern die zur Rechnungslegung Verpflichteten für diese Fehlerhaftigkeit zur Verantwortung gezogen werden können.

§ 29. Zivilrechtliche Verantwortlichkeit

Für die zivilrechtliche Verantwortlichkeit für die Richtigkeit der Rechnungslegung muss zwischen den verschiedenen Akteuren unterschieden werden, die für die Richtigkeit der Rechnungslegung einstehen müssen.

1. Haftung des Kaufmanns gegenüber externen Adressaten

Das deutsche Handelsbilanzrecht statuiert zwar die Verpflichtung des Kaufmannes zur Buchführung (§ 238 I HGB) und zur Aufstellung eines Jahresabschlusses (§ 242 I HGB), eine direkte zivilrechtliche Sanktionierung ist damit aber nicht verbunden.[318] Dies verwundert umso mehr, als doch sowohl die Buchführung als auch die Pflicht zur Aufstellung eines Jahresabschlusses nicht der eigenen Rechenschaftslegung dienen sollen, sondern vor allem auch im Interesse externer Adressaten vorgenommen wird. Diese restriktive Haltung des deutschen Zivilrechts hat auch in der Rechtsprechung ihren Widerhall gefunden. Dies gilt insbesondere für die im Kapitalgesellschaftsrecht entwickelten Grundsätze der Vermögens- oder Sphärenvermischung. Danach soll sich derjenige Gesellschafter einer Kapitalgesellschaft nicht auf die Beschränkung der Haftung auf das Vermögen der juristischen Person berufen, wenn er deren und sein eigenes Vermögen nicht hinreichend voneinander trennt. Der Rechnungslegung wird insofern aber nur eine sehr beschränkte Indizwirkung zuerkannt. So soll etwa das Fehlen einer doppelten Buchführung nicht schon ausreichend sein.[319]

2. Haftung der Gesellschaftsorgane gegenüber der Gesellschaft

Soweit es sich es nicht um einen Einzelkaufmann handelt, stellt sich die Frage inwiefern die Gesellschaftsorgane einer Haftung ausgesetzt sein können. Dabei handelt es sich in erster Linie um diejenigen Gesellschaftsorgane, die für die Auf- und Feststellung bzw. Billigung der Unternehmensabschlüsse verantwortlich sind.

Dabei kann es in der Regel aber immer nur um eine Innenhaftung der jeweiligen Organmitglieder gegenüber der Gesellschaft gehen. Eine Außenhaftung – also direkte Inanspruchnahme der

---

[318] Zu den strafrechtlichen Folgen siehe S. 255ff.

[319] *BGH* v. 14. 11. 2005 – II ZR 178/03, BGHZ 165, 85 = NZG 2006, 350; vgl. zum Ganzen *Hirte*, Kapitalgesellschaftsrecht, 6. Aufl. 2009, Rdnr. 5.165.

Gesellschaftsorgane durch Dritte – scheidet meist aus bzw. ist auf wenige deliktische Ansprüche begrenzt.[320] Schließlich scheidet – jedenfalls bei Kapitalgesellschaften – auch eine (direkte) Inanspruchnahme der Gesellschaftsorgane durch die Gesellschafter aus, da die fehlerhafte Auf- und Feststellung bzw. Billigung der Unternehmensabschlüsse zwar einen Schaden bei der Gesellschaft und dabei auch mittelbar an der Mitgliedschaft der einzelnen Gesellschafter verursacht, ein solcher Reflexschaden aber nicht ersetzt wird.[321]

a) Gesetzliche Vertreter

Die Pflicht zur Aufstellung der Unternehmensabschlüsse besteht für die (gesetzlichen) Vertreter der Gesellschaft. Dies ergibt sich für den Jahresabschluss und den Konzernabschluss aus §§ 242 I, 264 I, 290 I HGB bzw. der jeweiligen gesellschaftsrechtlichen Vertretungsregelung und für die Finanzberichte aus den §§ 37v ff. WpHG ebenfalls im Zusammenhang mit den jeweiligen gesellschaftsrechtlichen Vertretungsregelungen. Das Gesetz enthält allerdings keine ausdrücklichen Regelungen zur zivilrechtlichen Haftung bei der Verletzung dieser Pflicht, so dass die allgemeinen (gesellschaftsrechtlichen) Vorschriften Anwendung finden. Insofern können sich für die Personenhandelsgesellschaften entsprechende Ansprüche aus § 280 BGB und für die Kapitalgesellschaften aus § 93 II AktG, § 43 II GmbHG[322] ergeben.

Bei kapitalmarktorientierten Gesellschaften besteht für die gesetzlichen Vertreter zudem die Verpflichtung, einen so genannten Bilanzeid abzugeben (§§ 264 II 3, 297 II 4 HGB). Bei diesem aus dem US-amerikanischen Recht übernommenen Bilanzeid handelt es sich um schriftliche eine Erklärung der gesetzlichen Vertreter einer kapitalmarktorientierten Gesellschaft, dass der Jahres- bzw. der Konzernabschluss nach besten Wissen ein den tatsächlichen Verhältnissen entsprechendes Bild im Sinne von §§ 264 II 1, 297 II 2 HGB vermittelt bzw. zusätzlich notwendige Angaben im Anhang gemacht wurden.[323] Eine zivilrechtliche Verantwortlichkeit für eine inhaltlich falsche Erklärung sehen die §§ 264 II 3, 297 II 4 HGB allerdings nicht vor, womit die allgemeinen zivilrechtlichen Haftungsinstitute zur Anwendung kommen. Auch wenn insbesondere hinsichtlich der strafrechtlichen Sanktionsnorm des § 331 Nr. 3a HGB eine Schutzgesetzeigenschaft im Sinne von § 823 II BGB angenommen werden kann, ergeben sich daraus kaum Haftungserweiterungen gegenüber der ohnehin schon bestehenden Haftung.[324]

b) Aufsichtsratsmitglieder

Bei der Aktiengesellschaft und der ggf. bei der GmbH kommt zudem eine zivilrechtliche Verantwortlichkeit der Aufsichtsratsmitglieder aus §§ 116, 93 AktG, § 52 GmbHG in Betracht. Die Sorgfaltspflichtverletzung ergibt sich dabei vorrangig aus der entsprechenden unterlassenen bzw. fehlerhaft vorgenommenen Prüfung der Unternehmensabschlüsse durch den Aufsichtsrat (§ 171 AktG) und überdeckt insofern die für den Aufsichtsrat aufgrund von § 111 I AktG bestehende Pflicht zur Überwachung des Vorstands.

---

[320] Vgl. *K.Schmidt*, Gesellschaftsrecht, 4. Aufl., 2002, § 14 V 2.

[321] Vgl. insbesondere für das Kapitalgesellschaftsrecht *Hirte*, Kapitalgesellschaftsrecht, 6. Aufl., 2009, Rdnr. 4.6.

[322] Vgl. dazu etwa *BGH* v. 9.5. 1974 – II ZR 50/72, NJW 1974, 1468 für den Fall der vollständig unterlassenen Buchführung.

[323] Dazu ausführlich *Fleischer*, ZIP 2007, 97 ff.

[324] *Reiner*, in: Münchener Kommentar zum HGB, 2. Aufl. 2008, § 264 Rdnr. 108 ff.

Die Aufsichtsratsmitglieder haften dabei gesamtschuldnerisch (§§ 116, 93 AktG) und zwar auch für den Fall, dass es sich um eine kapitalmarktorientierte Aktiengesellschaft handelt. Diese muss zwar über ein unabhängiges Mitglied des Aufsichtsrats mit Sachverstand auf den Gebieten der Rechnungslegung oder Abschlussprüfung verfügen (§§ 100 V, 107 IV AktG). Dies lässt den individuellen Pflichtenmaßstab der Aufsichtsratsmitglieder für die Haftungsfrage aber unberührt. Insofern kann sich weder ein sonstiges Aufsichtsratsmitglied wegen einer fehlenden für ihn bestehenden Erkennbarkeit der Fehlerhaftigkeit von einer Haftung befreien, noch kann das Mitglied des Aufsichtsrats mit Sachverstand auf den Gebieten der Rechnungslegung oder Abschlussprüfung allein oder vorrangig in Anspruch genommen werden.

c) Gesellschafterversammlung

Schließlich kommt noch eine Haftung der Gesellschafterversammlung in Betracht, da diese – mit grundsätzlicher Ausnahme bei der Aktiengesellschaft (§§ 172f. AktG) – für die Feststellung der Unternehmensabschlüsse zuständig ist. Eine gesellschaftsrechtliche Verantwortlichkeit der Gesellschafterversammlung ist dem deutschen Zivilrecht allerdings fremd, so dass entsprechende Ansprüche – mit Ausnahme etwaiger deliktischer Ansprüche – ausscheiden. Bei der Gesellschafterversammlung handelt es sich lediglich um ein Organ zur kollektiven Willensbildung, das darüber hinaus selbst kein Rechtssubjekt ist.

3. Haftung der Gesellschafter

Eine direkte Haftung der (nicht geschäftsführenden) Gesellschafter für eine fehlerhafte Rechnungslegung scheidet aus, da diese nicht für die Aufstellung von Unternehmensabschlüssen zuständig sind und sie für diese insofern auch keine Verantwortung treffen kann.

Allerdings kommt eine mit der fehlerhaften Rechnungslegung mittelbar zusammenhängende Haftung der Gesellschafter für die Ausübung von aus der fehlerhaften Rechnungslegung abgeleiteten (gesellschaftsrechtlichen) Vermögensrechten in Betracht. Diese Haftung ist für die Gesellschaftsformen allerdings äußerst unterschiedlich ausgestaltet. Bei der Aktiengesellschaft müssen Aktionäre rechtswidrig – aufgrund einer fehlerhaften Rechnungslegung – bezogene Dividenden nur dann an die Gesellschaft zurückgewähren, wenn sie wussten oder infolge von Fahrlässigkeit nicht wussten, dass sie zum Bezug nicht berechtigt waren (§ 62 I AktG). Dabei gilt insbesondere für Kleinaktionäre allerdings ein recht großzügiger Maßstab.[325] Bei der GmbH gilt diese Einschränkung der Rückforderbarkeit allerdings nicht, so dass Ausschüttungen aufgrund einer fehlerhafter Rechnungslegung grundsätzlich immer zurückzuerstatten ist (§ 31 I GmbHG). Eine Ausnahme gilt insofern nur beim gutgläubigem Empfänger, der einem Rückgewährsanspruch nur dann ausgesetzt sein kann, wenn die Erstattung zur Gläubigerbefriedigung erforderlich ist (§ 31 II GmbHG).
Bei den Personenhandelsgesellschaften stellt sich die Problematik zunächst für den persönlich haftenden Gesellschafter dergestalt, dass dieser nur zur Entnahme seines Gewinnanteils berechtigt ist (§ 122 HGB). Soweit daher eine Entnahme vorgenommen wird, obwohl diese aufgrund der fehlerhaften Rechnungslegung nicht von einem Gewinn abgedeckt ist, muss der Gesellschafter den entnommenen Betrag zurückerstatten, wobei eine entsprechende Gutgläubigkeit ohne Bedeutung ist.[326] Bei der Kommanditgesellschaft bewirkt die unberechtigte Entnahme aufgrund einer fehlerhaften Rechnungslegung für den Kommanditisten zunächst, dass die Einlage gegenüber den Gläubigern entsprechend als nicht geleistet gilt (§ 172 IV HGB). Im Übrigen ist der Kommanditist gegenüber der Gesellschaft auch zur Rückgewähr verpflichtet. Soweit der Kom-

---

[325] Vgl. etwa *Bayer*, in: Münchener Kommentar zum AktG, 3. Aufl., 2008, § 62 Rdnr. 69.

[326] Vgl. *von Gerkan/Haas*, in: Röhricht/Graf von Westphalen, HGB, 3. Aufl., 2008, § 122 Rdnr. 11.

manditist dabei im guten Glauben war, scheidet eine Rückerstattungspflicht aus (§ 172 V HGB). Dies gilt sowohl gegenüber den Gläubigern als auch im Innenverhältnis.[327]

4. Haftung des Abschlussprüfers

Eine besondere Haftung besteht allerdings für den Abschlussprüfer, da dieser als externer Dritter gerade die Richtigkeit der Rechnungslegung im Interesse der externen aber auch der internen Adressaten überprüfen und damit sicherstellen soll.

a) Haftung gegenüber der Gesellschaft

Dabei kommt zunächst eine Haftung des Abschlussprüfers gegenüber der Gesellschaft in Betracht. Anspruchsgrundlage für einen Schadenersatzanspruch ist dabei trotz des Vorliegens eines Werkvertrages nicht § 634 Nr. 4 BGB, sondern vielmehr § 323 I 3 HGB als *lex specialis*, soweit sich der Prüfungsauftrag auf die gesetzlichen Vorgaben der Abschlussprüfung beschränkt.[328] Als Pflichtverletzungen kommen die nicht gewissenhafte oder parteiische Prüfung oder die Verletzung der Verschwiegenheitspflicht in Betracht (§ 323 I 1 HGB). Während die Verletzung der Verschwiegenheitspflicht und die parteiische Prüfung noch recht einfach zu bestimmen sind, macht vor allem die Bestimmung des Maßstabes der Gewissenhaftigkeit Schwierigkeiten. Dieser unbestimmte Rechtsbegriff wird heute durch eine Reihe von Verlautbarungen der nationalen und internationalen Berufsorganisationen weit gehend konkretisiert, auch wenn diese Verlautbarungen letztlich rechtlich unverbindlich sind.[329]

Auch wenn eine Haftung des Abschlussprüfers gegenüber der Gesellschaft somit grundsätzlich gegeben sein kann, ist diese im Interesse der Durchführung der Abschlussprüfung zu begrenzen. Zwar muss auch bei der Abschlussprüfung eine zivilrechtliche Verantwortlichkeit für eintretende Schäden – ebenso wie bei anderen Verträgen – bestehen, eine ausufernde Haftung würde allerdings die Kosten für die Prüfungen ins Unermessliche treiben und die Möglichkeit der Versicherung der beruflichen Tätigkeit für den Abschlussprüfer faktisch ausschließen.[330] Aus diesen Gründen sieht § 323 II HGB eine Beschränkung der Haftungssumme jedenfalls für fahrlässiges Verhalten auf eine Million Euro bzw. vier Millionen Euro bei kapitalmarktorientierten Gesellschaften pro Prüfung vor. Bei einer vorsätzlichen Pflichtverletzung findet diese Haftungsbeschränkung allerdings keine Anwendung, da sie in diesen Fällen auch sachlich nicht gerechtfertigt ist.

b) Haftung gegenüber Dritten

Keine ausdrückliche Regelung hat aber die Haftung des Abschlussprüfers gegenüber Dritten erfahren. Dies ist insofern rechtspolitisch äußerst zweifelhaft, da die Mehrzahl der Schäden aufgrund einer fehlerhaften Abschlussprüfung meist bei den externen Adressaten der geprüften Gesellschaft eintritt. Dies können neben Aktionären, die im

---

[327] Zu dieser freilich umstrittenen Auffassung vgl. *von Gerkan/Haas*, in: Röhricht/Graf von Westphalen, HGB, 3. Aufl., 2008, § 169 Rdnr. 17.

[328] Vgl. *Ebke*, in: Münchener Kommentar zum HGB, 2. Aufl. 2008, § 323 Rdnr. 17.

[329] Für einen Überblick siehe *Ebke*, in: Münchener Kommentar zum HGB, 2. Aufl., 2008, § 323 Rdnr. 44.

[330] Zu dieser Problematik siehe ausführlich *Zimmer*, in: Großkommentar zum HGB, 4. Aufl. 1995 ff., § 323 Rdnr. 44.

Vertrauen auf die Abschlussprüfung bzw. die Unternehmensabschlüsse der Gesellschaft eine Investitions- oder Deinvestitionsentscheidung getroffen haben, vor allem aber auch Gläubiger sein, die ihre Vertragsbeziehungen zu dem geprüften Unternehmen bei einer ordnungsgemäßen Abschlussprüfung möglicherweise auf den Prüfstand gestellt oder sogar abgebrochen hätten.

Die fehlende ausdrückliche Regelung der Abschlussprüferhaftung gegenüber Dritten hat eine grundsätzliche Debatte über die Anwendbarkeit des allgemeinen Schuldrechts ausgelöst. Im Mittelpunkt stehen dabei die Grundsätze des Vertrags mit Schutzwirkung zugunsten Dritter in der Form, dass der jeweilige Adressat der Unternehmensabschlüsse in den Schutzbereich des Prüfungsvertrages zwischen dem geprüften Unternehmen und dem Abschlussprüfer einbezogen wird, letzterer also auch den Adressaten der Unternehmensabschlüsse eine gewissenhafte und sorgfältige Prüfung schuldet. Die Voraussetzungen des Bestehens eines Vertrages mit Schutzwirkung zugunsten Dritter bei der Abschlussprüfung sind allerdings weit gehend umstritten. Während die erforderliche Leistungsnähe bei den Adressaten der Unternehmensabschlüsse und die Erkennbarkeit der Einziehung für den Abschlussprüfer ohne weiteres gegeben bzw. erkennbar sind, bereitet vor allem das weiter erforderliche Einbeziehungsinteresse größere Schwierigkeiten.[331] Die Rechtsprechung und ein Großteil der Literatur lehnt das Einbeziehungsinteresse bei der Abschlussprüfung ab, da das geprüfte Unternehmen und der Abschlussprüfer in der Regel übereinstimmend davon ausgehen, dass die Prüfung nicht im Interesse eine bestimmten Dritten durchgeführt wird und diesem als Entscheidungsgrundlage dienen soll.[332] Zwar besteht sowohl beim Unternehmen als auch beim Abschlussprüfer bei Abschluss des Prüfungsvertrages kein Zweifel darüber, dass die externen Adressaten der Rechnungslegung auf die Richtigkeit der Unternehmensabschlüsse aufgrund der durchgeführten Abschlussprüfung vertrauen werden. Allerdings ist die Gesamtheit der externen Adressaten nicht hinreichend konkret genug, um ein Einbeziehungsinteresse zu begründen. Ein Einbeziehungsinteresse kommt umgekehrt aber dann in Betracht, wenn sich der Abschlussprüfer und das Unternehmen darüber einig sind, dass der Abschlussprüferbericht bzw. das Gutachten einem bestimmten Dritten – wie etwa eine kreditgebenden Bank – vorgelegt werden soll.[333]

Darüber hinaus kann der Abschlussprüfer gegenüber Dritten auch deliktischen Ansprüchen ausgesetzt sein. Eine Haftung aus § 823 I BGB scheidet dabei aber aus, da es sich bei den durch die fehlerhafte Abschlussprüfung verursachten Schäden bei den Dritten in der Regel um Vermögensschäden handelt. Ebenso scheidet eine Haftung aus § 823 II BGB i.V.m. § 323 I HGB aus, weil es sich bei § 323 HGB nicht um ein Schutzgesetz handelt.[334] Eine Haftung kommt aber aus § 826 BGB in Betracht, wofür freilich insbesondere die hohen subjektiven Anforderungen auch erfüllt sein müssen, was bei einer bloßen fehlerhaften Durchführung der Abschlussprüfung in der Regel nicht der Fall ist.

---

[331] Zu den Voraussetzungen des Vertrages mit Schutzwirkung zugunsten Dritter vgl. *Gottwald*, in: Münchener Kommentar zum BGB, 5. Aufl., 2007, § 328 Rdnr. 106ff.

[332] *BGH* v. 6. 4. 2006 – III ZR 256/04, BGHZ 167, 155 = NJW 2006, 1975 = ZIP 2006, 954; *BGH* v. 2. 4. 1998 – III ZR 245/96, BGHZ 138, 257 = NJW 1998, 1948 = ZIP 1998, 826; vgl. dazu ausführlich *Ebke*, in: Münchener Kommentar zum HGB, 2. Aufl., 2008, § 323 Rdnr. 132ff.; *Heppe*, WM 2003, 759.

[333] So etwa in *BGH* v. 2.4. 1998 – III ZR 245/96, BGHZ 138, 257 = NJW 1998, 1948 = ZIP 1998, 826.

[334] *BGH* v. 25.4. 1961 – VI ZR 96/60, BB 1961, 652; *LG Hamburg* v. 22.6. 1998 – 402 O 70/97, WM 1999, 139; vgl. auch insgesamt zur deliktischen Haftung *Ebke*, in: Münchener Kommentar zum HGB, 2. Aufl., 2008, § 323 Rdnr. 92ff.

§ 30. Strafrechtliche Verantwortlichkeit

Neben der zivilrechtlichen Verantwortlichkeit sieht das Rechnungslegungsrecht auch eine Reihe von Straftatbeständen vor, die fehlerhafte Unternehmensabschlüsse und das damit verbundene enttäuschte Vertrauen der externen Adressaten verhindern sollen. Die relevanten Straftatbestände finden sich dabei meist in den speziellen Reglungszusammenhängen.

1. Allgemeines Strafrecht

Das allgemeine Strafrecht des StGB kennt dabei lediglich den Straftatbestand der Verletzung der Buchführungspflicht (§ 283b StGB), der sich allerdings im Abschnitt zu den Insolvenzstraftaten befindet, ohne dass dieser Straftatbestand einen spezifischen insolvenzrechtlichen Bezug aufweist. So ist es strafbewehrt, Handelsbücher nicht zu führen bzw. zu verändern (§ 283b I Nr. 1 StGB), beiseite zu schaffen oder etwa zu zerstören (§ 283b I Nr. 2 StGB) oder Bilanzen entgegen dem Handelsrecht zur Erschwerung der Übersicht über das Vermögen oder in der dafür vorgeschriebenen Zeit aufzustellen (§ 283b I Nr. 3 StGB). Außer bei diesem speziellen Straftatbestand kann die fehlerhafte Rechnungslegung zudem insbesondere auch bei den allgemeinen Vermögensdelikten wie etwa beim Betrug (§ 263 StGB) eine Rolle spielen.

2. Handelsbilanzstrafrecht

Das Handelsbilanzrecht selbst kennt ebenfalls eine Reihe von Straf- und Ordnungswidrigkeitstatbeständen, die sich allerdings nicht auf den handelsrechtlichen Einzelkaufmann oder (reguläre) Personenhandelsgesellschaften, sondern nur auf Kapitalgesellschaften und die Abschlussprüfung beziehen. Im Mittelpunkt steht dabei zunächst der Straftatbestand der unrichtigen Darstellung (§ 331 HGB). Davon erfasst werden die unrichtige Wiedergabe und die Verschleierung der Verhältnisse einer Kapitalgesellschaft in bestimmten Unternehmensabschlüssen durch die Mitglieder des jeweils vertretungsberechtigten Organs oder des Aufsichtsrats (§ 331 Nr. 1–3 HGB). Ebenso wird die Abgabe eines falschen Bilanzeides (§ 331 Nr. 3a HGB) oder die Abgabe von unrichtigen Angaben oder die unrichtige Wiedergabe oder Verschleierung der wirtschaftlichen Verhältnisse der Gesellschaft gegenüber dem Abschlussprüfer (§ 331 Nr. 4 HGB). Darüber hinaus ist es bußgeldbewehrt, bei der Aufstellung der Unternehmensabschlüsse oder Lageberichte bestimmte Rechnungslegungsvorschriften zu missachten (§ 334 HGB) oder den Offenlegungsverpflichtungen aus §§ 325af. HGB nicht nachzukommen (§ 335 HGB).

Neben den Mitgliedern des vertretungsberechtigten Organs oder des Aufsichtsrats werden auch der Abschlussprüfer und dessen Gehilfen durch das Handelsbilanzstrafrecht adressiert. So ist die unrichtige Berichterstattung über das Ergebnis der Prüfung, das Verschweigen erheblicher Umstände im Prüfbericht und die Erteilung eines inhaltlich unrichtigen Bestätigungsvermerks strafbewehrt (§ 332 HGB). Zudem ist die Verletzung des Verschwiegenheitspflicht strafbewehrt (§ 333 HGB), wobei es sich dabei aber um ein absolutes Antragsdelikt handelt.

3. Kapitalmarktstrafrecht

Schließlich kennt auch das Kapitalmarktrecht eine Reihe spezifischer Straf- und Ordnungswidrigkeitstatbestände für die kapitalmarktrechtlichen Besonderheiten der Rechnungslegung. So ist die fehlende, unrichtige oder unvollständige Veröffentlichung bzw. die entsprechende Bekanntgabe der Veröffentlichung eines Finanzberichtes ein Bußgeldtatbestand (§ 39 II Nr. 2 lit. m-p, Nr. 5 lit. f-h, Nr. 6, Nr. 25 WpHG). Die Verletzung der entsprechenden Verpflichtungen zur Finanzberichterstattung stellt allerdings keinen Straftatbestand dar. Schließlich stellt die Nichtbefolgung einer Bekanntmachungsverpflichtung im Rahmen des Enforcement-Verfahrens (§ 39 III Nr. 1 lit. c WpHG) oder die fehlende Gestattung des Betretens der Räumlichkeit durch Mitarbeiter der Bundesanstalt für Finanzdienstleistungsaufsicht (§ 39 III Nr. 2 WpHG) eine Ordnungswidrigkeit dar.

8. Teil. Publizität der Rechnungslegung

§ 31. Offenlegung der Unternehmensabschlüsse

Unternehmensabschlüsse können ihre Informationsfunktion nur dann tatsächlich erfüllen, wenn sie veröffentlicht werden. Dennoch sieht das Gesetz lediglich für Kapitalgesellschaften und bestimmte Personenhandelsgesellschaften (§ 264a HGB) eine Offenlegung der Unternehmensabschlüsse vor. Einzelkaufleute und die übrigen Personengesellschaften müssen ihre Unternehmensabschlüsse hingegen nicht offen legen, können diese allerdings freiwillig externen Adressaten etwa zur Steigerung der Kreditwürdigkeit zugänglich machen. Die Offenlegung hat zudem Vorteile und Nachteile. Positiv ist die Glaubwürdigkeit eines von einem externen Abschlussprüfer testierten Jahresabschlusses. Nachteilig wirkt sich aus, dass der Abschluss auf vergangenheitsbezogenem Zahlenmaterial beruht und erst mehrere Monate nach dem Abschluss des Geschäftsjahres offen gelegt werden kann.

1. Offenlegung im elektronischen Bundesanzeiger

Die Offenlegung der Unternehmensabschlüsse bei Kapitalgesellschaften und bestimmten Personenhandelsgesellschaften (§ 264a HGB) ist Aufgabe der jeweiligen gesetzlichen Vertreter. § 325 I HGB bestimmt, dass diese den Jahresabschluss und weitere im Gesetz genannte Unterlagen unverzüglich nach der Vorlage an die Gesellschafter, jedoch spätestens vor Ablauf des zwölften Monats des dem Abschlussstichtag nachfolgenden Geschäftsjahr mit dem Bestätigungsvermerk oder dem Vermerk über dessen Versagung beim Betreiber des elektronischen Bundesanzeigers elektronisch einzureichen ist. Eine größenabhängige Unterscheidung besteht dabei nicht.

Grundsätzlich sind folgende Unterlagen offen zu legen:

- der aus Bilanz, Gewinn- und Verlustrechnung und Anhang bestehende Jahresabschluss,
- der Bestätigungsvermerk oder der Vermerk über dessen Versagung,
- der Lagebericht,
- der Bericht des Aufsichtsrats,
- die Entsprechenserklärung zum Corporate Governance Kodex (§ 161 AktG)
- der Vorschlag für die Verwendung des Ergebnisses,
- der Beschluss über die Verwendung des Ergebnisses unter Angabe des Jahresüberschusses oder -fehlbetrages.

Kleine Gesellschaften (§ 267 I HGB) brauchen nur die Bilanz und den Anhang einzureichen, wobei der Anhang nicht die Angaben zur Gewinn- und Verlustrechnung zu enthalten braucht (§ 326 HGB). Bei mittelgroßen Gesellschaften (§ 267 II HGB) bestehen Erleichterungen dergestalt, dass diese nur eine verkürzte Bilanz einreichen müssen (§ 327 HGB). Eine Besonderheit besteht schließlich für Unternehmen, die von der Möglichkeit des befreienden Einzelabschlusses nach § 325 IIa HGB Gebrauch gemacht und diesen nach internationalen Rechnungslegungsstandards aufgestellt haben. Diese Unternehmen können statt dem Jahresabschluss den befreienden Einzelabschluss offen legen, wobei dieser Einzelabschluss lediglich eine Informationsfunktion hat.

2. Offenlegung im Unternehmensregister

Neben der Übermittlung an den Betreiber des elektronischen Bundesanzeigers müssen die gesetzlichen Vertreter von Kapitalgesellschaften und bestimmten Personenhandelsgesellschaften die genannten Rechnungslegungsinstrumente auch an das (elektronische) Unternehmensregister übertragen (§§ 8b III Nr. 1, 8b II Nr. 4 HGB). Dort können diese unter www.unternehmensregister.de von jedermann zu Informationszwecken eingesehen und abgerufen werden (§ 9 HGB). Damit erfüllt sich – jedenfalls für Kapitalgesellschaften und bestimmte Personenhandelsgesellschaften (§ 264a HGB) die externe Informationsfunktion der Rechnungslegung.

3. Sanktionierung der fehlenden oder fehlerhaften Offenlegung

Die Informationsfunktion der Rechnungslegung gegenüber den externen Adressaten kann nur erfüllt werden, wenn die Offenlegung der Rechnungslegung auch tatsächlich erfüllt wird. Aus diesem Grund ist die fehlende Offenlegung sanktionsbewehrt.

Das deutsche Rechnungslegungsrecht hat dabei aber bis zur Einführung des elektronischen Handelsregisters trotzdem eine sehr restriktive Haltung eingenommen. Dies hat sich früher zum einen in der fehlenden Erfassung der Offenlegungspflicht für bestimmte Personenhandelsgesellschaften (§ 264a HGB) und zum anderen in der fehlenden tatsächlichen Durchsetzung der Offenlegung durch die Registergerichte niedergeschlagen. Folge davon war, dass der überwiegende Teil der deutschen Kapitalgesellschaften ihre Offenlegungspflichten einfach ignoriert haben und eine tatsächliche Offenlegung der Unternehmensabschlüsse nicht erfolgte. Diese Entwicklung wurde erst durch die GmbH & Co. KG-Richtlinie[335] und die *Daihatsu*-Entscheidung des EuGH[336] teilweise beendet. Der tatsächliche Durchbruch für die Offenlegung der Rechnungslegung wurde allerdings erst durch die Schaffung des elektronischen Unternehmensregisters und die Überantwortung der Verfolgung der fehlenden Offenlegung an das Bundesamt für Justiz erreicht.

Die fehlende Offenlegung der Unternehmensabschlüsse ist nunmehr in einer Höhe von 2.500 Euro bis 25 000 Euro ordnungsgeldbewehrt (§ 335 HGB). Dabei handelt es sich aber nicht um eine inhaltliche Überprüfung der Unternehmensabschlüsse durch das Bundesamt für Justiz, sondern lediglich um eine Prüfung der tatsächlichen Offenlegung. Darüber hinaus ist Aufstellung eines fehlerhaften Unternehmensabschlusses strafbewehrt (§§ 331, 334 HGB).

Die fehlende Befolgung der Offenlegungspflicht führt nicht zur Löschung der Gesellschaft, da dies im deutschen Recht nur bei vermögenslosen oder nichtigen Gesellschaften oder Genossenschaften möglich ist (§§ 394, 397 FamFG, § 262 I Nr. 6 AktG, § 60 I Nr. 7 GmbHG). Damit unterscheidet sich das deutsche Recht maßgeblich etwa vom englischen Gesellschaftsrecht, das für eine fortwährende Nichtbefolgung der handelsrechtlichen Publizität eine Löschung von

---

335 Richtlinie 90/605/EWG des Rates vom 8. 11. 1990 zur Änderung der Richtlinien 78/660/EWG und 83/349/EWG über den Jahresabschluss bzw. den konsolidierten Abschluss hinsichtlich ihres Anwendungsbereichs, ABl. EG Nr. L 317 v. 16.11. 1990, S. 60ff.; vgl. dazu ausführlich *Habersack*, Europäisches Gesellschaftsrecht, § 8 Rdnr. 5.

336 *EuGH* v. 4.12. 1997 – Rs. C-97/96, Slg. 1997, I-6843 = ZIP 1998, 2155.

Amts wegen mit der Folge der persönlichen Haftung vorsieht, was zu einer Offenlegungsquote von über 95 % führt.[337]

§ 32. Kapitalmarktrechtliche Publizität der Rechnungslegung

Die Offenlegungsvorschriften des Rechnungslegungsrechts sind auf die Information der externen Adressaten der Rechnungslegung im regulären Rechtsverkehr ausgerichtet. Für die Adressaten auf den organisierten Kapitalmärkten ist diese Offenlegung aber oftmals nicht ausreichend genug, um eine entsprechende Marktpreisbildung vorzunehmen. Aus diesem Grund sieht das Kapitalmarktrecht neben einer umfassenden Offenlegung der Rechnungslegung beim Marktzutritt in Form der Prospektpublizität eine umfassende so genannte Finanzberichterstattung während der Zulassung am Kapitalmarkt vor.

1. Prospektpublizität

Dies gilt dabei zunächst im Rahmen des Börsenganges eines Unternehmens, da sich die Marktteilnehmer in diesem Fall zunächst ein Bild von der wirtschaftlichen Verfassung des jeweiligen Unternehmens machen müssen. Zwar können die Marktteilnehmer in diesem Fall auf die im Unternehmensregister verfügbaren Unternehmensabschlüsse zurückgreifen. Allerdings können diese bereits einige Monate alt sein und nicht hinreichend die augenblickliche wirtschaftliche Verfassung des Unternehmens widerspiegeln. Aus diesem Grund besteht bei Wertpapieren, die öffentlich angeboten oder an einem organisierten Markt zugelassen werden eine Prospektpflicht (§ 3 WpPG, § 8f VerkprospektG). Der Prospekt muss dabei alle Informationen enthalten, damit sich das Publikum ein zutreffendes Urteil über die Vermögenswerte und Verbindlichkeiten, die Finanzlage, die Gewinne und Verluste, die Zukunftsaussichten des Emittenten machen kann.[338]

2. Finanzberichterstattung

Der bloße Jahresrhythmus des Jahres- und des Konzernabschlusses (§§ 242, 290 HGB) genügt den Anforderungen des Kapitalmarktes nicht, da sich unterjährig umfassende Veränderungen in der Vermögens-, Finanz- und Ertragslage des Unternehmens einstellen können, die für die Marktpreisbildung von Bedeutung sein können. Aus diesem Grund bestehen für Unternehmen, die als Inlandsemittenten Wertpapiere begeben, zusätzliche Offenlegungspflichten in Form der Finanzberichterstattung, die dem erhöhten Informationsbedarf des Kapitalmarktes Rechnung tragen.

---

[337] Vgl. dazu ausführlich *Westhoff*, in: Hirte/Bücker, Grenzüberschreitende Gesellschaften, 2. Aufl., 2007, § 18 Rdnr. 88 ff.

[338] Die Mindestangaben sind dabei in der Verordnung (EG) Nr. 809/2004 der Kommission vom 29. 4. 2004 zur Umsetzung der Richtlinie 2003/71/EG des Europäischen Parlaments und des Rates betreffend die in Prospekten enthaltenen Informationen sowie das Format, die Aufnahme von Informationen mittels Verweis und die Veröffentlichung solcher Prospekte und die Verbreitung von Werbung, ABl. EG Nr. L 149 v. 30. 4. 2004, S. 1 ff. niedergelegt. Vgl. zum Ganzen ausführlich *Buck-Heeb*, Kapitalmarktrecht, 3. Aufl., 2009, Rdnr. 158 ff.

a) Jahresfinanzbericht

Im Mittelpunkt steht dabei zunächst der Jahresfinanzbericht (§ 37v WpHG). Dabei handelt es sich um ein Dokument, dass mindestens aus einem aufgestellten und geprüften Jahresabschluss, einem Lagebericht und einem so genannten Bilanzeid (§§ 264 II 3, 289 I 5 HGB) besteht (§ 37v II WpHG). Entgegen dem regulären Jahresabschluss nach §§ 264 ff., 325 I HGB muss der Jahresfinanzbericht bereits vier Monate nach Ablauf eines Geschäftsjahres der Öffentlichkeit zur Verfügung gestellt werden.

Die Offenlegung des Jahresfinanzberichts erfolgt dabei in zweifacher Weise. Zunächst muss der Emittent eine Bekanntmachung darüber machen, ab wann und unter welcher Internet-Seite der Jahresfinanzbericht dauerhaft zugänglich ist (§ 37x I 2 WpHG). Sodann muss der Emittent die Unterlagen an das Unternehmensregister übermitteln, wo sie dann frei zugänglich sind.

Für Emittenten, die deutschem Handelsbilanzrecht unterliegen,[339] ergeben sich durch diese Verpflichtung – mit Ausnahme der zeitlichen Vorgaben – keine zusätzlichen Verpflichtungen, da diese ohnehin der allgemeinen Offenlegungspflicht des § 325 HGB unterliegen. Maßgeblicher Anwendungsbereich für § 37x WpHG sind vielmehr ausländische Unternehmen, die den deutschen Kapitalmarkt in Anspruch nehmen.[340] Durch die Verpflichtung der Veröffentlichung eines Jahresfinanzberichts nach § 37x WpHG soll insofern sichergestellt werden, dass alle Emittenten in Deutschland einen gewissen Mindeststandard hinsichtlich der Publizität ihrer Rechnungslegung erfüllen.

b) Halbjahresfinanzbericht

Neben dem Jahresfinanzbericht müssen Inlandsemittenten auch einen so genannten Halbjahresfinanzbericht erstellen (§ 37w WpHG). Dabei handelt es sich um ein Dokument, dass mindestens aus einem verkürzten Abschluss, einem Zwischenlagebericht und ebenfalls einem Bilanzeid besteht (§ 37w II WpHG). Bei dem verkürzten Abschluss handelt es sich um eine verkürzte Bilanz, eine verkürzte Gewinn- und Verlustrechnung und einen Anhang, die sich auf die ersten sechs Monate des Geschäftsjahres beziehen müssen (§ 37w I 1, III WpHG) und auf den im Übrigen die allgemeinen Rechnungslegungsvorschriften anwendbar sind. Der Zwischenlagebericht muss zum einen mindestens die wichtigen Ereignisse in den ersten sechs Monaten des Geschäftsjahres und deren Auswirkungen auf den verkürzten Abschluss darstellen und zum anderen die wesentlichen Chancen und Risiken für die folgenden sechs Monate – bis zur Aufstellung des Jahresfinanzberichts – aufzeigen (§ 37w IV WpHG). Zudem ist auf die wesentlichen Geschäfte des Emittenten mit nahestehenden Personen einzugehen (§ 37w IV 2 WpHG). Der verkürzte Abschluss und der Zwischenlagebericht können optional einer Abschlussprüfung unterzogen werden, die sich dann nach den allgemeinen Vorschriften über die Abschlussprüfung richten muss (§ 37w V WpHG). Sofern die Prüfung unterbleibt, ist die in dem Halbjahresfinanzbericht anzugeben (§ 37w V 6 WpHG).

Keine Regelung enthält § 37w WpHG hinsichtlich des Verhältnisses der prüferischen Durchsicht des verkürzten Abschlusses und des Zwischenlageberichts zu den anderen gesellschafts- und kapitalmarktrechtlichen Kontrollinstrumenten. Hier stellt sich insbesondere die Frage, ob der Vorstand den verkürzten Abschluss und den Zwischenlagebericht an den Aufsichtsrat vorlegen

---

[339] Siehe dazu oben S. 66 ff.

[340] Vgl. *Mock*, in: Kölner Kommentar zum WpHG, 2007, § 37v Rdnr. 8 ff.

muss, damit dieser eine Prüfung vornehmen kann (§§ 170f. AktG). Im Ergebnis wird hier eine Vorlagepflicht des Vorstands und eine anschließende Prüfung durch den Aufsichtsrat allerdings nicht angenommen werden können. Die Erfüllung der kapitalmarktrechtlichen Pflichten ist grundsätzlich Aufgabe des Vorstands im Rahmen der Leitung der Aktiengesellschaft. Hinzu kommt, dass es der Gesetzgeber im Rahmen des Transparenzrichtlinie-Umsetzungsgesetzes (TUG)[341] von 2007 unterlassen hat, die §§ 170f. AktG zu ändern, während eine entsprechende Änderung der §§ 37nff. für das Enforcement-Verfahren erfolgt ist. Schließlich sieht § 37w V WpHG lediglich eine prüferische Durchsicht durch den Abschlussprüfer vor. Hinsichtlich des Enforcement-Verfahrens stellt § 37n bzw. § 37o I 4 WpHG klar, dass sowohl der verkürzte Abschluss als auch der Zwischenlagebericht Prüfungsgegenstand des Enforcement-Verfahrens sein können.[342]

Der Halbjahresfinanzbericht ist schließlich ebenso wie der Jahresfinanzbericht zu veröffentlichen. Die Offenlegung des Halbjahresfinanzberichts erfolgt dabei auch in zweifacher Weise. Zunächst muss der Emittent eine Bekanntmachung darüber machen, ab wann und unter welcher Internet-Seite der Halbjahresfinanzbericht dauerhaft zugänglich ist (§ 37w I 2 WpHG). Sodann muss der Emittent die Unterlagen an das Unternehmensregister übermitteln, wo sie dann frei zugänglich sind.

c) Zwischenmitteilung der Geschäftsführung

Ein weiterer Finanzbericht ist schließlich die Zwischenmitteilung der Geschäftsführung (§ 37x WpHG). Dabei handelt es sich um eine Verpflichtung für Inlandsemittenten in einem Zeitraum von zehn Wochen nach Beginn und sechs Wochen vor Ende der ersten und zweiten Hälfte des Geschäftsjahres ein Dokument zu veröffentlichen, dass Informationen über den Zeitraum zwischen dem Beginn des jeweiligen Halbjahres und dem Veröffentlichungszeitpunkt enthält, die Auskunft über die wesentlichen Ereignisse und Geschäfte in diesem Zeitraum und deren Auswirkungen auf die Finanzlage des Emittenten erläutern sowie die Finanzlage und das Geschäftsergebnis beschrieben muss (§ 37x II WpHG). In der inhaltlichen Ausgestaltung muss sich die Zwischenmitteilung der Geschäftsführung dabei gerade nicht an dem Jahres- bzw. Halbjahresfinanzbericht orientieren.[343] Hinsichtlich der Veröffentlichung der Zwischenmitteilung der Geschäftsführung gelten die gleichen Grundsätze wie für den Halbjahres- und Jahresfinanzbericht (§ 37x I WpHG).

Alternativ dazu können die Emittenten aber auch einen sogenannten Quartalsfinanzbericht veröffentlichen, der sich dann hinsichtlich des Inhalts und der Prüfung am Halbjahresfinanzbericht orientieren muss (§ 37x III WpHG). Diese Wahlmöglichkeit erklärt sich aus der Interaktion der Vorgaben zur Finanzberichterstattung der §§ 37vff. WpHG mit den jeweiligen Börsenordnungen, da diese oftmals eine Quartalsfinanzberichterstattung ausdrücklich vorsehen. Soweit dies nicht der Fall ist, stellt § 37x WpHG sicher, dass auch in diesen Fällen eine Finanzberichterstattung zwischen dem Halbjahresfinanzbericht und dem Jahresfinanzbericht erfolgt.

---

[341] Gesetz zur Umsetzung der Richtlinie 2004/109/EG des Europäischen Parlaments und des Rates vom 15. 12. 2004 zur Harmonisierung der Transparenzanforderungen in Bezug auf Informationen über Emittenten, deren Wertpapiere zum Handel auf einem geregelten Markt zugelassen sind, und zur Änderung der Richtlinie 2001/34/EG v. 5. 1. 2007, BGBl. I, S. 10.

[342] Vgl. dazu ausführlich *Mock*, in: Kölner Kommentar zum WpHG, § 37w Rdnr. 34.

[343] Vgl. zur inhaltlichen Ausgestaltung *Mock*, in: Kölner Kommentar zum WpHG, § 37x Rdnr. 23.

3. Konzernabschluss

Soweit ein Emittent auch zur Aufstellung eines Konzernabschlusses verpflichtet ist, muss insofern auch ein Halbjahres(konzern)finanzbericht und eine (Konzern)Zwischenmitteilung des Geschäftsführung bzw. ein Quartals(konzern)finanzbericht erstellt und veröffentlicht werden (§ 37y WpHG). Für diesen gelten dann die gleichen Grundsätze für die Veröffentlichung wie bei den anderen Finanzberichten.

9. Teil. Ziele und Instrumente der Bilanzpolitik

§ 33. Begriff der Bilanzpolitik

Unter einer Politik versteht man in der Betriebswirtschaftslehre ein zielbewusstes Handeln und Gestalten unter Anwendung der in der Theorie oder durch praktische Erfahrung gewonnenen Erkenntnisse. Diese Feststellung gilt auch für das Verhältnis von Bilanzpolitik und Bilanztheorie. Als Bilanzpolitik bezeichnet man die Summe aller (legalen) betrieblichen Entscheidungen, deren Ziel es ist, den Erfolgs-, Vermögens-, Schulden-, Finanzierungs- und Liquiditätsausweis im handels- und steuerrechtlichen Jahresabschluss sowie in Zwischen- und Sonderbilanzen unter Anwendung der Erkenntnisse der Bilanztheorie durch Ausnutzung der durch den Gesetzgeber eingeräumten Bilanzierungs- und Bewertungswahlrechte und Ermessensspielräume sowie durch Gestaltung von Sachverhalten so zu beeinflussen, dass als Folge dieser Maßnahmen bestimmte betriebliche Zielsetzungen optimal realisiert werden können.

Da die Handels- und Steuerbilanz aufgrund von gesetzlichen Vorschriften aufgestellt werden müssen, setzt eine mögliche Gestaltung der Bilanzansätze voraus, dass die Vorschriften über den Inhalt der Bilanz (Aktivierungs- und Passivierungsvorschriften), über die Höhe der Bilanzpositionen (Bewertungsvorschriften) und über die Gliederung der Bilanz nicht ausschließlich zwingend sind, sondern in gewissen Bereichen Wahlrechte und Ermessensspielräume einräumen. Bilanzierungs-, Bewertungs- und Gliederungswahlrechte sind also eine wesentliche Voraussetzung dafür, dass der Betrieb überhaupt einen bilanzpolitischen Spielraum hat.

Ein zweiter Bereich der Bilanzpolitik ergibt sich durch die Möglichkeit, den Bilanzinhalt optisch durch *Gestaltung von Sachverhalten,* d.h. durch Vornahme von Geschäftsvorfällen während des Geschäftsjahres, insbesondere kurz vor dem Bilanzstichtag, so zu verändern, dass ein für bestimmte Bilanzadressaten für zweckmäßig erachtetes Bilanzbild entsteht (z.B. Verbesserung des Liquiditätsausweises durch Verschiebung notwendiger Anlagenkäufe auf den Anfang des folgenden Geschäftsjahres).

§ 34. Ziele der Bilanzpolitik

1. Bilanzpolitik als Teilbereich der Unternehmenspolitik

Ein Unternehmen muss, wenn es als oberstes Ziel eine langfristige Gewinnmaximierung (unter Beachtung gewisser Nebenbedingungen) erreichen will, in allen Funktionsbereichen die diesem Ziel adäquaten Mittel einsetzen. Die Gesamtheit dieser Mittel bildet das *unternehmenspolitische Instrumentarium.* Die in der Theorie gewonnenen Erkenntnisse über die Beziehungen zwischen Zielen und Mitteln sind die Voraussetzung für eine sinnvolle Anwendung der Mittel im konkreten Einzelfall unternehmenspolitischer Entscheidung.

Je nach dem Bereich, dem ein Mittel der Unternehmenspolitik zugeordnet werden kann, spricht man von Beschaffungspolitik, Produktionspolitik, Absatzpolitik, Finanzierungspolitik, Bilanzpolitik u.a. Diese Teilpolitiken bilden zusammen die Unternehmenspolitik, sie stehen in einem interdependenten Verhältnis zueinander. Jede Teilpolitik verfolgt zwar eigene Ziele, aber stets unter Beachtung des übergeordneten Ziels der langfristigen Gewinnmaximierung.

Jeder einzelne Bereich der Unternehmenspolitik bedient sich einer Anzahl eigener Mittel. Die Absatzpolitik z.B. versucht ihr Ziel, die Beseitigung von Absatzwiderständen am Markt, teils mit Hilfe preispolitischer, teils mittels präferenzpolitischer Maßnahmen (Werbung, Produkt- und Sortimentsgestaltung, Kundendienst, Absatzwege und -formen) zu erreichen. Sie bilden zusammen das sog. absatzpolitische Instrumentarium. Entsprechend verfügt auch die Bilanzpolitik über ein *bilanzpolitisches Instrumentarium* (z.B. Gliederungs-, Bewertungs-, Abschreibungs-, Rücklagen-, Ausschüttungspolitik).

Einzelne Teilziele der Unternehmenspolitik können anderen Teilzielen untergeordnet werden, und zwar in der Weise, dass erstere zum Mittel werden, die übergeordneten Ziele zu erreichen. So können z.B. finanzpolitische Ziele (z.B. Verstärkung der Selbstfinanzierung) bestimmte bilanzpolitische Entscheidungen erfordern, durch die andere Ziele, beispielsweise die Ausschüttungs- oder die Publizitätspolitik beeinträchtigt werden. Die Selbstfinanzierung erfolgt durch Bindung von Gewinnen an den Betrieb mittels Bildung offener oder stiller Rücklagen. Folglich kann weniger Gewinn ausgeschüttet werden, und das Ziel einer u.U. seit Jahren geübten Dividendenstabilisierung kann nicht mehr realisiert werden. Die Selbstfinanzierung durch Bildung stiller Rücklagen steht der publizitätspolitischen Zielsetzung entgegen, den an der Bilanz Interessierten ein möglichst hohes Vermögen und eine gute Ertragslage zu zeigen.

Die Interdependenzen zwischen Zielen und Mitteln der Unternehmenspolitik stehen einer allgemeinen Systematik unternehmenspolitischer Ziele und Mittel entgegen, da in unterschiedlichen wirtschaftlichen Situationen die *Rangordnung der Ziele* wechseln kann und aus Zielen Mittel der Unternehmenspolitik werden können. Soll die Bilanz einen möglichst sicheren Einblick in die Vermögens-, Finanz- und Ertragslage des Unternehmens geben, so muss dieses bilanzpolitische Ziel solchen Zielen übergeordnet werden, die z.B. die Bildung stiller Rücklagen erfordern.

In den meisten Fällen ist die Bilanzpolitik aber ein Instrument anderer betrieblicher Teilpolitiken; sie dient insbesondere der betrieblichen *Finanzierungs-, Steuer- und Publizitätspolitik.* Die Bilanzpolitik ist dann keine ursprüngliche, sondern nur eine abgeleitete Politik.

2. Bilanzpolitische Ziele im Einzelnen

Die wichtigsten bilanzpolitischen Ziele sind:

(1) die Beeinflussung des finanziellen Bereichs des Betriebes: Höhe des ausgewiesenen Gewinns, Verwendung des Gewinns zur Thesaurierung oder Dividendenzahlung, Liquiditäts- und Rentabilitätsverbesserung durch Steuerersparnisse oder Steuerverschiebungen auf spätere Perioden. Mittel dazu sind in erster Linie die Bewertungs-, Abschreibungs- und Rücklagenpolitik;

(2) die Beeinflussung der am Jahresabschluss interessierten Personengruppen in einer Weise, die dem guten Ruf des Betriebes dient und diese Personen zu für den Betrieb günstigen Entscheidungen veranlasst.

Eine Ausnahme bilden die Fälle, in denen eine Mehrheit (Großaktionär) den Jahresabschluss in der Weise beeinflussen kann, dass eine möglichst schlechte Ertrags- und Vermögenslage ausgewiesen wird, um Minderheiten zur Abgabe ihrer Anteile zu verleiten.

Das kann je nach der wirtschaftlichen Lage des Betriebes sowohl durch eine über das gesetzlich geforderte Maß hinausgehende großzügige Unterrichtung über Einzelheiten als auch durch Nichtunterrichtung und Verschleierung von Risiken – im Rahmen der gesetzlichen Zulässigkeit – geschehen. Die Mittel dazu sind teils formaler Art (Gliederungspolitik, Verwendung direkter oder indirekter Abschreibungen, Brutto- oder Nettoausweis, Saldierungen), teils materieller Art (Bewertungs-, Abschreibungs- und Rücklagenpolitik).

a) Unternehmenserhaltung (Kapitalerhaltung, Substanzerhaltung)

Da die handels- und steuerrechtlichen Bewertungsvorschriften vom Prinzip der *nominellen* Kapitalerhaltung ausgehen, ist in Zeiten steigender Preise die Erhaltung der zu uneingeschränkter betrieblicher Leistungserstellung erforderlichen Vermögenswerte in Frage gestellt, wenn Preissteigerungsgewinne im ausgewiesenen Bilanzgewinn enthalten sind und dieser Gewinn zur Zahlung von Gewinnanteilen und Steuern den Betrieb verlässt. Sind die Wiederbeschaffungskosten der in den umgesetzten Leistungen enthaltenen Kostengüter gestiegen und soll eine *substantielle* Kapitalerhaltung erreicht werden, so muss die Differenz zwischen den früheren Anschaffungskosten und den heutigen Wiederbeschaffungskosten, die im Bilanzgewinn enthalten ist, durch Überführung in offene Rücklagen oder durch Bildung stiller Rücklagen mittels Unterbewertung von Vermögen oder Überbewertung von Schulden *gegen eine Ausschüttung gesperrt* werden, denn diese Differenz stellt vom Standpunkt der Substanzerhaltung Aufwand dar, obwohl sie bei einer sich nach dem Prinzip nomineller Kapitalerhaltung vollziehenden Bewertung buchtechnisch zum Bilanzgewinn zählt. Anders formuliert: von den Umsatzerlösen muss so viel zurückbehalten werden, wie zur Wiederbeschaffung der Kostengüter benötigt wird, mit denen die umgesetzten Leistungen erstellt worden sind. Nur der darüber hinausgehende Betrag darf als Bilanzgewinn gezeigt werden und den Betrieb verlassen, wenn man von der Zielsetzung der Substanzerhaltung ausgeht.

Werden die an den Betrieb gebundenen Gewinnanteile erst zu einem späteren Zeitpunkt zur Wiederbeschaffung von im Preis gestiegenen Vermögensgegenständen benötigt (z.B. bei Anlagegütern), so muss beachtet werden, dass im Falle einer zwischenzeitlich anderweitigen Verwendung der Mittel im Reinvestitionsplan die Finanzierung der Ersatzbeschaffung aus anderen Quellen berücksichtigt wird.

Die *substantielle Kapitalerhaltung* ist eines der wichtigsten bilanzpolitischen Ziele, weil sie sowohl im Interesse der Unternehmer und Anteilseigner als auch der Steuerbehörden und der Öffentlichkeit liegt. Unternehmer, Mitunternehmer, Mehrheitsaktionäre, Kleinaktionäre und andere Anteilseigner betrachten den Betrieb – von Spekulanten abgesehen – als dauerhafte Einkommensquelle. Gewinn ist für sie der Betrag, der ausgeschüttet werden kann, ohne die Substanz der Einkommensquelle und ihre dauerhaften Entwicklungschancen zu gefährden.

Auch die Finanzbehörden müssten an sich im Interesse der Erhaltung der Steuerquelle von einer Besteuerung solcher Bilanzgewinne absehen, die zur Substanzerhaltung benötigt werden; und die Öffentlichkeit muss daran interessiert sein, dass ein stetiges Wirtschaftswachstum nicht dadurch gefährdet wird, dass dem Betrieb Bilanzgewinne entzogen werden, die im wirtschaftlichen Sinne Aufwand sind.

b) Kapitalsicherung

Das betriebliche Kapital ist ständig von einer Vielzahl von Risiken bedroht, deren Eintritt zwar ungewiss, aber vielfach unvermeidlich ist, da es sich um Verlustquellen handelt, auf die das Unternehmen keinen Einfluss nehmen kann. Gegen eine Anzahl spezieller Risiken kann sich der Betrieb abschirmen. Das ist erstens durch Abschluss von Fremdversicherungen möglich; sie führen zu laufenden Zahlungen von Versicherungsprämien, durch die Aufwendungen und Ausgaben auch dann entstehen, wenn keine Risikoverluste auftreten (z.B. Feuer-, Diebstahl-, Unfallversicherung).

Handelt es sich um Risiken, die zwar auch im Einzelfall unregelmäßig, über einen längeren Zeitraum betrachtet aber mit einer gewissen Regelmäßigkeit auftreten und infolgedessen in etwa zu quantifizieren sind (z.B. Anlagen-, Bestände-, Gewährleistungsrisiko), so ist zweitens eine Selbstversicherung möglich, indem man die in unregelmäßigen Zeitabständen eintretenden Verluste periodisiert. Die Periodisierung erfolgt in der Kostenrechnung durch Ansatz kalkulatorischer Wagniszuschläge, die durchschnittliche Verluste (als Erfahrungs- oder Schätzungswerte) darstellen. Dadurch wird vermieden, dass die Kostenrechnung mit Zufallsverlusten belastet wird, weil bei zutreffender Schätzung über einen längeren Zeitraum die periodisch verrechneten kalkulatorischen Wagniszuschläge und die aperiodisch eingetretenen Wagnisaufwendungen im wesentlichen übereinstimmen.

Dieser Verrechnung (Periodisierung) von aperiodisch anfallenden Kosten in der Kostenrechnung kann in der Bilanz durch Bildung von *Rückstellungen* Rechnung getragen werden. Dadurch wird in jeder Periode ein bestimmter buchtechnischer Risikoaufwand verrechnet, ohne dass entsprechende Ausgaben anfallen. Der Gewinn wird um die Rückstellung niedriger ausgewiesen, der Gegenwert der Rückstellungen bleibt aber an den Betrieb gebunden, solange keine Risikoverluste eintreten. Es werden folglich Gewinnanteile an den Betrieb gebunden, die bei plötzlich auftretenden Risikoverlusten zum Ausgleich zur Verfügung stehen (Aufwandsperiodisierung). In der Handels- und Steuerbilanz sind Rückstellungen für Selbstversicherungen grundsätzlich nicht zulässig, soweit sie nicht für Ansprüche Dritter, die noch nicht entstanden, aber auf Grund der Erfahrung wahrscheinlich sind, gebildet werden (z.B. Garantierückstellungen).

Für das allgemeine Unternehmerrisiko, d.h. für die Summe aller nicht speziell erfassbaren Risiken, die ein Betrieb mit sich bringen kann (z.B. Konjunkturentwicklung, Modeänderung, technischer Fortschritt, Fehlinvestitionen u.a.) dürfen Rückstellungen nicht gebildet werden. Eine Kapitalsicherung kann hier nur durch Schutz des bisher vorhandenen Kapitals erfolgen. Rücklagen, die zu diesem Zwecke gebildet werden, sollen das nominell fest gebundene Haftungskapital (Grundkapital, Stammkapital) gegen Risiken abschirmen und in gewissen Grenzen einen bilanzmäßigen Verlustausgleich ermöglichen, bevor das Nominalkapital angegriffen werden muss.

c) Kapitalerweiterung

Die Thesaurierung von Gewinnen durch die Bildung von Rücklagen in offener oder stiller Form ist die Hauptform der Innenfinanzierung, die als *Selbstfinanzierung* bezeichnet wird. In den bewertungs- und rücklagepolitischen Möglichkeiten der Kapitalerweiterung liegt die Hauptbedeutung der Bilanzpolitik für die betriebliche Finanzierungs- und Steuerpolitik.

Da jede Rücklagenbildung, die eine Verwendung von erzielten Gewinnen oder eine Folge von Kapitalzuführungen ist, eine Erhöhung des Eigenkapitals zur Folge hat, führt auch die Bildung offener oder stiller Rücklagen, die zum Zwecke der Kapitalsicherung oder der Kapitalerhaltung und nicht zum Zwecke der Finanzierung neuer Investitionen erfolgt, automatisch zu einer Kapitalerweiterung. Der Unterschied zwischen den beiden erstgenannten Zielen der Bewertungs- und Rücklagenpolitik und der Selbstfinanzierung liegt also in der Zielsetzung: Gewinne werden nicht an das Unternehmen gebunden, um neue Investitionen zu finanzieren, sondern um eventuell eintretende Kapitalverluste wettmachen oder Preissteigerungen der Kostengüter auffangen zu können.

Da den Rücklagen keine gesondert ausgewiesenen Vermögenspositionen auf der Aktivseite der Bilanz entsprechen, werden alle Rücklagen, ganz gleich aus welchem Grunde sie gebildet werden, die Finanzierung des Betriebes beeinflussen, d.h., sind einmal Rücklagen gebildet worden und treten keine Verluste ein, so stehen die Gegenwerte der Rücklagen – soweit sie in liquiden Mitteln aus dem Umsatzprozess oder aus Kapitalzuführungen (Agio) bestehen – für Finanzierungszwecke zur Verfügung. Ob es allerdings zu einer Kapazitätserweiterung kommen kann, hängt davon ab, ob durch die Rücklagenbildung Gewinne im betriebswirtschaftlichen Sinne, d.h. Gewinne, die dem Betrieb ohne *Minderung seiner Leistungsfähigkeit* entzogen werden könnten, an das Unternehmen gebunden werden oder ob es sich um Bilanzgewinne handelt, von denen ein Teil zur Substanzerhaltung benötigt wird, bevor eine Kapazitätserweiterung finanziert werden kann.

Die bilanzpolitischen Möglichkeiten, die Kapitalerweiterung positiv oder negativ zu beeinflussen, sind in den letzten Jahrzehnten insbesondere durch steuerliche Vorschriften (z.B. Sonderabschreibungen, Bildung steuerfreier Rücklagen, unterschiedliche Steuertarife für ausgeschüttete und zurückbehaltene Gewinne) beeinflusst worden.

d) Kapitalumschichtung (optimale Kapitalstruktur)

Nicht ausgeschüttete Gewinne können auch zur Rückzahlung von Fremdkapital angesammelt werden. Das Kapital und die liquiden Mittel des Unternehmens erhöhen sich dann nur kurzfristig durch Gewinnansammlung; sobald die Rückzahlung erfolgt, gehen Fremdkapital und liquide Mittel um den gleichen Betrag zurück, um den das Eigenkapital in Form von Rücklagen zugenommen hat.

Die Kapitalumschichtung kann sowohl durch Bildung stiller als auch offener Rücklagen vorbereitet werden. Welche Form zweckmäßiger ist, lässt sich nicht generell sagen. Da stille Rücklagen nicht nach Belieben aufgelöst werden können, tritt gegebenenfalls bei der Rückzahlung von Fremdkapital an dessen Stelle kein entsprechendes zusätzliches Eigenkapital, während bei der Verwendung offener Rücklagen das Eigenkapital zunächst bilanziell um den Betrag erhöht wird, um den später das Fremdkapital reduziert werden soll.

e) Liquiditätsverbesserung

Jede Thesaurierung erzielter Gewinne hat eine Verbesserung der Liquidität zur Folge, die für das Unternehmen von besonderem Wert ist, wenn die Gewinne sich bereits in Form von Zahlungsmitteln im Vermögen befinden. Der Liquiditätseffekt der Gewinnthesaurierung wird durch die Bildung stiller Rücklagen mit Hilfe von Bewertungsmaßnahmen gegenüber einer Bildung offener Rücklagen oder einer Zuführung der Gewinne auf die Kapitalkonten bei Personenunternehmen erheblich vergrößert, da erstere eine Verwendung von noch nicht steuerpflichtigen Gewinnen darstellt. Es wird nicht nur die Ausschüttung von Gewinnen an Gesellschafter, sondern auch die Zahlung von Steuern auf später verschoben und damit der Abfluss liquider Mittel zunächst verhindert.

Zwar beeinflussen alle hier angeführten bewertungs- und rücklagenpolitischen Ziele die Liquidität des Unternehmens, dennoch kann in bestimmten Situationen das Ziel der Liquiditätsverbesserung als *originäre Zielsetzung* über die anderen Ziele gestellt werden, wenn z.B. zugunsten einer Verbesserung der Liquidität die Ausschüttungspolitik geändert oder der aus optischen Gründen an sich erwünschte Ausweis offener Rücklagen wegen der Liquiditätswirkung der durch Bildung stiller Rücklagen eintretenden Steuerverschiebung unterlassen wird.

f) Steuerminimierung

Bei dem Streben nach einer Minimierung der Steuerbelastung muss das Unternehmen versuchen, jede Möglichkeit der Minderung der Steuerbelastung durch zeitliche Verlagerung von steuerpflichtigen Gewinnen mit Hilfe der Bildung stiller oder steuerfreier offener Rücklagen zu nutzen. Dabei kommt es – bei proportionalen Tarifen – allerdings zu keiner endgültigen Steuerersparnis, sondern zu einer Steuerverschiebung, die einer zinslosen Steuerstundung gleichkommt und eine Liquiditätsverbesserung und einen Zinsertrag zur Folge haben kann, was dann eine indirekte Minderung der Steuerbelastung bedeutet.

Bei progressivem Steuertarif kann – insbesondere bei stark schwankenden Jahresgewinnen – im Endergebnis durch Bildung stiller Rücklagen, die sich erst nach längerer Zeit auflösen, darüber hinaus eine endgültige Steuerersparnis eintreten, wenn in den Jahren der Rücklagenbildung die Gewinne relativ hoch, in den Jahren der Rücklagenauflösung relativ niedrig sind. Ist jedoch die Gewinnsituation umgekehrt, so kann die mit Hilfe der Rücklagenbildung vorgenommene Steuerverschiebung zu einer absolut höheren Steuerbelastung führen, so dass der durch die Verschiebung eintretende Zinsertrag unter Umständen überkompensiert wird und die Liquiditätsverbesserung in der Gegenwart durch eine Steuermehrbelastung in der Zukunft erkauft wird.

g) Ausschüttungspolitik

Die Ausschüttungspolitik gehört einerseits insoweit in diesen Zusammenhang, als mit Hilfe bilanzpolitischer Maßnahmen die Höhe des zur Ausschüttung freigegebenen Gewinns in einer Weise reguliert werden kann, die – bei Kapitalgesellschaften – den im Hinblick auf die Gewinnverwendung zwischen Geschäftsführung und Gesellschaftern bestehenden Interessengegensatz möglichst klein hält. Will die Geschäftsführung zum Zwecke der Kapitalsicherung, der Kapitalerhaltung oder der Selbstfinanzierung einen möglichst großen Teil des erzielten Gewinns zurückbehalten, so muss sie, je nach der Zusammensetzung der Gruppe der Anteilseigner, mit einer mehr oder weniger großen Opposition gegen die Reduzierung möglicher Gewinnausschüttungen rechnen.

Die Ausschüttungspolitik ist noch in anderer Weise Ziel bilanzpolitischer Überlegungen. Soll über eine Reihe von Jahren trotz schwankender Erfolge eine gleiche Nominaldividende gezahlt werden (Dividendenstabilisierung), so kann sich der Ausgleich zwischen guten und schlechten Jahren in der Weise vollziehen, dass in Jahren, in denen die Gewinne höher als eine festgelegte Gewinnausschüttung sind, Rücklagen gebildet und in Jahren, in denen der Periodengewinn hinter der gewünschten Gewinnausschüttung zurückbleibt, Rücklagen aufgelöst werden.

Eine derartige Dividendenpolitik hat sowohl für das Unternehmen als auch für den Anteilseigner Vorteile und Nachteile. Der Anteilseigner erhält eine gleich bleibende Nominalverzinsung, mit der er auch in schlechten Jahren rechnet, so dass er in der Regel gegen eine Thesaurierung der über die Dividende hinausgehenden Gewinne nicht opponiert. Das ermöglicht dem Betrieb eine regelmäßige Selbstfinanzierung, solange die erforderlichen Erträge erzielt werden. Außerdem kennt er die durch die Ausschüttung auf ihn zukommende Liquiditätsbelastung lange vorher und kann seine Planung darauf einrichten. Hat sich der Anteilseigner aber an die stabile Dividende gewöhnt, so ist die Gesellschaft bei schlechter Ertragslage gezwungen – um einen Vertrauensschwund bei den Anteilseignern und in der Öffentlichkeit zu vermeiden –, durch Einsatz aller zur Verfügung stehenden bilanzpolitischen Instrumente einen Bilanzgewinn auszuweisen, der zur Dividendenzahlung ausreicht, auch wenn sie sich dadurch aller stillen und offenen Rücklagen (außer der gesetzlichen Rücklage bei der AG und der Genossenschaft) entblößt. Der Nachteil für die Gesellschaft und die Anteilseigner besteht dann darin, dass bei weiterer Verschlechterung der Ertragslage die Widerstandsfähigkeit des Unternehmens wegen zu hoher Gewinnausschüttungen geschwächt ist. Bei guter Ertragslage muss der Anteilseigner den Nachteil hinnehmen, dass bei steigenden Kursen die Realverzinsung seiner Anteile immer geringer wird.

h) Meinungsbildungspolitik

Bilanzpolitische Entscheidungen rufen bei den Bilanzlesern gewisse Vorstellungen über die Vermögens-, Finanz- und Ertragslage und insbesondere über die Ertragserwartungen in der Zukunft hervor, von denen die Bereitschaft der Anteilseigner, ihre Anteile weiterhin zu behalten oder an Kapitalerhöhungen teilzunehmen, und potentieller Anteilseigner und Gläubiger, sich zu engagieren, beeinflusst wird. Das kann zur Folge haben, dass das Unternehmen in bestimmten Situationen gezwungen sein kann, bilanzpolitische Entscheidungen vor allem aus optischen Gründen zu treffen und in der Rangordnung der Ziele die Beeinflussung der Meinung gewisser Personengruppen über andere bilanzpolitische Ziele zu stellen. So erhöht z.B. die Zunahme offener Rücklagen neben regelmäßigen Gewinnausschüttungen das Vertrauen der Gesellschafter und Gläubiger und ist zugleich ein positives Element bei der Beurteilung der Kreditwürdigkeit durch potentielle Gläubiger und der Beurteilung der Ertragserwartungen durch potentielle Anleger. Diese Wirkung kann bei der Entscheidung über die Bindung von Gewinnen an das Unternehmen mittels stiller oder offener Rücklagen zu einer Bevorzugung der offenen Rücklagen führen, obwohl stille Rücklagen steuerlich vorteilhafter sind.

Eine im Verhältnis zur Gewinnausschüttung relativ hohe Dotierung offener Rücklagen kann andererseits zur Verärgerung solcher Anteilseigner führen, die aus ihrer Beteiligung in erster Linie Barausschüttungen ziehen wollen, während Anteilseigner, die an einem einkommensteuerfreien Vermögenszuwachs interessiert sind (bei privatem Besitz sind Gewinne aus der Veräußerung der Anteile steuerfrei, wenn die Veräußerung außerhalb der Spekulationsfrist von einem Jahr erfolgt und der Veräußerter am Kapital der Gesellschaft nicht wesentlich beteiligt ist), eine hohe Rücklagendotierung und dadurch bedingte Kurssteigerungen als positiv ansehen.

Ein niedriger Gewinnausweis kann auch das Ziel verfolgen, Wünsche der Arbeitnehmer nach höheren Löhnen, Gratifikationen oder Gewinnbeteiligungen nicht herauszufordern; die Vermeidung eines niedrigen Gewinnausweises oder gar eines Verlustausweises kann dem Zweck dienen, Fehldispositionen zu verschleiern.

Als Instrument der Meinungsbildungspolitik kann außer Bilanzierungs- und Bewertungswahlrechten oder Ermessungsspielräumen bei der Bewertung auch die *Gestaltung von Sachverhalten vor dem Bilanzstichtag* eingesetzt werden, so z.B. die Veräußerung von nicht mehr benötigten Vermögensgegenständen, durch die Veräußerungsgewinne realisiert werden können, oder die Verschiebung der Beschaffung von Roh-, Hilfs- und Betriebsstoffen oder von an sich erforderlichen Reparaturen auf einen Zeitpunkt nach dem Bilanzstichtag, damit im Jahresabschluss eine bessere Liquiditätslage ausgewiesen wird.

§ 35. Bilanzpolitisches Instrumentarium

1. Überblick

Die Instrumente der Bilanzpolitik hängen von den Zielen ab, zu deren Verwirklichung das Unternehmen eine bestimmte Gestaltung des Jahresabschlusses vornimmt. Die Anwendung der Mittel findet ihre Grenze in den gesetzlichen Bilanzierungsvorschriften. Im Wesentlichen sind zwei große Bereiche zu unterscheiden:

- Mittel zur Beeinflussung des Ausweises der Vermögens- und Kapitalstruktur und
- Mittel zur Beeinflussung des Erfolgsausweises.

Beide Bereiche lassen sich nur trennen, soweit ausschließlich Mittel eingesetzt werden, durch die das Bilanzbild gestaltet wird, ohne dass der in die Bilanz aufzunehmende Stoff materiell verändert wird (formelle Mittel); werden dagegen Mittel verwendet, die die Wertansätze der Bilanzpositionen verändern (materielle Mittel), so bestehen stets Interdependenzen zwischen Vermögens-, Kapital- und Erfolgsbeeinflussung.

Die bilanzpolitischen Instrumente lassen sich nach verschiedenen Kriterien systematisieren:

(1) In zeitlicher Hinsicht ist zu unterscheiden zwischen Mitteln, die vor dem Bilanzstichtag und Mitteln, die nach dem Bilanzstichtag eingesetzt werden. Sind z.B. zur Verbesserung der Liquidität Vermögens- oder Kapitaldispositionen erforderlich, so müssen die notwendigen Entscheidungen vor dem Bilanzstichtag getroffen werden, weil sie bestimmte Geschäftsvorfälle auslösen müssen. Nach dem Stichtag können nur die bereits erfolgten Geschäftsvorfälle durch Bilanzierungs- und Bewertungsmaßnahmen gestaltet werden.

(2) Im Hinblick auf die Veränderung des Bilanzinhaltes ist zwischen formellen und materiellen Mitteln zu trennen. Mit Hilfe formeller Mittel werden die Posten des Jahresabschlusses unterschiedlich präsentiert, ohne dass der in die Bilanz aufzunehmende Stoff materiell verändert wird (z.B. Zusammenfassung oder weitere Aufgliederung von Bilanzpositionen). Das ist in erster Linie Aufgabe der Gliederungspolitik.

Materielle Mittel verändern die Höhe des ausgewiesenen Vermögens und Erfolges. Derartige Veränderungen können erstens nach dem Bilanzstichtag durch die Nutzung von Aktivierungs-, Passivierungs- und Bewertungswahlrechten vorgenommen werden. Sie können zweitens vor dem Bilanzstichtag durch entsprechende Entscheidungen vollzogen werden. Sie können drittens durch die Wahl des Bilanzstichtages mehr oder weniger automatisch herbeigeführt werden.

(3) Im Hinblick auf den Gewinn ist zu unterscheiden zwischen Mitteln, die die Gewinnerzielung und Mitteln, die die Gewinnverwendung beeinflussen. Zu ersteren ge-

hören alle materiellen Instrumente der Gestaltung der Bildung und Auflösung offener Rücklagen und der Dividendenpolitik.

(4) Schließlich gibt es noch bilanzpolitische Instrumente, mit denen nicht der materielle oder formelle Inhalt des Jahresabschlusses, sondern der *Zeitpunkt der Informationsübergabe* an die Bilanzadressaten beeinflusst werden kann. Dazu gehören die Wahl des Zeitpunktes der Aufstellung der Bilanz, der Vorlage des durch die Abschlussprüfer und den Aufsichtsrat geprüften Jahresabschlusses einschließlich der Erläuterungen durch den Anhang sowie der Vorlage des Lageberichts in der ordentlichen Hauptversammlung oder Gesellschafterversammlung und der Veröffentlichung des Jahresabschlusses.

2. Mittel zur formellen Beeinflussung der Bilanzstruktur

Der Informationsgehalt des Jahresabschlusses kann durch eine Beeinflussung der Vermögens- und Kapitalstruktur mit Hilfe der Bilanzgliederung und der Gliederung der Gewinn- und Verlustrechnung gezielt verändert werden. Das kann beispielsweise durch den Umfang des Zusammenziehens oder der Trennung von Vermögens- und Kapitalpositionen erfolgen oder durch die mehr oder weniger strenge Anwendung des Bruttoprinzips, dem die Saldierung von Vermögens- und Schuldpositionen, z.B. von Forderungen und Verbindlichkeiten, und die Saldierung von Aufwands- und Ertragspositionen widerspricht. Je tiefer die Gliederung ist, desto größer ist der Informationsgehalt der Bilanz.

Soweit gesetzliche Mindestgliederungsvorschriften bestehen, wie z.B. die der Kapitalgesellschaft, beschränkt sich der bilanzpolitische Spielraum auf eine weitergehende Gliederung durch weitere Aufteilung von Bilanzpositionen oder Erläuterungen in Vorspalten oder Fußnoten. Die Gestaltung der Vermögens- und Kapitalstruktur ist insbesondere von publizitätspolitischer Bedeutung bei der Beurteilung der Finanzierung (z.B. Verhältnis von Eigenkapital zu Fremdkapital, von Anlagevermögen zu Umlaufvermögen u.a.) und der Liquidität.

Die formellen Maßnahmen zur Beeinflussung der Bilanzstruktur beruhen in der Regel auf Entscheidungen, die nach dem Bilanzstichtag erfolgen. So können z.B. zur Beeinflussung der Vermögensstruktur Wertpapiere entweder im Anlage- oder im Umlaufvermögen ausgewiesen werden. Dadurch wird die Relation von Anlage- zu Umlaufvermögen verändert, was z.B. im Hinblick auf die Höhe des vorhandenen langfristigen Kapitals, das nach einer in der Praxis weit verbreiteten Finanzierungsregel (Goldene Bilanzregel) nicht kleiner als das Anlagevermögen sein soll, von Bedeutung ist. Durch die Aufteilung des Jahresüberschusses auf offene Rücklagen und (ausschüttungsfähigen) Bilanzgewinn wird die Höhe des Eigenkapitals und damit die Relation zwischen Eigenkapital und Fremdkapital beeinflusst. Durch die – für Kapitalgesellschaften nicht mehr zulässige – Wahl der direkten oder indirekten Abschreibungsmethode wird der Einblick in die Kapazität und Altersstruktur der Anlagen wesentlich verändert. Bei direkter Abschreibung erscheinen die Anlagen nur mit ihren Restbuchwerten in der Bilanz. Bei indirekter Abschreibung werden die Anschaffungskosten ausgewiesen und durch Wertberichtigungen auf der Passivseite korrigiert. Kapitalgesellschaften dagegen müssen im Rahmen des nach der sog. direkten Bruttomethode aufzustellenden Anlagengitters sowohl die Anschaffungs- oder Herstellungskosten als auch die Restbuchwerte und die – direkt verrechneten – kumulierten Abschreibungen zeigen (§ 268 II 2 HGB).

Die Gestaltung der Gliederung des Anhangs als Teil des Jahresabschlusses dient vor allem publizitätspolitischen Gesichtspunkten. Für den Aufbau des Lageberichts lässt der Gesetzgeber einen weiten Spielraum. § 289 HGB fordert eine Berichterstattung über den Geschäftsverlauf und die Lage der Gesellschaft. Hierbei hat die Gesellschaft die Möglichkeit, einen sich für den Bilanzleser aus den Zahlen des Jahresabschlusses ergebenden Eindruck positiv oder negativ zu beeinflussen, z.B. Negatives zu bagatellisieren und auf sich abzeichnende positive Tendenzen in der erwarteten wirtschaftlichen Entwicklung der Gesellschaft hinzuweisen, oder umgekehrt zu hohe Erwartungen – insbesondere auf zukünftige Gewinnausschüttungen – zu dämpfen. Im Anhang ist der bilanzpolitische Spielraum infolge strengerer gesetzlicher Anforderungen (§§ 284–288 HGB) an die Berichterstattung enger.

3. Mittel zur materiellen Beeinflussung der Bilanzstruktur

a) Vor dem Bilanzstichtag

Wird die Bilanzstruktur durch Maßnahmen gestaltet, die vor dem Bilanzstichtag liegen, so handelt es sich im Allgemeinen um Entscheidungen, die zu den materiellen Mitteln der Bilanzpolitik zu rechnen sind. Während durch Einsatz formeller Mittel der Inhalt der Bilanz materiell nicht geändert, sondern nur anders dargestellt wird, werden hier Entscheidungen getroffen, die neue Geschäftsvorfälle nur zu dem Zwecke auslösen, das Bilanzbild zu verändern, und somit zu einer anderen Zusammensetzung und Höhe des Vermögens und Kapitals führen.

Beispiele dafür sind Vermögensumschichtungen zur Beeinflussung des *Liquiditätsausweises,* z.B. die Entscheidung, ob Rohstoffe oder Anlagegüter noch vor dem Bilanzstichtag beschafft werden sollen oder ob die an sich erforderlichen Beschaffungen auf die Zeit nach dem Bilanzstichtag verschoben werden, um am Bilanzstichtag mehr liquide Mittel ausweisen zu können.

Bestimmte Maßnahmen zur Beeinflussung der Bilanzstruktur, insbesondere der Liquiditätslage, vor dem Bilanzstichtag führen zugleich zu einer Veränderung des Erfolgsausweises. Dabei kann es zu Zielkonflikten kommen. Die Entscheidung über die Vornahme oder Verschiebung von Reparaturen, von Werbemaßnahmen oder von Veräußerungen von nicht mehr benötigten Anlagegütern über dem Restbuchwert führt zu zeitlichen Aufwands- und Ertragsverlagerungen, durch die nicht nur der Liquiditätsausweis, sondern auch die Höhe des ausgewiesenen Gewinns verändert wird. Bilanzpolitische Entscheidungen dieser Art müssen teilweise zu einem recht frühen Zeitpunkt erfolgen.

Eine andere Wirkung hat die Beschaffung sog. *geringwertiger Wirtschaftsgüter.* Das sind nach § 6 IIa EStG bewegliche Wirtschaftsgüter des Anlagevermögens, die der Abnutzung unterliegen und einer selbständigen Nutzung fähig sind und deren Anschaffungs- oder Herstellungskosten 1 000 € nicht übersteigen. Sie dürfen im Jahre der Anschaffung oder Herstellung in voller Höhe als Aufwand verrechnet werden. Ihre Beschaffung mindert die liquiden Mittel oder führt zu einer weiteren Verschuldung, ohne dass dafür eine Aktivierung im Anlagevermögen erfolgt, und kürzt entsprechend den ausgewiesenen steuerpflichtigen Gewinn. Auch hier kann ein Zielkonflikt entstehen: die Verschiebung der Steuerzahlung auf spätere Perioden wird durch einen verschlechterten Liquiditätsausweis erkauft.

Neben der Vorverlagerung von Geschäftsvorfällen können auch Nachverlagerungen als bilanzpolitisches Instrument eingesetzt werden, z.B. die Verschiebung von Reparaturen oder Werbemaßnahmen zur Reduzierung des Aufwands der Periode und Verbesserung des Erfolgsausweises.

b) Nach dem Bilanzstichtag

Die zweifellos größte Bedeutung kommt den bilanzpolitischen Instrumenten zu, die zur Vermögens- und Erfolgsbeeinflussung nach dem Bilanzstichtag eingesetzt werden können. Der Gesetzgeber lässt in der Handelsbilanz (in geringerem Umfang auch in der Steuerbilanz) Aktivierungs- und Passivierungswahlrechte zu. Der Verzicht auf Aktivierung bedeutet nicht nur niedrigeren Vermögensausweis, sondern auch Reduzierung des anderenfalls ausgewiesenen Erfolges. Wird z.B. beim Kauf eines Unternehmens ein derivativer Firmenwert bezahlt, so dürfen die Anschaffungskosten entweder sofort als Aufwand verrechnet werden, mindern also den Erfolg, oder sie dürfen als Vermögensposition ausgewiesen werden.

Bewertungswahlrechte bestehen vor allem bei der Bewertung von Vorräten und bei der Bemessung der Anlagenabschreibung. Durch kürzere oder längere Schätzung von Nutzungsdauern und durch Wahl der Abschreibungsmethode (z.B. gleich bleibende oder fallende Jahresbeträge) können Erfolgs- und Vermögensausweis gezielt beeinflusst werden. In diesem Zusammenhang sind die steuerlichen Sonderabschreibungen von größter bilanzpolitischer Bedeutung, da sie teilweise erhebliche Steuerverschiebungen auf spätere Perioden ermöglichen.

Mittel der *Gewinnverwendungspolitik* ist einerseits die Höhe der Dividendenausschüttung und andererseits die Höhe der Rücklagenbildung und Rücklagenauflösung. Insbesondere die Entscheidungen über die Bildung oder Auflösung von Rücklagen sind ein wichtiges Mittel zur Beeinflussung des finanziellen Bereichs des Betriebes (Kapitalsicherung, Kapitalerhaltung, Kapitalerweiterung, Kapitalumschichtung).

c) Zeitliche Mittel zur Beeinflussung der Bilanzstruktur

Ein weiteres Mittel der Bilanzpolitik ist die *Wahl des Bilanzstichtages.* Seine Bedeutung ist allerdings relativ gering, da es sich nicht wie z.B. bei der Gliederungs- und Bewertungspolitik um ein bei jeder Bilanzierung erneut einsetzbares Instrument, sondern um eine für einen langen Zeitraum gültige Entscheidung handelt, weil sowohl aus rechtlichen als auch aus organisatorischen Gründen ein häufiger Wechsel des Bilanzstichtages nicht möglich ist.

Nach § 240 II HGB darf die Dauer des Geschäftsjahres zwölf Monate nicht überschreiten. Eine Übereinstimmung von Geschäftsjahr und Kalenderjahr wird jedoch für die Handelsbilanz nicht vorgeschrieben. Steuerlich ist ein vom Kalenderjahr abweichendes Geschäftsjahr (Wirtschaftsjahr) bei Gewerbetreibenden, deren Firma im Handelsregister eingetragen ist, nur im Einvernehmen mit dem Finanzamt wirksam (§ 4 a I Nr. 2 EStG).

Durch die Wahl des Bilanzstichtages wird kein unmittelbarer Einfluss auf die Vermögens- und Kapitalstruktur genommen, sondern die Wirkung dieses bilanzpolitischen Instruments beruht darauf, dass die Zusammensetzung des Vermögens und Kapitals sich im Laufe des Jahres in einem vorhersehbaren Rhythmus ändert und das Bilanzbild, z.B. im Hinblick auf die Höhe der Bestände oder die Höhe der liquiden Mittel, an verschiedenen Stichtagen erhebliche Unterschiede zeigt.

Ein vom Kalenderjahr abweichendes Geschäftsjahr kann bilanzpolitisch für Saisonbetriebe interessant sein. Saisonbetriebe haben im allgemeinen zu Beginn der Saison hohe Bestände, am Ende der Saison dagegen geringe Bestände. Ein Bilanzstichtag am Anfang der Saison führt zu einer Bilanz, die eine nur geringe Liquidität zeigt, aber unter Umständen einen erheblichen Spielraum bei der Bewertung der Bestände lässt.

Infolgedessen beeinflusst die Wahl eines solchen Stichtages nicht nur das Bilanzbild, sondern auch den Erfolgsausweis. Ein Stichtag am Ende der Saison führt zum gegenteiligen Bild: hohe Liquidität infolge des Umsatzes der Bestände und geringe sonstige Vermögenswerte.

Neben der Wahl des Bilanzstichtages kann auch die Wahl des Zeitpunktes der Bilanzvorlage ein Mittel der Bilanzpolitik sein. § 243 III HGB schreibt vor, dass die Bilanz innerhalb der einem ordnungsmäßigen Geschäftsgang entsprechenden Zeit aufzustellen ist. § 264 I HGB verpflichtet die gesetzlichen Vertreter von Kapitalgesellschaften, den Jahresabschluss und den Lagebericht in den ersten drei Monaten des Geschäftsjahres aufzustellen. Bei kleinen Kapitalgesellschaften i.S. des § 267 I HGB kann diese Frist auf sechs Monate ausgedehnt werden (§ 264 I 3 HGB). § 336 I 2 HGB verpflichtet den Vorstand einer Genossenschaft, den Jahresabschluss innerhalb von fünf Monaten nach Ablauf des Geschäftsjahres aufzustellen.

Zu einem bilanzpolitischen Instrument kann der Zeitpunkt der Bilanzvorlage z.B. deshalb werden, weil der Bilanzierende bei Bilanzansätzen, in denen Zukunftserwartungen berücksichtigt werden dürfen oder müssen, die bis zum Tage der Aufstellung der Bilanz im Vergleich zum Bilanzstichtag gewonnene bessere Einsicht in wirtschaftliche und rechtliche Tatbestände berücksichtigen muss. Rechnet man z.B. am 31. 12. mit einem erheblichen Rückgang der Absatzpreise, der evtl. bereits gegen Ende des Wirtschaftsjahres begonnen hat, so wäre ein niedrigerer Wertansatz für die Bestände aus Gründen kaufmännischer Vorsicht zweckmäßig. Hat man aber die Bestände bis zum Stichtag der Bilanzaufstellung zu Preisen absetzen können, die erheblich über den erwarteten liegen, oder sind die Preise inzwischen gestiegen, so ist ein Wertabschlag in der Bilanz zum 31. 12. der abgelaufenen Periode nicht gerechtfertigt.

Bei Bilanzen von Aktiengesellschaften kann die Veröffentlichung Rückwirkungen auf den Kurs haben, insbesondere wenn die ausgewiesene wirtschaftliche Lage und die vorgeschlagene Dividende stark von den erwarteten Werten abweichen. Der *Zeitpunkt der Veröffentlichung* des Jahresabschlusses kann deshalb als Mittel der Publizitätspolitik angesehen werden.

§ 36. Interdependenzen bei der Gestaltung des Erfolgs-, Vermögens- und Schuldenausweises

Die Realisierung eines großen Teils der bilanzpolitischen Ziele wird durch eine Veränderung entweder des Erfolgsausweises oder/und des Vermögens- bzw. Schuldenausweises versucht. Infolge des Systems der doppelten Buchführung und der Rechnungslegungsvorschriften bestehen zwischen der Höhe des Erfolges, des Vermögens und der Schulden Interdependenzen, die zur Folge haben, dass nicht immer mehrere Ziele gleichzeitig realisiert werden können, sondern eine Rangordnung der Ziele hergestellt werden muss, wenn z.B. eine Gruppe von Zielen einen möglichst niedrigen Gewinnausweis erfordert (z.B. Steuerminimierung, stille Selbstfinanzierung, Substanzerhaltung), während andere Ziele nur mittels eines hohen Vermögensausweises (z.B. Kreditwürdigkeit, Verbesserung des Verhältnisses von Eigen- und Fremdkapital) erreicht werden können.

(1) Soll der Gewinn in der Bilanz niedriger ausgewiesen werden, als der in den Perioden erzielte Gewinn, so ist das möglich:

a) durch möglichst niedrigen Ansatz des vorhandenen Vermögens bei konstantem Schuldenausweis. Er kann erfolgen durch:

aa) Nichtaktivierung von Vermögenswerten (z.B. derivater Firmenwert, geringwertige Wirtschaftsgüter);
bb) Unterbewertung durch möglichst niedrige Aktivierung (z.B. Ansatz der Herstellungskosten von Halb- und Fertigfabrikaten zu Einzelkosten, Unterbewertung von gleichartigen Vorräten, Anwendung fiktiver Verbrauchsfolgeunterstellungen, z.B. Lifo-Methode bei permanent steigenden Wiederbeschaffungskosten);
cc) Unterbewertung durch zu hohe planmäßige Abschreibungen (Ansatz einer möglichst kurzen Nutzungsdauer, stark degressive Abschreibungen, kein Ansatz eines Restbuchwertes am Ende der Nutzungsdauer);
dd) Unterbewertung durch zu hohe außerplanmäßige Abschreibungen (z.B. pessimistische Schätzung wirtschaftlicher Entwertung durch technischen Fortschritt oder Nachfragerückgang; steuerliche Sonderabschreibungen);
ee) Unterbewertung durch außerplanmäßige Abschreibungen bei voraussichtlich nicht dauernder Wertminderung;
ff) Unterbewertung durch Unterlassung von Zuschreibungen (z.B. Beibehaltung früher gewählter niedrigerer Werte, deren Gründe nicht mehr bestehen, z.B. bei Kurssteigerungen von Wertpapieren, deren Buchwerte infolge früherer außerplanmäßiger Abschreibungen erheblich unter den Börsenwerten liegen);
gg) Vermeidung des Ausweises von Gewinnen aus der Veräußerung von Anlagegütern durch Übertragung aufgelöster stiller Rücklagen auf andere Vermögensgegenstände (z.B. § 6b EStG, Rücklage für Ersatzbeschaffung);

b) durch zu hohen Ansatz der vorhandenen Schulden bei konstantem Vermögensausweis. Er kann erfolgen durch:
aa) Überbewertung durch zu hohe Passivierung (z.B. zu hoch geschätzte Rückstellungen);
bb) Überbewertung durch Unterlassung von Abschreibungen auf im Wert gesunkene Verbindlichkeiten (z.B. Auslandsschulden);

c) durch Überführung von Periodengewinnen auf Rücklagekonten. Dadurch wird der als Bilanzgewinn (im Sinne des zur Ausschüttung zur Verfügung stehenden Teils des Jahresüberschusses) ausgewiesene Gewinn reduziert. Der Ausweis des Vermögens und der Schulden der Periode sowie des Jahresüberschusses wird nicht berührt;

d) durch Nichtaktivierung von Bilanzierungshilfen, d.h. durch Antizipation von Aufwand, der zukünftige Perioden betrifft (z.B. Nichtaktivierung eines bei der Aufnahme von Verbindlichkeiten entstehenden Disagios oder Damnums unter den Posten der Rechnungsabgrenzung, Nichtaktivierung der Aufwendungen für die Ingangsetzung und Erweiterung des Geschäftsbetriebes).

In den Fällen a, b und d ist die Höhe des erzielten Periodengewinns weder aus der Bilanz noch aus der Gewinn- und Verlustrechnung festzustellen. Der Bilanzleser sieht nur den ausgewiesenen Gewinn. Im Falle c lässt sich aus der Erfolgsrechnung erkennen, wie hoch der Jahresüberschuss ist und in welchem Umfang er thesauriert wird bzw. zur Ausschüttung zur Verfügung steht.

Im Falle a wird das Ziel der Minderung des Gewinnausweises durch einen niedrigeren Ausweis des Vermögens erkauft, im Fall b wird zwar das Vermögen nicht reduziert, jedoch stehen ihm überhöhte Schulden gegenüber. Der Betrieb muss also entscheiden, ob er z.B. das Ziel, den Gläubigern und sonstigen Interessenten ein möglichst hohes Vermögen zu zeigen – wodurch bei konstanten Schulden automatisch ein höherer Gewinn ausgewiesen wird – dem Ziel, durch möglichst niedrigen Gewinnausweis Steuern auf spätere Perioden zu verschieben bzw. Mittel zur Selbstfinanzierung in stiller Form an den Betrieb zu binden, die bei höherem Gewinnausweis zum Teil ausgeschüttet werden müssten (§ 58 II AktG), überordnet.

Hoher Vermögensausweis bei gleichzeitig relativ niedrigem Gewinnausweis ist nur möglich durch Überbewertung der Schulden. Soll aber bei gegebenem Vermögen die Schuldenbelastung möglichst niedrig gezeigt werden, so ist das nur durch höheren Gewinnausweis und folglich höhere Steuerzahlungen zu erkaufen.

(2) Soll der Gewinn in der Bilanz höher ausgewiesen werden als der in der Periode erzielte Gewinn oder soll ein entstandener Verlust buchtechnisch vermindert oder beseitigt oder soll trotz entstandenem Verlust sogar ein Bilanzgewinn ausgewiesen werden, so ist das möglich:

a) durch möglichst hohen Ansatz des vorhandenen Vermögens bei konstantem Schuldenausweis. Er kann erfolgen durch:

aa) Nutzung aller Wahlrechte zur Aktivierung (z.B. Ansatz eines derivativen Firmenwertes, Ansatz geringwertiger Wirtschaftsgüter);

bb) Überbewertung durch zu hohe Aktivierung (z.B. höchstmöglicher Ansatz der Herstellungskosten durch Einbeziehung aller ansatzfähigen Gemeinkostenanteile, Verzicht auf Verbrauchsfolgeverfahren, die zur Bildung stiller Rücklagen führen);

cc) Überbewertung durch zu niedrige planmäßige Abschreibungen (z.B. zeitliche Streckung der Abschreibungen durch Ansatz einer zu langen Nutzungsdauer, Abschreibung auf einen hohen Restwert am Ende der Nutzungsdauer, Verzicht auf degressive Abschreibung stark risikobehafteter Anlagegüter);

dd) Überbewertung durch Verzicht auf an sich notwendige außerplanmäßige Abschreibungen (z.B. Nichtbeachtung eingetretener technischer Fortschritte oder Nachfragerückgänge);

ee) Überbewertung durch Verzicht auf den Ansatz des niedrigeren Wertes am Bilanzstichtag bei voraussichtlich nicht dauernder Wertminderung (z.B. Kursschwankungen bei Wertpapieren);

ff) Überbewertung durch zu hohe Zuschreibungen (z.B. zu optimistische Aufwertung früher abgeschriebener Wertpapiere, Rückgängigmachung außerplanmäßiger Abschreibungen);

gg) möglichst hohe Bewertung durch Verzicht auf steuerliche Bewertungsfreiheiten und Sonderabschreibungen;

hh) Ausweis von Veräußerungsgewinnen;

b) durch zu niedrigen Ansatz der vorhandenen Schulden bei konstantem Vermögensausweis. Er kann erfolgen durch:

aa) Nichtpassivierung passivierungsfähiger Rückstellungen;

bb) Unterbewertung durch zu niedrige Passivierung (zu niedriger Ansatz von Rückstellungen; z.B. für Bergschäden, Garantieansprüche, drohende Verluste aus schwebenden Geschäften);

cc) Unterbewertung durch Unterlassung von Zuschreibungen von im Wert gestiegenen Verbindlichkeiten (z.B. bei Auslandsschulden);

c) durch Auflösung von in früheren Perioden gebildeten Gewinnrücklagen zur Erhöhung des Bilanzgewinns. Der Ausweis des Vermögens und der Schulden der Periode sowie des Jahresüberschusses wird nicht berührt;

d) durch Aktivierung von Bilanzierungshilfen, durch die Auszahlungen bzw. Mindereinzahlungen der Periode späteren Perioden als Aufwand zugerechnet werden (z.B. Ansatz der Aufwendungen für die Ingangsetzung und Erweiterung des Geschäftsbetriebs, Aktivierung eines bei der Aufnahme von Verbindlichkeiten entstehenden Disagios oder Damnums).

Da den handelsrechtlichen Bilanzierungsvorschriften das Imparitätsprinzip zugrunde liegt, kollidieren solche Maßnahmen, die zu einem höheren Gewinnausweis führen, häufiger mit den Rechnungslegungsvorschriften als jene, die einen niedrigeren Gewinnausweis anstreben. Höherbewertungen von Aktiva können den Ausweis unrealisierter Gewinne zur Folge haben, zu niedrige Bewertungen von Aktiva dagegen lassen sich häufig mit dem Prinzip kaufmännischer Vorsicht begründen. Begrenzt allerdings das Steuerrecht durch zwingende Vorschriften einen niedrigeren Gewinnausweis (z.B. durch Fixierung von Höchstsätzen für die degressive Abschreibung oder von Mindestzeiten für die betriebsgewöhnliche Nutzungsdauer), so können sich die für die Handelsbilanz getroffenen bilanzpolitischen Entscheidungen nur bedingt auf die Steuerbilanz auswirken, weil die in der Steuerbilanz auszuweisenden und zu versteuernden Gewinne aufgrund zwingender Vorschriften höher angesetzt werden müssen.

Sachverzeichnis

Zahlen = Seiten